汉亡哲思录

儒家思想与东汉三国关系新解

徐英瑾 —— 著

北京大学出版社
PEKING UNIVERSITY PRESS

图书在版编目(CIP)数据

汉亡哲思录：儒家思想与东汉三国关系新解 / 徐英瑾著. -- 北京：北京大学出版社, 2025.8. -- ISBN 978-7-301-36381-2

Ⅰ. B222.05

中国国家版本馆 CIP 数据核字第 2025BP9645 号

书　　名	汉亡哲思录——儒家思想与东汉三国关系新解
	HANWANG ZHESILU——RUJIA SIXIANG YU DONGHAN SANGUO GUANXI XINJIE
著作责任者	徐英瑾　著
责任编辑	刘书广
标准书号	ISBN 978-7-301-36381-2
出版发行	北京大学出版社
地　　址	北京市海淀区成府路 205 号　100871
网　　址	http://www.pup.cn　新浪微博：@北京大学出版社
电子邮箱	编辑部 wsz@pup.cn　总编室 zpup@pup.cn
电　　话	邮购部 010-62752015　发行部 010-62750672
	编辑部 010-62767315
印 刷 者	北京中科印刷有限公司
经 销 者	新华书店
	890 毫米×1240 毫米　32 开本　14.5 印张　403 千字
	2025 年 8 月第 1 版　2025 年 8 月第 1 次印刷
定　　价	98.00 元

未经许可，不得以任何方式复制或抄袭本书之部分或全部内容。
版权所有，侵权必究
举报电话：010-62752024　电子邮箱：fd@pup.cn
图书如有印装质量问题，请与出版部联系，电话：010-62756370

周监于二代，郁郁乎文哉！ 吾从周。

——［春秋］孔丘：《论语·八佾》

昔春秋之时，周氏之乱世也。 逮乎战国，则又甚矣。 秦政乘并兼之势，放虎狼之心，屠裂天下，吞食生人，暴虐不已，以招楚、汉用兵之苦，甚于战国之时也。 汉二百年而遭王莽之乱，计其残夷灭亡之数，又复倍乎秦、项矣。 以及今日，名都空而不居，百里绝而无民者，不可胜数。 此则又甚于亡新之时也。 悲夫！ 不及五百年，大难三起，中间之乱，尚不数焉。 变而弥猜，下而加酷，推此以往，可及于尽矣。 嗟乎！ 不知来世圣人救此之道，将何用也？ 又不知天若穷此之数，欲何至邪？

——［东汉］仲长统：《昌言·理乱篇》

我并未失败。 我只是知道了有一万条路径无法导向成功。

——［美］托马斯·阿尔瓦·爱迪生

前言一　学习历史的目的是为了增强格局感

　　大家即将读到的这本书，既不能被简单归类为专业意义上的历史类书籍，也不能被归类为狭义上的历史哲学，当然更不是作为虚构作品的历史小说。毋宁说，这本书处在历史哲学与历史叙述之间的某种中间形态。与历史哲学的典型话题（如"是否存在历史规律"，"历史进程中的偶然性与必然性之间的关系为何"）相比，本书的聚焦点乃是"汉帝国的覆灭"这一特殊的历史阶段，因此，本书包含的大量经验材料乃是一般哲学书籍所不具备的。然而，与专业的或普及意义上的历史读物相比，本书却又具有哲学读物的三个本质特征：第一，对于共性（而不仅仅是殊性）的关注；第二，对于"可能境况"的关注；第三，对于各个经验知识板块之间宏观关联的"纵观"。具体而言，上述第一个特征允许我从西汉成帝与东汉灵帝的婚姻选择的特殊细节出发，切入母权与帝权斗争的一般模式（本书将其概括为"孔雀东南飞"模式，参看第三章）；第二个特征允许我以日本的战国时代与江户时代为样本，去探索在秦政替代周政的历史进程被大大延后的可能境况中社会的演化状态（参看第八章），甚至允许我以"星球大战"的科幻故事为抓手，去讨论星际殖民语境中恢复周政的可能性（参看第十章）。至于上述的第三个特征，则允许我在本书的叙事脉络中灵活运用社会学、人类学、军事学、演化心理学的理论资源，以便为一些特殊的历史演化路径（如春秋后期轻装步兵的崛起与法家模式的出现之间的关联,参看第一章)提供祛魅化的勾勒方案。

本书的这种糅杂思辨与经验探索的文风,乃是为了以我的方式去落实先哲康德的教导:"概念无直观则空,直观无概念则盲。"换言之,目前主流的哲学讨论往往缺乏与经验世界落地的方式:一个没事就将一些哲学大词(如海德格尔的"存在""祛蔽")挂在嘴上的哲学学徒,却往往没有能力向经验世界挺进哪怕一步,去回答诸如"为何海德格尔曾对纳粹思潮具有部分同情"之类的既需要哲学洞见又需要历史常识的问题。与之相比,在专业的历史学研究对于历史文献的讨论中,我们又看到了太多的关于"树叶"的细节,而不是"森林"的整体概貌。换言之,在哲学研究与历史研究的两大范式之间的"灰色地带"往往无人耕耘,而由此造成的后果,便是"格局感"的丧失。

"格局感"是一种介于抽象思辨力与经验观察力之间的结构感知力。一个智力正常的小朋友即使从来没有看到过大象脚踏蜗牛的画面,也能通过此类结构感知力预想到蜗牛壳在大象体重下的不堪一击。由此类比开去,就历史格局感的培养而言,意识到谁是历史大赌盘中的"大象",谁又是"蜗牛",便是相关的题中应有之义。但需要注意的是,复杂历史语境中的格局感其实极难把握。一个在此过程中常犯的错误乃是"天下乌鸦一般黑",比如在面对汉末历史时抽象地站队士大夫集团并因此去敌视宦官集团,或抽象地敌视一切豪族与门阀,由此忽略具体立场场景中关键政治人物的德行、能力与组织资源。另外一种错误乃是"事后诸葛亮",即从已知的历史结果中简单地倒推出相关格局,而不是在佯装对格局无知的情况下独立地进行格局推演。光武帝刘秀之所以能"见小敌怯,今见大敌勇"(《后汉书·光武帝纪上》),就是因为深具格局感的他深知:第一,在被抽象的归类为"大敌"的玩家背后,那些藏在阴影中的所谓"小敌"才会带来己方无法预估的变化;第二,在游戏结果尘埃落定之前,你本是无法用"事后诸葛"的方式去预报哪股"小敌"不会突然坐大的。

与之相较,缺乏格局感的玩家只会简单地使用各路玩家所掌握的纸面数据来判断各自的"大"与"小",因此,他们缺乏刘秀所具有的那种对"小敌"的天然恐惧。然而,在真实的历史中,则既存在着虽貌似拥有强大资源却对资源本身缺乏整合的"泥足巨人",也存在着貌似资源不多却能将每一个人与每一枚铜钱都用到要害处的袖珍"大卫"。公元200年的官渡之战就呈现出了这种"大卫打败巨人歌利亚"的戏剧效果,因为恰恰是赢家曹操对于资源的整合力——而不是其控制资源自身的量——帮助他打赢了袁绍。从这个角度看,对于格局感的把握就不能被简单还原为对于各历史玩家实力的纸面数据的比较,而要深入到对各玩家的社会组织结构细节的考察中去——唯有如此,观察者才能知道这些玩家的权力整合方式,由此进一步评估该组织架构中的向心力与离心力之间的对比关系。

上述这种考察,自然免不了对于一些特殊信息的搜索——但将这些信息整合在一起的,则又是理论的力量。比如,无论一个组织架构的信息为何,只要其规模大到突破人类学家所说的"邓巴数"(约150人)的程度,垂直方向上的层级管理结构就会出现,以免过多的来自基层的信息拖垮高级管理者的信息处理能力。因此,对于底层的信息是以何种格式在中层与高层得到传播与处理的,乃是了解相关社会组织运作奥秘的不二法门。这里特别需要注意的是,管理者处理信息的方式一定会受到硬性的生物学限制,譬如人脑对于简化的信息的高度癖好。这种癖好既能方便政治谣言的制造者操控群众(参看本书第五章),也能促使管理者去使用统一的文字与法律管理广袤的领土——譬如,王莽代汉前反复出现的代汉政治谣言,与魏玛共和国时期在德国流行的反犹政治谣言,其实都孳生于"寻找最简单粗暴的现象解释"这一古老的心理机制;而与之对应,传统中华帝国的文书行政对于汉字的依赖,又与中世纪欧洲教廷与神圣罗马帝国的统治对于拉丁文的依赖具有类似的管理学意义,因为二者都大大减少了相关统治者的信息处理成本。

这种基于现代信息论的历史观,将有助于帮助我们厘清一些来自前现代的管理哲学话术——如"周政"与"秦政"的区分——所带来的混乱。儒家心目中的周、秦之辨往往被简化为仁政与暴政之间的区分,或者被进一步视为某种形式的封建制(即地方贵族的自治制度)与彻底的中央集权制度之间的区分。这一二分法虽然具有部分合理性(这也是本书在很多场合运用"周、秦之辨"这一话术的道理),却因敌视秦政过甚,而忽略了统一的信息处理格式——特别是明晰的法治——在管理社会预期方面的巨大正面作用。这一忽略,导致汉儒发明的"春秋决狱"的司法实践高度依赖于司法审判者的个体直觉,而失去了客观的校准;由此引发的"大复仇"行为的泛滥,则为汉帝国的灭亡提供了一种意识形态层面上的精神预演。与之相较,法家的意识形态虽然强调法的客观校准性,却将立法的源泉定义为君主的任性而不是各级封建贵族反复博弈的产物,由此使得秦式法制的好处迅速被其所带来的坏处所抵消。而依据本书的立论,之所以古典中国无法兼得明晰法治与封建自治之美,则可能又是因为春秋末期出现的孙武式步兵革命彻底消除了基于车战的贵族武力基础,由此削弱了其在政治演化历程(特别是造法过程)中的议价能力。因此,对汉帝国的灭亡的考察所具有的时间线,必须被至少上溯到东周(参看第一章)。当然,这一拉长的时间线,也使得本书的叙述模式进一步有别于以断代史为特色的典型历史普及读物。

好在与资料汗牛充栋的明清史研究相比,断代史意义上的东汉—三国史研究本就面临资料稀缺的问题。具体而言,与这一段历史最为相关的史料《后汉书》已是刘宋时代的产物(而且今人看到的《后汉书》尚且不是范晔所写的全本),其中的很多草蛇灰线早已因为历史撰写者与历史实在之间的时间距离而变得高度模糊。在这种情况下,如果一个研究者就一件具体史实的讨论犯下某些细节性的错误(诸如"汉质帝刘缵究竟是被梁冀毒死还是自己食物中毒死亡"以及"孙坚是否在洛阳皇城的废墟里获得了传国玉玺"之类的细节),在相当程度上并不会影响正确的历史格局感的产生。从这一角度看,东汉史料的相对匮乏也未必纯然是坏事,因此从某种意义上说,这恰恰为研究者的格局感的训练提供了绝妙的机会。

当然,选择东汉作为本书的研究切入点,显然还有与"相关史料是否稀薄"这一点无关的独立因素,譬如:东汉的灭亡的确在中国历史演化中具有指标性的意义。换言之,总计绵延将近四个世纪的前后两代汉帝国其实已经预演了在以后的大一统王朝中被反复上演的政治戏码:宦官与儒家的斗争,外戚与皇权的斗争,中央与地方之间的矛盾,帝国的东西差异问题以及由此引发的内部不平衡问题,还有汉族主体与边疆少数民族之间的种种冲突(以汉匈战争与汉羌战争为典型,伴之于南方的山越人问题)。后世的司马光在劝诫宋朝帝王时多引汉史典故,在相当程度上便是因为他也感知到了汉、宋统治模式之间的某种类比性。对于陷入羌汉战争式的战争泥潭的恐惧,更是促使司马光竭力去反对耗费巨大的全面进攻西夏的兵略。而他对王安石的激进财政政策的批判态度,则明显是在呼应西汉盐铁辩论中地方贤良、文学所主张的保存地方民力的立场。需要注意的是,使得司马光在中国史学史中不朽的《资治通鉴》虽是多人编修的结果,但其中的两汉三国部分就是司马光本人起草的——这就说明至少在他的心目中,汉帝国的历史的确具有"格局感训练器"的特殊地位。很可惜,虽然司马光让宋代帝王——特别是急功近利的宋神宗——阅读汉史的目的显然是为了让宋帝国至少能像汉帝国那样长命,但他的这一世俗目的最后还是失败了。甚至《资治通鉴》本身印刷用的雕版,都在王安石的亲戚蔡京得势之时差点被官方所销毁。

众所周知，宋代统治者因为拒绝从汉帝国统治的经验教训中获取正确的格局感，而最终遭受了"靖康耻"。这是中国古代的大一统王朝在唐帝国的解体后所面临的又一次大失败。而对于失败教训的忽略，则会进一步削弱历史格局感，由此为下一次失败埋下伏笔。因此，格局感的训练，将自然包含"失败学"的修学计划。这也便是下面的"前言二"所要涉及的内容。

前言二 欲成功者必先修"失败学"

美国发明家爱迪生反复试验灯丝材料,最终改良白炽灯成功的故事,在我国几乎家喻户晓。同时,也很少有人没听说过爱迪生本人对于自身成功的下述"经验总结":"失败是成功之母。"然而,并非很多人都知道,这句"名人名言"原来是以讹传讹的产物。爱迪生本来说的是这么一句话:"我并未失败。我只是知道了有一万条路径无法导向成功。"(I have not failed. I've just found 10,000 ways that won't work.)——那么,在爱迪生的原话与坊间对于此原话的改写之间,究竟有何差异呢?"失败是成功之母"试图传递给听众的意蕴乃是:不要怕失败,多失败几次,你就成功了;而爱迪生本人原本想表达的是:每次失败之后你都要总结教训,由此获得关于"为何那样干不行"的知识。只要此类知识积累得足够多,你早晚就能成为赢家。这也就是说,坊间对于爱迪生原意的"缩写",省略掉了最为关键的部分:对于失败的反思与溯因。换言之,经过此番错误的"缩写"后,人们聚焦的仅仅是失败,而爱迪生本人所聚焦的则是"失败学"。

现在是一个"成功学"读物满天飞的时代,但却很少有人研究"失败学"。"成功学"关心的是如何成功,而"失败学"关心的是如何不失败。请注意:成功不等于"不失败"。炒股赚三倍算是成功,但不赚不亏,就不算失败——至少与在高杠杆买入昂贵房产却突然遭遇资金链断裂的炒家相比,"不赚不亏"已算幸运。同样的道理,曹操在官渡打败袁绍肯定算是成功,但孙权在逍遥津之战中安然撤退的战例至少也能算"不失败":他固然没有打下自己的目标合肥,但至少也没有造成己方的重大损失。但奇怪的是,说起三国故事,很多人都津津乐道于曹操在官渡的大胜,却很少有人讨论孙权为何在合肥没有"血亏",弄得"止损"就好似是三岁娃娃都会的技能似的。但这显然不是隋炀帝学会的技能,否则他就不会在"高句丽"这个项目上蚀了老本;这也不是宋帝国学会的技能,否则北宋与南宋就不会像得了失忆症似地先后上演类似的荒唐戏码:先与动机不明的新"盟友"(先是女真,后是蒙古)联合,以图削弱传统敌人(先是契丹,后是女真),最终反而导致自己被不久前的"盟友"所灭。换言之,虽然"知己知彼,百战不殆"是孙子留给我们的民族智慧,但却很少有人注意到:孙子的本意是要求我们不打败仗,而非一定要打胜仗。相反,太想打胜仗的人恰恰会因为轻忽失败的风险,从而加速走向失败。

既然对于"失败学"的蔑视与对于"不赚不亏"的平局的轻忽相伴而生,这也就解释了为何国人一向忽略武帝之后的西汉王朝,以及光武帝之后、汉献帝之前的东汉王朝。具体而言,很多人都喜欢谈论汉武帝刘彻痛击匈奴的武功,却很少有人谈论"后武帝时代"旨在恢复经济的"昭宣之治";很多人都喜欢讨论献帝时代的战争风云,却很少有人讨论东汉初年岁月静好的"明章之治"(明帝、章帝时期)与"永元之隆"(和帝时期)。也很少有人讨论过,为何即使在东汉中期两次出现了婴儿(殇帝刘隆与冲帝刘炳)登基并立即驾崩的闹剧,帝国的运作依然算是井然有序的。也就是说,除了轰轰烈烈的成功者与凄凄惨惨的失败者之外,在"政治股市"上那些不赚不亏的"稳健股民",一向没有进入大众历史叙事的聚光灯。

也正因为"失败"与"成功"之间广袤的灰色地带一向被忽略,所以,传统历史叙事对于大失败的溯因往往会失焦。下述比方或许能帮助读者理解我为何这么说。王朝的失败好比病人身体的总崩溃,王朝的辉煌成功则好比运动员在赛场上的出色表现——而在这两者之间的广袤地带，则是种种比较健康或者属于"亚健康"的身体状态。而一旦病人害了病，神志清醒的医生首先应当思考的问题乃是"为何他的身体那么不健康，甚或连亚健康都算不上"，而并非"为何他当下的身体状态不允许他在奥运会上折桂"。同理，一个探索汉末乱局之成因的探究者，所要思考的首要问题乃是"为何这时候的汉朝连桓、灵之际的低水平运作也维持不了"，而非"为何此刻的汉朝竟然无法威慑四夷，让四方来朝"。很糟糕的是，尽管几乎所有合格的医生在看病时都不会陷入上述这种"不是辉煌就是毁灭"的"二极管思维"，这种粗鄙的思维方式却几乎绑架了大众历史叙事对于王朝兴衰规律的探索模式。这进一步导致了这些粗鄙的思想者继续用此类"二极管思维"来寻找能为王朝崩溃负责的替罪羊：邪恶自私的宦官、美艳失德的妃子、蒙蔽天子耳目的奸臣，等等。假若被他们聚焦的这些"坏人"实际上没有他们想的那么坏，那么就通过"历史化妆学"将他们刻意写坏——否则谁该为大失败负责呢？由此被忽略的，则是那些缺乏道德二极化特征的中性要素：人口、地理、军事技术、气候，乃至传染病，以及能对上述这些要素综合在一起加以衡量的社会管理技术。

需要注意的是，社会管理技术和地理因素一样，具有价值中立的特征。譬如，如果说"放弃全面的经济管制并善待民营经济"乃是某种社会管理技术的话，那么，该技术的有效性与技术实施者的私德并无直接的联系。若将西汉"昭宣之治"的实际操盘者霍光与迷恋国家管制经济的王莽相比，二人的私德哪个更好一点呢？恐怕这就是见仁见智之事了。但很明显的是，霍光稳健的经济政策拯救了几乎破产的西汉帝国，而王莽的激进经济政策则毁灭了经济基础并没有那么差的新莽帝国。因此，问题的关键并非二人的私德问题，而是他们所坚信的社会治理模型自身的合理性。社会治理模型自有其生命，而历史的斗争，则往往就体现为不同的社会管理模型借助于其拥趸之肉身而展开的观念斗争——至于某人之所以成为某种模型的拥趸，也并不是因为他本人的道德因素，而往往是因为在他所处的社会微环境中,关于那种模型之合理性的意识形态声浪偶然性地占据了上风。这就好比说:个人的思想就像是蒲公英,会被历史因缘的风吹到这片或者那片思想的绿地,然后偶然地沾染上了别的植物的基因——而一旦这种偶然的基因混合模式自己变成了定局,个体思想的展开方式就往往会终生被此类混合模式所绑架。

不过,社会治理模型虽然谈不上善恶,但有好坏——否则我们就无从理解为何基于某些社会管理模型的政治实践会失败。任何一个不算太糟的社会管理模型都需要具备至少两个要素:第一,对于社会是如何运作的,有大致靠谱的格局把握;第二,在上述格局感之上建立的具体措施,是能够根据现实的反馈而自我修正、不断优化的。请千万别小看这两个要素:中国古代王朝的周期性失败,就是因为使得这些王朝得以运作的社会治理模型往往无法同时具备上述两个因素。

要理解这一点,我们就引入两个对子:周、秦之分与儒、法之分。在这两个对子中,儒家因素与宽松的周政式治理模型相捆绑,而法家因素则与严苛的秦政式治理模式相呼应。大致而言,儒家一直梦想回到秦帝国建立之前的周朝去,即以宽松的礼治代替苛刻的法制,由此降低管制成本,使得官民两宜;法家则试图通过集权来搜罗社会资源,以便以最高的效率实现君主的短期目的(尽管这些目的往往被包装成长期目的)。但正如"前言一"指出的,仅仅用"仁政—暴政"的模式去看待周秦之辨,有将问题过于简化之嫌。具体而言,关于如何管理社会,儒家与法家都有说对与说错的地方——只是儒家说对的地方的确更多一点。儒家说对的事情主要是在哲学层次上。或说得更清楚一点,儒家的哲学预设至少有三点合理之处:第一,在一定的技术背景下,社会与自然环境所能够提供的资源是有限的(因此,在儒家看来,无论对于民力还是自然力,管理者都不能竭泽而渔);第二,即使是聪慧的管理者,其精力也是有限的,所以需要分权来分散管理成本(所以儒家主张"君君、臣臣、父父、子子"，即让封建架构中的每一层管理者都担负起自己的有限责任）；其三，亲情、羞耻感等具有正面价值的道德情绪是普遍存在的心理学现象，因此，一种低成本的社会治理模式完全可以激活这些心理学要素的效用，以便减少管理成本（所以儒家推崇基于民间自发道德秩序的礼治，而非需要大量资源投入才能见效的法治）。但儒家的疏忽之处则是忘修了"失败学"，也就是说，他们没有重视一旦礼治管理模式失效，他们有何备份方案来阻止周政的失败。这里需要注意的是，即使儒家对于人性中的良善因素的估计是正确的，他们也肯定忽略了"路西法效应"对于广大"良民"的绑架作用（该效应说的是：即使是道德上良善的普通民众，也会被特定的社会操控集团所洗脑，并做出恐怖的行为）——而号召那些路西法效应的制造者（比如战国时期那些野心勃勃的诸侯）去实行仁政，显然不是聪明的解决问题的办法，因为儒家心怀天下的利益关涉方向本就与这些自私自利的君主南辕北辙。让儒家继续感到尴尬的是，即使在汉代成为中国历史上第一个在表面上尊儒的超级帝国之后，秦政的社会管制模式依然在汉帝国的血液中遗留了大量的基因残片。而为了与这些残片做斗争，汉儒的办法便是引入"天人感应"的学说对君主进行道德恐吓（"瞧，就是因为陛下不修德政，所以某地又地震了！"）——但这种学说对于自然现象的解释的随意性，又使得儒家的意识形态工具可以被自己的敌人所用（"瞧，就是因为儒家清流所推选的某个大臣私德有亏，所以某地又地震了！"）。换言之，在这个历史当口的汉儒们依然忘记去修"失败学"的学分了，否则他们就应当有办法来阻止自身的"道德恐吓学"沦为"回旋镖"了——很显然，任何一件武器若最终沦为伤害原主人的"回旋镖"，就都只能被视为失败之作。

而在忘修"失败学"这一点上，法家只能对儒家"百步笑五十步"了。首先，在哲学层面上，法家甚至连一个关于社会如何运作的"廉价七成正确"的直观也没有。他们预设社会与自然的资源是可以无限榨取的,由此疯狂鼓励耕、战,以便最高效地劫掠这些资源;同时,在人性论上他们又将人类贬低为那些为了蝇头小利而甘愿为奴的小白鼠,却无法解释在没有明确利益输入的情况下为何人类还会输出利他主义行为。这种哲学上的错误假设必然导致其社会管制模型需要无数胡萝卜与大棒的介入才能维持其运作——而在胡萝卜被吃光,而大棒又全部被打废的情况下,依据此类模型而被塑造的社会架构自然便无法在陈胜、吴广们的怒火中幸存。换言之,秦政的模式在根子上无法回应"失败学"所提出的如下核心问题:在资源相对不足的前提下,如何避免秦政式政权的总崩溃?不过,不容否认的是,在微观层面上,法家的确提出了一套针对被管理者的明晰奖惩办法,以便避免基层管理的失败(在这个问题上,他们的确要比过于迷信"春秋决狱"的汉儒们来得高明)——但在宏观层面上,他们却没有提出一套针对管理者的奖惩办法以便避免核心决策的失败。

若以法家立场为对比物,本书的立场显然更同情儒家。但相当一部分儒家忘修"失败学"所导致的历史教训依然不得不提。说得更直白一点,汉帝国的两次灭亡——在公元一世纪为新莽所代以及在公元三世纪为曹魏所代——在根由上都与儒家意识形态过于"一厢情愿"(wishful-thinking)的思想特征相关。这种思想特征使得儒家过度关注对于善政美景的勾勒,却疏于为必然会出现的治理恶化现象准备好政治学与经济学层面上的抗生素。因此,在正在败坏的社会肌体真需要抗生素注射治疗的时候,抗生素竟然就没库存了,甚或根本就未曾入过库。从这个角度看,要理解汉帝国为何两次失败,此类"失败学"叙述的核心篇章必然将包含一份关于汉儒思想的病理解剖报告。不过,汉帝国的失败也的确值得这样的思想解剖,因为作为中国历史上第一个稳定运作的超级帝国,两汉稳健运行的历史长度是无人可超乎其右的。因此,至少她们(这里用复数,是为了不忘却新莽王朝对两汉的割裂)曾经成功过,辉煌过。也正因为如此,她们的速朽才那么让人唏嘘。

本书是写给一切想从汉帝国的灭亡中体会"失败学"玄奥的二十一世纪的读者的。需要预先说明的是,因为篇幅的关系,本书关注的时间段将主要覆盖从东汉到三国的转变过程,顺便关注两汉其他的时间段。那么,为何要特别关注这个时间段呢?请看"导论"细分解。

目录

导　论　在秦政下假装周政尚在的汉儒们 …………… 001
 第一节　作为"精神汉朝人"的三国群雄 …………… 002
 第二节　作为"太学生内战"的汉末内战 …………… 006
 第三节　掉入"熟人陷阱"的儒家 …………… 010
 第四节　帝国何以成形？——治水抑或暴力？ …………… 016
 第五节　从先秦儒到汉儒的演化：从反战斗士到
    帝王师 …………… 021
 第六节　汉儒继续演化：从民营经济的捍卫者到
    内战帮凶 …………… 026
 第七节　在细节里找魔鬼 …………… 031
 第八节　对于可能的疑问的答覆 …………… 038

第一章　周政何以败于秦政？从孙武的军事革命说起 …………… 045
 第一节　导言：孙武的冷酷转型何以可能？ …………… 046
 第二节　抑制暴力的一般模型 …………… 047
 第三节　周礼式车战，其实不那么暴力 …………… 054
 第四节　《孙子兵法》与步兵崛起 …………… 058
 第五节　崇尚周礼的东汉为何未能阻止暴力升级？ …………… 068
 第六节　小结：再谈儒学研究的现代理论意识 …………… 076

第二章　儒式家庭观与秦政式帝国之间的张力 …………… 081
 第一节　导言：从荀彧的选择说起 …………… 082

第二节	"邓巴数"制约下的秦汉家庭规模	085
第三节	"周政"下的井田制	090
第四节	"秦政"下的强制性国家货币	099
第五节	王莽对于井田制的灾难性误解	102
第六节	"寓封建于郡国之中"的东汉	109
第七节	东汉的帝国型超级家庭:梁氏	114
第八节	东汉的帝国型超级家庭:袁氏	117
第九节	略论东晋的帝国型超级家庭	122
第十节	小结:修身齐家就能治国平天下?	123

第三章 秦政式帝国中的帝王婚姻 125

第一节	导言:帝王婚姻之重大宪法意义	126
第二节	儒家对于"自由婚姻"与"家长涉婚"的矛盾态度	127
第三节	两汉外戚力量扩张的基本政治逻辑	131
第四节	西汉武帝打压身后外戚势力的失败企图	136
第五节	西汉成帝的任性与西汉的覆亡	137
第六节	东汉桓、灵二帝的婚姻选择与东汉的覆亡	143
第七节	刘备婚姻选择背后的政治考量	151
第八节	魏、吴皇室婚姻选择逻辑中残存的汉代因素	153
第九节	小结:冲动是魔鬼,太后话要听	157
第十节	附录:略论日本平安时代末期的外戚政治与皇族内斗	159

第四章 帝王家事溢发的帝国权斗 175

第一节	导言:中平六年洛京的权斗迷思	176
第二节	权力来自于对资源的掌控吗?	182
第三节	别忘了信息控制权!	189
第四节	理论联系史料:重读东汉三大政变	194
第五节	小结:别小看"软力量"	206

第五章　儒家名分论与其所挚之"谣" ………… 209
- 第一节　导言:从汉末三国的"檄文文化"说起 ………… 210
- 第二节　名分、名器与认知战 ………… 212
- 第三节　荀子与汉儒对于正名论的修正:人为法对于习惯法的置换 ………… 218
- 第四节　王莽对于名分论的利用 ………… 223
- 第五节　从正名论到冻结"证伪思维"的谣言 ………… 226
- 第六节　小结:"牵狗绳隐喻"与正名论 ………… 231

第六章　徘徊在"周政"与"秦政"之间的汉末赌徒孙坚 ………… 235
- 第一节　导言:为何要关注孙吴集团? ………… 236
- 第二节　孙坚的思想导师臧旻的精神世界 ………… 240
- 第三节　孙策、孙权的重要辅臣张昭的精神世界 ………… 249
- 第四节　孙坚人生履历中的封建性面相 ………… 253
- 第五节　从封建性转向帝国性的早期孙氏集团 ………… 256
- 第六节　孙坚在反董战争中的政治选择 ………… 261
- 第七节　孙坚的东瀛镜像:黑田官兵卫 ………… 267
- 第八节　小结:已坐上历史火车的你,是否已经错过了换乘的机会呢? ………… 281

第七章　汉儒意识形态大树上的啄木鸟——王充、王符与仲长统 ………… 285
- 第一节　导言:汉代人精神世界的二元性 ………… 286
- 第二节　王符与仲长统思想中的理性权衡要素 ………… 289
- 第三节　王充挑战汉儒意识形态的主要方式:归谬法 ………… 299
- 第四节　基于"气"论的世界"祛魅化"方案 ………… 303
- 第五节　王充哲学的政治意蕴 ………… 307
- 第六节　小结:怎样的组织资源才能让"啄木鸟"们高飞? ………… 315

第八章　他山之石:儒家思想如何助力日本明治维新？ …… 323
- 第一节　导言:明治维新何以轻易成功？ …… 324
- 第二节　日版的"大义名分"与"尊王攘夷" …… 326
- 第三节　中国之"士"vs.江户之"士" …… 330
- 第四节　化"理学"为"礼学"的荻生徂徕 …… 335
- 第五节　家与工商业社会的中介:家纹 …… 345
- 第六节　儒学背景下的江户民众的启蒙意识
  ——从科技到文艺 …… 357
- 第七节　小结:略谈昭和时代的短暂秦政 …… 370

第九章　放眼当下:从儒式低税主义到美式大数据技术 …… 373
- 第一节　导言:从儒家的低税政策说起 …… 374
- 第二节　儒家的小数据主义:以盐铁辩论为视角 …… 378
- 第三节　再论儒家的小数据主义:以王安石变法与
  明末大乱局为视角 …… 388
- 第四节　美国政治哲学思想市场中的群雄逐鹿 …… 396
- 第五节　欧尼尔对于美式大数据技术的批评 …… 403
- 第六节　在短视频时代被网暴的英语教授与前短视频
  时代的泰迪熊 …… 409
- 第七节　如何打造"数据化儒家"的技术路线？ …… 415
- 第八节　小结:秦政可不止一种模式 …… 420

第十章　(代结语)远眺宇宙:星球大战与周政回归 …… 423
- 第一节　银河共和国的覆灭:周政之殇 …… 424
- 第二节　秦政与"死星" …… 429
- 第三节　在银河帝国的核心释放周政的柔情 …… 432
- 第四节　星战中的周政式经济—科技对当下的启示 …… 434

后　记 …… 439

导 论

在秦政下假装周政尚在的汉儒们

第一节　作为"精神汉朝人"的三国群雄

这是一本关于东汉三国之政治哲学思想前提的小书，并试图以此切口来探讨汉帝国失败的成因。对于大多数读者来说，在"哲学""东汉"与"三国"这三个关键词之间，"三国"貌似是最让人感到亲切的两个字。很多人一听到"三国"，恐怕就会想起"关云长温酒斩华雄""孔明草船借箭""蒋干盗书误孟德"等典故。不过，熟知未必意味真知。举个例子来说，上面这些"典故"其实都是《三国演义》的作者罗贯中（以及在他之前的一系列说书艺人）编出来的，而非正史内容：在正史中，斩杀华雄的是孙权之父孙坚，草船借箭的是孙权本人，蒋干虽试图劝降周瑜，却无"盗书"一说。当然，不管斩杀华雄的究竟是孙坚还是关羽，这些问题毕竟还都属于枝节，未必影响到正确的历史格局感的形成。而更麻烦的是，仅仅根据"演义"了解从东汉到三国变局的读者（包括罗贯中本人）却往往未清楚意识到三国与东汉王朝之间紧密的历史关联，仿佛东汉就是一块无关紧要的背景墙——至于从东汉出发对于整部两汉思想史的追溯意识，就更加付诸阙如了。故此，他们也都未意识到大多数所谓的"三国英雄"都是带着东汉人的意识形态进入群雄逐鹿的。说得更具体一点，作为实质意义上的"东汉人"，刘备、曹操、孙坚、孙权、袁绍等枭雄可能都未在内战初始就估算到汉末战乱会延续那么长时间（顺便说一句，我将189年视为汉末内战爆发的关键时间节点）——因此，他们可能也都过于乐观地估计了通过自己的努力统一中国的概率。虽然站在事后诸葛亮的立场上看，我们或许会嘲笑前人的肤浅与自负，但站在当事人的立场上，这样的思维方式却非常自然。人是历史的动物，而历史只能朝后看，不能朝前看。从汉末扭头朝后看，这些枭雄自然就会看到：秦末大乱后，刘邦大约花费七年就在形式上统一了中国，而在短命的新莽王朝造成新的大乱后,刘秀又花费了约十二年就重建了汉朝。那么,有什么理由不去相信东汉末年的大乱会很快结束呢?另外需要注意的是,在秦末农民起义引发全国大乱后,本被郡县制压制的封建诸侯制又死灰复燃,因此,假若刘邦真败于项羽,后者或许就能再将中国的历史重新拉回多国体制的轨道;与之类似,在刘秀统一中国的过程中,裂土称帝者就有刘玄、刘盆子、公孙述等数人,且不论隗嚣、张步等未称帝的割据势力。即使在这样的情况下,刘邦与刘秀都顺利完成了统一任务,为何汉末的枭雄就不能仿效二刘之先例呢?要知道,自189年董卓乱政开始,到220年汉献帝献御座于曹丕之前,胆敢明目张胆称帝的军阀其实只有袁术一人。换言之,在189—220年之间进行的长达三十年左右的军阀混战,理论上说竟然是发生在此汉臣与彼汉臣之间的!这难道不正说明大一统的汉家意识形态的影响力之大吗?在这样的意识形态背景下,伟大的汉帝国竟然未被第三次建立,这难道不是咄咄怪事吗?

作为中华智慧之代表人物的诸葛亮,就是在东汉的意识形态中成长起来的一代政治家——因此,在他的一生中,他一直都坚信汉朝能够被第三次重建,而蜀汉(季汉)就是统一中国的复兴基地。他在千古名篇《出师表》中以宏大的视角总结了两汉兴亡的历史规律:"亲贤臣,远小人,此先汉所以兴隆也;亲小人,远贤臣,此后汉所以倾颓也"——与之相对应,诸葛家族自身的履历也贯穿于两汉:诸葛亮的远祖诸葛丰在西汉时做过司隶校尉,他的父亲诸葛珪则在东汉末年做到了泰山郡丞,二人都见证了汉帝国曾经的辉煌。而他的叔父诸葛玄则见证了内战爆发后帝国政治信用的大崩溃:诸葛玄拿着袁术给予的"豫章太守"名号去上任,竟然遇到了另一个"豫章太守"朱皓。既然"李逵"与"李鬼"傻傻分不清,暴力就是分辨真假的唯一试金石。结果呢,诸葛玄被朱皓用暴力赶到了荆州,使得跟随他的少年孔明暂时只能在刘表的庇护下先学会低调做人。难道"躬耕于南阳"的少年孔明,在"草堂春睡足,窗外日迟迟"的倦怠表面下,不曾时刻回想起先祖的光荣与叔父所受的羞辱,并由此不时激荡起试图重振帝国秩序的豪情吗?很显然,如果我们不从"精神汉朝人"的角度去解读孔明的一生,我们就很难理解他在成为季汉丞相后为何愿以"明知不可为而为之"的精神一次次发动胜率其实颇为微小的北伐:他其实别无选择。具体而言,他必须在他这最后一代对帝国荣光尚有记忆的老人凋谢之前完成重建汉帝国的任务,否则,他存在的唯一价值就是穿越到21世纪的东京娱乐界去做一个小歌手的经纪人了(这是2023年播出的日本搞笑电视剧《派对浪客诸葛孔明》中的剧情)。

与之遥相呼应,即使是偏居一隅的孙吴政权也留给了汉朝足够的尊重。孙权在登基诏书里就说:"汉享国二十有四世,历年四百三十有四,行气数终,禄祚运尽,普天弛绝,率土分崩。孽臣曹丕,遂夺神器。丕子睿继世作慝,淫名乱制。"——换言之,在吴的官方意识形态叙述系统中,吴自身的建立是以"曹魏篡汉"这一既成事实为前提的,因此,吴并不承担代汉的政治责任,相反,吴恰恰继承了汉所代表的正统天命。也正是在这种意识形态安排下,作为诸葛亮之兄的诸葛瑾(他无疑也和弟弟孔明分享了类似的拥汉思想)才能长期心安理得地在东吴为官。

这种基于大一统思维的意识形态甚至感染了诸葛诞——诸葛家族在曹魏的主要代表政治人物。诸葛诞在257年于寿春发动兵变对抗司马昭,于次年兵败身死。(顺便说一句,由此引发的"寿春大战"乃是三国时期规模最大的一场会战,各方投入总兵力竟超过50万!)诸葛诞反司马氏的动机非常复杂:就公心而言,他本来就视曹魏政权为正统并看不惯司马氏专权;而从私的角度看,大将军曹爽笼络的知识分子夏侯玄、邓飏等人都算是诸葛诞密友,而这些人均死于司马氏之手。当然,已接受曹魏正统性的诸葛诞是算不上正宗的"精神汉朝人"的,但他对曹魏政权的忠诚依然能算成是某种蜕化版本的汉代意识形态的体现。换言之,从孔明的高政治标准的角度看,曹丕获得帝位的过程就是"篡位";而站在诸葛诞的低政治标准的角度看,曹丕毕竟是通过遵守一套复杂的禅让—受禅规则而获得帝位的,而其仿效的恰恰是西汉末年王莽继承汉统之先例。也正是在这一历史惯性的作用下,依然带有关于汉朝行事规则之记忆的曹家在获得政权后,对汉献帝刘协的确也算优待——而不像司马懿那样,在"高平陵之变"后违背基本政治伦理,屠杀了已和平交权的曹爽全家(含无辜妇孺),由此让生性风雅的文艺青年诸葛诞看得"三观碎裂"(顺便说一句,死于258年的诸葛诞并没机会看到260年在洛阳上演的更加血腥的"限制级剧情":20岁不到的魏帝曹髦被司马昭安插的间谍成济用长戈弑杀——司马家甚至懒得为他建造一个形式上的帝陵)。从这个角度看,诸葛家的三杰——诸葛亮、诸葛瑾、诸葛诞——虽各自所在阵营不同,却都以自己的方式为恢复汉朝的帝国秩序而奋斗着。或者至少可以这么说:他们都处在一个竞相比烂的时代,为一条正在不断降低的政治—伦理底线的每一秒钟的续命而不懈战斗着。尽管他们为之服务的新政权未必打的是汉朝的旗号,但至少在他们自己看来,这些政权都完整地继承了大汉的天命,并因此接续了汉朝代表的政治伦理力量。

于是,问题来了:为何继承汉代意识形态的汉末群雄们反而无法迅速停止战乱?或者说,为何统一的意识形态反而促成了分裂的政治局面?这才是从汉末到三国的历史过渡向后人提出的最有分量的历史哲学难题。

对于该难题的回答将迫使我们回溯到内战爆发的189年。在这一年的秋天,袁绍、袁术率领部下冲进洛阳皇宫杀死了约2000名宦官,而由此留出的政治空间则被闯进洛阳的西凉军阀董卓所占据。董卓改立汉献帝为新帝,并通过由吕布带来的并州军迅速压缩了二袁的政治话语权。二袁在京外组织反董武力,董卓则杀死被废的少帝以使他手中的献帝成为不可质疑的名分工具。从某种意义上说,陷入这场内战的双方——董卓与反董联军——都可以将自己描述为大一统意识形态的维护者:董卓可以将自己视为

唯一合法天子的维护者,而反董联军则可以将自己视为对于被谋害的先帝的复仇者。那么,到底谁的说法更有道理呢?儒家意识形态的模糊之处使得双方的论据都显得同样强或同样弱。由此,儒家的名分论在此非但起不到制止暴力的作用,甚至还足以激发更多的热情使得暴力升级。而与之相较,同样的意识形态狂热却不被致力于恢复多国体系的项羽或自满于割据四川的公孙述所分享,而这一点反而便利于他们各自的敌人(刘邦与刘秀)迅速消灭割据势力。

从这个角度看,汉末群雄们之所以均误估了他们所要进入的这条黑暗的历史隧道的长度,便是因为他们均误估了他们各自的对手在同一种意识形态的激励下所产生的斗争热情。这当然不是说大一统的意识形态本身有问题,而是说,汉儒天命说对于帝位合法性的灵活表述方式,的确为某种更深层的思想混乱预埋了伏笔。大一统的意识形态必须与理性的协商机制彼此支撑,由此才能维护国家的真正长久安定——这便是一千八百年之后的我们在回顾这段历史时所得到的深刻教训。

由此,我们就需要从一个更深的角度品味东汉三国。这个角度就是儒家思想史。

第二节　作为"太学生内战"的汉末内战

汉末内战在一定程度上乃是一场"太学生内战"。"太学"乃是汉帝国建立的儒家经典学习的最高学府,在全盛期有两万多学子在此学习。袁绍、曹操都有在太学学习的经历。刘备虽儒学造诣似乎不高,但他既然敢自称是大儒卢植的学生,至少也曾在太学蹭过卢氏的大班课。孙坚、孙策、孙权都没有在汉帝国的太学求学过的记录,但孙权称帝后还是通过"建立吴国版太学"这一举措弥补了这一遗憾,而这一点也使他显得至少比刘备与孔明更重视儒学(可能由于国力不足,蜀汉是三国中唯一没建立太学系统的)。

从上面的叙述中,我们似乎得出了这样的结论:儒学本该成为黏合各路汉末豪杰之间裂痕的思想快干胶。不过,事实未必如此。从思想史角度,汉末三国的混战中最怪异的一场战役,便是发生在200年的官渡大战:这是曾在太学精读《周易》的袁绍与在太学精读《诗经》的曹操之间的生死对决。在今日中国大学的教学体制中,《周易》这本书哲学系会讲得多一点,而《诗经》自然是中文系的碟中菜——因此,官渡大战也可以被视为人文学院内部的哲学系与中文系之间的对决。我本人虽以哲学为专业,但本着实事求是的态度,我必须承认:至少在公元200年的官渡,中文系狠狠教训了哲学系一番,而且,前者对后者下手一点都不留情——比如,在储粮地乌巢被曹军俘虏的袁绍军士兵,都被胜者残忍地割了鼻子。但问题却是:既然大家读的都是宣扬"仁爱"的儒经,下手有必要这么残忍吗?

其实,除了宣扬"仁爱"之外,儒学经典(特别是各种版本的《春秋》)中还留有大量为特定暴力行为进行辩护的信息。别忘了,儒学思想乃是对于周礼系统进行反思后的产物,而周礼系统之所以能建立,靠的可是周武王在牧野之战中翦商成功的赫赫武功。此后,"汤武革命"便成为儒家得以为暴力之合法性进行辩护的标准叙事修辞,甚至孔子所说的"六艺"(礼、乐、射、御、书、数)中,至少也有两项(射、御)与军事技能直接相关。既然儒家承认特定条件下的暴力斗争的合法性,儒家就需要区分敌我——由此一来,一种借以区分敌我的话术也必须被发明出来。而恰恰在这个关节点上,儒家与基督教的区别便立即彰显了出来。对于基督教文明圈内部的宗教战争(如德意志三十年战争)来说,区分敌我的标准乃是相对客观的:天主教阵营的诸侯乃是尊重罗马教廷并遵行由其规定的宗教仪轨的,新教阵营则否(当然,在三十年战争的最后阶段,作为天主教国家的法国反而站到了新教阵营中去,由此冲淡了这场战争的宗教色彩;不过,在此之前,这场战争的宗教色彩依然是鲜明的)。然而,同样的客观区分标准是否能在汉末的混战中出现呢?答案是否定的。儒家的阵营区分乃是基于"君子"与"小人"的差别的,而这一区分的基础往往是某种"自由心证"(换言之,我觉得你是小人你就是小人),并由此使得对于"贼"的语义规定完全被任意化:黄巾军被汉廷称为"蛾贼"或"蚁贼"("蛾"或"蚁"指其数量像昆虫一样众多),张飞燕的黑山军也被汉廷称为"黑山贼";无独有偶,曹操被其对手称为"曹贼",正如刘备也免不了被其对手称为"大耳贼"一样,等等。顺便说一句,在关于汉末与三国的历史文献中反复出现的"贼"字是不能被理解为现代汉语中的"窃贼"的,因为盗窃是一种刑事犯罪,而此"贼"却是政治标签。这个字也不能被简单地翻译成"敌人",因为它带有"敌人"一词所不包含的人格侮辱含义。由此看来,"贼"是一个带有强烈负面情绪的政治标签,对于它的反复使用可以向我们提示那种弥漫于整个汉末世界的戾气。

那么,儒家思想自身需要为这种戾气的泛滥负责吗?我的回答是:儒家的第一种帝国形态——汉儒思想——至少得为这种局面的出现负部分责任。而澄清这种责任,便成为本书写作的核心任务之一。下面便是对于本书将要详细论述的观点的简单提点。

前面已经指出,先秦儒家的意识形态乃是对于周礼系统进行反思的产物,而周礼所对应的中国社会组织方式乃是"封建制"。"封建制"是一个在汉语文化圈被严重误解的术语。它本是指这样的一个政治组织架构:天子把自己直接管辖的王畿以外的土地,分封给诸侯,并授予他们爵位,诸侯再分封卿大夫,诸侯和卿大夫在自己的领地上有相当的自主权。因此,"封建"并不意味着天子的专制,而恰恰意味着各级诸侯对于天子的分权。同时,至少从逻辑上看,封建制也并不意味着迷信的横行(颂扬封建制的孔子本人就"敬鬼神而远之")。至于今人发明了诸如"封建专制""封建迷信"等莫名其妙的混搭术语,实属对于周政运作的无知。此外,很多人将近代中国的启蒙运动视为反封建运动的一部分,殊不知反对原初意义上的封建制的努力早就由秦始皇所开启了(我们甚至可以将该时间点前移到战国时期),因此,近代中国的启蒙运动的真正敌人其实就是帝制,而非封建制。从这个角度看,我们就必须从新的角度理解《论语·颜渊》中所说的"君君、臣臣、父父、子子"一语了——孔子的这句话并不意味着我们必须在一个绝对专制的帝制框架中像蚂蚁一样机械服从帝国框架赋予每个臣民的角色。毋宁说,孔子想说的是:在周政式的封建制中,每一个层级的管理者与被管理者都要自觉履行其各自的封建义务,因此,假如上位者僭越地使用了封建制不允许其使用的社会资源,下位者就要勇敢地向其发出政治批评——如孔子本人对于季孙氏"八佾舞于庭"之行为的批评。从这个角度看,周政式的管理模式并不意味着上位者的绝对权力。

由此看来,周政听上去似乎并不像很多现代人所设想的那么糟糕。既然如此,为何崇周的汉帝国在其运行的末期还是发生了恐怖的大混战呢?答案很简单:在孔子的时代与曹、刘、孙的时代之间,发生了太多的事情。

其中最重要的历史事件便是:封建制被瓦解了。这个过程其实从战国时期就开始在各诸侯国渐次发生,并在秦始皇时代达到高峰:至此,基于皇帝人事任命权的郡县制全面取代了基于地方诸侯之世袭制的分封制。项羽试图通过恢复周代多国体制扭转这一历史潮流,却又被刘邦将历史火车的方向盘转了过去。至于刘邦建立的汉帝国虽然一开始也带有封建制的残余,但随着时间的推移,其郡县制的比例却越来越高。到了东汉,"七国之乱"的西汉典故早就成了坊间的谈资,东汉的诸侯王也早已沦为地方吉祥物一般的存在。这就是汉儒所面对的尴尬的政治现实:一方面,使得儒家学说得以产生的封建制已经不存在了,而另一方面,第一次赋予儒家以至尊地位的,恰恰就是在相当程度上继承了秦帝国架构的汉帝国。如果读者还想不明白其中的尴尬性的话,不妨就设想这样一个与之平行的局面：一个金枪鱼料理师傅长久以来希望有人出高价雇他做金枪鱼料理，但真当有人出高价雇佣他的时候，作为食材的金枪鱼却早已灭绝了。那么，他又该如何做他的料理呢？

"既来之，则安之"，办法总是有的。正如金枪鱼师傅的终极目标不是获得金枪鱼的食材而是基于该食材制造出超级美味一样，儒家的终极目标也并不是恢复封建制——封建制只是孔子在事实层面上所面对的社会现实，而他本人的终极目标乃是激活寓居于封建制构架上的儒式价值理念："仁"。从逻辑上说，"仁"应当也能在别的政治构架里实现，正如高级海洋鱼类的美味也未必一定要靠金枪鱼来实现一样。因此，基于上述想法，汉儒便开始了基于帝国郡县制现实的烹调试验。

不过，在封建制缺席的前提下实现"仁"毕竟是有困难的，正如在金枪鱼灭绝的情况下做出类似金枪鱼寿司之味道的佳肴亦是非常困难的一样。其核心困难便是：儒家的仁学本质上是一种道德劝说学，即在执政者违背"仁道"的时候通过各种软力量使得其回到正道上去。而有效的道德劝说活动的展开，是需要具备一定政治实力的劝说者的存在的——譬如，假如诸侯国的权力一部分还握在卿大夫手里，卿大夫对国君的道德劝说就能发挥作用。而在帝制框架中，君主所掌握的资源实在是太集中了，这就使得儒家的道德劝说往往找不到着力点。这又该怎么办呢？

第三节　掉入"熟人陷阱"的儒家

试图做出"无米之炊"的汉儒的解决方案是：既来之，则安之。帝王也是人，也有七情六欲，也有自己所惧所畏者。因此，不妨针对帝王所喜与所惧者，对其展开心理操控战（或用当下的网络流行语来说，对其进行"PUA"），让其在不经意之间接受儒道。其具体举措有：抓住新帝王的虚荣心为其展开皇室礼仪服务（叔孙通），帮助皇帝做一些法家式的刑罚之事以换取皇帝对儒家的支持（公孙弘），或者干脆通过"天人感应"学说，抓住对于自然现象的政治解释权，对皇帝进行道德恐吓（董仲舒）。很难说这些策略是不成功的：经过上述"组合拳"操作后，儒家在历史上第一次得到了官方编制，以及借以产生自身信徒的思想孵化器——太学。但由此付出的代价也非常高昂：在失去封建制依托的前提下，儒家失去了对自己的道德直觉进行校准的客观参照系，而这一点就为汉末的混战预埋了导火索。

——这到底是怎么一回事？

按照人类学家邓巴（Robin Ian MacDonald Dunbar）的意见，采集—狩猎时代穴居人的群居规模不过150人左右，这就使得一般人能够熟悉的"熟人"大致也是这个规模（这一点也适用于网络时代的现代人，因为现代人的心智架构与史前人类并无本质区别）。① 在周政体制下，因为社会分层管理，每个人需要熟悉的也是小共同体内的那些熟人，这就使得那种来自于史前时代的道德直觉能够正确发挥作用。而先秦儒家（孔、孟）恰恰是非常强调道德直觉的，这就意味着原始儒家思想的正确运作必须被限制在熟人团体之内。而在汉儒所面对的社会现实变成一个巨型帝国的前提下，原本尚且可以正常运作的道德直觉系统就可能会变得运作困难了（正如一辆更适合温带地区行驶的汽车会在寒带启动失败一样）。如果读者不太理解这一评判的含义的话，不妨设想这种情况：假若你作为学生，要去评判在本科给你上过课的20位教师的教学水平的话，你觉得你有多大机会做到公平给分呢？相信很多人都觉得自己可以勉强做到。但如果需要评判的教师暴涨到400人（且评判时间不变）呢？恐怕很多人都会觉得自己无法胜任吧。

---

① ［英］罗宾·邓巴：《梳毛、八卦及语言的进化》，区沛仪、张杰译，现代出版社，2017年。

唯一可以采取的办法只有两个:第一,恪守"邓巴数"限制的原则,仅仅去挑选那些自己熟悉的老师给出比较精准的评分,不熟悉的人则胡乱给分(在很多情况下,不熟悉者就会被打低分——这就是所谓的"亲亲");第二,引入某种突破"邓巴数"限制的客观评价标准(比如上网搜索被评价者的行内业绩)。但需要注意的是,虽然很多人会觉得第二个评价方式更为合理,但此评价方法本身就等于放弃了原始儒家对于自身道德直觉的信赖,而将评价权"分包"出去了。这就意味着:若一个具有超级权力的评判者要在一个庞大的帝国框架内对复杂的人事关系与政务进行精准的评判的话,他也必须寻找某种超越直觉的外部标准以应对"认知负担过载"这一挑战。面对这一挑战,法家的方案是按照统一的标准(耕、战)去衡量每个被评价者的成绩,并据此授予官职爵位,由此使得社会架构嬗变之轨迹符合"上世亲亲而爱私,中世上贤而说仁,下世贵贵而尊官"(《商君书·开塞》)一语所指涉之方向。而在法家思维的启发下,科举制则从隋唐时代成为中国的官吏拔擢制度的基干,只是围绕着耕、战的单一化评价方式渐渐变成了围绕着经典的记忆与诠释比赛(或者说,随着科举制度的日益僵化,科举考试的目的最终成为将考生训练为以经典为输入语料的碳基版"ChatGPT")。不过,以上两个办法虽然的确能够减少判断者的认知负担,但这都不是汉儒所能采取的。首先,汉儒当然不会采取法家的方案,因为这等于否定了其心目中的周政而向秦政投降;其次,他们也不会采用后世的科举制(尽管汉代的太学机制的确是向科举制过渡的一个中介形态),因为科举制对于竞争者队伍的任意扩大等于削弱了任何一个超级大家庭与帝王博弈的能力,因此属于变相的秦政。但限于时代条件的限制,汉儒却没有能够提出一套三全其美的解决方案:(甲)能与对民间资源竭泽而渔的秦政拉开距离;(乙)能保持儒家对君王的道德劝规权;(丙)的确能够在一个超级帝国内减少中枢(无论是内朝还是外朝)的"认知负担"。毋宁说,汉儒划分君子与小人的思想方式依然是囿于"邓巴数"之限制的,这使得汉末的儒家团体往往以"朋友圈"的方式出现。其典型的例子便有在《后汉书·党锢列传》中被提及的"八顾"(郭林宗、宗慈、巴肃、夏馥、范滂、尹勋、蔡衍、羊陟)、"八俊"(张俭、檀彬、褚凤、张肃、薛兰、冯禧、魏玄、徐干)、"八及"(张俭、岑晊、刘表、陈翔、孔昱、苑康、檀敷、翟超)以及"八厨"(度尚、张邈、王考、刘儒、胡母班、秦周、蕃向、王章),等等。由此一来,基于个人偏见的道德直觉就会产生彼此难以对齐的结果,而一旦这些产生分歧的个体恰恰掌握着可观的暴力资源,将彼此视为"贼"的口水战就很可能会升级为真正的内战。臧洪对抗袁绍的东武阳战役(196年)便可为这种暴力升级现象提供一个很有力的注解。严格地说,引发这场严重军事冲突的,乃是当事人儒家名流臧洪(当年反董联盟的联络人)基于"朋友圈"式思维的道德直觉。冲突的缘起是:臧洪的老上司与好友张超("八厨"之一张邈的弟弟)在雍丘被曹操围攻,而麻烦的是,臧洪当时的"老板"袁绍恰恰是默许曹操的行动的。臧洪试图劝说袁去救张,未果,自己去救,则未及。结果,张超一家被曹操杀害。基于道德义愤的臧洪竟然立即在东武阳举起了反叛袁绍的大旗(他之所以不去打曹操,乃是因为自己离曹操太远)。袁绍对臧洪软硬兼施,未果,只能围城。而军粮匮乏的臧洪竟然杀了自己的小妾与士兵分食之。最后,在守军连人肉都吃完后,东武阳终于被袁军攻破,臧家一门被屠。需要注意的是,虽然杀妻妾充军粮的惨事也发生在唐代的睢阳战役中,但睢阳对于保卫江南赋税区的意义毕竟是天下皆知的,而臧洪的坚持所具有的名分根据却非常模糊。他和张超之间友谊的价值,真的需要那么多无辜的人的血来验证吗?他真地冷静思考过友情与众多无辜者的生命各自的权重了吗?很显然,在这个事例中,我们看到了基于"邓巴数"思维之限制的臧氏对于处在"邓巴数"范围之外的普通人(特别是东武阳的无辜军民)的生命的蔑视。这便是基于"亲亲"原则的儒式思维习惯在突然面对超越邓巴数的复杂人性关系时难以避免的"价值输出失调"现象。①

不过,儒家的原始立场毕竟是基于仁爱的,绝不会鼓动军人去杀妾充粮。因此,从根底上说,儒家思想自身并没有引发汉末的内战,毋宁说,由于少了理性权衡系统的参与,儒家与帝国的建制方式的结合才最终导致了暴力的全面升级。这就好比说,某位赛车手自身的豪情并不会导致他在比赛中丧命——然而,如果他的豪情只是简单地与某辆赛车结合,却少了相关赛车知识的襄助,那么,此类激昂的情绪就极可能会让其在赛道上丧命。

---

① 读者可能会发疑:既然张超乃是臧洪的老上司,而袁绍是臧的现任上司,臧为何一定要忠于张而非袁?这与东汉士人所持的"二重君主观"有关。换言之,若某士人曾是另外一位士人幕府里的掾吏,则后者就是前者的主君,换言之,前者必须对后者抱有封建忠诚,包括承担为其复仇的义务。当然,原则上任何士人都必须尊重皇帝,所以,对主君的忠诚与对皇帝的忠诚就构成了"二重君主观"。具体而言,张超做广陵太守的时候曾辟臧洪为功曹,所以,张超就是臧之主君,张死后臧是有义务为之复仇的(顺便说一句,类似当年孟尝君招门客,当时太守这一级别的官员可自行开府辟士,择人不必由朝廷批准,故被辟者往往视辟者——而非辟者的行政上级——为恩主)。与之相较,臧、袁交恶时臧乃是东郡太守。这个官职虽然实际上是袁绍给的,但就名分而言,臧还是天子之臣,非袁幕府内的成员。因此,袁非臧之主君,而只是权势高于他的政治盟友罢了。从政治哲学的角度看,"二重君主观"是汉儒在帝国框架内试图恢复先秦封建关系的产物,而此类产物显然会在某些机缘下催生基于熟人关系的封建性与基于抽象律令的帝国性之间的尖锐对立。而在春秋多国体系的背景中,由于帝国框架的阙如,封建性忠诚反而不会造成那么多的麻烦。而在"唐宋之变"后,由于皇权的全面增强,上下级行政关系的重要性全面压倒私人封建关系,东汉式"二重君主观"的生存空间也便大大缩小了。而这样的一个历史趋势虽然增加了国家的稳定度,但也大大压制了地方多样性的发展,并间接锁死了中国古代科技发展的天花板。需要指出的是,面对这种"一放就乱、一管就死"的两难,别的文明并非就没有别的解决方案。譬如,在西欧封建制的框架下,虽然一个西欧贵族所处的多重封建关系的复杂程度一般都远甚于东汉式的"二重君主观"(因为一个西欧贵族往往与别的贵族、与国君、与神圣罗马帝国皇帝、与各级主教以及与罗马教皇均有封建从属关系),但依赖大量的成文封建契约之间的逻辑牵制,不少涉事贵族都能在尽量维护自己封建信用的同时,使得自己的有限资源不至于为了维护其中的某一重关系而被迅速耗尽。之所以能如此,乃是因为西欧中世纪贵族继承了来自罗马法的理性协商习惯——而令人遗憾的是,这样的文化资源却是执着于"大复仇"学说的"臧洪们"所缺乏的。至于试图建立起基于汉语思维的理性协商传统的东汉哲学家王充,又被汉代文化所高度边缘化,未在历史中发挥太大的实际作用(参看本书第七章)。

很多人或许都会因此批评儒家没有培养出古希腊—罗马式的理性协商传统。该传统的匮乏固然是儒家文化的一个重大遗憾,但问题是,谁该为该缺陷买单。平心而论,在这个问题上让儒家来承担首责,多少有点不公。老实说,进行理性化的思考并不是希腊、罗马文明的专利。孔、孟的学说虽然高度基于道德直觉而缺乏理论论证,但儒家思想向理性化方向演化的可能性并未被彻底关闭。譬如,荀子思想基于"名—实"关系的严密思辨已使得儒学具备了与名家和墨家对话的理论潜质,其进一步的发展形态或许会催生出一种在系统性与条理性方面不输给希腊哲学的新东方哲学形态。然而,荀子最终只成了儒学的支流。相关的机缘问题非常复杂,很难用几句话说清楚。但我们至少可以非常粗略地说:若要让一种基于协商的哲学泛化为全民的认知习惯,需要的乃是长时间的熏养,而中国历史的特殊性却恰恰在于,中国进入帝国时代的时间点实在太早了,这就使得与多国系统相辅相成的多元博弈习惯可以被养成的时间也被大大缩短了(与之相较,古罗马不是在打败迦太基后立即就进入帝制的,这就使得其在相对漫长的共和国时期形成的理性博弈习惯能在帝国时代幸存;中世纪晚期的"德意志神圣罗马帝国"则由于自身无法压服新教诸侯,最终使得"三十年战争"打出了成为今日国际关系准则的"威斯特伐利亚体系"①)。这是儒家的传播所面临的历史命运,并不是儒家自身所能左右的。

——那么,为何这一历史命运会落到古典中国之上,而不会落到古罗马之上呢?具体而言,为何古典中国的帝国传统来得那么早,而周政体制结束得也那么早?

---

① 虽然古罗马帝制的专制色彩远逊于秦帝国,但依然高于古罗马共和国。至于从中世纪延续到"德意志神圣罗马帝国",其实更类似于西周的架构——尽管如此,对反抗帝国权威的捷克农民军来说,该政权依然像是一个"秦政"。这也就是说,欧洲中西部的"帝国"不但成型晚,而且以中国为标准看,"秦政"指数甚低。

第四节 帝国何以成形？——治水抑或暴力？

关于中国的帝国传统之所以形成得那么早，德裔美籍汉学家魏复古（或译为"魏特夫"，Karl August Wittfogel）在1957年发表的《东方专制主义——对于极权力量的比较研究》中提出了一种至今依然被广泛引用的观点：治水对于集中人力物力的需要导致了东方式大帝国的早熟。但在全书中，他用以支持此观点的关于中国历史的讨论却是非常稀薄的，偶尔的几处讨论也非常怪异。以其对于隋大运河的讨论为例①：他虽然注意到了营建大运河所需要的巨大社会资源，却忽略了隋炀帝建造该运河的如下根本目的：(1)在隋未统一中国之前，为南下攻击陈国提供输粮渠道（此刻大运河的部分河段已堪使用）；(2)为维持洛阳的运转提供输粮渠道；(3)为隋统一后对高句丽的军事行动提供补给线。很明显，就隋炀帝的主观意图而言，治水乃是手段，军事并吞与政治控制才是目的，而魏复古之论显然是倒果为因了。而且，他的议论也不能解释：为何在同样存在着黄河与长江的西周时代，缺乏强力帝国核心的分封制依然运作了数百年。而魏复古之论的最大硬伤，乃在于他无法按照他的思路捋顺黄河在1048年的灾难性改道与帝国体制之间的因果关系。按照他的思路，正因为黄河改道引发了巨大水患，所以就需要北宋这样的强大中央政府来应对这个问题。但问题是，北宋固然花费了巨大资源投入黄河治理，但相关的细节却与魏复古理论的预判方向基本南辕北辙：第一，在魏晋南北朝的分裂时代，由于被游牧民族占据的黄河上游生态得到恢复，黄河引发的水患反而并不严重；而北宋政权遭遇的水患恰恰导因于唐帝国在黄河上游实

---

① Karl August Wittfogel, *Oriental Despotism-A Comparative Study of Total Power*, New Haven and London: Harvard University Press, 1957, pp. 33-34, 40, 170.

行的军屯制,以及由此引发的水土流失问题。因此,并非是帝国为了解决水患问题而生,而是相反的情况:水患因为帝国对自然资源的过度盘剥而生;第二,宋、辽对峙的军事现实是北宋政府治黄举措的重要地缘政治背景,因此,河流治理这一貌似纯粹生态意义上的举措当时就不得不背负起原本不具有的国防意义(譬如利用改道的黄河制造阻止北方骑兵入侵的缓冲带,为保卫首都开封争取时间)。这也就是说,假若没有这一国防需求,北宋的治黄策略或许会有很大不同。既然国防需求是帝国体制的衍生物而非河流改道的衍生物,这也就等于再一次说明魏复古之论在"治水需求"与"帝国体制"之间建立的因果关系完全错置了时间线的方向。①

社会学家赵鼎新先生正确地指出,治水因素并不是使得中华式帝国产生的关键因子,东周时代频繁的争霸与灭国战争才是倒逼各诸侯国进行法家式变法的真正原因。而一旦某些地方势力(如秦国)占据了特定的地利优势,这些势力就有能力控制全国。对于秦来说,此类地利优势就包括:它可以利用渭水的流势攻击三晋,或者利用长江的流势直下楚国。② 不过,赵论似乎没有更详细地解释为何频繁的战乱一定就会导致法家式的统治模式。再以德意志三十年战争为参照系(这其实是欧洲版的东周大混战):此战中欧洲诸国开始实行征兵制,并建立了常备军与后勤系统,其动员规模已经大于此前的中世纪战争。但"三十年战争"的结果却恰恰是与中国相反的:哈布斯堡家族一统德意志世界的希望最终破灭,奠定现代欧洲政治风貌的多国体制随之正式建立;与此同时,法兰西成为新的欧洲强国(它虽然还是一个天主教国家,但已经获

---

① 读者欲了解有关于北宋治黄策略的生态学与地缘政治学背景的信息,请参看旅美史学家张玲获得"2017年度最佳环境史图书奖"(授自美国环境史学会)的著作《河流、平原、政权:北宋中国的一出环境大戏,1048—1128》,相关英文版信息为:Ling Zhang, *The River, the Plain, and the State: An Environmental Drama in Northern Song China*, 1048-1128. New York: Cambridge University Press, 2016。

② 赵鼎新:《国家、战争与历史发展:前现代中西模式的比较》,浙江大学出版社,2015年,第86页。

得了独立于罗马教廷的独立行动权），新兴的资产阶级国家荷兰则开始了基于共和国理念的新政治制度尝试（顺便说一句，该共和国下属的七省都保持自治传统，因此，荷兰的宪制架构其实更符合儒家对周政的期待）。因此，仅仅提及战争这一要素，我们依然无法合理地解释秦政在中国的成功，以及哈布斯堡家族在欧洲的失败——我们还需要别的变量。笔者找到的变量乃是部队规模。需要注意的是，"三十年战争"中各大战役各国的参战兵力更接近中国的春秋争霸战，而不是战国时期的灭国战。譬如，作为春秋争霸战的典型，公元前632年楚晋城濮之战双方动员的兵力不太可能超过7万（从晋军出动700乘战车这一数据出发，按春秋军制推算），而作为战国灭国战的典型，前260年的长平之战中，秦、赵投入的总兵力可能已过百万。与之相较，"三十年战争"时期的典型战役——发生在1643年的罗克鲁瓦战役（the Battle of Rocroi）——只是牵涉到了来自法国的23000人以及来自西班牙的27000人，总体规模并不明显大于城濮之战。这就意味着：即使是以血腥著称的"三十年战争"，参战各国对于自身社会资源的榨取程度也远远不如中国的战国时期。毫不夸张地说，欧洲第一次进入中国战国式的军事资源动员模式，可能要等到拿破仑战争时期，而要将相关动员机制进一步建制化，则可能要等到第一次世界大战。这一点也就有力解释了为何即使是"三十年战争"这样恐怖的混战也没有给欧洲带来秦政。

于是，新的问题又来了：为何战国时期的战争规模会那么大？此外，为何大约发生在明清之际的罗克鲁瓦战役的战争规模反而没有那么大？

在面对这个问题时，很多人或许都会立即想起"中国人口的总体规模更大"这个理由。下述历史事实则或许会使得该理由显得更具合理性："三十年战争"与蔓延全欧洲的大瘟疫几乎同期，因此，瘟疫对人口的减少也就自然减少了欧洲各诸侯对于民力的榨取能力。但我在此却想提及一个更重要的技术因素："三十年战争"乃是"西班牙大方阵"与火枪兵并用的战争。其具体作战方式是:方阵兵掩护火枪兵发射弹药,由此使得方阵兵的防御力能与火器的攻击力相得益彰。需要注意的是,这里提到的两个专业兵种都非常昂贵,而且极端需要士兵的操作经验(早期火器的昂贵自不必多提,而西班牙大方阵也需要方阵兵长期操练才能在战场上随意变阵)。这就导致了很多诸侯国不得不依赖人力市场上既有的佣兵集团来作战——而限于经济原因,被雇佣的佣兵规模总不可能太大。与之相较,在西周的车战被春秋中晚期出现的步兵战取代后,轻步兵就成为东周时期最重要的兵种。无论是与昂贵的西周战车兵相比,还是与德意志"三十年战争"时期的火枪兵与方阵兵相比,东周的轻步兵都是一种低成本、低技术含量的"耗材兵"——这也就解释了为何战国时期的灭国战能够动员这么大规模的部队。很显然,将如此多的成年男子编入军队,就难免会使得相关诸侯国的社会生活(包括文化生活与市场交换行为)的丰富度被压缩到最低限度。从这个角度看,引发法家政治哲学的,其实就是发生在春秋中后期的步兵革命,因此,直面此场革命的《孙子兵法》其实便是牵引法家思想出现的一条重要的暗线。

  细心的读者或许会发现,我在这里没有提及文化在塑造中华大一统帝国的过程中所起到的作用。作为一名物理主义者(即相信所有的精神性因素——如我们的喜怒哀乐乃至各种礼仪制度——都随附于物理世界),我本人其实不太相信文化要素能以一种独立于物理因素的方式而起作用。毋宁说,基于某种纯粹的基因演变因素,试图通过获得大量领土来实现心理满足的政治家在每一种文化中都会出现,无论他的名字是叫"嬴政"还是"亚历山大",是叫"铁木真"还是"拿破仑"。而中国历史的特殊性则在于:基于复杂的历史机缘,在多方博弈的局面中,某一方独大的难度相对较小,而在西方历史中,某一方独大的难度要大很多。因此,大一统文化的形成,其实便是上述博弈结果在心理上被定型的产物,而非起因。

现以刘邦与项羽的争霸为例,来说明上述论点。《史记》所记载的刘邦的出生地沛郡丰邑中阳里(今日徐州市丰县)虽离项羽的故乡下相(今天的宿迁)不远,但作为旧楚贵族的项羽乃是某种程度上的"精神东周人":在巨鹿大战中大败秦军主力后,他依然试图恢复分封制,而不是彻底利用秦朝的架构建立新帝国;与之相较,刘邦却是真正的"精神秦人":他祖上虽肯定不是秦人(在战国期间,丰邑先后隶属于宋、齐、魏、楚),本人却在秦国做了亭长,可见他对秦帝国的郡县制系统有一种真正的认同,而不会拘泥于对某一片特殊乡土的效忠。这种认同能够使他竭力利用处于旧秦地的关中资源与项羽争雄,由此使得他能在经历一次次军事挫败后浴火重生。由于汉军资源多但兵员素质较差,楚军人数少但兵员素质较高,楚汉战争实际上便是一场展开在"耗材兵"与"精锐兵"之间的战争。而之所以楚军的战术优势并未挽回其失败的最终命运,又是下述要素叠加作用的产物:(甲)在未有火药兵器襄助的前提下,楚军的战术优势没有强到足以克制大量耗材兵的地步;(乙)中国庞大的作战地域削弱了楚军的战术优势,却给韩信这样的善于在大区域内使用耗材兵的孙武式军事家提供了发挥的空间。很显然,上述两个环境参数在欧洲并未同时出现。譬如,在德意志三十年战争中,黑火药兵器的广泛使用使得缺乏此类兵器的军队变得毫无生存力;而在古希腊罗马时代的军事斗争中,希腊、罗马地区逼仄的半岛多山地形又使得孙武式的大范围陆上战略机动变得非常困难,反而倒逼古希腊—罗马的陆军只能走精兵路线。而就希腊—罗马世界的海军建设而言,其所进行的战略机动又需要高素质的水手与昂贵的多列桨战舰。因此,基于低质、大量的耗材兵进行的孙武式战争模式在西方的古典世界中就很难被复刻。而这一点又反向解释了为何古希腊与罗马没有采用秦汉帝国的那种旨在攫取民间一切战争资源的统治形式(顺便说一句,即使到了帝国时代,古罗马依然带有大量共和制残余,而非秦汉帝国的对等物;罗马帝国的兵制采用与民间分离的职业兵制度,由此使得其军事行动不致过于影响民间人力的使用;罗马帝国高度重视商业,而与法家的抑商思想格格不入)。

——以上说的这些,与儒家有关吗?

——当然有关!前文已经说过了,儒家的尴尬之处便是,其衍生于周政多国体制的意识形态却不得不在汉朝去面对已具有秦政骨架的帝国体制。按照上面的分析,春秋中晚期的"步兵崛起"事件其实就是使得这一帝国框架得以形成的最终成因,同时也是使儒家最终不得不面临"在没有金枪鱼的时代制作金枪鱼料理"之窘境的最终成因。因为这一成因的出现远早于公孙弘与董仲舒的时代,这就使得汉儒面临的尴尬局面具有了一种悲壮的历史宿命感。从这个角度看,我们对于汉儒思想的任何严厉批判都必须同时心念其尴尬的历史处境,由此做到判词既合理,又不失厚道。

在下一节中,我们就将按照不同的历史分期,大致概括一下儒家对秦政型帝国的应对方案。

第五节　从先秦儒到汉儒的演化:从反战斗士到帝王师

帝国形态的崛起与发展经历了非常漫长的历史时期。我将其分为四大阶段:第一阶段为"帝国酝酿期"(从春秋中晚期到秦一统),第二阶段为"帝国磨合期"(从秦始皇到汉武帝),第三阶段为"帝国稳定期"(后武帝时代的西汉以及东汉大部分时期——在这里我们暂且跳过新莽王朝),第四阶段为"帝国崩溃期"(东汉末年)。在这四个阶段,儒家对不同阶段历史现实的应对策略是彼此不同的。

在"帝国酝酿期",既然帝国形态的建立还未成为定局,儒家的策略便是千方百计阻碍这一历史进程的展开。其具体操作方案便是以基于仁义的"王道"学说为抓手,宣扬反战理念,由此阻碍某些诸侯国建立基于暴力的"霸道"逻辑的实现(顺便说一句,在此我们不难发现儒家意识形态的高度可塑性：在回顾"汤武革命"的历史旧事之时，儒家对暴力相对宽容；而在面临周礼体系被颠覆的局面时，他们又开始加浓自身叙事图景中的和平主义色彩）。具体而言，孔子虽然并不反对任何一种战争，但他却高度重视正义性战争与不义之战的区别，并竭力反对任何一种不符合周礼原则的战争。他说："天下有道，则礼乐征伐自天子出；天下无道，则礼乐征伐自诸侯出。"（《论语·季氏》）——其言下之意，便是直接否定了春秋时期绝大多数军事行动的合法性（因为从齐桓公开始，基于天子之命而展开的军事讨伐活动已寥若晨星了）。而在面对急于扩充军力的卫灵公时，孔子又隐瞒了自己对于御车术与弓术的熟悉，故意对他说"军旅之事，未之学也"（《论语·卫灵公》），由此淡化听者对霸道的执着。到了孟子所生活的时代，诸侯国之间战争的残酷程度又有全面升级，甚至到了"争地以战，杀人盈野，争城以战，杀人盈城，此所谓率土地而食人肉，罪不容于死"的地步（《孟子·离娄上》）。面对这种残酷现实，孟子继承了孔子尊重周天子权威的传统，提出了"春秋无义战"（《孟子·尽心下》）的著名说法，并对春秋五霸提出了如下的严厉批评："五霸者，搂诸侯以伐诸侯者也；故曰：五霸者，三王之罪人也［"三王"指尧、舜、禹——引者注］。"（《孟子·告子下》）不过，在他看来，齐桓公时代的霸主至少还有《葵丘盟》这样部分反映周礼精神的文件以约束其行为，而当下的诸侯甚至连这样的伦理底线也放弃了。因此，孟子才说，"今之诸侯皆犯此五禁，故曰今之诸侯，五霸之罪人也"（《孟子·告子下》）。从这个角度看，对于战国时期展开的兼并战争，孟子基本持否定态度。

尽管孔、孟的上述反战言论很容易被视为不合时势的迂腐之言，但从儒家的理路上，尊重周天子并压制诸侯乃是阻止帝国出现的唯一进路。其背后的推理是：为了自身的利益，天子肯定希望不要出现强大的诸侯国以架空自己，因此，维持多且不强的诸侯国群才能保证周王室的跨国协调机能的长存。而要维持这样的地缘政治局面,就必须将任何华夏文明圈内的战争发动权全面上交给周天子,由此使得战争的频率与残酷度都下降到无法产生任何足以吞灭别国的强大地方势力的地步。然而,理论固然很美好,现实却很骨感。孔、孟的反战学说存在的核心问题便是:此说缺乏合适的游说对象。周天子自然愿意赞成此论,但周天子手中并无资源;野心勃勃且资源相对丰富的众诸侯国则根本不可能会接受这种注定会牺牲自身利益的学说。从这个角度看,缺乏将政治哲学理论与大量现实资源加以打通的渠道,乃是孔孟学说在东周的话语权争夺战中失败的根本原因。而作为这种失败的结果,汉儒就不得不面对孔孟所竭力避免的帝国体制。由此,我们的讨论就进入了下一个阶段:"帝国磨合期"。

在帝国磨合期的早期,由于秦帝国对于儒家的严酷政策,儒家甚至连保护自己的经典文本都有点勉为其难,遑论再去影响现实政治。但需要注意的是,由于儒家本身浓郁的齐鲁文化特色,儒家又错失了在楚汉战争中与楚人意识过于浓郁的项羽结盟的机会。这或许是儒家在帝国磨合期最后一次咸鱼翻身的机会,因为项羽所试图恢复的多国体制本是更接近儒家心目中的周政的。阴差阳错的是,客观上试图换个招牌恢复秦帝国的刘邦,反而因为其相对宽容的个人气质(至少与项羽相比)接纳了不少儒生,这使得汉儒一开始就必须面对"为杀父仇人打工"的荒谬局面(这里的"父"指与周政紧紧捆绑的多国体制)。

不过,面对此种不利局面的汉儒还是决定设法用素鸭做出烤鸭的味道来。具体而言,汉儒决定将计就计,大胆利用帝国既有的行政架构去传播儒学,就像1945年的英美盟军将计就计地利用德国自己建立的高速公路网去进攻德国腹地一样。由此就有了董仲舒在写给汉武帝刘彻的《天人三策》(收录于《汉书·董仲舒传》)中关于"大一统"的著名描述:

《春秋》大一统者,天地之常经,古今之通谊也。今师异道,人异论,百家殊方,指意不同,是以上亡以持一统;法制数变,下不知所守。臣愚以为诸不在六艺之科孔子之术者,皆绝其道,勿使并进。邪辟之说灭息,然后统纪可一而法度可明,民知所从矣。

董仲舒在此的潜台词有:(甲)用公羊学的"大一统"话术迷惑汉武帝,让汉武帝相信儒家已经心悦诚服地承认了汉帝国的秦政骨架(不过,他不太敢向武帝明说的是,公羊学说的"大一统"只是指王道理想下的众多诸侯国之间的价值对齐,而非帝制意义上的行政"大一统");(乙)利用帝国的行政系统排斥其他非儒学派,使得儒家的思想传播能够豁免于"噪音"的干扰;(丙)由于儒经的解释权自然是由儒生掌握的,因此,儒家传播机制的帝国化就意味着儒生要获得对于帝国意识形态的构建权。

这套策略貌似很机智,却忽略了三个关键问题:第一,孔子本人在儒学传播上高度依赖私学系统,而主流汉儒却在这个问题上高度依赖官设的太学。这就好比说,老师将自己的银行卡密码交给自己的学生,由此使得儒家的"帝王师计划"一开始就面临缺乏独立运作资源的问题。由此,在汉帝国的框架中,试图弘扬王道并贬斥霸道的儒生,就只能根据随时变动的政治局势做出种种扭曲的身姿以适应霸道横行的现实。这一点也就解释了为何日后的大儒刘歆明明属于"古文经学派"(该学派的实证理性指数其实要高于董仲舒所代表的"今文经"),却愿意为满脑子祥瑞思想的王莽做"国师":因为他根本就没有别的上位选择。

第二,主流汉儒的这种迎合策略使得其基本错失了在脱离政治诉求的前提下琢磨出一套中立的理性推演技术的可能(如亚里士多德在《工具篇》中所做的那样)。需要注意的是,这当然不是说儒学本身天然是反逻辑的——否则我们就无法解释《荀子》的高度体系性；更不是说在汉帝国官吏系统中生活过的任何一个知识分子已经丧失了理论思维能力——否则我们就无法解释为何有丰富掾吏工作经验的王充能够写出充满思辨精神的《论衡》。但荀子的思想毕竟是儒家支流，而王充的《论衡》若不是在汉末被蔡邕带回洛京，本来很可能是会散失的。反过来说，那些在帝国的太学系统中占据高位的儒生，却因为与政治需求的高度贴近，而形成了"先射箭、再画靶"的思维习性，由此丢掉了在失去思想雇主的情况下实事求是地分析形势的能力。曹操之所以能在官渡打败袁绍，恐怕也是因为作为诗人他的"汉儒指数"比袁绍略低，并因此获得了较高的理性分析能力吧！

第三，可能是因为主流汉儒太急于分享帝国资源并获得新思想雇主的好感，他们淡忘了孔、孟的反战思想意蕴，反而向汉帝国提供了借以发动大规模战争的思想武器：大复仇理论。《公羊传》中的"大复仇"理论所依据的春秋旧例乃是齐襄王复九世之仇灭纪国之事，然后，通过重重演绎，此案例被汉武帝用以论证针对匈奴的大规模战争的合法性（其借口是为汉高祖刘邦在"白登之围"中被匈奴人羞辱一事复仇）。汉儒思维缺乏理性权衡机制的毛病在此案例中彰显无疑：即使齐襄王复九世之仇合理，那也是因为纪侯曾在九世之前向周天子进谗言，害得齐哀公被活活烹死。与之相较，刘邦在白登之围中安然撤退，损失完全可控。在这种情况下，为何不仅仅对匈奴发动一些小规模的惩罚性军事行动，而需要旷日持久地对其用兵，直至帝国经济濒临崩溃、海内纳税人口减半呢？

汉武帝本人在晚年终于意识到因自己的穷兵黩武所造成的困难的政治经济形势，由此做出了部分政策调整，让汉帝国侥幸避免了重蹈秦速亡之覆辙的命运。武帝死后，主张深化武帝后期的政策纠偏工作的权臣霍光则渐渐成为帝国的实际统治者，终于造就了"昭宣之治"。汉儒也由此进入了"帝国稳定期"。

第六节　汉儒继续演化：从民营经济的捍卫者到内战帮凶

汉儒在此间最亮眼的表现乃是"盐铁之议"。前81年2月，60多个新荐举的贤良、文学（即通过特定考试而成为备选官吏的地方儒士）被召至宫中，就武帝留下的各项财政政策应否废止，与御史大夫桑弘羊辩论。需要注意的是，作为武帝生前的宠臣，桑弘羊在聚敛民间财富以供应军资方面曾做出过重大"贡献"。武帝晚年虽对自己的好战政策有所反省，但依然留此人辅佐汉昭帝刘弗陵，可见他对自身秦政偏好的否定并不彻底。至于那些贤良、文学，多代表地方豪强利益，对武帝时代的资源掠夺政策抱有长期的不满，只是忌惮武帝的强势而只好长期隐忍。现武帝已崩，在他们眼中，先帝留下的政治遗产看管人桑弘羊便成了一面相对容易被推倒的墙。而试图排挤桑弘羊独揽大权的霍光，则成为组织这些地方儒士对抗武帝经济政策的幕后策划人。不得不承认，这是儒家思想史上关于经济政策问题的第一场全国性大辩论，对于我们理解儒家思想的经济学面相大有裨益。由此，儒家对于周政的向往以及对于秦政的厌恶，也得到了来自经济学角度的印证。

看得更深一点，"盐铁之议"对经济问题的重视乃是与先秦儒家的反战言论相辅相成的，因为二者都服从同样的逻辑：反对帝国式政府毫无节制地吸取民间力量，无论这力量指的是人的血肉生命还是真金白银的经济资源。由此，与很多人的刻板成见相反，从先秦到汉早期的儒家并不厌恶商业活动，而只是反对将以"利"为追求的商业活动精神带入以"义"为追求的政治活动。这就造成了此期儒家关于政商关系的基本态度：反对政府亲自下场从事商业活动与民争利。由此，我们才看到《论语·八佾》批评大搞国营商业活动的管子"器小"，而司马迁也在《史记·货殖列传》中说：

"故善者因之,其次利道之,其次教诲之,其次整齐之,最下者与之争。"应当说,汉帝国早期的经济政策是对民营经济相对有利的,这使得在经历楚汉战争摧残后的全国经济立即繁荣了起来。然而,基于战争需要,武帝时代开始的盐、铁、酒专卖制度成为套在民营经济脖子上的绞索,大大降低了民间的经济活力。而试图在昭帝时代推翻武帝政策的汉儒们,则重新拾起"不能与民争利"的名分武器,在霍光的庇护下向作为秦政象征的盐铁专卖制度发起冲锋。

不过,从盐铁会议的结果看,儒生并未完全达到其目的。会议结束后,朝廷仅仅罢去了郡国酒榷和关内铁官,其他各项政策仍维持不变。① 但这场会议的积极思想史意义依然不容低估:(甲)基于地方经济力量的儒家务实派开始登上历史舞台,由此淡化了基于帝国太学的经学家的话语权,并因此使得全场讨论避免了主流汉儒对于图谶祥瑞之说的依赖;(乙)第一次在帝国的舆论平台上开展了相对自由的政策辩论,由此彰显了儒家思想与基于辩论的思想交换方式之间的兼容性;(丙)对于帝国经济管制权的抨击虽未在政策层面上被立即兑现,却获得了广泛的舆论同情,有利于霍光在昭宣时代进一步放松经济管制,恢复国民经济。

然而,不幸的是,汉儒思想发展史中的这种健康力量,并没有在帝都的舞台上占据太长的时间。请注意盐铁辩论发生的特殊历史环境:强势的先帝已经不在,弱势的新帝尚且幼年,霍光的专权尚且没有形成,朝廷因为糟糕的经济局面而对来自地方的儒生表示出了倾听的意愿。由此,整个朝局呈现出各种力量之间的微妙平衡。这种局面使得儒生不再有一个确定的思想雇主,而使得议

---

① 与之相比较,盐铁专卖制在东汉有所松动。根据古丽娜·阿扎提的考证,东汉光武、明帝二朝实行官营为主、民营为辅的盐铁制度,抑商政策相对松弛;章帝时实行的是盐铁禁榷制度,抑商政策陡然收紧;和帝之后实行官营与民营盐铁并行的双轨制度,抑商政策再度放开。古丽娜·阿扎提:《东汉盐铁制度与重农抑商政策的变化研究》,《安徽农业科学》2012年第7期。

论的焦点能够转向实务——这同时又是因为：在倾听者相对多元化的前提下，论证自身的合理性才是意见被广泛接受的首要前提。而在帝国的经济慢慢走上正轨之后，通晓实务的地方儒生参与中央政策辩论的通道便被慢慢关闭，而像王莽这样的缺乏地方从政经验的主流儒家则开始了自己在官场上的晋升之路。基于图谶祥瑞之说的主流汉儒思想由此进入了一个脱离现实的信息茧房：王莽暗示其拥趸向其献上祥瑞以证明天命在莽，而其拥趸们则纷纷献上了这些祥瑞，使得王莽进一步相信天命的确在己。最终，服用了自己的拥趸按照自己的指示调配的大量精神吗啡的王莽，踌躇满志地登上了本人其实完全不能胜任的帝位。

好在王莽引发的大乱在不久后就被光武帝刘秀所平息，这就使得后人所惯称的"汉末"并非是指西汉之末，而是指东汉之末。东汉帝国乃是盐铁辩论的经济学精神与图谶祥瑞之说相互结合的"缝合怪"：其针对民间的经济政策相对宽松，使得地方大庄园经济得以全面发展；但在中央，掌握了帝国级别的资源的超级家庭则以"外戚""清流"与"宦官集团"的面目竞相出现，并在缺乏明确政治规则约束的情况下开始了激烈的权力争夺战。王莽式的政治妄想家现在换上了袁绍与袁术的名字，再次出现在了帝国运行的末期，因为他们都相信天命已经不在大汉了。尽管这肯定不是刘备、孔明与孙坚等"帝国边缘人"所持有的想法，但不幸的是，正是这些含着金汤匙出身的"帝国核心人"才控制着足以发动内战的资源；而且，他们的确也发动了内战：先是针对宦官集团的屠灭战，后是针对董卓集团的内战——尽管从事后复盘的角度看，他们与各自的对手进行和平协商的空间并非不存在。

由此，我们就进入了"帝国崩溃期"。我们在这一时期看到了各式人等都戴着儒家的头套进入了"万圣节"游行的队列：坚信五行天命说而失去对大汉忠诚的袁绍、袁术，坚持匡汉的刘备、孔明与孙坚，通过操控皇帝而将自己伪装成匡汉者的董卓、李傕、郭汜与曹操，通过反对曹操而将自己描述成匡汉者的孙权……但不幸的是,不管在这些汉末枭雄之间展开的军事政治斗争是如何的波澜壮阔,从思想史的角度看,即使是在这一时期,来自地方儒家的健康务实思想依然没有成功地纠正主流汉儒思想的神秘化倾向。譬如,汉末的政论家仲长统的《昌言》虽然已在否定天人感应说的前提下给出了一幅具有近现代意识的政治哲学图景,但是他却没有机会得到曹操的重用,正如他在东汉早期与中期的思想先驱王符与王充也没有得到朝廷的重用一样。更麻烦的是,尽管此间内战的残酷程度已经到了"人相食"三字充斥史书的地步,原始儒家的反战思想却依然被边缘化了。孟子反战论的最后绝响乃是由《孟子章句》的作者、大儒赵岐唱响的:他在192年协助另一位大儒马日䃅持天子节周游天下,要求各诸侯罢兵,共奉大汉天子。此皇家使团固然暂时说服了袁绍集团不去攻打公孙瓒,但后者最终还是在199年被袁军屠灭;他们虽然得到了曹操表面上的礼遇,却被狂妄的袁术夺去符节,正使马日䃅忧愤而死。继承马日䃅遗志的赵岐最后总算说服刘表向汉献帝提供了困顿的皇室当时亟需的物资,但这也只能算是漫长内战过程中非常边缘的一幕插曲。赵岐最终没有阻止汉末内战,正如他本人所研究的孟子在当年也没有阻止战国时期的灭国战一样。更糟糕的是,孟子身后建立的秦—汉帝国还至少运行了将近四百年,而在赵岐身后开始的,却是四百多年的乱世(我本人将西晋帝国视为一个历史的过客,并将七世纪初唐帝国的建立视为乱世终结的标志)。

——新的问题来了:前面我们已经看到,在权力集中于中央的情况下,儒学的神秘化指数就会上升;而在地方贤良、文学能够参与政治讨论的情况下,儒学的务实化指数就会上升。因此,我们本该可以做出这种预测:基于地方资源的汉末内战,或许能在"均势平衡"的前提下部分培养儒家的理性协商习惯。但为何在真实世界中,汉末内战的暴力却不断升级呢?

对于楚汉战争的回顾能够帮助我们回答上述问题。彼时暂时

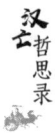

占据关中的刘邦其实并不将自己视为关中人民利益的代言人——换言之,关中资源只是他用以控制天下的工具罢了。同样的道理,在汉末控制益州的刘备、孔明也不会将自己视为益州人民利益的代言人,相反,益州只是他们借以复兴汉帝国的后勤基地罢了。从这个角度看,正如将自己视为楚人利益代言人的项羽不可能在拼资源的消耗战中长存下去一样,将自己视为徐州代言人的陶谦、将自己视为荆州代言人的刘表、将自己视为益州代言人的刘璋、将自己视为岭南代言人的士燮、将自己视为辽东代言人的公孙度与公孙康,也不可能在汉末长存。而这一点又是与中国古典战争的孙武化特征相互结合的:在缺乏难以克服的地形阻隔的前提下,任何一个地理单元内的割据势力都无法抵挡来自域外大量"耗材兵"的攻击。与之相较,在德意志三十年战争的语境中,精锐的西班牙方阵兵与火枪兵的运用,逼迫各参战方追求稳定的军队质量而非单纯追求其规模的扩大,这就使得某一地理单元内的参战方可以通过技术进步(而不是大量并吞别的土地与人口)而幸存——正如今日的某小国可以仅仅通过装备一个中队的隐形战斗机而实质性地提高国防力一样。这两种不同的军事博弈形式也就导致了两种不同的思维习惯:在孙武式博弈的环境中,因为博弈方普遍预期某一方很快就会"赢家通吃",这就使得专门为特定帝王量身定做的图谶祥瑞之说能大行其道;而在精锐兵对抗精锐兵的博弈环境中,由于博弈方普遍预测全盘通吃的赢家不太可能会出现,基于相互承认的契约精神就有机会得以孕育。于是,在前一个环境中,我们看到了曹丕、刘备与孙权的登基昭告中对于汉儒天命说的反复重复;而在后一个环境中,我们却看到了最终引向《联合国宪章》的《威斯特伐利亚条约》。

就此,汉儒思想与帝国运行的诸形态之间的关系,已得到了初步的勾勒。这也便是本书试图向读者呈现的总论点(请参看图0-1的概括)。

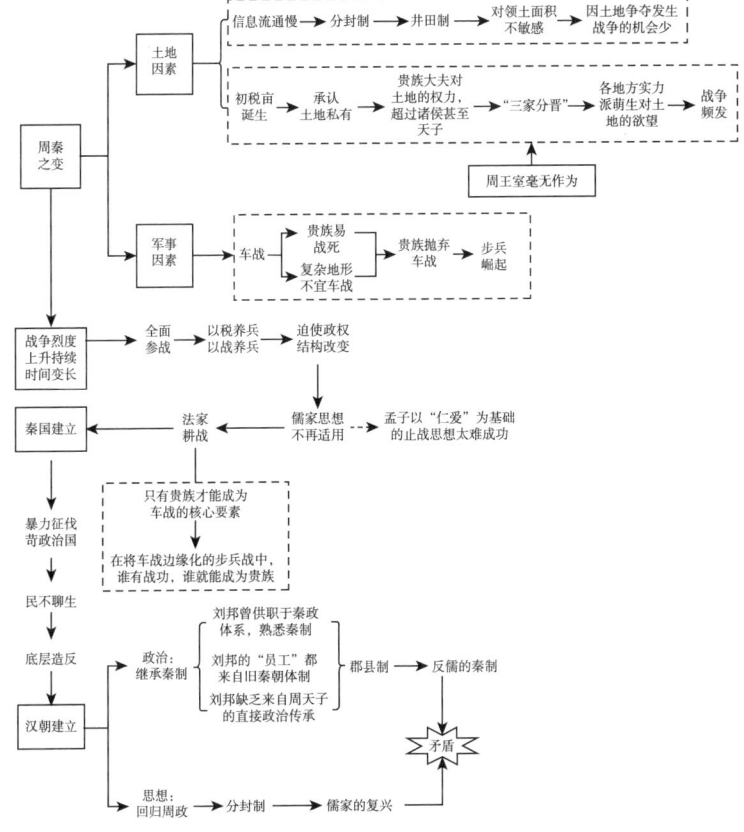

图 0-1 本书部分核心观点的思维导图

不过,读到这里,读者可能会问:既然本书的总论点已经得到了阐说,为何我还要费心读完此书除"导论"外的"正文"部分呢?

下节将为这个问题做出解答。

第七节 在细节里找魔鬼

由于篇幅的限制,上文对于帝国与汉儒之间关系的讨论依然缺乏着足够的细节。不过,细节真的很重要吗?

　　细节当然很重要,否则电影业就会崩溃了:任何人都可以花费5分钟,上网查一下某部电影的剧情梗概,以此来取代将近两个小时的观影体验。然而,离开光、影、对白与音乐所提供的细节,电影什么都不是。同样的道理,读历史也不能只看框架,还要看细节。日本学者大庭脩就曾说过,他虽然身为研究江户时期历史的专家,但看了关于此间中日交往的历史资料与相关文物之后,也不禁感叹"原来江户时期还有这样一个我以前不曾知道的面相啊!"①与之相似,一个通过《汉书》《后汉书》《三国志》了解汉帝国的读者,就能比仅仅通过通俗读物了解此段历史的读者看到更多的细节,而一个能进一步通过出土的简牍、画像砖与明器了解两汉人民生活点滴的读者,则能从某种意义上"看到"历史本身的某些草蛇灰线。请别小看这些草蛇灰线:譬如,《后汉书·百官志》对于汉代县廷下属机构的描述非常模糊,而这些丢失的细节正在通过简牍学的研究被部分地复原。由此,我们就能看到一个与见于正史的神秘主义气息浓郁的汉儒文化非常不同的帝国基层运作状态,并将这些新信息与王符的《潜夫论》、王充的《论衡》与仲长统的《昌言》相互参读,为儒家向别样方向发展的可能性提供想象的根据。当然,并不是所有历史细节都能起到这样"四两拨千斤"的作用,所以,在选择历史阐述的具体切入点时,我们就一定要以"能以小见大"为标准。

　　本书切入汉儒哲学与帝国盛衰之关系的第一个切入点,乃是对于"周政为何结束?"这个问题的追问。对于这个问题的回答显然涉及了全书立论的前提:既然汉儒试图在一个没有金枪鱼的时代假装烹饪金枪鱼,我们就得首先来调查到底是谁吃光了金枪鱼。此调查的浅层答案当然是"秦政",但问题是:到底是何因素最终导致了秦政。本书给出的答案是:发生在春秋中晚期的步兵革命乃是引导秦政型国家出现的关键因素。在这个环节中需要被更仔

---

① [日]大庭脩:《江户时代日中秘话》,徐世虹译,中华书局,1997年,第15—16页。

细地考察的问题有:既然兵种的选择与地理条件密切相关,那么,为何在中国地理条件没有发生质变的情况下,曾在牧野之战中给周王室带来巨大荣耀的车战模式,要等到春秋中后期才开始慢慢被动摇?在这个过程中,《孙子兵法》与孙武本人的军事实践究竟起到了什么作用?而现代的演化博弈论思维,又能够为孙武时代在古典中国的必然到来提供怎样的论证?这便是全书第一章"周政何以败于秦政?从孙武的军事革命说起"所要处理的问题。

在对上述问题进行回答之后,我们将把目光从先秦时代迅速拉回汉帝国。由于汉帝国是一个如此庞大的存在,对于其的考察将始自于其最基本的社会构成要素:家庭。《礼记·大学》云:"古之欲明明德于天下者,先治其国;欲治其国者,先齐其家;欲齐其家者,先修其身;欲修其身者,先正其心。"这也就是说,在儒家的这一理论脉络中,修身齐家乃是治国平天下的必要条件,家庭伦理则成为了政治伦理的真正发源地。但正如前文已经指出的,基于家庭以及广义熟人社会的儒家伦理面临着"如何突破邓巴数"的挑战,即如何在多国体系已经被升级为帝国体系的前提下继续维持健康伦理关系的问题。本篇"导论"虽然已经初步涉及了此问题,却没有足够的篇幅在汉帝国出现的三类家庭——属地小家庭、属地大家庭与帝国型超级家庭——之间做出更精细的分析。这一分析显然能够帮助我们更清楚地看到以梁冀为典型的帝国型家庭领袖在东汉政治中所扮演的角色。由此,被人们经常谈及的汉代"外戚政治",便能得到一种来自现代社会学与人类学视角的解剖。这也便是本书第二章"儒式家庭观与秦政式帝国之间的张力"所要完成的任务。

外戚集团本身是非皇室家族与皇室联姻的产物,而汉帝国皇室的特殊性又使其不能按照家庭分析的一般模型来加以处理。因此,本书的第三章"秦政式帝国中的帝王婚姻"便会着力处理因皇室的后宫纠纷所外溢出来的政治问题。在这里我将提出用以解释东汉后宫政治的"焦仲卿模型",即认为乐府诗《孔雀东南飞》所描

述的强母弱子/媳的家庭结构,其实已经以文学的方式概括了在东汉多次出现的母后临朝挟制幼帝的政治局面。不过,焦仲卿的家庭与皇室家庭之间的差异性也是很明显的:自杀了的焦仲卿并没有机会保存自己的基因,而很多曾被压制的幼帝都活到了亲政的一天,使得其有机会对早年受到的心灵创伤进行报复。作为这种报复的一种具体体现,成年的皇帝往往在性伴侣的选择上采取了极端任性的态度,以作为童年的自己无法自主决定的心理补偿。而由此引发的后宫争斗与众嫔妃所诞生的子嗣之间的争斗,则可能为以后帝国高层多年的内耗埋下伏笔。这一"帝国病"甚至在偏居一隅的吴国的宫廷政治中也体现了出来,使得吴成为三国中后妃政治最为复杂与龌龊的一个。

当然,除了性方面的任性之外,年轻的皇帝在亲政时需要做的一件更关键的事情,便是对于多年困扰他的外戚势力的清洗——如汉桓帝对梁冀集团的清洗。由此引发的政治哲学问题是:究竟是帝王先掌握了暴力工具才能清洗这些权臣,还是因为他首先掌握了名分工具才能掌握这些暴力工具?或问得更抽象一点:权力的根源究竟是名分的力量,还是暴力的力量?我本人倾向于在讨论政变(而不是正式的内战)的语境中强调名分的力量(请注意:这一讨论是在默认帝国框架的前提下展开的,与前文对于"步兵革命"讨论的历史语境截然不同)。这也便是本书的第四章"帝王家事溢发的帝国权斗"所要讨论的内容。

——但究竟什么是名分呢?强调"名不正、言不顺"的孔子会如何看待王莽通过精心设计的名分道路成为代汉新天子的行为呢?为何王莽通过名分工具获得帝位的过程是相对顺畅的,而他所建立的新莽帝国本身却只是昙花一现呢?为了回答这一问题,我将引入当代认知科学思维的资源,将基于名分论的儒家政治辩护方式定义为一种"快思维"的产物,以便与基于反复理性盘算的"慢思维"相区分。此外,也恰恰是因为这种"快思维"冻结了思维者对于负面证据的注意力,王莽才会陷入巨大的信息茧房,失去了对不当政策进行及时调整的能力。这也便是本书的第五章"儒式名分论与其所挚之'谣'"所要讨论的内容。

儒家名分论还有一个隐藏的麻烦,即假若政治斗争的双方都只占据了部分名分根据,那么,政治斗争又该如何终结。而汉末混战之所以难以平息,在一定程度上就与名分论的上述缺陷有关。譬如,反董联盟之所以认为自己的反董行为是符合大义名分的,乃是因为董卓的确强迫没有过错的汉少帝退位;而董卓之所以认为自己的行为是符合大义名分的,乃是因为他在错上加错地杀害了汉少帝后,其所控制的汉献帝反而成为全帝国唯一的最高名分来源。这种复杂的政治局面显然也会在个体层面上鼓励多样化的政治选择的产生。而政治选择路径最为复杂多变的汉末政治集团,莫过于孙吴集团。其第一代领导人孙坚的行为模式与发动"步兵革命"的孙武非常接近(孙坚本人也视自己为孙武后人):孙武本是齐人,却在吴王阖闾的营帐出谋划策,其跨国服务的"大一统情怀",已经预报了日后身为卫人而事秦的商鞅与身为沛人而占秦的刘邦的行为模式。与之类似,作为吴人的孙坚却听从汉廷的召唤而在徐、豫、凉、司、荆等州或为官或作战,由此淡化了对吴郡家乡的封建性忠诚,最终竟使得江北出身的孙策、孙权兄弟在杀回江东时不被吴地父老视为真吴人。因此,照本书第一章对于"属地小家庭—属地大家庭—帝国型大家庭"的三分法,孙坚可谓是一个另类:他的行动路线的游动性使得他根本无法建立稳固的属地封建关系,然而,其卑微的出身又使得他受到了以袁绍为代表的帝国性大家庭势力的鄙视。非常令人震惊的是,恰恰是具有这种类似"鸟类里的蝙蝠"之尴尬身份的孙坚,却在反董战争中成为进入洛京的唯一诸侯,由此使得其获得"匡汉"的盛名。更让人震惊的是,早逝的他的匡汉行为留给孙权的最大遗产,竟然是方便他在称帝时将自己也化妆成汉帝国的精神拥趸。于是,孙权建立的吴便成了三国中封建性(属地性)色彩最浓的一国,成了大一统架构与周政架构之间某种暧昧的中介形态:一方面,孙吴集团承接孙坚留下的

维护大一统之名,却行割据之实;另一方面,孙吴集团在南方建立微型大一统帝国的同时,却默认了江东豪族的部分封建利益。对于孙氏故事的盘点,显然能让我们意识到作为帝国边缘人的孙坚(们)所能给帝国崩解后的多样性政局所带来的变数,以及此类草根诸侯为维护帝国残体之努力所能达到的天花板。相关详情,请参看本书第六章"徘徊在'周政'与'秦政'之间的汉末赌徒孙坚"。

大约是在孙坚青年的时候,东汉中期哲学家王充的作品《论衡》被大儒蔡邕带回洛京,而长期只是在帝国的行政架构中充当小小掾吏的王充其实也是一位类似孙坚的帝国边缘人。正如作为边缘人的孙坚鄙视帝国型大家庭一样,作为边缘人的王充也鄙视太学的官方意识形态,并给出了一个基于证伪思维而对儒家经典的合理性进行全面评估的大胆计划。这些思想特征,使得其哲学与重视批判性思维的希腊哲学遥相呼应,宛若苏格拉底穿越到了大汉的会稽上虞(王充家乡)。不过,王充思想在当时曲高和寡,使得他晚年只能通过研究养生之术打发光阴,宛若在晚年放弃政治理想并沉湎女色的孙权。从这个角度看,王充与孙氏都在不同的领域遇到了边缘人在帝国架构中能够上升到的天花板。相关详情,请参看本书第七章"汉儒意识形态大树上的啄木鸟:王充、王符、仲长统"。

——假若王充本人生活在一个别样的国度里,其融合了儒家古文经与道家的混合思想形态是不是能够得到更多的喝彩呢? 也许吧。为了使得此类想象具有更多的现实依据,本书的第八章将把眼光转向江户时期的日本。那为何是江户时期的日本呢? 因为这是一个真的还有"金枪鱼"的时代:此刻德川幕府虽已经统一了日本,但其统一模式只能算是"准秦政",地方大名的自主权依然非常强,与同期的清帝国相比,其周政指数要高很多。同时,因为缺乏科举制度的禁锢,各地儒生对儒家的解释也具有很大的自由度——同时,各派佛教思想也与儒家思想和谐相处,绝无"罢黜百家"一说。也正是在这个环境下,日本大儒荻生徂徕提出了一种具有荀子色彩的名—实论思想,由此悄悄开启了日本儒学的"唯名论"转向。其具体思想虽然不是受到王充《论衡》的产物,却与其一样具有务实主义的色彩。日本儒学的这些特征,使得其与现代工商业社会之间的关系相对缓和,由此使得日后明治维新的展开也变得相对顺畅。由此可见,儒学并非先验地会阻碍一个传统农耕社会转向工商业社会,有待转型的传统社会是否还有"金枪鱼"才是要点。相关详情,请参看本书第八章"他山之石:儒家如何助力日本明治维新?"

在本书第九章"放眼当下:从儒式低税主义到美式大数据技术"中,我将检测本书提出的"周政 Vs 秦政"的分析模式是否也适用于当代的美国。需要指出的是,我不想机械地比较儒家政治哲学与当下美国主流政治哲学(自由主义、自由至上主义与保守主义)之间的异同,因为美国的现有政治架构与古典中国所面对的周政架构与帝国架构都有很大的差异,过于直接地比附并不能真正帮助我们看清美国、看清儒家。但这也不是说"周政 Vs 秦政"的分析模式不能为诊断当代的美国社会疾病做出正面的贡献。非常抽象地说,儒家崇周反秦思想的初心乃是为了保存社会运作的后续动力并反对竭泽而渔,而不是为了在形式上反对一切大政府并在任何场合捍卫州权(如作为"红脖子"的美国保守派人士所主张的那样)。而在大政府所收取的税收的确是用于"仁政"的前提下,儒家是没有理由去抽象地反对任何一种高税政策的。在这种情况下,比起福利国家政策来说,痛恨秦政的儒家需要在北美的大地上寻找一个更合适的靶子。本章所提供的靶子便是当代技术寡头所支持的"大数据主义":此类人工智能模型像饕餮怪兽一样吞噬以人类的人文资源为基础的全球数据资源,在短暂的时间内通过巨大的算力制造出了自身无所不能的幻觉——而所有的这些技术成就,却是以破坏人类继承自采集—狩猎时代以来形成的交往习惯与知识传承习惯为代价的。而由此开创的新时代,则很可能是一个虽有貌似毫无破绽的对话生成程序却无人类心智理解的

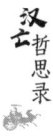

"无魂时代"。人类由此被矮化为数据网络中的节点,正如古典的秦政将人矮化为只知耕战的动物一样。更可怕的是,美国生活方式对于全球的引领作用,以及不少人对美国科技产品的无批判崇拜,正在将基于美国硅谷的数据化秦政模式推向全球。面对这种局面,儒家若不想像阿米什人那样彻底放弃对于任何数码产品的使用的话,又该何去何从呢?请看相关章节对于"数据化儒家"之流线图的展现。

而在上述讨论的基础上,在本书第十章(代结语)部分,我们将讨论一个更具科幻色彩的问题:如果我们要建立一个跨越星际的超级大尺度的政体的话,该政体更可能是秦政模式的,还是周政模式的?我们将带着这个问题回顾一下经典科幻系列电影《星球大战》,并由此检验"周政 Vs 秦政"的分析模式是否适用于相对遥远的未来。

第八节　对于可能的疑问的答覆

至此,全书十章的大致内容已经展现在读者眼前。在结束这篇"导论"之前,我还有几个问题需要解答:

问题一:为何本书对儒家的讨论以三国时代为时间终结点?为何不谈儒家思想与后续历史的关联?

答:第一,当然是因为篇幅问题。第二,若将两汉加在一起,汉帝国乃是中国历史上运作时间最长的大一统帝国,其兴亡教训具有的历史指标性意义是别的朝代所不能比拟的。第三,隋唐帝国重建大一统后,儒学的神秘主义气息虽然得到了部分遏制,但日趋复杂的科举制却全面扼杀了儒生的思想创造力(特别是针对科学问题的创造力),由此使得中国靠自身力量转型为工商业社会的机会其实进一步变小了。请注意:复杂工商社会的形成,不仅仅是财富积累之功,还需要一套能够适应这种多元性的复杂的政治与法律制度,而统治阶层狭隘的知识面与粗陋的格局感则显然是这种"软件升级"的大敌。以受不少现代人吹捧的北宋为例:虽然商品经济在此间的确得到了惊人的发展,以至于政府不得不发明纸币以应对大量交易的需要,但从宋真宗开始已经高度板结化的科举考试规则反而限制了在朝士大夫的视野,使得其很难真正关心任何与儒学考试无关的事项。就皇权对士大夫的态度而言,赵宋皇帝虽以宽待士大夫为特征,但在关系国家存亡的核心问题上却依然刻意压制朝堂上仅存的周政因素而偏向秦政(如宋神宗在熙宁变法中最终还是支持了王安石的秦政式敛财方案而压制了司马光基于历史学习而获得的周政意识),因此,文彦博所说的"(皇帝)与士大夫治天下"一语,只是对于宋版隐形秦政的一种伪饰罢了。至于宋廷通过豢养大量文人并刻意制造文、武分离的官僚系统架构,则系统剥夺了士大夫学习军事知识以及相关社会组织技术的机会,使得法雄、臧旻、朱儁、卢植、郭子仪这样的能"出将入相"的复合型人才很难再在宋代崛起。需要注意的是,秦朝灭亡之后,宋又是中国历史上第一个士大夫以学习域外知识为耻的大一统朝代,尽管与西夏、辽对峙的复杂国防形势其实反而更需要域外知识的协助(与之相较,孙坚的恩师臧旻就因熟悉西域诸国事务而被太尉袁逢褒奖,而随着《梵语千字文》的普及,不少有佛缘的唐代文人也会一点水平不齐的梵语,因此对印欧语系的思维方式略有了解)。因此,宋之富裕恰恰与宋代士大夫知识面的狭隘构成了鲜明反差,而这种不匹配性又恰恰是北宋覆灭的一大重要原因(相比较而言,缺乏良马以装备骑兵等"硬件缺陷"反而是次要的)。由此,我们也就容易理解为何宋廷在面对女真人在辽之侧后崛起的新局面时,为何一错再错地将自己的国家逼上绝境了。从这个角度看,此刻宋版软性秦政的体制已经成型,周政模式下提供多种意见的舆论氛围已然丧失,周政爱好者能为之事已经很少了。需要注意的是,即使从维护秦政的利益出发点看问题,若不给周政爱好者一点发声的空间,秦政自己也会崩亡,而这就是历史的辩证法自

带的伟力。当然,由于本书的聚焦点乃是汉与三国,关于北宋的事情也不宜多谈。不过,本书依然在第九章中略谈了宋代的王安石变法与西汉的盐铁辩论之间的关系,以便适当拓展叙述线索的覆盖面。

问题二:你从精神史的角度去解释汉代的灭亡,采用的多是基于洛阳的"首都视角"——而张磊夫(Rafe de Crespigny)的《洛阳大火:公元23—220年的后汉史》(北京大学出版社2023年)、罗三洋的《袁本初密码》(台海出版社2017年)与张向荣的《三国前夜——士大夫政治与东汉皇权的崩解》(上海人民出版社2024年)采用的基本上也是类似的首都视角。与之相较,关于同样的问题,谢伟杰先生的著作《东汉的崩溃——西北边陲与帝国之缘边》(东方出版中心2023年)则给出了一种"边陲视角":也就是说,东汉王朝采取"外强内弱"的军事政策,将专业的边防军部署在西凉前线,而放任内地广大区域处于武力薄弱的状态。在谢著看来,这种军力上的不平衡是导致东汉倾覆的一个重要原因。你对他的解释怎么看呢?

答:谢著取材丰富,视角独特,给了本人不少启发。不过,关于其立论,我还是略有不同意见:

第一,外重内轻的军事部署乃是光武帝刘秀定下的国策,这一国策的积极意义便是能兼顾要害地带的国防需要与儒家所挂念的轻税政策。事实证明,这一策略大致有效,在东汉帝国运行的大多数时间内,胡汉混杂的边防军对帝国的忠诚大致是有担保的,而未酿成后世安史之乱这样的祸端。至于班超以极小的支出控制西域的壮举,与西汉武帝时代耗费惊人的讨匈战争相比,简直是古典时代追求最佳"性价比"的拓边行动的典范(譬如,班超利用鄯善、于阗、疏勒等汉朝属国的军力对抗焉耆、龟兹、姑墨等反叛力量的操作,基本靠外交软实力达成目标,而不需要朝廷大量调配直属军力)。即使汉末董卓有乱政之举,他之入京亦是调令所遣,其性质完全不同于唐之安、史谋逆。他谋杀少帝之行为虽然恶劣,但恶劣程度也未必超过谋害质帝的外戚梁冀。反过来说,假若从光武帝时代开始,汉廷就放弃外重内轻之策而在内地维持强军,这非但会徒增军费以疲民,也会造成如下两个负面结果:若内地驻军战力能长期得到维持,则很可能会威胁汉廷之稳定,提前上演中晚唐藩镇割据的剧本;若内地驻军因长期无所事事而导致战力松弛,那么,东汉就会提前上演北宋养兵近百万却百无一用的剧本。富有讽刺意味的是,宋仁宗时范仲淹的"庆历新政"以裁撤冗兵为要务,其军事改革的方向,恰恰是希望北宋的军事机器在最低限度上"东汉化"。可见,军制问题为汉朝之倾覆所需要承担的责任,不能被高估。根子的问题,还是出在汉儒所构建的意识形态世界的内在缺陷之上。从某种意义上,东汉的军制若能配合理性色彩更浓的宋儒意识形态,东汉或许能够再多运行一两个世纪,甚至更长(无独有偶,倘若宋帝国相对理性的儒家意识形态能够匹配东汉"小而精"的军制,或许也能侥幸躲过"靖康耻")。当然,真实的历史是没有"假如"的,尽管历史哲学的思辨往往起于"假若"。

第二,董卓杀害少帝立献帝后,汉朝并未倾覆,若袁绍集团愿意就此放弃部分政治利益与董氏妥协,全面内战就不会爆发。顺便说一句,对反董集团来说具有讽刺意味的是,即使从儒家"亲亲"(或现代遗传学)的角度看,让董卓辅佐献帝似乎也要比让袁氏操盘更为合适,因为董氏的确是与献帝刘协有一些稀薄的血缘联系的,而袁氏则否。① 因此,使得内战爆发的关键原因依然不是

---

① 董卓虽然生在陇西郡临洮县(今日意义上的"陕西人"),而董太后生在河间国(今日意义上的"河北人"),但二人之间的亲戚关系应当是有旁证的。几乎可以确定的,后来将女儿嫁给汉献帝的董承肯定是董太后的侄子,而董承本人又曾做过董卓部将牛辅的部下。董承与董太后的另外两个侄子董旻、董璜则一起被名将皇甫嵩的从子皇甫郦说成是董卓的"鲠毒",这就等于间接承认了董太后与董卓之间的亲戚关系。由于董太后又是汉献帝的祖母,这也就意味着,董卓其实也能与汉献帝攀上亲。相关文献证据,参见《三国志·魏书·董卓传》裴松之注引《献帝起居注》所云:"昔有穷后羿恃其善射,不思患难,以至于毙。近董公之强,明将军目所见,内有王公以为内主,外有董旻、承、璜以为鲠毒,吕布受恩而反图之,斯须之间,头悬竿端,此有勇而无谋也。"

关东、关西之间客观存在的血缘—地理分歧,而是在一个意识形态架构中如何看待关东、关西之间自然差异的问题。很明显,一种"求同存异"的意识形态框架会将焦点放到董卓与董太后之间的血缘联系之上,并借由对先帝汉灵帝的忠诚而劝说士大夫尊重董卓的政治话语权(顺便说一句,灵帝生前与董太后关系融洽,并曾委托她保护少年献帝,因此,一个逻辑意识明晰的士大夫不可能同时既真诚地尊重灵帝却不去尊重董氏)。然而,在一种"求异忘同"的意识形态背景中,士大夫的注意力却会被放到关西、关东之间的文化、经济、地理差异之上,而故意忽略使得二者得以联结的某些重要共通项。换言之,东西差异问题固然是需要在全国地图上加以展开的,而如何看待差异的思想架构本身,却完全可以就在一个容积不会超过1700毫升的大脑中展开——而在当时的信息传播技术的限制下,不同大脑之间的意识形态斗争所涉及的地理场域,也往往不会逾越首都的范围。当然,谢论的支持者或许会补充说,关东士大夫对于西凉军阀的长期意识形态歧视本身就是全国军力分配不均所导致的文化副产品——但需要注意的是,即使这种分析在局部上看是有道理的,这也不能解释为何明明都系出西凉的董卓余部内部会在董卓本人死亡后不断产生政治分裂,更不能说明反董联军日后更激烈的火并。因此,汉代士大夫集团普遍存在的戾气(并不仅仅是针对西凉集团的戾气)才能充分解释汉末内战爆发的精神动因。而使得这种戾气得以合法化的意识形态论证工作(以汉儒的大复仇理论的形成为例),依然主要是首先在首都获得拥趸,然后再向全国扩散的。

问题三:这本书的标题为何出现了一个"哲"字?儒家思想算哲学吗?

答:假若我们将"哲学"宽泛地理解为对于事实描述体系与价值规范体系的最抽象的描述的话,儒家思想当然算是"哲学"。假若一定要将富含逻辑论证视为哲学表述的标准特征的话,那么奥勒留写的散文体的《沉思录》也不能算是哲学。既然西方人依然将《沉思录》视为哲学,那么儒家思想自然也能算是哲学。

问题四:那你写的这本书对儒家的阐释算是"哲学"吗?

答:我觉得算,因为这符合我对哲学的直觉定义:在这个经验学科的领域内徜徉,找到其中的关节点,然后加以串联,由此给出一幅新的思想图景。因此,在我所定义的哲学作品中,对于具体历史问题的讨论是不可或缺的。但不得不承认,不少同行或许认为,哲学研究所能做的便是对于哲学文本的诠释——而这种诠释却是与文本产生的具体历史背景完全脱离的。按照他们的标准,我的这本书因为涉及的经验内容太多,恐怕不能算是"哲学"。好在对于学院外的读者来说,这种争议都只是茶杯里的风波罢了。只要读者读完此书后真有所得,我就满足了。

问题五:哪些哲学作品对本书的构想影响最大?

答:有黑格尔的《法哲学原理》、马克思和恩格斯的《德意志意识形态》、丹尼特的《达尔文的危险思想:演化与生命的意义》、戴蒙德的《枪炮、病菌与钢铁》以及赫拉利的《智人之上:从石器时代到 AI 时代的信息网络简史》——当然,最后两本书一般不被列为哲学书。黑格尔对于"家庭—市民社会—国家"的三分法引导了全书框架的构建。中国古典政治架构的特色乃是跳过市民社会(即强大的自由市场以及其具有的市民自治权)而直接在家庭与国家之间搭建直通车——而从标准的黑格尔者看来,这种跳跃迟早会让巨大的政治架构产生内生的不稳性。其实在这个问题上,马克思和恩格斯的看法与黑格尔没有本质差异,否则他也不会将现代工商业的发展视为通向更高级的社会主义社会的必经之路了。但马克思和恩格斯不满于黑格尔从精神内核出发叙述历史的神秘主义话语方式,而建立了一套基于物质生产的新历史诠释模式。戴蒙德则强调了微生物与地理环境等自然条件对于物质生产的规定作用。至于丹尼特,他进一步指出,人类的生物演化与文化演化都遵循着某些基本的规律,由此使得更多的认知科学与生物学信息能够被吸纳入唯物论的叙述框架之中。赫拉利则

进一步从人与人之间信息网络的演化历史重温了从石器时代到人工智能时代的人类文明史。细心的读者很快就能在正文中找到这些思想家对于我的不同影响。

问题六：你将自己归类为儒家吗？

答：我将自己归类为喜欢给主流儒家揭短的另类儒家。我的汉代朋友有王符、王充、仲长统、崔寔、张衡、臧旻。试问：他们算儒家吗？他们若算，我也算是。

问题七：即使是另类的儒家，也算是东方思想的产物——这一立场能与你对于马克思、黑格尔、戴蒙德等西方思想家的推崇相互协调吗？

答：孔子说："性相近也，习相远也。"（《论语·阳货》）若用今日的新唯物主义的话语框架来重述孔子的思想，我们也可以这么说：东、西文化的差异，乃是相同的生物学质料与不同的环境变量产生互动的产物。不过，不管这些变量怎么变，质料毕竟还是那质料。因此，对汉儒与汉帝国之间关系的反思所涉及的人性话题，也就具有了一种跨文化的意义。更重要的是，我从来不认为儒家文化是一种地方性知识。"仁者爱人"就是全人类的共通价值。作为欧洲启蒙主义运动的集大成者，黑格尔同样意识到了"人"的意义，只是他通过"绝对精神"的运动方式而展开的人学叙事往往显得过于抽象，而他对基督教价值的依赖又显得过于西方中心主义（从这个角度看，黑格尔哲学反而比儒学更像是一种"地方性知识"）。在剥离了黑格尔哲学的神学外衣之后，马克思在《巴黎手稿》中强调了人类的感性活动的尊严——而就强调"感"（而非"思"）在确定人的价值的过程中所起的作用而言，马克思其实要比黑格尔更接近儒家。从某种意义上说，对于垄断资本主义对"活劳动"的"韭菜收割效应"，马克思主义者的批判态度是呼应于儒家对于一种广义上的"秦政"的批判的。这也便是全书最后一章为何要将基于资本逻辑的大数据主义视为"现代新秦政"的理由。从这个角度看，在本书最后一章中，孔子将与马克思携手对敌。

第一章

周政何以败于秦政？
从孙武的军事革命说起

第一节　导言：孙武的冷酷转型何以可能？

前文已指出，汉儒悲剧的根源，便是他们在周政体系已不存在的情况下，而试图在已承袭了秦帝国体制的汉帝国中恢复周礼。然而，这一令人纠结的历史局面又是如何造成的呢？

面对这个问题，很多人恐怕都会不假思索地说，这一局面的形成，乃是因为在前221年，已经统一了天下的秦王嬴政将自己的尊号称为"皇帝"，由此建立了中国历史上第一个真正的帝国。但需要注意的是，秦之统一天下，乃是一个漫长的历史过程，因此，仅仅对其结果进行定位，并不能帮助我们找到周政覆灭的"第一推动力"。本章将帮助读者沿着这副历史中的"多米诺骨牌"一路上溯，来到春秋时代。

大致而言，春秋时代的战争，乃是周礼约束下的有限战争，与战国时期残忍的灭国战大相径庭。若再上溯到西周时代，诸侯国之间的军事对抗烈度更低，更像是周礼框架内的政治调解行动所具有的军事附属品。与之对应，《司马法》《六韬》等周礼色彩浓郁的兵法亦强调战争的伦理性质对战争自身胜负的重要影响，由此使得当时的军事学成了政治—伦理学的附属品。但从春秋中晚期开始，周礼对于军事行动的约束作用开始变得衰微，战争中的欺瞒等非伦理行为也日益变得频繁起来。与此同时，从战争的技术形态上看，此间以贵族为核心的车战也慢慢被以普通平民（即"野人"）为主要兵源的步兵战所取代，这使得作为周礼承载者的传统军事贵族渐渐在战争组织工作中失去话语权——与此同时，孙武、吴起等缺乏家世的兵谋家则开始走向历史舞台的中心。作为春秋中晚期战争实践的学术反思的产物，孙武的《孙子兵法》基本绕开了对于战争的伦理性与合法性的讨论，并毫不掩饰地探讨诈谋的使用，最终以领先马基雅维利近二千年的方式，完成了对基于周礼的西周军事观念的"马基雅维利转向"。这一冷酷转型的思想史意义非常重要,以至于法家思想在战国时期对于儒家思想的暂时优势,都能被视为上述转向的历史后果之一——而众所周知的是,正是法家的思想,引导秦国统一了天下。然而,这一转向究竟是如何发生的呢?

演化博弈论(Evolutionary Game Theory)将为解答上述问题提供一张相对可靠的路线图。与经典博弈论不同,演化博弈论允许博弈参与方在决策时带有各种非理性情绪(如仇恨、同情,等等),甚或带有对于博弈环境的无知,由此更能贴合在真实环境中进行决策的个体的实情。同时,演化博弈论对于利他主义行为与彼此背叛行为的产生机制具有相对丰富的解释资源,有利于我们去研究利他主义色彩较浓的"周礼式战争"与利己主义色彩浓郁的"孙武式战争"之间的分野。而更重要的是,鉴于演化论的整体框架本就允许理论家系统研究宏观的地理—人文环境对于决策行为的影响,演化博弈论的研究思路显然能够方便我们探讨导致中国古典军事哲学大嬗变的环境变量,由此使得传统的基于文本的古典思想史研究真正具有历史唯物论的内涵。

需要指出的是,在儒学于两汉复兴后,周礼重新成为主流意识形态,这不可能不对两汉时期的军事实践产生一定影响。然而,周礼思想的复兴,以及由此带来的对于战争合法性问题的普遍关注,却并没有显著降低汉末军阀混战的烈度与反人道性。为何周礼在汉代(尤其是东汉末年)失去了其在西周曾经拥有的"暴力缓冲器"的作用? 在本章中,一种基于演化博弈论的解释思路也将对此给出答案。

第二节 抑制暴力的一般模型

利用演化博弈论思想讨论战争与暴力问题的经典作品,有美国认知科学家斯蒂芬·平克(Steven Pinker)的著作《吾辈本性之中的那些更为美好的天使》①。该书的讨论线索也为我们在中国思想史的语境中讨论孙武的"马基雅维利转向"提供了便利。不过,需要注意的是,平克的核心立论乃是:从几千年来全球暴力冲突史的大趋势来看,暴力事件发生的频率是不断下降的。而本书却预设:从西周到东周,暴力事件的频度与残酷程度都在上升。当然,从统计学角度看,本书的预设并不必然与平克的结论产生逻辑冲突(因为局部趋势未必需要与总体趋势同调)——但二者之间表面上的反差也正好说明:用以解释平克眼中的暴力缩减现象的那些重要变量,很可能不会在本书的解释工作中扮演重要角色。

——不过,既然如此,我们为何还要重视平克的工作?

这是因为:平克的叙述方式,为我们研究暴力的缩减与增加现象提供了一个跨文化的有效的推理平台。即使他对于那些克制暴力的因素的权重可能估计过高,但他的模型毕竟也提到了那些促进暴力的因素,并因此具有被反向利用的可能性。这也是笔者将该模型运用到从东周到东汉的中国历史语境中的主要理由。

平克的推理平台来自于对于众所周知的"囚徒困境"的讨论。用他自己的话来说:"囚徒困境指的是下述情况:对个体而言,要获取最佳收益,就得在对方与己方合作时欺骗之,而若相反,即在自己与对方合作时对方欺骗自己,自己的收益则会变得最差。此外,若要双方的总收益最高,双方就得彼此合作;若双方彼此欺骗,则双方的总收益最差。"②现在我们就以春秋时代的两个诸侯国甲、乙的假设博弈状态为案例,重新阐述囚徒困境。

现在设想诸侯国甲正在考虑:到底是应当去劫掠诸侯国乙,还是应当去与之和平相处呢?由于信息彼此隔离,诸侯国甲的决策者并不清楚诸侯国乙会对自己执行战争政策还是和平政策。于是,对于诸侯国甲来说,就需要通过某种情境模拟,来一一考虑如

---

① Steven Pinker, *The Better Angels of Our Nature*, New York: Penguin Books, 2011.
② Ibid., p. 183.

下四种情况:"若我和,彼亦和,当如何";"若我战,彼亦战,当如何";"若我和,彼却战,当如何";"若我战,彼却和,当如何"。按常识推演,若双方均走和平主义路线(即博弈论意义上的"彼此合作"),则彼此都不会有人畜损失,在和平环境下,各自的经济也能获得一定发展,总体收益是最高的。因此,在这种情况下,甲方便可预计:双方得分各自为"5"。而若甲方预计双方都实行战争行为的话,由于关于敌我实力的情报相对稀缺,那么,甲方就会预测双方均陷入苦战而无所得。在这种情况下,双方均会失去50分(这一估计乃是基于下述常识:战争对经济成果的破坏速度要远高于经济恢复的速度)。而若甲方再设想:己方若在乙方毫无防备的情况下对其发动突然军事袭击的话,那么乙方会因此遭受巨大损失(失分100),而己方则会得到比在恪守和平时更多的奖赏(得分10)。而与之对称,假若自己恪守和平而对方发动偷袭,那么自己就会失分100,而对方则会至少得分10。因此,"自己恪守和平而对方偷袭己方"便是甲方所遭遇的各种情况中最为糟糕的。此外,由于情报的稀缺,甲方无法获知假设自己恪守和平的话对方是否也会这么做,这就使得甲方倾向于对乙方"先下手为强",而不是选择总体收益最多的"双方恪守和平"的选择。因此,在博弈双方缺乏互信的前提下,经典的囚徒博弈困境在客观上是鼓励暴力行为的。表1便为上述情境模拟实验提供了一种更为直观的总结(在这里我们默认以甲方为基本视角来判定输赢)。

表1 促发暴力的博弈场景

	乙:和	乙:战
甲:和	双赢: 甲(+5) 乙(+5)	大败: 甲(-100) 乙(+10)
甲:战	大胜: 乙(-100) 甲(+10)	双输: 甲(-50) 乙(-50)

很显然,要让甲的决策趋向非暴力,我们可以采取如下策略:其一,提高"双赢"格中的甲的得分(比如加 a 分),使得和平红利可观到足以遏制战争冲动的地步;其二,调低"大胜"格中甲的得分(比如减 c 分),使得偷袭获得的战果被削弱到让甲方不想发动战争的地步。反之,如果我们要将甲变得比原来更加好战,我们就可以采取如下的反向策略:其一,降低"双赢"格中的甲的得分(比如减 b 分),由此使得和平红利变得更不足道;其二,提高"大胜"格中甲的得分(比如加 d 分),由此使得战争发起方的战果变得极为诱人。表 2 便是对于上述推理的图示:

表 2　避免战争或者促发暴力的博弈因素

	乙:和	乙:战
甲:和	双赢: 甲(+5) $\begin{cases} +a(和↑) \\ -b(和↓) \end{cases}$ 乙(+5)	大败: 甲(−100) 乙(+10)
甲:战	大胜: 乙(−100) 甲(+10) $\begin{cases} -c(和↑) \\ +d(和↓) \end{cases}$	双输: 甲(−50) 乙(−50)

平克著作的一大用力方向,就是为上面提到的 a、b、c、d 这四个参数寻找现实世界中的来源,以便合理地解释和平策略与战争策略的相互转换。具体而言,为了提高参数 a 的值,他提出的方案是发展商业。比如,博弈双方若在和平状态中进行商品交换,则得到的各自的利益可能明显超过战争的收益,由此使得战争选项显得不具诱惑力。为了提高参数 c 的值,他提到了四个能够进一步影响它的参数:

(c-1) 超越各博弈方的利维坦式的权力架构,其功能是对战争发起方进行惩罚,由此抵消其通过暴力行为所获得的利益;

（c-2）博弈方自身通过教养而获得的女性化气质，即通过同情心或者对于自己的杀戮行为的罪恶感而使得军事胜利变得黯然失色；

（c-3）博弈方通过教养而获得的理性预测力，由此预知：暴力的不断升级会对第一轮的胜利方之长远利益构成负面影响，由此抵消第一轮胜利所获得的利益；

（c-4）通过教养而获得的一种天下大同观（cosmopolitanism），即将异族与本族都视为广义的人类来加以关爱，并由此使得针对异族的军事行动失去吸引力。

当然，平克也提到了使得和平选项变得不那么值得追求的参数b。他主要提到的乃是四项心理学要素与一项意识形态要素。它们分别是：

（b-1）施暴欲（即在各种解决问题的手段中习惯性地选择暴力）；

（b-2）掌控欲（即对于资源的全面掌控欲望使得决策方无法接受双赢的局面——因为这就意味着一部分资源会被对方掌握）；

（b-3）复仇欲（这使得复仇暴力进入加速螺旋状态）；

（b-4）虐待欲（即看到对方受苦所带来的心理快感压倒性的覆盖了由此造成的愧疚感）；

（b-5）乌托邦式意识形态（即为了空洞的理想而甘愿在当下诉诸暴力）。

在平克看来，在人类晚近的历史中和平时间之所以变长，便是因为（c-1）—（c-4）这些参数值所代表的"天使力量"的增强有效抵消了（b-1）—（b-5）所代表的"魔鬼力量"。

平克的讨论虽然富有启发意义，但他在罗列"天使要素"与"魔鬼要素"时似乎过于流于表面，甚至相关的分类原则本身亦有些混乱。譬如，平克所罗列的某些要素可能兼具"天使性"与"魔鬼性"——特别是利维坦式的权力架构。以齐桓公的霸权为例（这可能是东周首次出现的"利维坦"式跨诸侯国的协调权力）：高举"尊王攘夷"大旗的齐桓公固然通过维护周礼而消除了一些不必要的暴力,但是他本人的任性行为却又导致了一些新的不必要暴力(比如仅仅因为蔡国将自己的前妻蔡姬改嫁楚国而伐蔡)。平克的模型或许很难深入解释这一矛盾,因为其模型缺乏对于使得不同类型的利维坦架构得以浮现的不同深层环境之间差异的分析。这一问题也在他用其理论描述其他地方时暴露了出来。譬如,他在讨论作为"魔鬼要素"之一的"掌控欲"的时候,虽涉及了这种心理倾向在前人类的灵长类社会中的演化过程(这无疑是正确的分析步骤),却在讨论现代社会中重要政治人物的掌控欲时,过多偏重性格心理学的分析(比如,他认真引用了记者罗森堡姆[Ron Rosenbaum]对于希特勒性格的分析①)。因此而被放过的问题却是:如果说掌控欲真是一种心理病症的话,为何在有些社会中,具有这种心理病症的人会获得权力,而在有些社会中则否?到底是哪些环境变量导致了这些选择呢?很显然,正是因为平克放过了对这些深层要素的深究,其著作的最后结论难免流于肤浅:在该书的第九章《更好的天使》中,他罗列了四项使得协作精神与利他主义文化能够得到强化的精神要素:同理心、自我控制力、道德感与理性——但考虑到这些要素在语义上就已经包含了"非暴力"的意蕴,这其实是一种无聊的同义反复,因为这在本质上无异于说:"使得肠胃健康的饮食建议便是不吃任何影响肠胃健康的食品。"

不过,肤浅的讨论方案依然可以成为我们深化研究的基础,正如被挖掘到一半的水井依然值得再往下挖一样。若将他的模型挪用到春秋时代的语境中,我们便不难发现,相对不那么崇尚暴力的周礼秩序的确具备(c-1)—(c-4)这几项与暴力负相关的因素中的关键两项:

(c-1)"春秋五霸"先后建立的利维坦式跨诸侯国协调机制;

---

① Steven Pinker, *The Better Angels of Our Nature*, New York: Penguin Books, 2011. p. 124.

（c-4）基于周天子之权威的"天下"观使得博弈方彼此之间降低敌意。

而在（b-1）—（b-4）等与战争暴力正相关的诸要素中，（b-2）所提到的**掌控欲**则与**孙武式的马基雅维利式转向**高度相关。

由此看来，平克立论的肤浅之处便在于：他未将他的演化博弈论研究深入到足以使得（c-1）、（c-4）、（b-2）等要素自身的演化机制得以浮现的地步。而下文所要做的，便是将平克半途而废的事业进行下去。

大致而言，本书对于平克模型的关键性补充有两点：第一，一个具有集体行动力的博弈方（大到一个诸侯国，小到一个宗族，等等，只要其规模超过一人）自身的整合，亦需要集体内部各方的博弈。基于周礼的军政组织方式与基于孙武式兵法的军政组织模式便是此类博弈的不同结果——因此，一种基于演化博弈论思想的暴力成因分析必须被贯彻到尽量小的社会组织层面上去；第二，在影响上述博弈结果的各种环境参数中，地理因素的重要性绝对不容抹杀。换言之，平克式的暴力缩减模型还需要一种来自孟德斯鸠主义的实质性修正。

下面的分析，将始自于对周礼制约下的车战模式的博弈论背景的揭示。需要注意的是，战车作为一种兵器，貌似处在比上文所讨论的"暴力增减模型"具象得多的一个层面上，并因此与上文的讨论产生了层次上的落差。然而，从历史唯物论的观点看，作为一种意识形态的暴力/和平文化本身就是植根于特定人群的具体组织形式的，而在西周与东周的春秋时期，战车正好代表了当时社会组织形式的根本特征："国人"（即住在城郭里政治权利较高的各类人士，包括贵族和与之关系密切的工商业从业者）对"野人"（即住在城郭外的政治贱民）的压制。因此，从车战的角度研究周礼的特征，并无违和之处。

第三节　周礼式车战，其实不那么暴力

战车是周武王在牧野之战中蒉商成功的重要技术要素，而在春秋时期，以战车为核心的军事单位"乘"（每辆战车伴随70人以上步兵，具体数字会随时代变动）亦长期成为衡量诸侯国军力的核心指标。考虑到周礼色彩浓郁的《司马法》《六韬》等兵法带有浓郁的车战色彩，而且，当时的军事礼仪制度也往往围绕着车兵的核心地位而展开，我们就有理由断定：车兵的核心地位与周礼的弱暴力倾向具有某种直接或间接的相关性。

论证这种相关性最直接的证据，便是车战的基本交战规则。《司马法·仁本》说得很清楚，"逐奔不过百步，纵绥不过三舍，是以明其礼也"——换言之，战胜者只要将敌人逼走便可，不需要斩尽杀绝。此引文主语虽然点名是车兵，但考虑到车兵为当时军事机器提供了核心机动力，我们依然可以将其理解为对车兵作战规则的约束（另外需要注意的是，由于战车伴随步兵的速度显然不及战车的全速状态，战车突进的做法会导致战车与附属步兵的联合阵列大乱，带来战术劣势）。反映此周礼交战规则的典型战例乃是前597年爆发在楚晋之间的邲之战。楚军占据上风开始追击晋军后，败退的晋军战车部队因陷入不利地形而逃跑缓慢，追击的楚军竟然教其扔掉车上的不必要部件（如"扃""衡"）并扔掉旗帜以方便其加快速度。（参《左传·宣公十二年》："晋人或以广队不能进，楚人惎之脱扃，少进，马还，又惎之拔旆投衡，乃出。顾曰：'吾不如大国之数奔也。'"）

如何从博弈论的角度来看待楚军的选择呢？平克在其暴力缩减模型里提到的参数（c-3）或许在此能够发挥解释性作用。按照平克的观点，博弈方的理性预测力若加强，就会预计到彼此暴力的不断加剧显然会使得己方在未来的损失变得不可控。但在暴力已

经发生的情况下,缩减暴力的唯一方式就是通过"点到为止"的方式而使对方不至于过于怨恨自己而发起新的报复。具体到邲之战的案例上去,楚庄王在大胜后拒绝将阵亡晋军尸体做成"京观"(即尸体堆积封土后构成的惩戒式建筑)的提议,便是明证(参《左传·宣公十二年》:"……古者明王伐不敬,取其鲸鲵而封之,以为大戮,于是乎有京观,以惩淫慝。今罪无所,而民皆尽忠以死君命,又可以为京观乎?")。至于战败的晋军,其在逃跑时候说的那句"吾不如大国之数奔也"("你们果然是大国,连逃跑都那么专业,我们真不如你们!"),亦充分体现了平克式的预测理性对博弈失败一方所发挥的行为约束作用。此话的潜台词可以被做如下分析:

第一,作为一种言语行为,此话本身不包含物理杀伤意义,这显然是晋军示弱宣示,由此含有控制暴力规模的意蕴。

第二,此话的字面意思本身依然对楚军构成了某种轻微的反讽。这显然是指前632年的城濮之战中晋文公大败楚军的战例。不过,仔细分析一下,即使是这一讽刺,依然带有制止暴力升级的三层意蕴:(甲)这一反讽本身非常轻微,因此,晋军应能估算到:此话应不至于激怒楚军而导致己方利益的进一步损失;(乙)新败的晋军通过此话回顾了其曾战败楚军的历史,并由此维护了自尊,避免了因自尊受损而在当下陷入对己方不利的报复性苦战;(丙)对于城濮之战的回顾显然也能够使得楚军忆起晋文公当年对楚军"退避三舍"的事例,由此建立起双方的基本互信。

以上讨论的乃是周礼约束下的车战的总体原则。基于周礼的车战对于暴力的约束性,甚至还能够在更具体的战术层面上体现出来。春秋车战的主要战术是:(甲)远距离的弓战;(乙)近距离的戈战。无论是那种战斗,一车对一车的单挑式的战斗模式都非常普遍。比如,在邲之战中,楚军出动乐伯(战车御手)、摄叔(车右,即在御手的执戈武士)、乐伯(车左,即弓箭手)组成战车三人组,三人一度杀入晋阵获得战术胜利。在当时的交战规则中,获得单挑胜利的一方显然能够得到对方的尊重,否则我们就无法解释为何晋将鲍癸明明有机会俘获三人却将其放回(不过,这三人在离开时也送给鲍癸一只麋鹿以为谢礼)。此外,只要有可能,只要单挑胜利,车兵都不会扩大杀戮范围以积累仇恨(如《礼记·檀弓下·工尹商阳》所记载的商阳完成杀三敌的任务后就拒绝再开弓的事例)。最后需要指出的是,车战的近距离交战模式一般是"错毂而战",而非迎面相撞——这就证明双方都在避免某种同归于尽的状态而使得博弈尽早结束。

除了平克提到的理性预测能力之外,其暴力缩减模型里提到的参数(c-4)——**天下大同观**——也在春秋车战中得到体现。广义上的天下观的形成有赖于信息的交流——即使在今天,一个有着丰富海外关系并因此情报丰富的现代人显然要比一个偏居一隅者更易具全球视野。而在春秋时期,虽然周天子的权威已大为衰微,各诸侯之间的血缘亲情也因为地缘上的遥远而被冲淡,但贵族之间的互相走动与联姻依然使得他们有机会建立起一个跨诸侯国的熟人网络,并借由该网络的跨地域性培养出一种天下观。譬如,晋公子重耳(日后的晋文公)在秦、楚等国颠沛流离的经历,显然为他积累了丰富的社会资本,并促使他在城濮之战中基于他对于楚国曾施之恩的记忆而兑现了"退避三舍"的承诺。而这一历史记忆显然被以后的楚庄王所分享,并使得他能在邲之战中复刻了晋文公的行为,由此展现出文明暂时落后的楚人对于中原文明的认同(顺便说一句,无论是晋文公还是楚庄王,显然都是站在高级战车上指挥战役的,因此,上述"天下观"显然属于车战时代)。

车战模式与周礼式战争的相对人道性之间的强相关性,现已得到论证。现在的问题是:到底是哪些变量导致了车战模式的一度流行?

第一个变量其实是地理环境。中原地区相对平坦,有供战车展开的地理空间,而跨诸侯国作战的机动需要又使得快速移动的战车能够迅速获得战术优势。同时,与作为游牧民族主力兵种的骑兵相比,车兵的训练相对容易:骑兵需要一人同时承担驾驭马匹、远射弓矢、近距离搏斗三项任务,而车兵则可以通过分工而各自仅仅掌握一项技能。对于需要分出精力从事文化事业的周代贵族甲士来说,战车乃是一项比骑兵更合适的战术选择。

第二个变量乃是当时的社会环境。继承自西周的"国人—野人"分野在春秋早中期依然有效,这一阶级分野显然会在军事制度中得到反映。国人担当高等的战车兵、野人充当低等的步兵的兵制,显然能有效强化这样的社会结构,因此便得到了作为统治阶层的国人的高度拥护。

第三个变量乃是历史惯性。车战战术是周武王在牧野之战中翦商成功的关键要素,承载着周王朝创始时的军事荣誉,若非遇到强大阻力的干扰,此战术当然会在后续的兵制中得到显赫的地位。

但需要指出的是,这三个变量的赋值本身都会再发生进一步的嬗变。第一,各诸侯国的地域绝不仅限于中原,且其具体的地貌也不仅局限于平原。一旦战车进入山林水网密布的地形,其战术优势就会大打折扣。第二,国人—野人的分野并非像希腊罗马时代的自由民—奴隶分野那么绝对,很容易在某些社会经济条件嬗变的情况下发生变化,由此导致兵制的改变①;第三,在新的社会变革面前,西周建立时奠定的"战车荣誉"自带的历史惯性很容易

---

① 坚持西周时代存在着奴隶制的赵世超先生认为,西周时的野人"作为土地的有机附属物","已跟土地被一起占领","另一方面,统治者又无法超越族团,将他们尽皆置于单身奴隶的悲惨境地"(赵世超:《周代国野制度研究(修订本)》,人民出版社,2020年,第297页)。对此,笔者没有太多的异议,因为西周时的野人显然无法像希腊、罗马社会的奴隶那样被自由买卖,而是被束缚于特定的土地。但是,赵先生由此得出结论,说在"超经济的强制下遭受剥削的广大野人则可视为'普遍奴隶'"(同上),则显得推论过于仓促。"奴隶"之为"奴隶"的根本就在于其所有权的确定,而产权主体不明的"普遍奴隶"概念则是空造的一个概念,其被制造出来,恐怕仅仅是为了削足适履地适应"西周乃奴隶制社会"这一前提。

被新的因素所覆盖。所有这些条件的变化最后导致了步兵的崛起,以及与之相应的意识形态巨变:孙武的马基雅维利转向。

第四节 《孙子兵法》与步兵崛起

出现于春秋晚期的《孙子兵法》的成书时间虽与在春秋中期踪迹依存的周礼式战争相距不远,却已经展现出了一种与之旨趣迥异的战争哲学。概而言之,在反映周礼特征的兵书《司马法》中,关于战争正义性问题的讨论依然占据了非常显眼的位置(特别见其《仁本》《天子之义》两篇),以至于班固在《汉书·艺文志·兵书略序》有云:"下及汤武受命,以师克乱而济百姓,动之以仁义,行之以礼让,《司马法》是其遗事也。"与之相较,《孙子兵法》全书十三篇,却没有一篇专门讨论与战争相关的价值观问题。其《始计篇》虽说:"兵者,国之大事,死生之地,存亡之道,不可不察也",并因此貌似呼应了《司马法·仁本》中的名言"故国虽大,好战必亡",但孙武的慎战言论并不是基于仁义的价值观,而是基于对战争自身的高风险性的事实性判断。说得更具体一点,《司马法·仁本》是将"仁义"这一价值目标视为政治的根本目的的,并由此将战争的正义性与该终极目的相挂钩(所以该篇才说:"古者,以仁为本,以义治之之谓正。正不获意则权。权出于战,不出于中人。是故杀人安人,杀之可也;攻其国,爱其民,攻之可也;以战止战,虽战可也。")——与之相较,孙武似乎只对战争的胜负更有兴趣:因此,即使在他以积极的态度谈论"不战而屈人之兵"的可能性的时候,其原初目的依然是以最小的代价吞并他国,而不是为了施行仁义(参看《谋攻》:"夫用兵之法,全国为上,破国次之,全军为上,破军次之……")。换言之,《司马法》与《孙子兵法》虽然都貌似是兵法,二者之间却存在着一种巨大的价值观断裂,这也就是"强伦理性"的周礼式战争观与"弱伦理性"的马基雅维利式战争观之间的巨大差异。

　　需要注意的是：体现周礼特征的晋楚邲之战发生在前597年，而反映孙武式战争特点的第一场会战——充满诡诈色彩的吴楚柏举之战（由孙武本人与伍子胥合作指挥）——发生在仅仅约90年后的前506年。这难免不让人感到困惑：为何在一个世纪不到的时间内，春秋战争的哲学观念基础就已经发生了如此巨变呢？笔者的答案是：就在这一个世纪不到的时间里，一个重要变量改变了诸侯国之间的博弈规则，此即步兵的崛起，以及车兵地位的边缘化。由此一来，作为周礼负载者的国人（车兵）之间的战争变成了教化相对较少的野人（步兵）之间的战争，并由此使得周礼式战争的价值规范失去了在现实中的落实点。至于《孙子兵法》，只不过是对战争承担者的上述阶级变迁所刺激出来的理论衍生物罢了。

　　上述论点显然是站在三个分论点之上的：第一，车战核心模式与周礼式车战模式有强关联；第二，步战核心模式与孙武式战争的弱伦理特征有强关联；第三，《孙子兵法》本身是一部基于步兵战而非车战思路的兵书，并因此无法承载周礼价值。很显然，前节的讨论已经证明了其中的第一个分论点，现在我们再转向对后两个分论点的论证。

　　先来看上述第二个分论点。

（甲）孙武式步兵战与周礼的衰微

　　需要指出的是，在笔者将步战核心模式与战争的"弱伦理性"进行联系之前，首先要对春秋语境中的步战进行界定。与古希腊雅典、斯巴达等军事强邦基于城邦公民的重装方阵步兵（hoplites）不同，春秋各诸侯国的步兵（infantries）本是作为战车之附庸而存在的，只是在春秋晚期才走向战争舞台的中心。因此，从战争经济学的角度看，古希腊步兵乃是"高价步兵"（一般装备青铜甲），春秋时代的步兵乃是"廉价步兵"（跟随战车作战的步兵可能只有袍子，无甲，而独立化后的步兵装备略有加强）。二者之间的不同与

其各自的阶级来源颇为相关:古希腊方阵步兵的公民身份使得其更像是周政下的国人,而春秋步兵的主要阶级来源则是野人,并因此更像是古希腊社会中的奴隶(不过,野人并不真是奴隶,而是虽具有人身自由但缺乏政治权利的一般农民)。这当然也就导致了两种军队的规模组织之间的巨大差异。举例来说,在前479年的普拉提亚战役中,雅典投入的方阵步兵乃是8000人,在前490年的马拉松战役中,这个数字则微涨到了9000,而即使到了前431年,雅典拥有的所有方阵步兵也只不过13000人罢了。① 与之相较,在柏举之战中,吴军出动3万军队(大多数为步兵,加上负责运输的水军)袭楚,其规模乃是马拉松战役中雅典军的三倍多。到了战国时代,各诸侯国参战的兵力则爆涨到让人咋舌的地步:前343年的马陵之战,光参战齐军就不少于10万,前354—前353年的桂陵之战,参战的齐军与魏军各自都有8万,而前260年的长平之战中,秦、赵总参战兵力(含民夫)可能已破百万!

在冷兵器的技术条件下,廉价士兵的大量出现显然稀释了贵族—国人的军事技能(特别是通过长久锻炼才能形成的车上射术)所本具有的军事权重,并使得军队内部的国人—野人博弈格局发生巨变。换言之,如果将一国之内的国人与野人视为博弈的双方,那么野人相对力量的增强,将使得其背叛国人的成本立即变小,或使得国人压制野人的代价立即变大。这就使得传统贵族不得不将指挥权移交给更适应新战争形态的孙武式指挥官。需要注意的是,孙武式指挥官之所以获得指挥权,既不是靠家世,也不是依赖自身的武艺,而是依赖其在大的地理尺度内调配军事要素的能力,以及通过散布恐怖而在廉价步兵之中制造囚徒困境的心理震慑力(如孙武斩吴王美姬的案例,详后)。应该看到,这两种能力——特别是后一种能力——乃是以贵族单挑为典型模式的周礼

---

① Ridley Ronald Thomas, *The Hoplite as Citizen*: *Athenian Military Institutions in Their Social Context*. In: *L'antiquité classique*, Tome 48, fasc. 2, 1979. p. 512.

式战争所不需要的,因为这种以贵族的勇气为核心要素的战争本就不需要作为战车附属品的廉价步兵付出多大的努力,因此也就不需要通过对于他们的大范围位移与心理恐吓来倒逼出步兵的潜在战力。

但上述变化又如何导致了战争的弱伦理化倾向呢?

首先,严厉的孙武式军法本身是基于恐惧的(即对任何不服从者处以极刑),而不是基于对共同价值观的追求的。这种将人工具化的做法本身就缺乏儒家所看重的"仁"的维度。其次,以战争绩效为自身考核指标的孙武式指挥官也好,普通的廉价步兵也罢,他们都不像周礼约束下的军事贵族那样与敌方的军事贵族有着丰富的交往历史。与之对应,他们也不会像楚晋邲之战中的双方战车甲士那样,去费心记忆双方在过去的博弈过程中各自累积的德性积分。在这种情况下,他们在与敌方博弈的时候就会倾向于单次博弈策略,而不会顾及长远博弈的可能性。突破道德底线的战争行为,由此也变得日益频繁起来。

不过,上述的讨论还遗漏了两个重要的问题未回答:其一,孙武式指挥官为何能够通过恐怖的军法来控制大量的廉价步兵?其二,为何具有贵族身份的传统周礼式将领不能效法此法?对上述第一问的回答依然是基于博弈论的。现在我们不仅要将指挥官与士兵视为博弈的双方,而且也要将任何两个士兵视为博弈的双方。不难想见,在廉价步兵分别来自于不同家庭乃至不同地域的前提下,他们彼此之间也存在着某种不信任关系——比如在孙武所试图驯服的吴王阖闾的诸位美姬之间,本就存在着激烈的竞争关系。而且,廉价步兵部队的规模越大,将其以基于彼此自由意志,"自下而上"地联合在一起所需要的社会资本也就越大,因此,联合成功的机会也就越小。有意思的是,这种情况反而使得人数众多的被管理者在孙武式指挥官面前陷入劣势:后者只要掌握一支规模很小的行刑队,就能利用被管理者之间社会联系的缺乏而对任何抗命者进行精准打击。与此同时,即使被管理者中出现了少数反抗者，他们也会因为如下原因而很难吸引到更多的同道：因为在彼此都是陌生人的团体中，任何一个领头反抗者遭遇背叛的机会本就要远远大于得到支援的机会，因此，选择反抗便是不理性的。这其实便是经典的囚徒困境的又一次展现。

那么，为何这种刻意制造囚徒困境的带兵方式，不能为遵循周礼的贵族将领所效法呢？道理同样可以从博弈论中去寻找。贵族将领以及与之密切合作的国人甲士的博弈目的不仅仅是要击败敌对的诸侯国，而且还要维持其在本国内的政治地位。在这种情况下，他们就不会采纳任何会将他们引以为傲的车战战术边缘化的新军事组织技术——而既然如此，为何他们还要为提高步兵的战力而在步兵之间制造囚徒困境呢？

与之对应，在周礼式军事组织技术中此类囚徒困境制造机制的缺席，则从另一个角度保证了此类战争的强伦理性。其背后的道理是：在不于士兵间散布恐怖的前提下，贵族将领自然会诉诸占卜、宣誓等文化仪式来团结高价的车兵与廉价的随车步兵，由此使得战争的正义性能够为所有的参战将士所知晓。根据《左传·成公十六年》的记载，发生在前575年的楚晋鄢陵之战开战前，晋军就进行了诸如"虔卜于先君""听誓""战祷"等仪式。与之相较，《孙子兵法》十三篇却没有一篇涉及将领在开战之前祷问天意的仪式，因为一个掌握了大量廉价步兵的孙武式指挥官可以在完全不顾贵族式单挑所具有的偶然性的前提下去信赖自己的"妙算"能力。（参见《孙子兵法·始计篇》："夫未战而庙算胜者，得算多也；未战而庙算不胜者，得算少也。"）从战争心理学的角度看，一种祈求武运的战争观与一种悬置运气的战争观分别代表了两种截然不同的战争认知方式：前者认为战争的奥秘（或换言之，长期战争博弈的最终结果）不是凡人所可尽知的，而后者则认为人可通过努力而尽知之。很显然，前一种战争观会促使当事人适当克制暴力升级的规模，而后一种战争观则会在指挥官自以为攒足了战胜条件的前提下迅速启动战争。这种新观点，显然已经为日后战国时期野蛮的兼并战争提供了新的义理框架。

上面的讨论显然一直在预设《孙子兵法》是一部基于步兵之核心地位的兵书。但是否有证据证明这一点呢？

（乙）《孙子兵法》抬高步兵地位的文本证据

诚然，《孙子兵法》的确没有明确提及一支理想军队中的车兵、步兵比例问题。但以下几个间接证据则可以证明步兵的核心地位：

第一，众所周知，车战的理想地形即平原，而步兵则能兼顾各种复杂地形。因此，一种基于步兵思维的兵法显然会对如何在不同地形展开战斗有更多的关注。《孙子兵法·九地》区分了"散地""轻地""争地""交地""衢地""重地""圮地""围地"与"死地"九种交战地形，其中的"圮地"被定义为"山林、险阻、沮泽，凡难行之道者"，而应对这种地形的理想方式乃是"圮地则行"（快速通过）。这显然是一种基于步兵思维的叙述方式，因为车兵本就很难在"圮地"快速通过。譬如，在前589年的齐、晋鞌之战中，逢丑父驾车载着齐侯逃跑时，也是由于"骖结于木而止"，为韩厥追及（《左传·成公二年》）。这一战例不可能不为孙武所注意。

第二，《孙子兵法》一直强调部队的数量优势，而不是质量优势，所以《谋攻》才说："故用兵之法，十则围之，五则攻之，倍则分之，敌则能战之，少则能逃之，不若则能避之。故小敌之坚，大敌之擒也。"这显然是一种基于较为劣等装备的轻步兵战术的军事思维，因为车兵的特点恰恰就是以质取胜，并因此无法不重视装备问题（譬如，周礼色彩浓郁的《六韬·虎韬·军用》就对军械装备问题做出了全面的考察）。与之相较，《孙子兵法》全书对武器装备的问题都不太重视，即使偶尔提及攻城装备的复杂性，其主要目的也是为了回避攻城而转向对装备要求较低的野战（参《谋攻》："攻城之法为不得已。修橹轒辒，具器械，三月而后成，距堙，又三月而后已……"）。在《作战》中，孙武虽然貌似又提及了装备问题（"凡用兵之法，驰车千驷，革车千乘，带甲十万，千里馈粮，则内外之费，

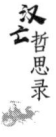

宾客之用,胶漆之材,车甲之奉,日费千金,然后十万之师举矣"),但从上下文的含义来看,他更关心的乃是装备的量,而不是质——而且,《作战》的阐述重点也是军粮的谋取问题,而不是装备的维护问题。这一点充分说明了孙武式步兵战中普通步兵的"耗材"地位:对于基本的"战争耗材"来说,维持其战力的核心要素当然就是粮食了。

第三,《孙子兵法》虽然在《作战》中象征性地提到了"驰车千驷"这样的部队配置,但从孙武自己所参与指挥的柏举之战来看,战车兵纯然便是边缘性兵种(顺便说一句,即使到了早已"步兵崛起"的战国中晚期,车兵依然存在)。非常耐人寻味的是,这场战役中吴军的主要机动方式乃是船只:吴军沿淮河溯江而上,汇合蔡、唐二国的友军后在淮汭登陆。尔后,孙武又挑选3500名精锐士卒为前锋,迅速地穿过楚国北部的大隧、直辕、冥阨三关险隘,直趋汉水,深入楚腹地,不出数日,达成对楚的战略奇袭。非常明显,孙武的相关战略战术构想是基于步兵思维的,因为只有步兵才能迅速搭乘或离开船只,并穿过作为"圮地"的险隘。另外,吴越地区水网密布的地形也使得作为吴军将领的孙武对于步兵的倚重变得自然。

从上面的论证来看,"步兵战主导"的思维方式显然贯穿了《孙子兵法》的构思。这种淡化精锐车兵的战略战术思想显然会使得精锐甲士所承载的周礼也在孙武的世界中失去了自己的地位,由此导致了孙武式战争的弱伦理性。不过,更深层次的问题现在也浮现了出来:以步兵崛起为核心特征的孙武式军事思想革命为何能够出现,并深刻地影响了日后诸如吴起、孙膑、白起这样的兵家,并最终成为战国时期军事思想的主流呢?与之对应,周礼式战争式微的契机又是什么呢?

演化博弈论的思维在此还是能助我们一臂之力。

(丙)演化博弈论语境中步兵崛起的必然性

如果我们将各诸侯国君主作为彼此博弈的敌对方的话,那么他们只有在双方估计到无法一口吃掉对方的情况下,才会采取长期博弈策略。而为了使得这种长期博弈本身的结果变得可预期,旨在克制暴力程度升级的周礼系统就要发挥其作用。因此,基于车战的周礼式战争便在这种情况下变成了春秋晚期之前的周代军事斗争的主要模式。然而,以大量"耗材士兵"为基础的步兵战显然能够使得一方的军事力量变得更具摧毁性,由此提高相关博弈者对全局性胜利的期许。由于被预期到的战争博弈的回合数被大幅度减少,适应于长期博弈策略的周礼系统自然也就成为不再能适应新环境变量的文化累赘。这里需要注意的是,周礼作为一种文化制度,是与以兵车为主的军事制度互为表里的,因此,这两者之间的互相捆绑会大大缩减指挥官的战术选择空间,并由此增加其失败概率。以公元前638年宋、楚泓水之战为例:按照通常的理解,宋襄公只是因为拘泥于周礼而不愿对楚军做半渡之击,才最终被上岸整队的楚军所击败的——但根据王博先生的考证,对自己的战车战术更有信心的宋襄公其实真正担心的,乃是自己的战车部队陷入不利于机动的河水而故意放弃半渡之击①。富有讽刺意味的是,即使宋襄公做了这样的战术安排,他依然失败了——而一个可能的败因恰恰是:至少与宋军相比,依然装备战车的楚军在编制上更接近日后几乎以纯步兵阵列击败楚军的吴军。具体而言,楚军阵列中步兵比例较高(楚军一车配100名随车步兵,而中原各国一车一般配75人②),因此,其作战更依赖步兵。故而,宋襄公的失败既是一种旧的军事文化的失败,也是一种旧的军事组织技术的失败。注意到这一军事形势变化的兵家显然会进一步加大部队编制中步兵的比例,最后导致了孙武式的军事哲学革命。

但有人或许会问:为何步兵崛起的时间是如此之晚呢?为何

---

① 王博:《泓之战再考释——以地理及战车因素为主》,《唐山学院学报》2015年第5期。

② 杨泓:《中国古兵器论丛(增订本)》,文物出版社,1985年,第81页。

以战车为主的作战模式依然延续了那么长时间？难道装备相对简单的步兵不是人类最容易想到的一种军事组织方式吗？

对于这一问题的演化博弈论讨论将以地理环境的变量为考察中心。泓水之战中宋之败于楚，以及柏举之战中楚之败于吴，似乎都体现了一个规律：越接近中原的国家越难放弃以战车为主的旧兵制，并越容易被本就不适合组织车战的边缘地带的新军事强国所击败。换言之，之所以车兵能够长期占据中原诸国的军事编制的核心，便是因为那时军事斗争所涉及的地理范围本就主要在适合战车运用的中原地区——而一旦争霸战争在地理上向林木、水网密集的边缘地区延伸，率先放弃车战的诸侯国就能在博弈中迅速获得优势。下述证据或许能说明上述规律不仅仅适于孙武所熟悉的吴越地区：公元前541年，晋国的魏舒为了能在大原之战中应对多山并不利兵车的地形，"毁车以为行，五乘为三伍"（《左传·昭公元年》），由此让步兵战术在中华文明的核心地区开始流行。很明显，地理环境乃是倒逼曾以战车为骄傲的晋人放弃战车的核心因素。与此同时，基于步兵的战术安排所需要的相对扁平化的军事架构，也使得本具有卿士地位的魏舒采用了与社会身份相对低下的孙武类似的治兵策略：用军事恐怖在士兵之间制造囚徒困境（具体而言，魏舒斩杀了不愿意下车作战的甲士），由此使得基于勇士荣誉的强伦理性战争变成基于将领谋略的弱伦理性战争。从这个角度看，儒家所哀叹的东周"礼崩乐坏"局面的出现，乃是有着深刻的演化博弈论原因的，忽略这些环境变量而试图从重拾周礼入手整治世道人心的儒家学派自身，则是犯下了"倒果为因"的严重错误。

上述的推理同时也意味着：假若环境参数并非如此，那么孙武式的军事革命就不会发生。来自古希腊的案例将为这一推论提供例证。前文已指出，希腊多山的地理环境非但不利于车战，甚至对骑兵的展开也会造成麻烦，因此，陆军编制便只能以步兵为主。但为何希腊人没有发展出孙武式的廉价步兵，而是昂贵得多的方阵步兵呢？其一，希腊半岛狭长的地形压缩了兵家进行战略机动的空间，削弱了轻装步兵奇袭所具有的军事价值，而使得队列严整的方阵冲击成为了最合理的战术选项——而这种战术显然会倒逼士兵甲胄质量的提高以增强方阵自身的冲击力与防御力；其二，古希腊人在自由民与奴隶之间划定的楚河汉界使得没有一个希腊将领胆敢将奴隶编入军队（而国人与野人之间的模糊界限却使得魏舒能够迅速提高野人的军事地位）——而这一点又反过来限制了希腊公民军队的规模，将其锁死在"精兵路线"的演化通道上。由此看来，上述环境变量自身长期稳定的存在，最终稳定了希腊军事制度中方阵步兵的地位，最终促成了基于这些公民步兵之军事地位的古代民主制（顺便说一句，之所以说民主制不可能反过来成为方阵步兵制之因，乃是基于如下历史观察：古希腊方阵战术形成的时间大约是公元前 750 到前 650 年，而雅典民主制形成的时间大约是公元前 6 世纪①）。

而正如雅典的精兵路线促进了古典民主制一样，孙武式的廉价步兵路线其实是预报了法家的政治路线。具体而言，正是因为庞大的步兵编制弱化了每一个步兵的博弈筹码的权重，这一思路映射到更广义的君—民关系上，就很难不启发商鞅提出他的"弱民"主张："民弱国强，民强国弱，故有道之国，务在弱民。"（《商君

---

① 当然，我们不能否认，同样使用重装步兵的斯巴达并没有建立起雅典式的民主制度。但这是因为一些别的变量阻止了民主制在斯巴达的出现，而不是说重装步兵制对民主的促进作用本身不存在。具体而言，与在地理上方便贸易的雅典不同，斯巴达的主要产业乃是农业，而农业劳作所需要的大量时间显然使得农民没有时间将自己锻炼为合格的重装步兵。斯巴达人的解决策略是大量奴役希洛人为农业奴隶。但由于被奴役者人数众多（按照希罗多德的估算，一名斯巴达战士可以奴役七个希洛人），且剥削甚重，斯巴达自由民必须时刻准备镇压奴隶反叛，这就使得"同吃同住"的军团式生活成为常态——而这种生活形式显然会大大压缩个人的自由。与之相较，雅典人与其奴隶之间的关系要和缓得多，这样的社会形势自然就会允许像苏格拉底这样的自由民（顺便说一句，他还是一位优秀的重装步兵）不用担心随时被奴隶砍杀的风险而在街头大谈哲学。不过，即使在斯巴达，重装步兵制对个人勇武作用的消解，依然使得斯巴达国王的权限远小于秦政下的中国君主。

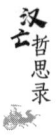

书·弱民》)另外,也正是因为孙武将有效克制敌军的兵力比夸张为"十则围之,五则攻之"(《孙子兵法·攻谋》)的地步,这就很难不倒逼有野心的国君利用爵位的诱惑去竭力鼓励耕战。由是观之,孙武的军事思想革命已经铺平了通向秦政的道路。①

有人或许会问:秦帝国毕竟只是沧海一粟,而代秦的两汉既然崇儒尊周,这是不是就意味着孙武所试图颠覆的周礼式暴力约束机制还有机会在历史上翻盘?答案是否定的。毋宁说,考虑到周礼本身是建立在特定的社会—军事组织方式之上的,一旦此类组织基础自身被消解,那么即使在意识形态层面上恢复周礼的地位,也很难让周礼发挥其在原始周政中应有的作用:有效遏制暴力的升级。表面上崇周却亡于军阀混战的东汉王朝,将为上述推论提供历史注解。

第五节　崇尚周礼的东汉为何未能阻止暴力升级?

与至少在武帝阶段秦政色彩鲜明的西汉相比,东汉王朝表面上的周政色彩要浓郁得多。大致而言,东汉政治架构本身就具有顾炎武所说的"寓封建于郡县"的特征,地方豪强势力相对西汉要强大很多;而在意识形态层面上,官方对于周礼的崇尚(特别是帝国的太学系统对于《春秋》文本的高度重视)也隐隐让人觉得周政的精神已经进入了帝国精英阶层的思维深处。但让人奇

---

① 正文中"廉价步兵"的说法可能会遭遇一个反例,即战国初期魏国名将吴起训练的精锐重装步兵:魏武卒。魏武卒之选拔极为严酷,荀子云:"魏氏之武卒,以度取之,衣三属之甲,操十二石之弩,负服矢五十个,置戈其上,冠胄带剑,赢三日之粮,日中而趋百里。"(《荀子·议兵篇》)——怎么说都不能算"廉价"的。但需要注意的是,恰恰因为魏武卒的确不算廉价,其规模最多不过五万,在帮助魏国获得一系列军事胜利后,却在伊阙之战(前294—前293)遭遇失败,此后再也不能被实质性重建。这一点就足以证明精锐步兵路线在孙武军事革命后很难成为中国军事编制的主流,而只能昙花一现。

怪的是，东汉的灭亡却恰恰是起源于帝国精英阶层的内讧，而不是像后世的那些大一统王朝那样，要么亡于农民起义，要么亡于外族入侵。为何已经成为帝国统一意识形态的周礼没有很好地遏制内战的爆发呢？

为了回答上述问题，最合理的假设是：东汉的"周政"特色仅仅是一种意识形态伪装，而与实质上的周政颇有距离。为了说明这一假设的含义，我们先来根据平克的模型，复习一下原始意义上的周政是如何克制暴力的升级的，并比较一下这些因素在汉代政治中的对应者的相关情况：

第一，按照平克的观点，"利维坦"（即平克模型中的参数 $c-1$）将对任何单方面进行暴力升级者进行惩罚，由此控制暴力的烈度。在周代历史中，这一"利维坦"的角色先后由历代周天子（西周）与"春秋五霸"（东周之春秋）来扮演。需要注意的是，新霸主与旧霸主之间的交替过程，往往诉诸周礼程序约束下的争霸战争，而且，新霸主地位的确立也往往诉诸政治会盟等公开政治仪式——上述程序的复杂性，自然使得仅仅在一夜之间就"山河变色"的概率大为降低，全天下用以适应新政局的心理缓冲期因此也能被拉长。故此，即使在战乱频仍的春秋时代，全天下的预期管理依然没有失控。与之相较，从东汉中期到汉末，"利维坦"的角色扮演者则变得相对暧昧不清起来。自婴儿时就驾崩的第五代皇帝汉殇帝（刘隆）始，幼年皇帝便在东汉朝堂上不断出现，这就难免皇权旁落，以及外戚与宦官势力此消彼长——而二者对皇权的代持又得不到儒家名分论的积极支持。说得更清楚一点，东汉始终没有在宪法层面上给出一套类似周礼体系的权力架构安排，以使得外戚、宦官与外朝清流这三股主要政治势力之间的责、权、利能得到清楚的界定——而现成的周礼系统则因为形成时间太早而远水不解近渴。帝国的政治实际与意识形态之间的这种高度脱节，最终导致了政斗规则的高度混乱，以及政治斗争结果的高度不可预期性（如汉桓帝对于盘踞朝堂多年的外戚梁冀势力的剿灭,几乎便是在一夜完成的)。在这种情况下,要建立起一套基于"利维坦信仰"的全社会预期管理模式,至少在殇帝之后的东汉历史中是颇为困难的。这种混沌的政局显然会鼓励政治野心家的冒险行为,并由此使得暴力升级变成大概率的事件。

第二,在周政体制下,贵族具有鲜明的地域性——譬如,晋国贵族自然代表晋人的地方利益,而楚国贵族显然代表楚人的地方利益。由此,任何博弈方对于自身博弈资源之有限性均有清楚的意识,而不太可能陷入"我作为楚人可以无偿使用晋人之资源"的妄想。这种格局感显然能够促成长期博弈策略的形成,由此促进平克模型中的参数 $c-3$(博弈理性)的强化,最终阻止暴力升级。与之相较,东汉中央政治斗争中的三股势力——宦官、外戚与清流——都具有较为明显的"祛地域性",换言之,他们都具有通过侥幸一博而获取全国资源的妄念。这种妄念的普遍存在显然会使得适配于长期博弈环境的博弈理性被冻结,由此导致暴力的升级。

第三,平克的演化博弈论模型的运作还需要一个非常重要的条件,即博弈参与方对于过往博弈结果的记忆(如谁比较强大,谁比较可信,等等)。但此类记忆必须建立在真实的博弈基础上才是有意义的,否则,"记忆"与"妄想"之间的区别也就不存在了(比如春秋时楚、晋之间的数次军事博弈都是真实发生的事件,所以,当事人对前一次博弈结果的记忆才不是妄想)。然而,自光武中兴始至献帝登基前,中原腹地再也未发生过大的兵燹,掌握帝国中枢的宦官集团、外戚集团与绝大多数清流都缺乏除阅读之外的真实军事博弈记忆(其中,部分清流固然有镇压农民起义的经验,但此类经验很难沿用到更高烈度的汉末军阀内战之中)。而与羌人作战经验相对丰富的凉州武装将领(如"凉州三明"与其后继者董卓)则恰恰缺乏与关东诸侯真实博弈的经验,由此也容易在真实博弈发生前高估自己的胜率(比如,董卓事先肯定没估计到孙坚那么能打)。上述这些误估纠缠在一起,当然也就增长了使得内战暴力升级的风险。

第四,上文提到的博弈者对于博弈结果的记忆能力的展开,除了需要值得被记忆的经历的客观存在之外,还需要另外一个条件的辅助:需要被记忆的事项不能太多,以免超出博弈者心智计算能力的上限。光武帝刘秀之所以"平生见小敌怯,今见大敌勇"(《后汉书·光武帝纪上》),便是因为"小敌"的数量太多且难以预测,其出现往往会使得原本瞄向"大敌"的军事计划的实施遭遇偶然性因素的破坏。在春秋时代,上述条件是基本可以得到满足的。彼时,诸侯国是军事博弈的基本单位,原则上很难出现某股力量强大且不为人所知的政治力量突然进入博弈舞台的场面。而在汉末的乱局中,突然兴起的某股新兴政治势力却往往会骤然改变博弈的格局(如吕布因背叛丁原所导致的董卓在首都地区军力的暴涨,以及孙坚对于王叡、张咨势力的并吞所导致的军力暴涨),由此使得针对有限博弈方的长期博弈策略成为屠龙之术。而当博弈各方因无法制定长期博弈计划而转入短期博弈策略之后,试图一举消灭对方的欲念显然会大大增加暴力的烈度。

前文已指出,平克的模型还提到了"**乌托邦的意识形态**"(参数 b-5)这个可能促进暴力的"魔鬼因素"。很不幸,通过汉儒炮制的"**大复仇理论**"(对应平克模型中的参数 b-3),这一促进暴力升级的意识形态因素也在东汉出现了。而对于这一意识形态因素的分析本身也能清楚地说明为何周礼未能有效克制汉末的暴力——因为周礼本身已经被汉儒歪曲了。众所周知,早在西汉武帝时代,汉廷就曾利用《公羊传》对于"齐襄公九世复仇"行为的褒奖,而发动了对于匈奴的战争。不过,在《左传》与《穀梁传》的相关记载中,对于上述复仇行为的褒扬性文字却是付诸阙如的。古文经派的学者许慎甚至在《五经异义》中以古《周礼》"不过五世",及孔子相定公会齐侯于夹谷为例,反驳"九世复仇"之说。① 尽管如此,自身学术可靠性成疑的"九世复仇之说"却通过官方意识形态的扩散而成为全民的信仰,由此导致了复仇行为的高度泛滥。《汉书·尹赏传》便记载了西汉成帝永始、元延期间长安的一个少年游侠团体的存在,"杀吏受赇报仇",并通过抽签的方式决定何人杀武官,何人杀文吏。这说明民间复仇行为当时已经高度组织化。周天游先生在《古代复仇面面观》②一书后附《两汉复仇一览表》,统计复仇事件西汉20例、东汉83例,可见东汉复仇现象出现的频繁程度又远超西汉。名臣鲍宣谓"民有七亡","怨雠相残"就是其中之一(《后汉书·鲍宣传》),哲学家桓谭言:"今人相杀伤,虽已伏法,而私结怨雠,子孙相报,后忿深前,而至灭户殄业,而俗称豪健"(《后汉书·桓谭传》),便是当时的观察家对于复仇现象的代表性批评。尽管这里涉及的复仇行为的暴力烈度远未达到内战的程度,但一旦复仇者掌握了巨大军力,此类意识形态就会立即催生巨大的人道主义悲剧。汉末曹操以其父曹嵩被徐州牧陶谦属下杀害为借口而对徐州人民展开的血腥屠杀,便是此类意识形态刺激下的产物。

不过,说到这里,一个更深的问题也便浮现了出来:为何大肆鼓吹复仇暴力合理性的《公羊传》能在与相对温和的《穀梁传》的意识形态竞争中占据上风?仅仅从汉武帝对于《公羊传》的推崇显然很难充分解释这一点,因为在武帝后,汉宣帝也曾试图以官方的力量提高《穀梁传》的地位。一个更有解释力的答案恐怕是:《公羊传》所提出的支持"九世复仇"行为之合理性的学说,的确赋予各阶层的行动个体(agents)以更大的行为自由,由此使得民间

---

① 对于此类问题的当代讨论参见李隆献:《复仇观的省察与诠释(先秦两汉魏晋南北朝隋唐编)》,台湾大学出版中心;张靖杰:《缘复仇以明王义——〈公羊传〉"九世复仇"说辨正》,《孔子研究》2022年第1期。

② 周天游:《古代复仇面面观》,陕西人民教育出版社,1992年,第140—163页。

复仇行为能够得到更多的名分论掩护。支持该判断的相关论证又可以分为两个部分：首先，我们得论证**为何大复仇理论能够为个体的复仇行为提供名分掩护**；其次，我们又得说明**为何当时个体的复仇欲望具有较大的社会普遍性**。

先来看对于第一点的论证。这一论证可分为如下步骤：

1. 假设某甲试图对某乙展开暴力攻击以获得自身暂且匮乏的资源（此类资源可能是某种物质资源；不过，这在汉代复仇文化背景中更指对自尊感的获取）。

2. 在一般情况下，这种掠夺往往会遭遇"利维坦"的惩罚，并因此是不符合博弈理性的。

3. 制止利维坦运作的办法，显然不是推翻利维坦（这并不现实），而是让利维坦相信：此类掠夺是合理的，因为这是一种有"自然法"加以背书的"复仇行为"。

4. 但假设甲、乙两个个体之间的确没有仇恨，这就使得"复仇"这一名分"远水不解近渴"。

5. 为了使得"口渴"的人能喝到水，就需要一种意识形态发明，以使得仇恨所涉及的双方从甲、乙延伸到其各自所在的宗族、朋友，甚至已经逝去的先祖上去。这就是大复仇理论所能够提供的意识形态服务。

6. 在复杂的血亲关系网中，某甲与某乙的亲人或祖先有仇的概率本就很大。

7. 因此，某甲就可通过"李代桃僵"的把戏，用"对于乙所在的人际关系网的复仇"来掩护他对于乙本人的攻击行为，并因此将缺乏正义性的行为歪曲为合理的行为。

8. 因此，《公羊传》的大复仇理论就因满足了大量行为个体的强烈复仇需要而获得了传播学的优势。

——那么，上述复仇心理本身为何又是如此普遍呢？请注意：我们还是不能通过《公羊学》的影响来解释这一点，因为这会导致太过明显的循环论证。我们也不能通过汉代司法实践的特色——"春秋决狱"——来解释这一点,因为该司法解释传统依然自我循环地预设了公羊学的基础地位;而我们的问题意识所瞄准的,恰恰是使得公羊学得以被接受的社会心理基础。一种更合适的解答思路或许来自于历史比较——由此,我们不妨可以反过来问:为何在周礼尚且还能运作的春秋时代,关于复仇行为的记录大量都与高层政治事件相关,而未像鲍宣与桓谭在汉代所抱怨的那样,成为全民的行为模式?

笔者的答案是:这是因为,彼时行为的主体还是贵族,而不是经过秦政捶打后形成的散沙式个体。贵族因为具有稳定的产业,所以倾向于稳定的长期博弈策略以维持自身的产业,而门客也倾向于劝说其主公放长博弈的时间线以提高博弈韧性(如冯谖就曾替孟尝君做主减免租税,以短期经济资本的损失为代价,为主公积累更多的长期社会资本)。当然,这不是说春秋时的贵族不会复仇——但此类复仇行为要么是基于在任何文化中都不能容忍的极端冒犯之事(如陈国司马夏徵舒无法忍受其母夏姬与国君陈灵公通奸而杀陈灵公),要么已被融入冷静的军事战略而非单纯的复仇(如晋国大夫郤克虽因足疾被齐国妇人嘲笑,心生嫉恨,后也是结合了晋国的国家战略才在晋、齐鞌之战中公报私仇),要么在复仇行动的实施中假借强大外力使得结果依然处在"工具理性"的预测范围之内(如楚国贵族子灵、苗贲皇因私怨奔晋,以便利用强大的晋国来复仇)。无论是其中的哪种情况,这些复仇行为都不会给旁观者带来太多的意外,因为此类复仇要么不会在根本上增加博弈玩家的数量(如上述第二、第三类复仇),要么其发生已经能被普遍预计到(如上述第一类复仇)。与之相较,散沙式的个体则因为缺乏实际的产业,其自我认同机制的运作将不得不高度依赖对于自尊感的维护——而这种高度的自尊敏感性心理品质就很容易促发过多的、不可预计的偶然性复仇暴力,譬如去做"为朋友(而非为自己、自己的血亲或主公）复仇"这种可做可不做之事。《华阳国志·广汉士女》就记载了东汉顺帝时广汉人宁叔为朋友张昌复仇的故事。张昌被河南大豪吕条所杀，宁叔为了给朋友报仇杀了吕条，入狱后又被朝廷赦免。关于此事的细节我们并不清楚，但至少可以肯定的是，宁叔这一介布衣恰恰通过为同为布衣的朋友复仇而在社会上获得了高度的认同，由此维护了自尊。需要注意的是，两汉史料中的复仇主体往往是缺乏官职、爵位与地产的普通群众，这一点充分说明了一种为复仇张目的意识形态其实是相对有利于愿意以命博名的下层民众的（因为生命就是他们唯一的博弈筹码了）。同时，由于激发复仇行动的苦主范围已经从春秋时代的血亲或主公拓展到了朋友，有鉴于"朋友"这层社会关系的偶然性，复仇行为的不可预期性也大大增加了。耐人寻味的是，在东汉，这种本该从属于下层人民的"以命博名"的思维模式甚至还影响了社会地位较为上层的儒家知识分子。譬如，儒家领袖张俭在第一次党锢事件后被代表宦官利益的朝廷通缉时，为了掩护他的逃亡，大量儒家精英分子不顾自身的家族利益而先后赴死（其中还包括孔子的后代孔褒）。这种为了复仇而牺牲生命的激进行为后来竟然也蔓延到了曾经的朋友之间。譬如，正如本书"导论"就已提到的，汉末大混战开始后，曾经的反董军事同盟——"酸枣同盟"——的联络人臧洪与该同盟的实际盟主袁绍突然闹翻，其理由其实也只不过是因为袁绍坐视臧洪的另一个朋友张超被曹操消灭而不救。为了这种间接的恩义情仇，臧洪竟就在东郡与袁绍苦战一年，全家罹难不说，还造成了当地百姓的大量死亡。从表面上来看，孔褒与臧洪一个是孔子之后，一个是汉末名臣臧旻（曾先后任扬州刺史与使匈奴中郎将）之后，其博弈行为本不该像底层人民那样意气用事，而应该学习春秋时的晋文公与越王勾践，尽量保存实力、谋划长远（譬如，晋文公虽然也曾因自己洗澡时被曹共公偷窥而与之结怨，但他日后的伐曹战争依然是结合针对楚国的更大的军事谋划,而非单纯出于维护名誉)。然而孔、臧竟然都没这么做,而这一点本身又是因为:在东汉时,就连高级儒家知识分子的阶级地位也已与春秋时的孟尝君、春申君截然不同。概而言之,通过"八俊""八顾""八及""八厨"等跨地域的儒家知识分子同盟的建立,东汉清流与原生家庭的地域性经济利益之间的联系已被淡化,而获得该同盟自身的政治认可便成为了其行为的主要动机。但既然该同盟本身是建立在相同的价值观基础之上的,这就使得同盟成员之间的"回音壁效应"很难不去强化博弈方的政治成见,由此使其失去长期博弈者应当具备的对于敌手心智的"他心模拟能力"(the capacities for simulating other minds)。在这种情况下,为了博得"同温层"内的喝彩而盲目投入生命与热情的政治—军事冒险行为也就自然变得多了起来。

如实观之,东汉只有周政之表,无周政之实。字面上的周礼意识无法遏制内战的爆发,也便毫不意外了。

第六节　小结:再谈儒学研究的现代理论意识

本书所聚焦的狭义上的周礼文化也好,广义上的儒家思想也罢,当然首先是一种意识形态。而马克思和恩格斯在《德意志意识形态》中早已指出,一切意识形态都是特定生产关系与社会组织关系的产物,因此,我们不能倒果为因地将意识形态本身视为特定历史进程的发动机。按照这一历史唯物论的基本原理,汉代经学家的基本错误就是将对于儒家经典的解读与传播本身视为驾驶历史航船的主要抓手,由此完全错失了对于真正的历史主旋律的把握。很可惜的是,汉儒的这一错误,至今依然颇有影响。

不过,在现代唯物论的阵营内,用以解释历史变迁的理论工具在马克思身后其实是日益丰富了起来。演化博弈论便是这样的一种工具,而利用了此类工具的平克的暴力缩减模型也在一定程度上解释了人类暴力史的不少面相。与传统的历史唯物论叙事框架相比,演化博弈论模型在坚持唯物论的基本立场的前提下,又更容易与心理学、神经科学、经济学、统计学、生态学等实证科学的新材料相互接续,由此能产生更大的理论解释力。而在本书所涉及的语境中,演化博弈论模型通过对于地理因素的涉及,便能有效解释为何车战乃是中原地形下的典型军事博弈方式,以及为何步兵战乃是多山与多水网的中原边缘地带的典型军事博弈方式。至于对于两种作战方式所对应的意识形态产物——周礼约束下的古典军礼与几无周礼色彩的《孙子兵法》——的分析,则必须附属于对上述基本博弈条件的分析。这种基于地理因素的分析模式甚至也适用于东汉:在已经被秦政模式塑造了深层文化基因的汉帝国框架内,核心的政治权力争夺往往发生在更为重要的首都,而不是儒家知识分子本该从属的地方性政治场域——正如第一次世界大战中欧洲战场的重要性亦压倒性地超过非洲战场一样。资源分布的这种高度中心化,使得政治博弈的速率大大提高,长期博弈所需要的政治缓冲区也被大大缩减。不难想见,在如此复杂、快速且充满偶然性的博弈环境中,古典周礼约束下的慢节奏、长时段的博弈技巧立即成为不适应新时代的文化恐龙,并由此迅速被公羊学所鼓吹的激进复仇理论所取代。在这种新的博弈环境下,暴力的升级自然也成为难以避免之事了。由是观之,在献帝初平元年(190)由董卓、吕布燃起的那把烧毁洛阳的大火,其实并不仅仅是董、吕二人所放的。

然而,笔者上面的评断并不试图带给读者一种印象:大一统的政治设计本身有不可修复的问题。其实,在理想的情况下,大一统的政治制度与经济制度安排的确能够大大减少本处于各个地域板块之中的交易主体之间的交易成本,并能通过"集体防御措施"为任何一个弱小的区域提供安全保护。假若这种"大一统红利"本身是一种虚妄的话,我们就很难解释近代的德国与日本是如何通过废除封建制度而实现国力跃升的,更难解释为何在二战后诸欧洲小国还要通过组建欧盟来统一各国的货币、财政乃至外交政策。但需要指出的是,理想的大一统架构的建立,依然涉及对于地方利益与中央利益的合理分配(即既要保证中央财力足够,又不至于破坏地方造血能力),而这种分配结果的达成也必须是长期博弈的结果。而在因过早实现孙武式的"马基雅维利转向"而导致春秋"慢博弈"过早结束的古典中国,武断色彩浓郁的秦式大一统模式只能使得地方与中央进行合理博弈的空间被大大减缩,由此导致没有什么力量能够阻止皇权去竭泽而渔地透支社会潜力。而历史规律自身对于秦帝国的报复也来得非常之快:过早抽干地方财政血液的秦帝国仅延续两代便灰飞烟灭。在这个问题上,在相当大程度上继承秦之衣钵的汉帝国的确比前人来得略为幸运。譬如,当汉武帝的攻伐政策导致汉帝国出现类似的财政危机之后,富有格局感的权臣霍光便通过"盐铁会议"赋予了地方精英以有限的博弈空间,这才在危局中拯救了汉帝国,开创了"昭宣之治"。也是在霍光实际掌权时间,汉宣帝通过"石渠阁会议"部分抬高了理性主义色彩较浓的《穀梁传》的地位,使得汉儒思想有机会从董仲舒的神秘主义桎梏中被解放出来,恢复先秦儒家健康的常识感。然而,此后王莽对于经学思想的任意政治运用以及由此导致的思想与政治混乱,将这一可能性又遮蔽了起来,以至于在东汉章帝召开"白虎观会议"时,谶纬之学与公羊学的思想联盟又获得了巨大的意识形态胜利。由此,在帝国层面上,地方性知识通过合理的信息评估与传送系统上达天听的渠道,一直被抽象的经义信息所干扰——比如,名臣法雄(后世刘备重臣法正之先祖)做地方官时有效应对虎害的秘传心法,只能在《后汉书·法雄传》中留下"给老虎施仁义"这样荒谬不经的记载(原文是"至化之世,猛兽不扰,皆由恩信宽泽,仁及飞走。太守虽不德,敢忘斯义")。这种地方性知识与中央知识的彼此隔绝，最终导致了秦式大一统构架中的知识大分裂，由此全面破坏了身处首都的东汉顶级政治博弈者的格局感。换言之，因为缺乏信息的全面流动，带有秦式大一统色彩的汉式大一统依然无法有效实现政府与社会的彼此信息融合，由此做到精准施政，最终真正兑现前文所述的"大一统红利"。

需要指出的是，本章的上述讨论不仅具有"历史考古学"的意义，而且具有非常鲜明的现实意义。从某种意义上说，今日全球的信息传播模式也正在经历一种孙武式的"马基雅维利式转向"：基于主流媒体的信息传播方式本是遵循一种类似"周礼"的信息审核与发布机制，并受到非常复杂的职业规范伦理的制约，尽管信息产品的输出也相对较慢；与之相应，在大语言模型、机器人聊天技术、音频与视频生成技术的加持下，海量的自媒体正如在柏举之战中包围楚国战车的漫野的吴国步兵，通过人力难以企及的复制力将经典范式下的信息生产者逼入绝境，顺便也将媒体之间以及媒体与社会其他模块之间的传统博弈规则逼入绝境。与此同时，与汉代公羊学对于民众类似生物学本能的复仇情绪的煽动相类似，目前在互联网上出现的大量短视频也往往诉诸观众"试图一朝逆袭登天"的幼稚情绪以图制造流量资本，由此全面地消解全社会成员的博弈格局感。令人担忧的是，无论是传统的儒家理论，还是西方的社群主义或自由主义的思想资源，都没有为这种全球性的智性大倒退提供现成的答案。从这个角度看，孔子当年所哀叹的"礼崩乐坏"现象，或许具有一种他本人都始料未及的跨文化性与跨时空性。本书第九章将借着讨论儒家思想与大数据技术之间关系的机会，再次深入讨论该问题。

本章对于暴力与秦政关系的讨论，就此便打住了。不过，暴力并不是我们切入两汉三国历史的唯一切入点。在东汉末年的军阀混战摧毁东汉帝国之前，东汉帝国毕竟平稳运行了多时，正如绿林、赤眉军摧毁继承自西汉的新莽帝国之前，西汉帝国也维持了较长时间的和平一样。那么,在一个更高的分辨率上,我们究竟该如何解释一个平稳运作的国家中慢慢积累的崩溃性因素呢?

在一个更高的分辨率上,社会的基本构成要素——家庭——也就自然浮出了水面。正如人的细胞的健康保障了整个机体的健康一样,社会之细胞——家庭——的健康也保障了社会的健康。反之,在家庭中隐藏的不稳定因素,若不加控制,也会在某些情况下累积为社会性问题。在下章中,我们就来考察一下汉儒意识形态中的家庭观。

第二章

儒式家庭观与秦政式帝国之间的张力

第一节　导言：从荀彧的选择说起

189年冬,寒风凛冽的颍川郡密县西山,上千名来此避难的汉末名士韩融的同宗,正打着哈欠、抹着鼻涕,强打精神听着一个年轻人的演说。此人便是韩融的好友荀彧(字文若),哲学家荀子的后代,日后曹操幕府内的头号谋士。荀彧激动地对人群大喊:"诸乡党!颍川,四战之地也,天下有变,常为兵冲,宜亟去之,勿久留!"

一个老汉笑着问道:"依文若之见,老朽该去何处呢?"

荀彧指向北方,大声回道:"冀州!冀州刺史韩馥也是颍川人!他已遣来向导与信使,说他愿在其辖地妥善安置诸乡党!"

另一个老汉站起来反驳道:"如何妥善法?冀州之地可比颍川之沃?冀州之食可有颍川之美?目下此处尚且风寒,若还要北迁,吾辈岂不成为他乡冻鬼?"

"是啊!北迁了,我爹妈的祖坟咋办?""可不?谁愿意去北方与胡人为邻?""死也要死在家乡啊"……台下一片对于老汉的附和之声。

大冷的天,荀彧的额头竟然沁出了热汗。他大力摇了手里的鼗鼓(即汉代的拨浪鼓),奋力将抗议的声潮往下略压一头,见缝插针地说出了自己的理由:"诸乡党!荀某在京为官时,亲眼目睹董卓入京是如何祸乱朝纲的!目下反董联盟正蓄势待发,天下大战已不可避免!若兵燹蔓延,此地便是前线,而冀州反而是后方,何处更安妥,还望诸位三思!"

"怕啥?乱兵来了,这里还有坚固的坞堡呢!您瞧这坞堡,有高高的望楼,还有密布的箭亭,藏身于此,又有何惧!"一大汉站起来继续反驳荀彧。

荀彧摆摆手,说道:"密县坞堡只能防御一般匪贼,若数万暴兵攻此,将无济于事!"

不料荀彧说完,全场竟以大笑应之。前面那个大汉边捂住肚子,边回道:"数万暴兵?开什么玩笑?哪里冒出来这么多反贼?目下形势可不比暴秦与新莽时。彼时昏君无道,民不聊生,这才先有陈胜、吴广揭竿,后有绿林、赤眉之叛。目下黄巾已灭,天下太平,我放眼望去,个个饱食暖衣,谁又会造反呢?就算董卓在京都贪权甚多,可当年梁冀弄权,各州郡的百姓不还照样是安居乐业吗?请荀先生不要妖言惑众啊!"

"是啊!京都的事情与我等何干?""我们是韩氏宗族,要去北方,你们荀氏宗族请自便!"那大汉的应答又迎来一片附和。

荀彧叹口气,嘴里呼出的热气在寒冷的空气中立即凝结为一片水雾。他知道,他的说服工作已经失败了。

——以上,便是我根据陈寿的《三国志·魏书·荀彧荀攸贾诩传》的相关史料所拟构出的一段对话。按照陈寿的记录,荀彧只是成功地带荀氏宗族人等迁到了冀州。虽然此刻冀州的主人已经从韩馥换成了袁绍,但至少荀氏宗族的血脉的确得到了保存。至于那些不愿意迁走的韩氏宗族成员,则多在董卓部将李傕、郭汜带来的兵乱中被害。韩融本人则侥幸在乱世中活了下来。

——从上述故事中,我们能得到什么教训呢?

在这里,我们无疑看到了两种思维方式之间的彼此冲撞。第一种,便是韩氏乡党所具有的基于乡土情怀的家庭观。根据这种来自于周政传统的家庭观,家庭成员的命运必须与其所在土地的命运紧紧捆绑在一起,因此,抛弃土地就像抛弃自己的手足一样,具有一种伦理上的恶。另一种则是荀彧所持有的一种基于全国格局意识的新家庭观。荀彧早就认清了周政退隐的现实,并清楚地意识到,任何一个孙武式军事家都能携带基于数郡资源的恐怖军力,摧毁任何一处美丽的桃花源。因此,对于土地的忠诚已变得不合乎时宜,而在全国地图上分散风险才是真正的乱世自保之道。毋庸置疑的是,荀彧与韩融都爱他们的家人与宗族,但是,对于儒式大家庭在秦政式帝国构架中的自我保存能力,他们却做出了不同的估计。而历史的结果证明,荀彧的估计是相对正确的。

从上面的分析中,我们无疑看到,在来自于周政传统的儒式家庭观与秦政帝国的现实之间,的确是存在着一种张力的。然而,主流儒家的叙事方式却对此张力缺乏自觉意识。毋宁说,"家国一体"的话语系统,恰恰遮蔽了这种张力。事情的真相毋宁说是这样的:汉代政治超越典型秦政之处,就是多了点家的温情,减缓了秦政的执政刚性;而东汉王朝之所以最后败亡,又恰恰是因为汉儒没有反思地意识到家的构建原则与国家构建原则之间的本质性差异,最终将家庭分裂所引发的震荡放大为国家层面上的内战。正所谓"成也家,败也家"也。而为了正本清源,今日的我们就有必要将"家"这个过于含混的概念予以厘清。具体而言,"家"实际上是一个三明治结构,在该结构中,从下到上的三层,依次是:示例数量最多的"**属地小家庭**"、示例数量中等的"**属地大家庭(联合家庭)**"与示例数量最少的"**帝国型超级家庭**"。在秦政的宏观构架中,它们之间的具体关系如下:集中国家资源的"秦政"模式(以及与之配套的法家哲学)试图打压夹在当中的"属地大家庭",并由此建立起底层的"属地小家庭"与国家机器之间的直接财政—权力联系;与之相较,与"秦政"对峙的"周政"模式则试图维护夹在当中的属地大家庭的财政—权力架构。这两种政治遗产在"儒表法里"的汉代又发生了奇妙的化学反应,由此产生了"帝国型超级大家庭"这一怪胎。此类家庭因为过于巨大的规模而无法维持只有在属地性大家庭中才能维持的家庭温情,并因此不得不走向分裂——而且,也恰恰因为此类家庭的成员与国家机器关键节点的高度重合,上述分裂最终导致了整个帝国自身的悲剧性撕裂。

为了进一步论证上述观点,本章在此所要展开的对于"家"的研究将综合现代心理学、生物学、社会学与人类学的资源和视角,以便为儒家的家庭观进行"祛魅化处理"。这样的考察当然也会涉及对秦汉家庭规模的实证研究（详见后文）——不过，我会克制对于过于细节化的史料的梳理冲动，以便维持整个叙述脉络的相对概括性。

第二节 "邓巴数"制约下的秦汉家庭规模

在美国哲学家丹尼尔·丹尼特（Daniel Dennett）看来，进化论乃是腐蚀宇宙任何角度的超级强酸——说得更通俗一点：对于解释人类社会的各种现象，以进化论为代表的生物学思维构成了某种"底层逻辑"，能够由此赋予很多传统的理论叙事以新的视角。[1] 比如，人类社会之所以存在着家庭，便是下述生物学因素综合作用的产物：第一，人类是两性生殖的生物；第二，人类婴幼儿的"脆弱期"相对比较长，这就倒逼婴幼儿的父母不得不长期共同生活以便为其提供足够的保护——否则，婴儿的早夭将使得父母自身的基因无法得到传播。从这个角度上看，具有特定结构的家庭的存在，乃是由"基因传播"这一底层生物学逻辑所倒逼而成的人类最基础的社会组织形态。

然而，足以使父母的基因得以顺利传播的家庭的规模有多大呢？这个不能一概而论。社会学家一般将家庭按照规模分为三类：**核心家庭**（即通常所谓的"小家庭"，一般是夫妻加子女的结构）、**主干家庭**（即直系亲属纵向拓展的家庭，如祖父母加夫妻加子女）以及最为复杂的**联合家庭**（即在主干家庭基础上再做横向拓展——比如，将原本核心家庭成员的兄弟姐妹的家庭也一并纳入）。抛开史前时代不谈，至少在秦汉史的范畴内，我们就发现了两种家庭模式的交替出现：一种是秦制下的小家庭，一种是在汉代

---

[1] 对这个问题的详细阐述见［美］丹尼尔·丹尼特：《达尔文的危险思想——演化与生命的意义》，张鹏瀚、赵庆源译，中信出版社，2023年，第72—73页。

渐渐变得多见的主干家庭与联合家庭。大致而言，自商鞅变法后，随着"民有二男以上不分异者倍其赋"（《史记·商君列传》）这一强制命令的出台，秦治下的子民都采用了小家庭的居住模式以避免重税。西汉的家庭规模很可能在长时间内维持了这一从秦时带来的惯性。根据李根蟠对《居延汉简》以及《江陵凤凰山10号汉墓郑里廪簿》的研究，西汉每户人口肯定低于5口，顶多在4.5口上下。① 这当然是最典型的小家庭规模。然而，随着"盐铁会议"后西汉管制经济特色（即"秦政特色"）的削弱，在西汉后期，这个情况似乎已经有所改变了。吴孟灏仔细考辨了《后汉纪》中关于东汉开国功臣耿纯的家庭规模的记载（原文是："耿纯率宗族二百余人，老者载棺而随之，及宾客二千人，并衣襦迎公（刘秀）于贯。"），最后认定：耿家将"五服"之内的亲属聚拢成一个200人的大家庭是完全可能的（不过，根据他的计算，将5口人作为小家庭的平均人数，五服之内的一个汉代宗族的人口应当是120人。200人则肯定是在此基础上再做横向扩张后的产物了）②。这个正在膨胀的家族成员数字，在东汉末年又被大大增加了。按照《三国志·田畴传》的记录，"田畴尽将其家属及宗人三百余家居邺"（注意，这里的"家"指从属于联合家庭的小家庭）——换言之，按照每小家5口人计算，受到曹操器重的豪族领袖田畴带到曹氏统治中心邺城的家族人口应当有1500人——该数字约是当年耿纯所带的家族人口的7倍。③ 那么，上述史料是不是说明在东汉末年，小家庭已经被完全湮灭在主干家庭或联合家庭之中了呢？依笔者浅见，对该问题不能给予一种"非此即彼"的回答，因为小家庭的存

---

① 李根蟠：《战国秦汉小农家庭规模及其变化机制——围绕"五口之家"的讨论》，张国刚主编《家庭史研究的新视野》，生活·读书·新知三联书店，2004年，第15页。

② 吴孟灏：《东汉豪族的存在实态——以家庭结构、居住形态与宗族规模为中心的考察》，《中国社会历史评论》第二十七卷，天津古籍出版社，2022年，第238页。

③ 同上书，第240页。

在首先是"编户齐民"①制度下的官方人口记录的产物,而这一点在逻辑上其实可能对应至少两种实际情况:(甲)与政府户籍资料对应的小家庭在实际生活场域中也是彼此分离的;(乙)户籍上的小家庭在实际生活中联合成了巨型家庭,而户籍记录本身仅仅是为了顺应某种行政惯性。考虑到上述关于田畴的这则史料既提到了田畴所能控制的户数(这就说明这些户是作为独立单位而在纸面上被官方编户的),又提到了这些户主均从属于田氏这一事实,我认为汉末出现的大家庭演变情况大约对应上文所提到的可能性(乙)。甚或言之,东汉中后期小家庭与大家庭互相嵌套的情况,其实也是"寓封建于郡县之中"的宏观政治安排的一种微观体现(这里的"封建"指大家庭家长类似于诸侯的地位,"郡县"指的是秦政惯性下的小家庭编户传统)。

不过,自东汉建立以来,联合家庭的家庭成员数目虽然在增长,但其增长依然是有限的。吴孟灏比较了"长沙走马楼吴简"所收录的"嘉禾六年(237)都乡吏民簿"所记载的三国时期孙吴一乡下属的登记户主的姓氏地理分布,发现在 600 户户主的姓氏中,具

---

① 杜正胜先生对"编户齐民"这四个字的来源做出了权威性的考察,现摘抄如下(原文见杜正胜:《编户齐民——传统政治社会结构之形成》,联经出版事业股份有限公司,1990 年,第 1 页):

"编户齐民"一词习见于汉人的著作,如《淮南子·齐俗训》、《汉书·货殖传》;有时简称作"编户",如《史记·货殖列传》的"编户之民"和《汉书·高帝纪下》的"编户民";或称作"齐民",见于《汉书·食货志下》。《汉书·高帝纪》师古注曰:"编户者,言列次名籍也。"故政府按户登录人口,谓之"编户"。理论上,凡编户之民皆脱离封建时代各级贵族特权的束缚或压迫,是国君统治下的平等人民,故曰"齐民";如淳所谓"齐,等也,无有贵贱,谓之齐民',若今言平民矣"。(这里提到的"如淳"是三国曹魏时期人,曾任曹魏陈郡丞——引注)

——很明显,在典型的编户齐民制度下,百姓的生存方式是高度散沙化的,没有任何政府之外的社会组织能够将其聚拢在一起。在这种情况下,百姓彼此之间存有巨大的防范心,而很难用相对统一的步调输出任何有意义的社会行为。这显然是一种对帝王或国君高度有利的博弈场景,因为当百姓的"多"的优势被其彼此的互相防范意识抵消后,帝王或国君所掌握的构成人数并不多的暴力机器就能对百姓实行全面的管控。

有"统计学显著性"(statistical salience)的姓氏大约有七八种之多。由此,简单的计算就能告诉我们:一个大姓的下属同宗户主在一乡内密集居住的概率不高。按照此推论反观上文中关于田畴属下有300户人口的记录,我们大致可以断定:要将这300户同宗人口集中在一乡范围内似乎也有点困难,遑论一里范围之内(顺便说一句,汉代县下设"乡—亭—里"三级行政单位,十里一亭,十亭成乡。一"里"之内居民同宗概率相对较高。若以"里"为计算单位,每里的分布户数大约50户,按照每户平均5口计算,约250人左右)。① 换言之,田畴带到邺城的人口,未必在原住地与他本人居住在非常毗邻的地理空间(如"里")之中——而他们之所以跟着田畴走,可能主要就是基于他的政治影响力。这也就是说,耿纯在两汉交替时期所能直接控制的宗族成员数量,大约与"一里"范围内能够容纳的宗族成员数量相匹配。考虑到跨里的社会组织工作很可能会遇到亭长这一级别的官吏的迟滞(亭长虽然可能也是某里宗族的同宗,但在逻辑上不可能同时是居住于十个不同的里之内的不同宗族的同宗),我们有理由认为:在非战乱时代,汉代宗族家长能够立即动员的宗族成员人数大约在120—250这个幅度内变化。由此看来,汉末的荀彧无法动员上千人随他一起迁徙,似乎也不那么令人奇怪了(更不需提被动员者并非荀氏宗族这一点了)。

读者可能会对笔者为何不厌其烦地讨论汉代宗族的人口规模感到奇怪。但需要注意的是,上述来自社会学视角的讨论结果其实恰恰吻合人类学研究中非常流行的一个概念——"邓巴数"(Dunbar's number)——所提出的一般理论预测,而这种彼此吻合同时将为儒家所心心念念的周政制度安排提供进化心理学的依

---

① 杜正胜:《编户齐民——传统政治社会结构之形成》,联经出版事业股份有限公司,1990年,第240—241页。

据。下面我们就来简单地讨论一下"邓巴数"这个概念。

汉代同宗成员居住在同里之内的生活方式,显然是采集—狩猎时代的聚落生活方式在农耕时代的惯性遗存——而所谓基于"邓巴数"的现代人类学研究,关心的恰恰是原始社会中的聚落群体的规模大小问题。按照英国人类学家邓巴(Robin Dunbar)的观点,人类大脑所能相对轻松地处理的熟人关系存在着一个上限,即相对熟悉的社会成员不能超过100—250个(在文献中一般取其中间值,即150个,这也被称为"邓巴数")——而从进化心理学的角度看,该数值本身其实体现了史前有着较为密切的血缘关系的聚集人群的平均值[①]。由于原始人的心理结构与现代人的心理结构上的连续性,"邓巴数"既能体现新石器时代的村落居民数量,也能体现现代中小型公司(以及大公司的下属部门)的一般员工规模,甚至还能体现从古罗马军团的"百人队"到现代军队的连队的组织规模。这也就以如下方式奠定了一个更大规模的"家"的概念的进化心理学基础,即将原本意义上的适用于仅仅数人规模的"家"的概念投射到一个具有"邓巴数"规模的社会组织上去。于是,我们的语言中就有了这样的习以为常的隐喻化表达:"村子就是我家";"公司就是我家";"连队就是我家",等等。请注意邓巴所发现的这个数字是大致吻合我们在前文中得到的结论的:在非战乱时代,汉代宗族家长能够立即动员的宗族成员人数大约在120—250这个幅度内变化。这意味着汉代大家庭中与族长关系较为密切的人群的数量,大致反映了漫长的心理—社会进化所构成的心智禀赋,因此具有深厚的生物学背景。这也就意味着儒家基于大家庭的政治哲学构建亦是具有一个未被意识到的生物学背景的。同时,由于基于邓巴数的进化心理学分析显然是对所有智

[①] 邓巴对这个问题的全面阐述,见[英]罗宾·邓巴:《梳毛、八卦及语言的进化》,区沛仪、张杰译,现代出版社,2017年。

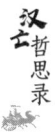

人(Homo sapiens)有效的,所以,上述推论也意味着儒家的相关制度构建并不能简单地被视为某种"地方性知识"。

不过,虽然儒家的家庭观念可能反映了史前遗留的人类普遍心理习惯,但儒家家庭观念所凸显的乡土环境之所指依然是特殊的:滋养刘备的冀州涿郡的乡土,显然不同于滋养孙坚的扬州富春的乡土。这些差异性显然使得不同大家族会因此形成彼此不同的生活习惯与社会动员方式,并经由此类差异反向强化内部的社会组织力。因此,即使秦政的户口统计所定义的小家庭在东汉依然存在,只要这些同宗小家庭能够构成巨型的联合家庭,它们对于共同地理单元与生活习惯的分享依然能大大减少大家庭内部的信息交流成本,由此增强彼此的伦理互信。对于这一机制的理解,非但能帮助我们理解东汉到三国基于巨型宗族的地方军事力量的动员方式,甚至能够帮助我们理解更早出现的西周井田制的组织奥秘。

那么,为何我们要在讨论秦汉政治的时候,又突然回溯到西周呢?这是因为汉儒本来就很喜欢追溯周朝,并由此主动完成周与汉之间的"精神穿越"。有鉴于这种"穿越"在王莽时代造成了灾难性的后果,因此,对于西周制度的简要回顾依然能对我们梳理儒家家庭观念对于秦汉政治的影响提供新的视角。

第三节 "周政"下的井田制

"井田"一词,见于《春秋穀梁传·宣公十五年》,云:"古者三百步为里,名曰井田";"井田者,九百亩,公田居一"。《穀梁传》其实是汉朝出现的《春秋》注释文献,其中关于井田制的描述很可能是源自于《孟子·滕文公上》中对于井田制的下述描述方案:

……请野九一而助,国中什一使自赋。卿以下必有圭田,圭田五十亩,余夫二十五亩。死徙无出乡,乡田同井,出入相友,守望相助,疾病相扶持,则百姓亲睦。方里而井,井九百亩,其中为公田。八家皆私百亩,同养公田;公事毕,然后敢治私事,所以别野人也。①

现在我们就运用现代社会学的术语重解井田制的架构(在这个过程中,为了避免孟子的描述方案所自带的理想主义色彩的干扰,我们将适当降低描述的分辨率)。所谓"私田",本质上就是那些谷物收成归小家庭或较低贱的政治等级成员所有的土地(只是在尚无编户齐民制度的西周,这里所说的"小家庭"乃是以自然形态存在的,并不对应官方的户籍资料)。所谓在"井"字格中被八块私田所包围的"公田",并非是今人意义上的"国有财产",而是指上一级封建贵族所具有的土地(因此,在更上一级封建领主看来,这依然是属于"私"的范畴)。此类"公田"的谷物产量由上级领主收取,而使得这些谷物得以产生的农业劳力则由"私田"拥有者提供。由于"公田"与"私田"分享了几乎相同的风土条件,这就使得这两类田在同年份的收成原则上不会有太大的区别。此外,不同小家庭的共同劳作也构成了相互监督的社会网络,使得公私得以两顾。这最终避免了两种极端情况的产生:其一,"私田"拥有者因为过于关注自己的私产而不顾乡亲的社会监督,最终使得公田荒芜;其二,公田拥有者(其本质是贵族)只想得到"公田"的收益而忽略了公共产品(特别是集体安全措施)的提供,或因为过于想保障自己的利益而在税率上拒绝引入任何弹性——比如即使在荒年都希望自己保住往年的"公田"收益。很显然,正是公、私之田产在地理上的彼此嵌套,最后才使得"周政"安排下的大家庭与小家庭能够成为紧密的利益共同体,最终促成"守望相助"的儒式道德美景。需要注意的是,正由于上文所说的"公田"实际上是贵族所有的,所以若有人将"井田制"理解为严格意义上的"国有

---

① 这里说的100亩约折合今天的30亩——引注。

制"的话,那么这种意义上的"井田制"恐怕从未在西周的全境以一种压倒式的方式存在过。由此我们就能下结论说,井田制乃是泛指所有符合下述特征的土地制度:各级贵族(而不是国家)属田与小农属田彼此交错以便随时进行劳动者之间的情报与劳力互通,并依赖柔性的伦理力量进行生产管理与产品分配。这样一种制度的产生应当具有一定的历史必然性,因为在铁器加耕牛的相对高效的耕作方式在战国开始普及之前,对各小户人力的灵活调动与集中使用乃是提高劳动生产率的不二法门。不难想见,在这种制度下,贵族属田与小农属田之间的产权分割应当不太明晰(因为过于明确的界限感会增加小家庭之间进行信息与劳力互通的成本);与之相应,贵族借以调用下级人力的主要社会学因素应当不是刚性的制度性因素(如白纸黑字的土地契约),而是柔性的伦理因素。而柔性的伦理因素往往会导致产权界限的模糊化。因此,井田制乃是一种产权关系模糊的制度,既非典型国有制,也非典型私有制。韩杰先生将其说成是"天子、诸侯的多级领主占有制",应当是合适的。① 另外,需要指出的是,井田制中公、私田相互嵌套的经济资源分配模式,是与车战时代步兵围绕战车兵的军制相辅相成的。出身贵族(或广义上的"国人")的精锐战车兵就是公田所产的农作物的享有者:他们平时不从事生产,因此获得了大量的时间来练习武艺;作为一般劳动者的"野人"虽然需要长年从事生产以供养上述精英,但在战场上,他们只需要担任精锐战车兵的附属步兵而已,并因此将最危险的战斗任务留给了战车兵。战车兵与附属步兵彼此的战术配合,又进一步加强了国、野之间的伦理互信。由此,井田制这一经济制度又得到了与之配套的兵制的加强(参图2-1)。

---

① 韩杰:《周代社会经济形态新探——以黄现璠"井田制"研究为例》,《新经济》2020年第9期。

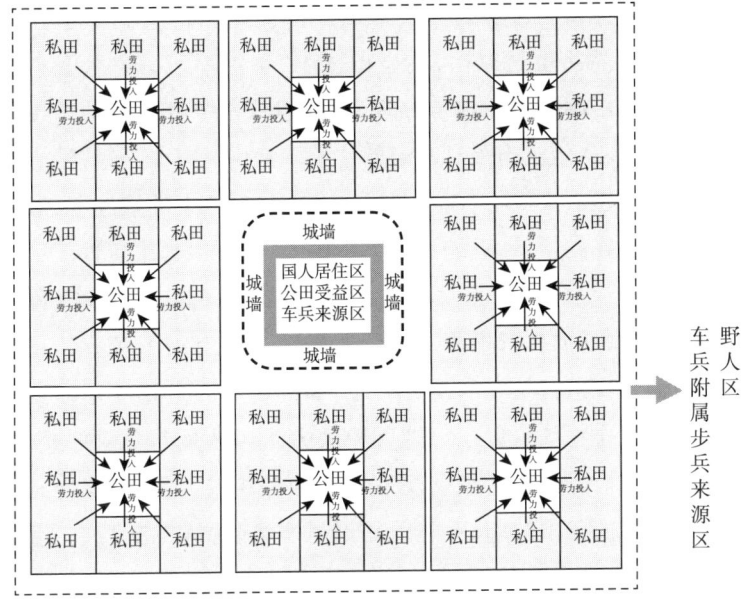

图 2-1 一种理想化的井田制拟构形式

这里需要指出的,虽然笔者上面的叙述是默认井田制的确存在过的,但胡适曾在民国时期怀疑过此制纯是古人想象的产物,因为他认为支持井田制存在的文本证据实在太薄弱了。此论立即遭到了当时已受到马克思历史唯物论影响的廖仲恺的反驳。① 笔者站在廖仲恺一边,认为胡适的疑古论有点过分。第一,最早记录井田制的孟子虽是战国时期人士,但是他所提及的西周土地制度的核心要素——公田与私田的区分——是能在《诗经》中找到文本证据的(《诗经》反映的是从西周到春秋中期的社会状况)。比如,《诗经·小雅·大田》就有这样的描述:"雨我公田,遂及我私"(请大雨浇灌到公田上去吧,然后再惠及私田!)——这与孟子在战国时代对井田制的追述基本是吻合的。若说孟子根据自己对西周的

---

① 关于胡、廖学术争辩的细节,请参看蔡瑞燕:《廖仲恺与胡适关于井田制辩论的始末》,《岭南文史》2013 年第 2 期。

幻想拟构了井田制,尚属勉强可以接受,但说《诗经》对于公田与私田之分的描述也是拟构,就显得过于"疑古"了。第二,我们虽然对西周井田制执行的细节知道不多,但从税务发展史的角度来看,该制度的产生应当是具有必然性的。具体而言,任何统治者的统治都需要税收来维持,而在西周生产力相对低下的情况下,收税成本也必须降到最低,以缩小税务官吏的规模(因为维持这支队伍本身也会消耗成本)。而井田制的奥妙,就在于其能减少收税成本,因为该制度的执行根本不需要政府或贵族对天下所有的田产与所有的人口进行精密的统计,而只需要税务人员每年定期到少数公田收取作物就可以了。这种税收方式当然是非常粗放式的,但这一点也恰好与分封制的粗放特征相辅相成。第三,即使到了胡适所生活的民国时期,古老的井田制依然以"族田制"这一衰微的形式在宗族经济的层面上留有遗存,因此,我们完全可以从更容易被考察的"族田制"来反向模拟"井田制"的运行情况。譬如,根据王勤谟先生的记录,他所生活的宁波市慈城镇(旧慈溪县县治)黄山村,族田制竟然存活到了1937年抗战爆发初期。族田——对应井田制中的公田——往往来自于已故祖先的遗产,由此块田产所产生的经济利益将覆盖对于如下事项的支出:(甲)祭祖;(乙)婚丧嫁娶;(丙)教育;(丁)代替政府基层部门调解基本社会矛盾;(戊)与庙会配套的公共演出;(己)消防等公共事务;(庚)在经济上帮助宗族内较为贫穷的家庭。① 很显然,我们只要将这里所有的这些由宗族执行的社会职能替换为政府职能,也就大致能理解井田制的运作了。因此,井田制并不像胡适所认为的那样难以想象。另外需要注意的是,由于"邓巴数"效应的限制,尤其在生产力与信息技术非常落后的历史条件下,我们很难设想公田利益的

---

① 王勤谟:《忆故乡的族田制——古代中国的一项社会保障制度》,《经济研究导刊》2018年第6期。

直接享有者在地理上竟然是远离于公田自身的。因此,下述场景应当大概率是不会发生的:在离周天子非常遥远的某个诸侯国,依然存在着以周天子为利益享受者的"公田"。换言之,此类"公田"若存在的话,直接的利益相关方只可能是当地的贵族与诸侯。

上述笔者对井田制的解读,爱较真的读者或许会反问:井田制的实质若不是以整个周代领土为语境的"国有制"(而是诸侯国语境中的诸侯所有制),那为何《诗经·小雅·北山》有"溥天之下,莫非王土,率土之滨,莫非王臣"的著名说法呢?

对此,我的回答是,"溥天之下,莫非王土"的意思乃是指:诸侯土地在来源上都来自于天子的分封,因此,得好处者都需要在伦理上对天子怀有感恩之情。不过,这种感恩之情并不能兑现为那种遍布全国的土地国有制,否则分封的意义又是什么呢(不管怎么说,被分封出去的土地,原则上是可以被诸侯与贵族一代代传下去的)?因此,冯天瑜先生的如下概括应当是很精当的:

> "公田"是周天子名义拥有,由各级贵族实际掌理、经营的田产。这种土地所有制与西周"王与贵胄共天下"的封建制度恰相匹配。①

将公田的实际掌握者视为各级诸侯或贵族——而不是周天子本人——的一个非常有力的证据,就是前841年发生在镐京附近的"国人暴动"事件。换言之,假若在周厉王之前西周的土地国有制早就成为惯例的话,我们就很难理解为何周厉王将山林湖泽改由天子直接控制的新政会引发国人如此大的政治反弹。由此我们就可反推出:即使在周厉王之前周代的确存在着某些周天子直属土地(即下文就要涉及的"内服"之地),其范围与规模都是被高度限制的,因此,"溥天之下,莫非王土"的说法,仅仅是一种政治说

---

① 冯天瑜:《周制与秦制》,商务印书馆,2024年,第134页。

辞罢了,若要被落到实处,则会立即引发变乱。另一个证据则来自于前594年鲁国季孙氏开始执行的"初税亩"政策——由此,鲁国废公田,按照私人占有的亩数收税。这里的"公田"所得到的作物,显然本该上交给鲁国国君,而非周天子,否则史料里大概率就会有鲁国贵族与周王室交涉的草蛇灰线。然而,在《春秋》三传《公羊传》《左氏传》《穀梁传》中,均无此类记载。另外,假若季孙氏直接侵害的是周天子的利益,我们也就很难理解为何作为其最大政敌的孔子时刻维护的是鲁君的威望,而并非周天子的威望(顺便说一句,《孔子家语》这部传统文献与《邦家之政》《鲁邦大旱》《相邦之道》等出土简,都大量记录了孔子与鲁哀公互动的情况)。由此可反推出:即使是废除井田制,涉及的也是各级贵族与国君之间的关系,而非这些贵族与周天子之间的关系。

当然,天下并非只有诸侯国的土地,周天子也有直接管辖的土地(即所谓"内服"之地)。在这些地区执行的土地制度,或许能够在宽泛的意义上被说成是某种"王有制",其土地事务由一类叫"甸人"的官吏管理,只是其具体的生产劳动管理方式目前还不太清楚。按照现有的史料,周天子对已经分封出去的土地的持有状态的干涉方式主要有两种:(甲)在某诸侯国明显侵略另外一国的情况下,裁定侵略方割让特定土地给被侵略方作为赔偿。譬如,在西周著名青铜器"散氏盘"(现藏于台北故宫博物院)上,我们就能读到这样的信息:矢国因侵略散国,其土地的一部分被割给散国(判决者是周王室的史正)[①]。(乙)在贵族彼此发生一般性土地纠纷的情况下,周王室再给出公断。如在1972年陕西出土的"董家村五祀卫鼎"上,我们读到了这样的信息:贵族邦君厉本答应给另一个贵族裘卫(即一个叫"卫"的主管王的皮毛类物资供应的官

[①] 相关解读,参看杜正胜:《编户齐民——传统政治社会结构之形成》,联经出版事业股份有限公司,1990年,第152页。

员）五田（合 500 亩）土地，后反悔，裘卫上诉，周王室的重臣邢伯出面调解，结果裘卫得到了四田（合 400 亩）土地，案结。① 由此可见，在周代多国体制的框架中，周王室只有对诸侯之间发生纠纷的土地（包括由此引发的低烈度军事冲突）的裁量权，而没有在纠纷未发生之时就根据自己喜好随意收回分封土地的"回收权"。然而，按照现在的产权制度，产权拥有者当然有权将其属下的任何一块租借出去的田产在租期到期后回收。这就从另一个角度证明了，"溥天之下，莫非王土"的说辞不支持土地国有制在周的存在。此外，需要注意的是，如果我们不将注意力放在周天子之上，而放在其下属的各级贵族之上的话，我们甚至可以认为，井田制其实允许某种隐微的私有制成分的存在。譬如，邦君厉与裘卫之间之所以产生纠纷，便是二人本就有经济资源交割的协议（这显然预设了当事人具有相关经济资源的所有权），只是其交易模式所牵涉到的社会环节要远比后世来得复杂——这些复杂的措施显然是为了降低土地交易的速率，由此延缓私有制要素的发育。

不得不承认，上文所给出的关于井田制的素描图，分辨率依然是比较低的。其具体组织细节，因为时代久远，的确很难考证。不过，无论井田制的组织细节为何，基层贵族能够自由调用的劳力数量很难超过邓巴数的限制（除非引入中介性贵族进行多层级管理）。一个可以作为证据的人类学案例是：在上世纪 70 年代，中国下乡知识青年在一个典型农场（平均占地 300—400 亩）进行彼此紧密农业协作的生产单位（即"生产连"）也没有超过邓巴数的限制，而"连部"以下诸生产连之间则只能经由"营部"这一中介加以间接联系（因此，来自不同生产连的知识青年大多数彼此不熟）。请注意：当时中国的农业生产与交通、信息技术已比秦汉时代略有进步（当时已有了古人没有的农药、化肥、自行车、高音喇叭等技术

---

① 相关解读，参看杜正胜：《编户齐民——传统政治社会结构之形成》，联经出版事业股份有限公司，1990 年，第 154 页。

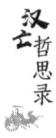

手段,但汽车等由内燃机驱动的转运设备依然非常稀少),因此,该数据从另一个角度表明了在技术进一步升级前基层农业生产单位的管理学上限。①

当然,在全国范围内的"统购统销"制度的支配下,上世纪70年代的农场制度是以真正意义上的土地国有制为基底的。与之相较,西周那种宽泛意义上的井田制的存在则预设了封建制的存在。"封建制度"中"封建"的原始含义,即"封"土而"建"国(在此,"国"是指有城墙的地域性政治统治中心,不是今日的国家),而在这城墙之内的人就是受到封建制度庇佑的"国人",其外则是所谓"野人"(其中很多乃是西周政权必须加以防范的殷商遗民)。封建制本身又是一个异常复杂的层级制度。据《左传·昭公二十八年》,周初分封共七十一国,其中与周王同姓的姬姓就有四十国,兄弟之国有十五国,每国又按照"公、监、侯、伯、子"(后演变为"公、侯、伯、子、男")五等贵族的等级将土地再次分封下去。② 用生物学的隐喻来说,这其实就是一个大家庭"分裂生殖"的过程。用一种基于当代"邓巴数"概念的现代话语架构,将能轻松地解释分封制出现的合理性:当周人成功篡商之后,其所面临的土地的广袤性与所试图控制的人口的众多性,自然使得传统属地型家庭基于"邓巴数"的信息控制能力面临重大挑战。而要在不对传统家庭结构进行全面升级的前提下应对上述挑战,最简单的方法就是使家庭的数量增加,由此使得每一层封国或封国所属的下层领主的控制力依然不超出"邓巴数"所规定的基准线太远。举例来说,一个国君只要控制住其下属的卿大夫,一个卿大夫只要控制住自己下属

---

① 相关资讯来自笔者对具有相关经历的长辈的口头采访,因隐私保护原因隐去被采访者姓名。

② 《左传》的这一描述只能被视为一种写意的叙述,真实的历史细节只可能比之更加丰富与杂乱。比如,周代语境中的"公、侯、伯、子、男"五等爵位的层级关系就比较模糊,侯爵的等级未必就比伯爵更高。在此我们不再纠结这些与论述主线无关的细节了。

的更下级贵族，那么，每一层次的管理者的信息处理任务都不会超出"邓巴数"所规定的上限。同时，因为每一层管理者与其下层被管理者都大致生活在相同的风土环境中，治者与被治者之间的伦理互信也能得到起码的保证。而此类"心照不宣"的伦理互信又大大减少了成文法存在的必要性，由此使得儒式治理方式的成本能够降到最低。孔子之所以说什么"道之以政，齐之以刑，民免而无耻；道之以德，齐之以礼，有耻且格"（《论语·颜渊》），其背后的奥秘也便在于此。

然而，封建制的设计依然有一个致命的缺陷：只要分封的层级过多，其顶层与底层之间的风土共域性就会显得极不明显，由此特别造成了居住在京的周天子与各个封国之间的日渐疏远。同时，各个本为亲戚的封国领主之间的亲情也会因为时间的推移而淡化，最终导致一度稳定的西周政治制度渐渐转变为春秋战国时期的乱局。这从根本上就说明了，儒家的"家国一体"的朴素政治方案是很难在大尺度上持续成功的（除非经过实质性的升级）。这一点同时也就在客观上彰显了与儒家相互竞争的道家政治哲学与法家政治哲学的相对合理性：道家主张坚决维护基于邓巴数的基层社会组织的属地性，并因此废弃任何大尺度政治建构，以"小国寡民"为人类最终的理想政治典范；法家则在坚持进行宏观政治建构的前提下反对将属地大家庭的建构原则向上延伸，而给出了一套基于抽象管制技术（而非亲情）的新政治方案。不过，在别的维度上，法家的方案还会带来对社会资源过度消耗的问题——这一致命的缺陷，下文马上就要加以讨论。

第四节 "秦政"下的强制性国家货币

正如我们所看到的，秦国凭借法家给出的新政治方案统一了天下。刘三解先生在其《青铜资本——帝制中国经济的源代码》

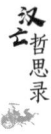

中对该方案的财政面相给出了具有启发意义的重构,而本节的余下部分便是笔者根据刘著精神所给出的一种更符合本章脉络的转述。① 我们知道,在秦始皇统一天下之后,皇帝本人就能凭借新的郡县制架构监督每一个县令的政务,实现了从首都咸阳到各个县的政令统一。而在这种统治架构中,原本在周政中发挥巨大作用的"属地大家庭"的地位则被高度边缘化了。

——但问题是,在秦自身的信息技术与交通技术并未实质性地超越周代的前提下,秦廷又是如何绕开"属地大家庭"这一信息处理中介,而直接干涉全国各在地小家庭的运作呢? 难道"邓巴数"的制约对秦人不奏效了吗?

答案当然是否定的,因为基于"邓巴数"的进化心理学思维乃是解释一切人类社会运作的底层逻辑。毋宁说,分封制并不是在邓巴数制约下维系广域国家运作的唯一办法。秦政给出了另外一种解决办法:**基于抽象货币的全国财政统计系统**。换言之,即使面对实物税广泛存在的社会现实,秦廷也会按照铜钱的价格计算各种政府开支的名目,由此汇总成一个总账本交由皇帝审阅。计量单位的统一大大减少了皇帝个人大脑的信息处理成本,换言之,经由数字的帮助,皇帝的认知系统可以自动忽略对于数字所不能涵盖的地方形势的关照,由此实现"认知减负"。

秦政的统治模式貌似提前预报了基于抽象货币思维的资本时代的到来。但这只是一种假相。毋宁说,基于法家"弱民"思想的货币政策与基于亚当·斯密之"富民"思想的现代自由主义经济体系彼此其实是貌合神离的。从表面上来看,二者都以属地小家庭为经济活动的主体,而且都试图破坏属地大家庭的统治地位,因此,二者貌似是"反封建"的盟军;但秦政反封建的目的是增强帝

---

① 请参看刘三解《青铜资本——帝制中国经济的源代码》(北京科学技术出版社,2023 年)第六章与第七章。

制的权力,而斯密式的经济方案则是为了增加市场的调节功能,二者最终还是南辕北辙了。依笔者浅见,基于如下理由,近代的斯密主义者宁可站在周政一边,也不愿意站在秦政一边:

第一,周政下的大家庭虽然遏制了个体家庭的消费自主性,但也并不反对广域内的市场交换,而斯密主义者恰恰希望市场交易之规模与范围不断扩大(实际上,东周时期各诸侯国之间的市场交换乃是普遍存在的);与之相较,秦政下的个体即使获得了货币,对于货币的兑现方式却不得不受到国家政权的全面监管(在当时,在官方监督下的"市"之外的所有交易,原则上都是非法的——这就好比说,票据时代的货币是不能在不匹配票据的前提下被兑现的),这就使得秦政虽有统一货币,却无统一的斯密式自由市场。

第二,周政下各诸侯国发行的货币种类虽然繁杂,却因为彼此之间的竞争与风险对冲而使得蔓延全天下的财政危机难以出现;与之相较,秦政下的货币虽然完成了形式上的统一,但这种统一却不是基于斯密式的自由竞争的结果,而是以国家强制力为支撑的(在当时,拒用秦币者会被处死①)。这就使得中枢的错误财政政策所导致的问题可能立即蔓延成全天下的财政灾难。若从更抽象的哲学的角度上说,秦政式经济与斯密式经济的根本差异便是:前者剥夺了小家庭的经济选择自由,而后者恰恰是预设了大量小家庭的经济选择自由。与之相较,在周政下,大家庭对于小家庭的压抑毕竟是基于柔性的伦理原则而不是基于硬性的行政暴力,与此

---

① 虽然在自由市场经济中流通的货币也是以国家政权的强制力为支撑的,然而,实行市场经济的国家的政治管制力与秦政下的政府管制力之间还是有两点重大差异:第一:前者不会限制本国货币兑现商品的方式与方法(毒品之类的法律违禁品自然除外);第二,前者是允许国民进行外汇炒作的,而且,对于国民在本国范围内使用外国货币的经济实践,未必有严格意义上的法律监管(比如,根据笔者本人的实际考察,虽然欧元是欧盟成员国的法定货币,但是在某些欧盟国家的民间交易场景中,商家也愿意接受美元)。

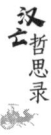

同时，儒家伦理也没有限制大家庭家长自身的市场选择行为。因此，市场经济毕竟还是能在周政下得到有限的发展的。

请不要小看以国家暴力机器为支撑的秦币在秦国（朝）政治脉络中所起到的关键作用。在刘三解的解释脉络中，一种由国家强制力为支撑的国家货币本质上是一种债务凭证：得到这种凭证的秦人原则上是能够按照国家规定的方式将其兑现为可供肉体直接消费的实物的。然而，**由于债务凭证与实物之间的比例关系从未得到中立第三方的监管，因此，凭证滥发导致政府信用破产的风险就始终存在**。具体而言，秦之一统的成功，便是因为尚且未一统天下的秦国所面对的"他者"——山东六国——所提供的资源可以成为债务凭证的兑付保证，由此激发老秦民的耕战热情；而秦之速亡，又是因为在作为"他者"的山东六国已被征服的前提下，秦缺乏将更多的债务凭证转换为实物的转换机制。而在此种条件下盲目展开的诸如营建阿房宫之类的新国家工程，必然会使得财政资源迅速枯竭，以及全天下的生活资料短缺。与之相较，自然经济色彩更浓的周政式经济架构的优点又一次得到了彰显：以属地情感为润滑剂的周政固然无法迅速汲取各种资源用于战争，但也不至于因为对资源的过度攫取而引向全局性的经济崩溃。

第五节　王莽对于井田制的灾难性误解

秦速亡的真正奥秘，从来没有被汉儒所真正领会。作为汉儒总结秦之教训的经典性文献，贾谊的《过秦论》只是抽象地说"仁义不施而攻守之势异也"，但对于"施仁义"的精确内涵，他却没有清楚的说明。具体而言，这究竟是指在财政上轻税的政策，还是指政治架构上恢复分封制，还是指废除国家统一货币而恢复民间的铸币权？换言之，贾谊模糊的"施仁义"修辞暗示了一个巨大的施政空间的存在，而西汉早期的统治者正是在这个巨大的空间中进行艰苦的政策试错实验的。比如，财政上从轻税政策（文、景时代）转到重税政策（武帝时代）再到国家经济管制的略为放松（昭、废、宣三帝时代，亦即权臣霍光掌权的时代）；在铸币问题上从允许民间铸造秦之半两钱（汉初）再到由国家统一铸造五铢钱（武帝以后）；政治构架上从异姓封王到同姓封王（这两件事都发生在高祖时代）再到削藩强郡县（武帝时代），汉廷一直在反复寻找"秦政"与"周政"之间的平衡点。不过，需要指出的是，在这个过程中，武帝时代儒学官学地位的确定，其实并未在经济逻辑的层面上真正恢复周政，而打着"黄老之学"旗号的汉初经济政策反而却更接近周政之实质。其背后的道理是：以孔子为代表的周政儒学乃是一种"属地儒"，即试图通过恢复西周早期封建领主与辖域下子民的伦理关系而敦实民风，由此减少国家政权的管制成本。① 而以董仲舒为代表的汉儒则是一种"帝国儒"，即在汉帝国的宏观尺度框架内论证皇帝的政治地位的合法性，并顺便在作为帝国学术结构的"太学"（而不是孔子所希冀的民营学术系统中）中，为儒家知识分子寻找食利空间。

不过，尽管董仲舒对于原始儒家"属地儒"实质的掩盖能够方便他自己构建的新儒家意识形态与汉帝国的政治框架相互对接，但是《过秦论》提出的秦汉之辩依然会倒逼他与商鞅的强君论拉开差距。而在强调儒家属地性的传统路径已经被切断的前提下，维护新意识形态中的"儒家特色"的办法便是引入阴阳学的成分——具体而言，董氏通过"天人感应"学说而将自然现象与人间政治现象互相比附，并试图经由对于"灾异"与"祥瑞"的解释权的

---

① 具体而言，在孔子名分论的典型表达——"君君、臣臣、父父、子子"中，根本就没有提到脱离属地性的周天子的存在（此话中的"君"指地方主君），这就说明孔子心目中的政治架构并不直接支持像秦始皇或汉武帝这样的强势帝王的存在。

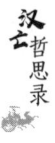

抢夺而构建对于帝权的制衡。尽管这一做法的积极意义并不宜被彻底否定,但其消极意义却更为明显:第一,由天人感应学说衍生出的谶纬之学包含了大量原始的巫术性思维,大大降低了汉朝知识分子的批判性思维水平,并由此间接影响了其治国的本领;第二,谶纬之学所包含的类比式思维的任意性容易为政治野心家所利用,由此影响帝国的政治稳定。

当然,董仲舒只是汉儒的代表之一。毋宁说,他所代表的儒学思想所本的乃是"今文经",意即在始皇焚书事件后通过汉儒重构,并用隶书撰写的儒家经文。其实,今文经学在西汉灭亡之前就遭遇到了古文经学(即基于武帝发现的先秦古文材料的儒家研究)的挑战——这种挑战之所以发生,一方面固然是由于在首都长安聚集的儒生增多所造成的学术生态位竞争,另一方面则是由于今文经的支持者在谶纬邪路上过于露骨的表现,让一部分儒生觉得有必要对经典进行"瘦身",以图稳定帝国的意识形态操纵系统。然而,非常耐人寻味的是,尽管古文经学的理性主义色彩略超过今文经(譬如,古文经大师刘歆其实也是一位优秀的数学家与天文学家),但最后将西汉帝国留下的财政经济系统拖入深渊的王莽恰恰是属于古文经阵营的(他在政治上全面提拔了刘歆,并首次将古文经列入官学)。这又是为何呢?

这是因为:古文经的复古主义是半吊子复古,或者说,恰恰是基于对先秦儒家思想的误解之上的。正如前文所指出的,属地性是先秦儒家所心心念念的井田制的底色——与之相对比,王莽对于井田制的恢复却恰恰阉割了这一制度的根本特征。以公元9年王莽所颁布的"王田令"为例:

> 古者,设庐井八家,一夫一妇田百亩,什一而税,则国给民富而颂声作。此唐、虞之道,三代所遵行也。秦为无道,厚赋税以自供奉,罢民力以极欲,坏圣制,废井田,是以兼并起,贪

鄙生,强者规田以千数,弱者曾无立锥之居。又置奴婢之市,与牛马同兰,制于民臣,颛断其命。……今更名天下田曰"王田",奴婢曰"私属",皆不得买卖。其男口不盈八,而田过一井者,分余田予九族邻里乡党,故无田,今当受田者,如制度,敢有非井田圣制,无法惑众者,投诸四裔,以御魑魅,如皇始祖考虞帝故事。(《汉书·王莽传》)

引文中的"什一而税,则国给民富而颂声作"一句,显然是王莽对于《公羊传·宣公十五年》中的"什一者,天下之中正也。什一行而颂声作矣"一语的改写。而根据这种画蛇添足的改写,西周的井田制的税率——"什一而税"——被重新解释为私田持有者交给国家的税收,而不是其交给属地封建领主的税收(否则就谈不上什么"国给民富而颂声作")。这就说明王莽完全没掌握先秦社会经济运作的真实情况,遑论掌握分封制运作的奥妙。说得更具体一点,崇尚周礼的他并没有搞清楚,周天子只是全国地位最高的一个地主,因此,周政下的"王田"仅仅是指直属周天子的田产,而不是全天下的田产。至于"溥天之下、莫非王土"的说法,也仅仅是指诸侯土地的来源乃是天子的分封——但王莽本人掌权后恰恰未大规模分封土地,遑论在这个基础上向全国撒播恩德。而且,他也没有条件像以后的唐帝国那样凭借政府直接控制的土地,向无地与少地的农民分发土地,由此使得土地分配尽量平均化(至于唐政府之所以能推出"均田制",乃是因为全国性大内战造成大量无主土地,但这一条件在王莽登基时并不具备)。毋宁说,王莽对于周制的致命误解使得他将一种从来没有被实行过的土地国有制视为其经济政策的主纲,由此使得他立即成为全国大地主集团的眼中钉。此外,由于他缺乏度量天下土地并督促大地主分田的实际措施,这又使得他成为全国广大待地贫民眼中的失信者。从某种意义上说,王莽从政治顶峰上的迅速跌落,与其对于先秦儒家经济

理想的重大误解颇有关联。①

上段引文还包含了另一个重要的错误：王莽将废井田视为秦的作为，而不是像今日史学主流所认为的那样，将这个时间上溯到前594年鲁国的"初税亩"（按照土地亩数征税）举措，甚至进一步上溯到前685年管仲在齐国推行的"相地而衰征"（按照土地肥瘦程度征税）举措。王莽的这一错误不能仅仅被视为一个学术错误（熟读经书的王莽不太可能不知道"春秋三传"都有记录的"初税亩"事件），而更可能是基于政治目的而故意犯错。说得更清楚一点，就算王莽不知道当年的"初税亩"事件，他至少应该知道当时汉朝的主要税收政策是沿着井田制衰微之后"按亩收税"的思路

---

① 王莽对井田制的这种理解方式很可能是受到了其御用哲学家刘歆高度推崇的《周礼》之影响（在刘歆之前，此书被称为《周官》）。尽管《周礼》的名字会让读者认为这是周代文献，其实此书是汉代才出现的，书中对于周代制度的描述其实掺杂有大量汉人（或者至多上推到战国时期人士）的想象。比如，关于土地制度，《周礼》采用了一种完全不考虑官员行政能力上限的土地平均法。《周礼·地官·大司徒》就认为，周代设"大司徒"，有此官职者以家庭为单位，依据各家不同的人口规模，分别授予100亩、200亩、300亩田，此为"易法"。作为"大司徒"下属的"小司徒"则根据易法负责实际操作，同时还要考虑地力的恢复程度和休耕年限。很显然，这种兼顾家庭劳动力数量和土地质量差异的土地分配制度，需要搜集大量经济数据才能进行，而在现代信息技术产生之前，这又必定需要庞大的官吏系统来加以执行。但问题是：假若生产力还停留在青铜时代的周代就能执行如此严密的土地分配制度的话，那么到了早就进入铁器时代的东汉初年，光武帝刘秀的"度田"政策为何就难以推行到底了呢？到了生产力又高于东汉的北宋神宗时期，为何王安石的"青苗法"也无法得到完美的执行呢？如果说光武帝的度田企图与北宋的"青苗法"都因为获取基层经济数据方面的困难而无法得到彻底推行的话，周人凭什么就能克服这些困难呢？除了将《周礼》的上述记录视为汉儒的捏造之外，对上述矛盾，毫无解法。从这个角度看，作为汉儒的王莽其实已经陷入了别的汉儒为他编织的信息茧房，因此真的将"恢复"本不存在的周代均田制视为他的经济政策目标。需要注意的是，《周礼》对于周代土地制度的描述虽然涉及均田，却竟然没涉及井田，正如正文所引用的"王田令"也没有正面涉及如何真正恢复井田本身一样。因此，《周礼》也好，王莽也罢，他们都错过了井田制的核心意蕴，即通过对于"公田"在地理位置上的确定来减少税收成本。关于汉儒是如何理解井田制的，王淇的论文《调均之道：儒家井田制的两种模式及其意义》（《中国经济史研究》2024年第1期）做出了很好的概括。不过，她没有清楚地提到汉儒的相关理解与周代（特别是西周）实际土地制度之间的差异，遑论王莽因对这一差异的无知所导致的政治灾难，请读者留意。

来的。在这种情况下,将这一收税传统说成是秦政的产物,则显然能方便他借由"秦政"这一标签所具有的负面道德意蕴,而对当下税制所具有的私有制意蕴进行否定。

那么,为何说"按亩收税"的习惯与私有制有天然绑定关系呢?道理非常简单。"初税亩"的思路就是按照田产面积收税。需要注意的是,税务人员在收税之前,必须首先要核查税收的对象——也就是田产的主人——是谁。这样一来,收田税的过程,同时也就是土地再次确权的过程。同理,"初税亩"的实践肯定会加强土地私有制。但同时需要注意,与王莽的认知非常不同的是,土地私有制的确立与秦政的建立完全是两回事。这不仅是因为前一事件发生的时间明显早于后者,更是因为二者的政治经济学意义完全不同。概而言之,产权模糊的井田制向产权相对清楚的私有制的转变乃是"自发秩序"的产物(即大量社会成员的经济行为模式倒逼政府的税收政策随之调整),而秦政本身是破坏自发秩序的(即用政府的武断决策来强行调整社会成员的经济行为模式)。那么,这种导致私有制的"自发秩序"为何产生呢?基于"邓巴数"的演化心理学分析模型在此依然能帮上忙。具体而言,在井田制的分封层次还不那么复杂的情况下,限制在"邓巴数"范围之内的人群之间的伦理亲情就能保证对于"公田"里的作物的劳动投入强度,但随着分封层次的复杂化,该层级结构最下方的劳动者与最上方的贵族大概率就会逾越出"熟人圈"的层次。在这种情况下,类似国君这样的高级贵族就无法在公田里获得足够的实物税了,而像卿大夫这样的下属层次不那么复杂的贵族则获得了更多的利益。为了让国君的经济力量不至于衰落太快,用按亩收税的办法在卿大夫的田地里获取新税源,也便成为了题中应有之义了。当然,这一做法也就使得井田制自本身就包含的私有制萌芽开始了迅速的发育。

有人或许会说,只要按亩收税的做法被确定下来,国君就能对全国土地进行仔细丈量,由此扩大税源,最终导致其掌握的资源量扩大。这难道不是通向秦政之路吗？

——非也。在古代土地丈量技术落后，且土地丈量人员很易被具有相关利益的贵族买通的情况下，一国内到底有多少应税土地，往往就是一笔糊涂账。与之相较，实施秦政的关键，就是消灭国君与小民之间的类似卿大夫的这个层次的贵族，由此使得力量更小的自耕农无法与国君对抗——正如车战衰落后的每一个底层步兵都无法对抗孙武式的指挥官一样。但需要注意的是，这样的一条道路却会在以下意义上消灭私有制并甚至将国家农奴制普遍化：国君可以通过土地这一诱惑物与配套的残酷惩戒措施训导小民致力于耕战，由此使得小民在为国君意志服务之外缺乏自己的私有劳动时间。因此，与王莽给出的历史图景——作为公有制的井田制被代表私有制的秦政所取代——迥异的是，真正发生的事情毋宁说是：产权模糊的井田制被产权相对清晰的大地主土地私有制所取代，然后演化为具有国有制特色的秦政。很显然，也正因为王莽将从周到汉的政治经济学演进逻辑完全搞错了，当他反对秦政的时候，他反对的其实是夹在井田制与秦政之间的大地主土地私有制，而当他主张恢复井田制的时候，他真正想恢复的，其实就是秦政。这也就不难解释为什么他推出"王田制"之后，便立即强化盐铁专卖制度，推出沉重的商业税，并激化新政权与四周少数民族政权的关系，摆出一幅"回到武帝去"的架势，由此导致了新莽政权的速亡。①

顺便说一句，王莽并不是在对周政细节一知半解的前提下试图恢复井田制的唯一君主。在笔者的知识范围内，中国古代最后

---

① 张向荣先生认为，王莽的"王田制"实行三年就无疾而终了，对新莽王朝的实际损害其实有限。而真正给朝廷带来巨大危害的乃是那些成功实施的政策，如被王莽复活的盐铁专卖制度以及沉重的商业税（张向荣：《祥瑞——王莽和他的时代》，上海人民出版社，2021年，第六章）。这一描述的主要部分，与我在正文里的立论并不矛盾，因为根本不具备可操作性的王田制当然会无疾而终。不过，张论可能淡化了王莽"王田制"的失败对其政治信誉所造成的负面影响，也没有谈及王莽的各种经济举措背后统一的思想逻辑问题。

一位试图恢复井田制的帝王乃是清代的雍正皇帝。为了解决 16—60 岁的无产业的旗人的生计问题,雍正曾在京城南面的固安、新城、霸州、永清诸地设立"井田试验区",每户授私田 100 亩,每八户则要出劳力照料 12.5 亩公田中的作物,作为鼓励,公田内的作物在三年后才需要真正归公,而耕作的 50 两白银的启动资金(用以购买农具、耕牛与种子)则由国家无偿提供。雍正版本的井田制显然要比王莽的王田制具有更强的操作性,然而最后竟然也失败了,并在乾隆元年被正式取消①,其根本的原因乃是:周政下的井田制是需要属地性贵族成为天子与农民之间的权威中介的,而当时早已寄生虫化的旗人集团因为脱离了努尔哈赤时代的军事封建组织,无法为井田制的正常运作提供足够的封建性忠诚。至此,中央政府推行的字面上的井田制,便在中国前现代史中成为绝响。

关于清朝那些事,笔者本还想多谈,但一想到这本书依然是关于汉朝的,只好就此打住。

第六节 "寓封建于郡国之中"的东汉

耐人寻味的是,代新莽而起的东汉王朝虽在意识形态上接续西汉,但在实际的经济架构上却部分恢复了古典的周政。这就是顾炎武在《郡县论》中所说的"寓封建之意于郡国之中"一语最典型的现实案例。以东汉的实际政治—经济操作为例:帝国由一百多个郡或封国构成,其上设十三个州为监察区,下辖一千多个县为基本地方行政单位(参图 2-2)。尽管郡之太守、州之刺史、县之县令(或县长)为汉廷委派,但其来源却基本是地方推荐出来的孝廉

---

① 请参看唐文基、罗庆泗著《乾隆传》(人民出版社,1994 年)第 41—42 页。

或茂才("秀才"在东汉的称呼),因此,这些地方主官都具有"半属地"特征①。与之相较,郡守、县令之属僚则大多具有"全属地性质",往往代表地方豪族利益。在这种架构下,地方主官若要执政顺当,就需要在中央政令与地方豪族之间巧妙周旋。不过,很难说地方官对于皇帝的这种"半忠诚性"就一定对汉廷不利。地方官的这种复杂角色既使得汉廷对于地方资源的全面攫取显得困难,又使得由此得到保存的地方后备资源能在帝国危机时发挥纾困作用。以军事预算为例:澳大利亚汉学家张磊夫(Rafe de Crespigny)就曾比较了东汉帝国的常备军数量与同时期罗马帝国的常备军数量,这一比较结果说明东汉的常备军规模已经缩小到与其广袤领土极不相称的地步②。但这一点并没有妨碍东汉获得收服西域诸国、击败南匈奴等重大军事胜利。比照武帝时代穷极民力才获得的针对匈奴的勉强胜利,东汉王朝在节约民力方面所做出的努力明显更符合儒家心目中的周政典范。这一周政式的统治方式甚至在吏治败坏的东汉末年都给朝廷带来了红利:在184年黄巾起义爆发后,朝廷主要是通过动员地方豪族的部曲(私属武装)来镇压起义的,而镇压活动在同年的迅速成功,亦充分显示了"藏兵于民"的制度设计为延长帝国的政治生命力所做出的正向贡献。

---

① 顺便说一句,虽然汉末流传过"举孝廉,父别居"的童谣,在东汉运作尚且平稳的时代,由于申报孝廉与茂才的材料需要予以公开,极端卑劣者被选中的概率其实不高。另外一个来自后世的证据也说明:包含了竞争因素的东汉举荐制虽然有不少缺陷(本书第七章会更深入地讨论这些缺陷),但也是不容被全面否定。与之相较,在东晋时代,由于官吏选拔大量参照门阀姻亲关系网,举荐制中具有的竞争性因素荡然无存,社会秩序渐渐走向失范,最后引爆了孙恩—卢循大起义;而随之建立的刘宋王朝则因为恢复了举荐制,社会秩序便走向了稳定。

② 罗马帝国职业军25万。东汉帝国的腹地基本没有职业军,西北边境有少数职业军。对外作战大量依赖来自少数民族的雇佣军或盟军。参看[澳]张磊夫《洛阳大火——公元23—220年的后汉史》(北京大学出版社,2023年,邹秋筠译)第5—6页。

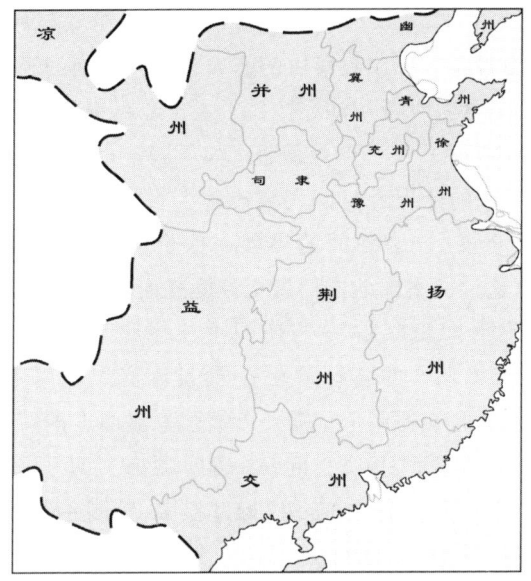

图 2-2 东汉十三州略图

那么,东汉帝国"寓封建之意于郡国之中"的整体特色,又是如何落实于其经济制度的呢?众所周知,就像东汉帝国没有实行王莽提出的王田制一样,东汉亦没有实行西周时代的井田制,而是以比较灵活的态度默许了当时普遍存在的大庄园经济的发展。这主要是因为刘秀的崛起大量依赖南阳大地主集团,因此,他也很难"自掘坟墓"地去破坏这些既得利益者的经济经营模式。至于他本人试图压制地方霸强经济特权的举措——"度田"——似乎也未得到彻底贯彻。①

---

① 袁延胜先生认为,光武帝的"度田"举措未必是一次失败,而东汉政府此后所获得的人口与土地的数据大体上也是真实的(袁延胜:《东汉光武帝"度田"再论——兼论东汉户口统计的真实性问题》,《史学月刊》2010 年第 8 期)。但是袁先生的立论根据仅仅是简牍资料体现出来的东汉政府的经济数据审查工作在字面上的"严密性",却没有办法在逻辑上排除各级官吏在相关宗族势力的指使下伪造数据的可能性(东汉的地方政府结构中,作为"流官"的行政主官下面的辅助小吏往往就是本地豪族的子弟)。另外,东汉末年各地豪族私藏部曲、豢养私兵的现象是非常普遍的,以至于在黄巾起义后汉灵帝竟然颁布圣旨暗自承认朝廷掌握的军力的羸弱,并明确鼓励地方(转下页)

需要指出的是,东汉庄园的经济组织细节虽然与西周井田制区别甚大(更像是井田制衰落后的卿大夫这一级别的经济体,只是在产权关系上更为明晰),却亦抓住了孟子心目中的井田制的伦理核心:"守望相助"。这一点乃是通过如下因素得以落实的:

其一,庄园的治理者与广大被治理者大约在同一生产与生活空间中产生交集(这一空间的界限一般由散布各地的坞堡所界定),并经由这种交集降低了信息交流的成本。庄园中的主要劳动力——"徒附"(即佃户)——与庄园主往往属于同宗。与西周井田制下依然拥有私产的底层国人不同,徒附必须租用庄园主的地产进行生产,并且在原则上也需要承担国家层面上的赋税任务,成为官方人口统计账簿上独立的户(请回顾前文对于田畴所属的300户人口的分析)。但在实际执行过程中,庄园主经常通过隐瞒人口来减少徒附对国家的税负支出,由此换得后者的报恩心理。以上便为属地伦理共同体的形成打下了空间基础、血缘基础与心理基础。

其二,除了徒附之外,庄园之内还有大量的奴婢,而奴婢对庄园主的人身依附关系亦加强了属地伦理共同体的内部人际关系。与理论上依然属于自由人的徒附不同(徒附可以选择不租用地主的土地,尽管实际上他们往往别无活路),奴婢就是在人身上隶属于主人的财产,并因此可以像商品一样被买卖。就这一点而言,其政治地位比较接近古希腊—罗马时代的奴隶。但与西方古典时代

(接上页)强向政府提供物力与人力以镇压起义军。(参看《后汉书·孝灵帝纪》:"(天子)诏公卿出马、弩,举列将子孙及吏民有明战阵之略者,诣公车。")这在逻辑上显然预设了地方豪强是具备相应的物质力量的。顺便说一句,东汉的这种以秦代郡县制为表,以周代封建制为里的奇特政治—社会二元结构,便被后世的顾炎武称为"寓封建之意于郡县之中"(《郡县论·一》),而顾炎武本人也非常清楚地意识到:具有道德感召力的"圣人"在地方封建结构中起到的"凝结核作用",乃是上述混合制度的基层架构得以顺畅运行的关键。学术界最近对于此类政治—社会二元结构的全面阐述,见于渠敬东先生的论文《中国传统社会的双轨治理体系——封建与郡县之辨》(《社会》2016年第2期)。

的奴隶不同，东汉奴婢的生命权得到了官方的保护。(《后汉书·光武帝纪》载建武十一年诏："天地之性人为贵，其杀奴婢，不得减罪。")而且，在儒家宗法观念中，主人与奴婢的关系类似父母与子女的关系，因此，二者之间的性行为便可以被归类为"禽兽行"(乱伦罪)。这就说明东汉庄园制中的主奴关系是受到比较严密的儒家伦理规则制约的。此类制约客观上削弱了主人对奴婢盘剥的强度，并进一步提高了基于庄园的伦理共同体的向心力。

其三，东汉比较大型的庄园都有比较复杂的内部分工，构成了农业、渔业、林业、手工业彼此支撑的结构。由于分工带来的生产效率的提高，庄园本身才能生产比较丰富的物质产出，甚至到了"豪人之室，连栋数百，膏田满野，奴婢千群，徒附万计，船车贾贩，周于四方，废居积贮，满于都城，琦赂宝货，巨室不能容，马牛羊豕，山谷不能受"的程度(《后汉书·仲长统传》)。很明显，各类产业的彼此支撑使得任何一个产业都不能脱离他者而独活，这一点又大大加强了庄园内部成员之间的精神联系。

其四，带有坞堡的庄园自身是具备基本的军事功能的，并往往蓄养部曲，也就是那类具有私兵性质的"客"（其地位高于奴婢，因为他们一般不能被买卖)。需要指出的是，东汉具有庄园主身份的地主成为朝廷命官后，往往依赖自家部曲执行朝廷委派的治安战任务(如在178年，籍贯为会稽郡上虞的交州刺史朱儁就曾从家乡征招部曲五千人远赴交趾剿灭了梁龙的叛乱)，这就说明庄园主人与部曲之间建立的伦理互信关系，已经强大到可以互托性命的地步。

综上所述，东汉王朝几乎是在继承于秦的郡县制的框架内，以创新的方式恢复了分封制的属地伦理性，尽管其表面上的政治—经济架构并非分封制的。按照顾炎武的标准，这便是在"大一统"的政治背景中恢复古儒精神的上佳方案了。但令人感到奇怪的是，对周政有更深入且更灵活展现方式的东汉王朝依然灭亡了——而且，它既不像以后的唐那样亡于农民起义(实际上黄巾起义带给汉廷的挑战很快就被化解了),也不像以后的两宋那样亡于外族入侵,而是亡于统治集团内部突然爆发的全面内战。这究竟是怎么一回事呢?笔者给出的答案是:帝国型超级家庭的出现,是使得东汉统治集团爆发内战的结构性原因。

第七节　东汉的帝国型超级家庭:梁氏

顾名思义,帝国型超级家庭应当具有下述特征:其处在帝国食利金字塔的顶层,具有巨大政治权力与经济权力,并因此脱离了属地性。很多读者或许会认为皇家乃是此类超级家庭的典型存在。但在东汉政治的具体语境中,由于下述因素的存在,刘姓皇室的超级家庭属性并不明显:东汉的皇帝往往短寿且无嗣(其平均寿命不到27岁),并因此往往与宗法上的太后不是生物学意义上的母子(因为作为太后之丈夫的先帝亦往往不是当下皇帝的生父)。在这种情况下,皇帝所面对的直接"亲人"便是宫内的宦官集团与众多的嫔妃——但二者都与皇帝没有血缘关系。此外,东汉帝国的各封国内的封王与其子嗣在原则上虽然都是皇帝的亲戚,但因为相隔较远,彼此并无亲情。因此,东汉的皇帝貌似是天下共主,却几乎是"无家"的,并因此在亲属中缺乏可供信赖的且可跨代持续的人力资源梯队。这一点也就部分解释了自光武帝刘秀、汉明帝刘庄、汉章帝刘炟之后,东汉为何几乎未出现过强势皇帝,而上演宦官、外戚与清流反复拉锯的政治戏码。当然,皇帝毕竟是秦政构架中的最高权力掌控者,皇室架构在帝国架构中所扮演的角色,也不能由上述理由而被轻易边缘化。我们会在下一章详细讨论这个问题。现在先将其搁置一边。

在暂时搁置对于皇室的讨论的情况下,能够扮演"帝国型超级家庭"的候选者也就只有三种可能了:第一,因为嫔妃得宠而获得大权的外戚集团;第二,在首都洛阳的官场植根颇深的儒家清流集团;第三,因得宠而权力膨胀的宦官集团(顺便说一句,汉代的宦官往往是成年后入宫的,这就使得其依然存有大量亲戚)。

先来看宦官集团。尽管汉灵帝时代的宦官集团"十常侍"给后人留下了深刻的印象,不过宦官集团的家庭权势实际上却是三者之中最弱的。这不仅仅是因为宦官在入宫后原则上已无法产生新的子嗣,更是因为宦官所在的原始家庭往往并不在京都,因此,即使这些原始家庭因为当事人的得势而成为新的属地性大家庭,此类家庭也无法与当事人在京都势力圈进行及时的信息互动,并因此无法成为在京宦官随时可调用的人力资源。而这一点恐怕也解释了为何在189年,由袁绍、袁术等人率领的武力能如此快地消灭在京宦官集团。这样一来,值得更仔细讨论的帝国型大家庭就只剩下两类:在京外戚集团与在京清流集团。下面笔者分别以梁冀与袁绍为典型案例来说明这两类家庭的运作方式。

由于中国的史学普及工作对东汉史的普遍忽略,"梁冀"这个名字在中国并非家喻户晓。然而,与他有关的成语"飞扬跋扈"却是妇孺皆知的。此成语恰恰就来自于不甘被他操控的汉质帝刘缵对他的恶评——而发明这位成语的小皇帝则在成语被发明的当夜就被梁冀害死,时年才九岁。从141年梁冀成为大将军到159年他被汉桓帝刘志扳倒为止,他操控汉朝约二十年,期间先后立下冲、质、桓三帝。梁家势力极盛之时,政治影响力已经到了"客到门不得通,皆请谢门者,门者累千金"的地步(《后汉书·梁统列传》[1])。与梁冀有直接血缘关系的家族成员亦充斥朝廷之各处要冲:"冀一门前后七封侯,三皇后,六贵人,二大将军,夫人、女食邑称君者七人,尚公主者三人,其余卿、将、尹、校五十七人。"如此庞大的家族网络,的确符合"帝国型超级家庭"的特征:亲属如藤蔓一般附着在官僚机器的各节点上,构成一种非常畸形的"家—国一体"。

---

[1] 本节涉及梁氏的史料都取自此文献,不再另注。

而站在正统儒家立场上看,这种"家—国一体"体制之所以是畸形的,乃是因为:第一,它削弱了皇权并因此破坏了君臣之名分;第二,它的权力架构并不依赖于德性竞争而是依赖基于偶然的裙带关系;第三,梁冀本人的政治德性又出奇地差(除了敢弑君不说,他还有大量擅杀朝廷命官与外国商贾的恶劣记录)。不过,关于为何他的德性如此之差,《后汉书》的作者范晔给出的解释却非常模糊,即"商恨善柔,冀遂贪乱"——也就是说,梁冀的父亲梁商(曾在顺帝时代为大将军)为人过于宽容,导致其子梁冀的道德品行失去了约束,成为一个"少为贵戚,逸游自恣"的纨绔子弟。这当然不是一个很有力的解释,因为它无法说明为何同样宽容的光武帝刘秀的直接继承者汉明帝刘庄也能算得上是一位明君。而对于同一现象,笔者的解释则是:与凭着真本领一郡一郡打下天下的刘秀不同,梁氏家族本就不具有"属地性",而是寄居在京都洛阳的彻底脱产型家庭。当然,这并不是说梁氏在京外没有庄园,而是说,他并不像典型的属地型大家族族长那样具有组织庄园劳动的切实知识与相关的身体感受,并由此有机会与其治下的徒附、奴婢与部曲构成伦理共同体。毋宁说,梁冀与其骄奢淫逸的妻子孙寿所面对的京都生活世界乃是这样的:"堂寝皆有阴阳奥室,连房洞户。柱壁雕镂,加以铜漆;窗牖皆有绮疏青琐,图以云气仙灵。台阁周通,更相临望;飞梁石蹬,陵跨水道。金玉珠玑,异方珍怪,充积臧室。远致汗血名马。又广开园囿,采土筑山,十里九坂,以像二崤,深林绝涧,有若自然,奇禽驯兽,飞走其间……"——从上述记载来看,梁氏只是满足于享受被剥削者的劳动成果,而对这些劳动成果的产出过程毫无兴趣,是标准的社会寄生虫。这就使得憧憬周政的儒家所心心念念的"守望相助"式的伦理温情根本无法在梁氏集团中出现。而在159年,找到恰当机会扳倒梁氏的桓帝,行事之所以能如此顺畅,部分原因也正是作为寄生虫集团的梁氏缺乏足够的内部凝聚力以对抗从御座降下的致命一击。

然而,梁冀对汉朝执政体系的破坏也不宜被任意扩大。有三个因素使得梁冀型超级家庭的肆意妄为还不至于腐蚀社稷之根基：第一，梁冀获得权力的一个重要原因乃是他的两个妹妹（梁妠与梁女莹）先后成了皇后，但皇后本人的死亡却是梁冀所不能控制的。实际上，恰恰是因为作为桓帝之太后的梁妠与作为其皇后的梁女莹先后死亡，桓帝才能摆脱梁氏的羁绊，找到将其击倒的机会。这也就是说，具有外戚色彩的帝国型超级家庭是缺乏实施长久统治的政治逻辑保证的。第二，与同样是外戚出身的王莽相比，梁冀不过是一个酒色之徒罢了，而缺乏某种走火入魔的意识形态狂热。这就使得他缺乏精神动力对东汉既有的成宪进行颠覆性改造，由此改变汉统。第三，也正是因为梁氏家族彻底的非属地性特征，他缺乏在京外对抗皇权的强大属地资源，所以，桓帝在京城发起的对于他的镇压也不至于引爆全国内战。

不过，上面的分析同时也就意味着，如果有一个帝国型超级家庭同时具备如下三个特征，其对于政治安定的威胁就绝不容小觑了：其一，在京政治权力的来源并不是偶然获得（但也可能偶然失去）的姻亲关系，而是来自于长时间的政治积累；其二，家族领袖不但具有较好的公众形象，同时也具有某种改天换日的意识形态执念甚至相关的理论储备；其三，此类家族的非属地性并不彻底——换言之，他们虽然并不以保护京外的地方伦理共同体为行事目的，却也并不缺乏借以夺取全国政权的京外属地资源。这也便是下节所要给出的案例。

第八节　东汉的帝国型超级家庭：袁氏

上节我们提到了对帝国稳定构成最大威胁的超级家庭所具备的三大特征：政治根基深厚、道德形象良好，兼具在地与在京的资源。汉末袁绍所代表的袁家恰恰同时具备这三个特征，而汉代的倾覆，其实也恰恰与袁绍更为相关。首先，袁绍所在的大家族"四世三公",在京都政坛植根极深,远超梁氏。其次,袁绍属于一向重视道德形象的儒家清流集团,在汉末乱局到来之前也没有暴露出太多的污点供政敌利用。同时,根据罗三洋的研究,袁绍是谶纬之言"代汉者当涂高"的笃信者,早就阴怀代汉之志,因此,他其实就是生活在东汉的王莽2.0版①。最后,也是最容易被忽视的,袁绍并不完全是在京城洛阳长大的纨绔子弟。按照吴孟灏的研究,袁绍所在的大家族——汝南袁氏——属于标准的"城乡双家模式":换言之,在大城市与乡下兼有住所,袁氏宗亲可以在二者之间进行"候鸟式迁徙"。而袁绍本人就是成名后才搬到洛阳的,在此之前他已经有了做濮阳县县令的行政履历。② 这就说明青年袁绍的确具备如何调配县下属的乡—亭—里各级属地资源的工作经验(与之相比,梁冀在获得大权之前没有哪怕一天的地方主政履历,做的都是"京官",如黄门侍郎、侍中、虎贲中郎将、越骑校尉、步兵校尉、执金吾等)。另外,袁绍结交的大量"党人"(即宦官集团对清流集团的轻蔑式称呼)所具有的属地资源也可以被袁绍所挪用。譬如,在190年他试图与实际控制京师的董卓抢夺天下控制权的时候,他通过既有的"党人"网络而调用的京外属地资源就包括了下面这张豪华的阵容表:屯河内的河内太守王匡、留邺的冀州牧韩馥(他也是荀彧试图投奔的北方故人)、屯颍川的豫州刺史孔伷、屯酸枣的奋武将军曹操、屯鲁阳的后将军袁术,以及兖州刺史刘岱、陈留太守张邈、广陵太守张超、东郡太守桥瑁、山阳太守袁遗、济北相鲍信,等等。这当然是一个足以发动内战的阵容了。看得更深一点,之所以袁氏能够发动内战而梁氏不能,便是因为袁氏集团的"非属地性"与梁氏的"非属地性"的来源具有结构上的不同。梁氏的非属地性缘于梁氏的根基本就在京都而不在地

---

① 罗三洋对该问题的全面阐述,见于罗三洋:《袁本初密码》,台海出版社,2017年。
② 吴孟灏:《东汉豪族的存在实态——以家庭结构、居住形态与宗族规模为中心的考察》,《中国社会历史评论》第二十七卷,天津古籍出版社,2022年,第235页。

方,而袁氏集团的非属地性则来自于:(甲)其家族在京内的既有势力;(乙)其"朋友圈"中的成员在京外的大量属地性资源的彼此叠合所涌现出来的"非属地性"。很显然,这种结构上的丰富性使得董卓对付袁氏的难度全面超越了当年桓帝对付梁氏的难度。

细心的读者应当发现,袁绍"朋友圈"中的大多数成员都不是袁氏的宗族,而这种跨血缘的政治联合体似乎不是基于血缘的原始儒家伦理共同体所能滋养的。这究竟又是怎么一回事呢?

这种奇怪状况的出现,乃是因为在意识形态层面上贬低秦朝的汉朝,其实已从秦政中继承了一项重要的政治遗产:一个强势首都的存在。在汉代,强势首都本身意味着三项功能的叠加:(甲)**帝国的政治中心**,以及由此导致的大量彼此异姓的高级京官的聚居;(乙)**帝国的资源集中地**,导致一个庞大的官僚阶层可以在脱离属地庄园管理负担的前提下轻松食利(这一点又为首都高密度人口的存在提供了物质保障);(丙)**帝国的学术情报中心**,导致像"太学"这样的学术机构可以集中多达2—3万名彼此异姓的全国学子进行思想交流。很显然,强势首都的存在,使得在首都政坛斗争中获得优势的一方在首都范围之内就能迅速找到借以全面扩充既有联合家庭势力的人脉资源。换言之,秦政的遗存所带来的"京都非血缘人脉关系网"为超级大家庭的进一步的"祛属地性"提供了可能。

不过,恰恰是联合家庭势力的这种迅速扩充,为巨大政治危机的到来埋下了伏笔。这又是因为:跨血缘的人脉网的迅速扩充往往有赖于**价值观的强化**与**巨量金钱所起到的收买作用**,而能够迅速团结众人的价值观体系很难不"简单粗暴",而能够迅速花出去的巨额人际交往费用又往往属于"飞来横财"。进而言之,简单粗暴的价值观体系很难不落入"制造敌人,强化基盘"的窠臼,飞来横财又很难不招致嫉妒——而所有这些要素都会构成变乱之根。以袁绍本人为例:他所领导的党人意识形态的敌我意识便是"清流、宦官彼此不能两立",同时却罔顾宦官集团在照顾帝王嫔妃之起居并减轻帝王行政负担方面所能起到的正面作用。正是在这种激进的意识形态的引导下,他在189年时率领部下闯入皇宫,残暴地杀死几乎所有宦官,由此导致汉朝政治架构全面失衡,为董卓的西凉集团进入京都全面搅局留足了政治真空。此外,袁绍在人际交往方面的阔绰表现(参看《后汉书·袁绍刘表列传》所云:"绍有姿貌威容,爱士养名。既累世台司,宾客所归,加倾心折节,莫不争赴其庭,士无贵贱,与之抗礼,辎軿柴毂,填接街陌"),亦是基于其偶然获得的巨额遗产,并由此受到了与其同父异母的袁术的强烈嫉妒。当然,在袁氏家族的老一辈政治家袁隗、袁基尚在人世的前提下,袁绍与袁术之间还是能保持表面上的客气的。因此,至少在189年诛杀宦官的行动中,二人的配合还算默契。但在190年袁隗、袁基被董卓杀害后,袁绍与袁术之间的家族内部的政治纽带便消失了,二人之间的斗争也开始走向表面化。甚而言之,在董卓为避讨董的孙坚之锋芒而主动撤出洛阳后,袁氏发起的反董内战就立即演变为了袁绍、袁术兄弟之间的代理人战争;作为袁术的代理人,破虏将军孙坚就死于袁绍代理人刘表的部将黄祖的暗算——联想到不久之前袁绍、袁术、孙坚与刘表都属于广义上的反董联盟,这样的结果显然是令人震惊的。而在日后,原本属于袁绍集团的曹操与袁绍之间的内战,以及原本属于曹操集团的刘备与曹操之间的内战,还有先后投靠袁术与曹操的孙吴集团与曹操之间的内战,则使得此后的汉末战乱被涂上了一层"袁氏集团分裂再分裂"的荒谬色彩。

若从周政式儒家的视角看,袁绍本人能莫名其妙地在内卷式竞争激烈的袁氏集团内部获得大权,这一点本身就是帝国型超级家庭内在硬伤的体现。具体而言,在传统的联合家庭中,族长的确有权将一个下属小家庭的富余子女调配到另一个小家庭以缓解后者绝嗣之患,而这种做法也或许会在日后的集体生活中产生一些嫌隙。但由于大致居住在同一个风土环境之内的联合家庭成员的总数依然受到邓巴数的制约,因此,各个小家庭依然可以频繁地互通有无,并由此增加互信。与之相较,袁绍所在的袁氏家族则是一个成员总量明显超过邓巴数的超级家庭,遑论在汝南度过童年与青少年时代的袁绍,与从小在京的袁术本就不属一个风土共同体。因此,袁术与袁绍这对兄弟自然也就很难做到"守望相助"。而下述因素又导致了袁术不可能不进一步忌恨袁绍:袁绍乃由其生父袁逢与一婢女所生,袁术则由袁逢与其正妻所生,故此,袁绍在袁氏集团中的地位本是无法望袁术之项背的。然而,因为袁逢的兄弟袁成病危且无嗣,为了让袁成那一支不至于绝嗣,袁绍才被莫名其妙地过继到袁成家并成为袁氏宗法意义上的继承者。这就为日后袁绍通过挥霍袁成的遗产而建立强大的人脉圈提供了物质基础(与之相较,继续留在袁逢家的袁术却无法独揽父亲的财产,因为家里还有一个兄弟袁基与之分财产)。很明显,帝国超级家庭的巨大规模所导致的种种偶然状况,已经超出了周政条件下的属地大家庭的原有伦理架构所能控制的范围。

需要指出的是,袁氏集团的上述案例并非孤例。实际上,到了三国时代,除了蜀汉政权因刘备本人子嗣过少而使得季汉的政治架构略接近于东汉皇室(即弱势的继任皇帝与强势大臣的组合),子嗣比较多的吴与魏的掌权家族都发生了类似袁氏集团那样的家—国大分裂。与之相关的著名案例便是孙权晚期孙氏集团的内部大分裂(如孙权三子孙和与四子孙霸之间的内斗,以及孙权死后其长女孙鲁班与其远亲孙綝之间的内斗,等等),以及司马氏篡魏后发生的"八王之乱"。

有人或许会反驳说,当东汉的豪族演化为规模更为巨大的东晋门阀之后,为何东晋的政治制度尚且能稳定一时呢?这是不是构成了本书的立论——超越邓巴数的帝国型超级家庭组织会走向解体——的反例呢?且看下节分析。

第九节　略论东晋的帝国型超级家庭

首先需要指出的是,东晋的政治实际上远比东汉来得更不稳定——证明这种社会不稳定性的最直观证据便是:终东晋一朝都没有开展国家修史项目,而记录东汉历史的《后汉书》乃是在代晋的刘宋王朝完成的。当然,晋室刚南渡时,由于北方南渡士族与南方既有士族关系勉强还算和睦,惊魂未定的晋室也缺乏立即扩展皇权的勇气,东晋内部的政斗规模的确总体可控。至于以王导为代表的北方门阀领袖之所以愿意与南方士族达成政治妥协(而不至于像袁绍那样试图"赢家通吃"),亦是因为抛弃固有土地的北方士族必须要面对江东这一相对陌生的地理文化环境,因此,他们就不得不仰赖"熟门熟路"的江东士族(与此同时,尚且孱弱的皇室则是他们用来挟持本地士族与其合作的名器工具)。然而,王导式的稳健政治理性在东晋历史中的衰减速率是令人惊讶的,甚至没有让作为其堂兄的王敦所分享(后者曾试图谋反晋廷)——这一点本身再次说明了在帝国型超级家庭内部达成政治同频之困难。若纵向比较来看,至少在189年袁绍、袁术屠杀宦官之前,东汉内部的政斗从来没发展到内战的地步,而在东晋百年的国祚中,握有重兵的门阀领袖带兵攻入首都建康的严重流血事件就至少发生了两次(底层起义尚不算):(甲)王敦之乱(322年爆发,起因是王敦不满朝廷削弱王门之兵权);(乙)桓玄之乱(402年爆发,起因是野心家桓玄趁着朝廷忙于镇压孙恩—卢循起义的当口,试图谋取国家最高权力)。此外,所谓"苏峻之乱"(327—329)虽不直接是门阀势力之间的对决,但也与此类冲突间接相关,且此兵乱对首都建康造成了严重破坏(具体而言,参与镇压王敦的北方流民军事领袖苏峻因不满位居建康的门阀官僚庾亮的"削藩"举措而谋反;在苏氏败亡之后,王导又对决策失误的庾氏发动政治冲击,引发了新的门阀内斗)。而同样存在着帝国型超级大家庭的东晋之所以内斗比东汉来得更残酷,又是因为:(甲)南渡的晋元帝远比重建汉代的光武帝缺乏政治威信,这就使得门阀内斗更难得到来自御座的制衡;(乙)地域远比东汉狭小的东晋突然要承载供养来自北方的皇室与门阀的经济压力,会使得资源斗争高度内卷化,由此反向加剧政治架构中的政斗。

这种门阀之间以及门阀与皇权之间的剧烈内斗,最后为以下两股新政治力量的出现提供了契机:以底层士族为核心的农民军与新军阀集团。具体而言,绵延十二年的孙恩—卢循起义爆发的深层原因就是:以半壁江山供养原来整个天下士族的新经济结构所带来的巨大供养压力,导致以孙、卢为代表的属地性下层士族与晋廷关系破裂。而为了在跨地域与跨血缘的范围内迅速集结起数量远超邓巴数的反抗人力,孙、卢又重拾了汉末出现的非儒式社会组织技术——以"五斗米道"为代表的跨血缘平民主义原则——并暂时获得了惊人的军事成功。至于最终镇压了孙—卢起义的刘裕新军阀集团,则在代晋后又依照孙—卢起义展开的历史逻辑推出了打击超级帝国型家庭的新举措。按照这一历史演化逻辑,中国最终慢慢迎来了"唐宋之变",即一个皇权上升与门阀势力下降的新时代。而这一新时代之所以没有成为对于秦政的简单重复,乃是因为一种与秦式国家举债主义不同的新预期管理技术进入了中国历史:科举制(其本质上是一种全民记忆力大竞赛,而且兼有削弱宗族地方势力并由此增强秦政之功效)。当然,这已经不是本章所能深入讨论的话题了。

第十节 小结:修身齐家就能治国平天下?

《礼记·大学》云:"古之欲明明德于天下者,先治其国;欲治其国者,先齐其家;欲齐其家者,先修其身;欲修其身者,先正其

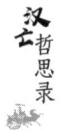

心。"这也就是说,在儒家的这一理论脉络中,修身齐家乃是治国平天下的必要条件。不过,这样的评论却未涉及这样的一个问题:修身齐家是治国的充分条件或是充分必要条件吗?按照本章已经完成的讨论,答案是否定的。如果这里所说的"家庭"仅仅是属地小家庭、主干家庭或联合家庭的话,那么,只要家庭成员的总数不超出邓巴数太远,家庭成员彼此之间的"守望相助"依然能够将大家庭本身建设成一个健康的伦理共同体。而一旦家庭的规模超越了邓巴数规定的上限,那么由于人类心智的信息处理能力从采集—狩猎时代演化而来的信息处理上限,儒式大家庭就很难不会走向分裂与解体。因此,若要在极为广袤的土地上建立更复杂的社会,这样的社会就不能仅仅依赖基于温情的家庭建构原则,而必须依赖于抽象人假设的新建构原则,由此在"家"与"国"之间建设缓冲器,并同时借此在社会网络迅速扩大的前提下有效减少个体心智的信息处理负担。这样的候选新构建原则包含(但不限于)商鞅式的基于君主意志的法家统治术(包括国家级别的举债制度)、基于各阶层协商的罗马法系统、作为全民预期管理技术的科举制,以及斯密式的现代市场经济原则,等等。而东汉帝国超级家庭的运作,却绕过了对于这些非儒家式的社会原则的采纳,由此使得家庭内部的矛盾被直接投射到国家机器之上,最终将东汉帝国自身拖向了内战的深渊。

有了本章的讨论做基础,下面我们就能来集中处理由皇族家庭构架所衍生的政治哲学问题了。而为了使下章的讨论不至于与本章重叠太多,我们将瞄向一个还来不及在本章全面处理的问题面相上去:使家庭得以延续的婚姻选择。

第三章

秦政式帝国中的帝王婚姻

第一节　导言：帝王婚姻之重大宪法意义

上章我们提到了基于地方风土意识的儒式家庭观与秦政式帝国之间的内在张力。现在我们再将聚焦点缩小，将其直接投向作为帝国最高统治者的皇帝的家事上去。

只要一国的宪法结构允许皇室存在（甚至是近现代君主立宪制度下的皇室），皇室的婚姻选择都会对该国的政治走向产生复杂的影响。这是因为君主制的延续本来就依赖于一代代新君主的不断产生，而从生物学的底层逻辑来看，这就需要皇族与别的家族进行定期的基因交换。在这种情况下，作为别样性基因的提供者，与皇室发生基因交换的家族就有可能通过婚姻本身兑现巨大的现实政治利益。因此，君主的婚姻选择本质上就会涉及对巨量政治资源的重组，由此产生不可忽视的政治后果。譬如，在中世纪的欧洲，诸封建君主利用婚姻进行合纵连横的游戏可谓家常便饭，即使在近代，素有"欧洲丈母娘"之称的特蕾莎女王（兼任奥地利女大公、匈牙利女王与神圣罗马帝国皇后）也通过将女儿外嫁等措施而扩大了哈布斯堡—洛林王朝在欧洲的影响。甚至在20世纪的英国（此刻英国早已完成君主立宪改革），皇室的一次与婚姻相关的政治选择竟也置英国君主制于生死境地，此即爱德华八世在1936年做出的与美国离异女子辛普森夫人结婚的决定——因为英国宪制要求国王扮演的国教领袖角色无法容忍国王与离异女子婚配，爱德华八世与辛普森夫人所诞子嗣便将自动失去皇储地位。为了延续王室，经过复杂政治博弈后，爱德华八世只能传位于乔治五世。英国的君主立宪制亦由此得以幸存。

虽然中国传统帝制的运作细节与英式君主立宪大相径庭，但爱德华八世在1936年面临的窘境在中国历史中也不断出现。在一夫一妻多妾制的文化背景下，中国帝王对于皇后的选择在本质上就是对于皇储的选择,由此引发的政治利益纠葛,与标准一夫一妻制下西方君主的类似选择会带来同样重大(甚至更为重大)的政治后果。譬如,明神宗朱翊钧为了将自己宠爱的郑贵妃升格为皇后(并顺势将其子朱常洵升格为太子),就与儒家清流集团进行了三十年的斗争,造成了晚明统治集团的严重内耗,而此段历史又因黄仁宇的畅销书《万历十五年》的传播而为人所熟知。不过,从重要政治人物婚配选择的角度研究两汉与三国时代宫廷政治的论述在国内还相对罕见,笔者便试图从这个角度进行一番拾遗补缺的讨论。

第二节 儒家对于"自由婚姻"与"家长涉婚"的矛盾态度

在爱德华八世的经历中,我们已经发现了自由恋爱原则与皇室成员所应扮演的宪法角色之间的重大冲突。需要注意的是,这一矛盾的存在是具有相当的普遍性的,甚至也成为从两汉到三国的中国皇室婚姻选择的重要母题。从表面上看,上述判断似乎略显大胆,因为"自由恋爱原则"似乎并不见容于儒家等级制的基本精神。但基于如下两条理由,我们大致可以认为"自由恋爱原则"并不仅仅是近代西方启蒙思想勃发后的产物:

第一,原始儒家的意识形态对自由恋爱本就有部分的宽容,其证据是:被汉儒抬高到"五经"地位的《诗经》的"国风"里包含了大量与自由恋爱相关的诗篇(如"关雎""木瓜""采葛""狡童""摽有梅""将仲子""桃夭""出其东门""伯兮"等),并通过官学的地位在民间传播。

第二,从民俗史的角度看,先秦的自由恋爱模式在汉代民间的婚配过程中应当得到了相当程度的延续。以下就是一些相关的证据:《上山采蘼芜》《妇病行》等乐府诗歌的内容,预设了婚姻自由的存在,并从一个侧面反映了当时的民情。从表面上看,《上山采蘼芜》描述的是丈夫在家庭重组之后对前妻的依恋之情("新人虽言好,未若故人姝"),但这种后悔之情的发生本身就暗示着一个相对自由的婚姻市场的存在(因为只有当事人能自由选择之事才值得其后悔——比如,一个人不能后悔为何自己生来就是男人或是女人,而只能后悔为何自己错过了某个男人或女人)。《汉书》所记载的朱买臣休妻的故事则与《上山采蘼芜》的上述情节构成了呼应,只是这次后悔的对象从男方转向女方。这个故事说的是:因嫌弃朱买臣贫贱而主动离开他的前妻朱氏,在朱买臣成为高官后反而得到了他的馈赠,最后羞愧自杀。她的自杀固然有不堪社会压力的因素,但她当年主动离开朱买臣的选择,毕竟还是基于她自己的自由意志。而且,很明显的是,假若朱买臣始终贫贱,她也不会在抛弃丈夫后遭遇到上述社会压力(否则我们就无法解释为何在朱买臣没有成为高官之前她的再婚生活一直相对安宁)。在两汉历史中,自由恋爱的光辉在卓文君与宋弘的案例中得到了最清楚的彰显。"白富美"的卓文君仅仅因为听了寒门子弟司马相如演奏的《凤求凰》就决定与之私奔,其大胆与勇敢,即使在今日也让人感叹;无独有偶,名臣宋弘则顶着光武帝刘秀的政治压力,抵制了与皇家联姻的巨大政治诱惑,留下了"贫贱之交不可忘,糟糠之妻不下堂"的千古名句。这两件事情分别通过《史记》与《后汉书》得到了记录,亦足以证明相关当事人的自由选择是符合汉儒的主流价值观的。

然而,儒家对于自由恋爱的有限度的包容,却因为儒家对"孝"的强调而被削弱了。就婚姻选择问题而言,"孝"就意味着:长辈对于子女的婚姻选择权的干涉是无法被质疑的。从逻辑角度看,这种意义上的"孝"就意味着对于婚姻当事人的自由选择权的否定——因此,非常严格地说,卓文君与宋弘都不能算是"孝"的(前者忤逆了自己的亲父,后者则忤逆了自己的君父)。而卓文君与宋弘之所以幸运地作为正面人物而进入了儒家撰写的正史,也恰恰是因为儒家的整体思维方式并不是基于希腊式的"逻格斯推理"的,而是基于针对特定语境中的道德直觉判断。然而,这种过于轻视逻辑检查的思维方式也会带来某种风险,即当事人并不知道基于"孝道"的铁拳何时会去击碎爱情的美梦。巨大的不确定性,正如一个幽灵,始终伴随着两汉三国时代的每一对恋人的婚姻选择。

家喻户晓的《孔雀东南飞》(原题为《古诗为焦仲卿妻作》)所描述的爱情悲剧,为上面所提到的这种不确定性提供了生动的注解(顺便说一句,虽然学界普遍认为此诗创作于南北朝,但既然该诗的佚名作者设定焦仲卿为汉末建安时人,我们亦将此诗视为探查两汉至三国之民风的重要切入点)。

众所周知,《孔雀东南飞》描述的乃是焦仲卿、刘兰芝夫妇虽然彼此相爱,却遭焦母横加拆散,然后双双赴死殉情的故事。这一故事中最让人感到疑惑的因素乃是焦母排斥刘兰芝的动机,尤其是在作者反复强调刘兰芝的美丽贤淑的前提下。首先我们要排除焦母因为刘家地位低下而排斥她的可能。实际上刘兰芝带来的嫁妆并不算微薄(用刘兰芝自己的话来说,"红罗复斗帐,四角垂香囊;箱帘六七十,绿碧青丝绳;物物各自异,种种在其中"),而且,从刘家安排兰芝与太守之子结婚的情节上看,刘家的社会地位恐怕至少不在焦家之下。在这种情况下,焦母排斥兰芝的可能动机就只剩下两种了:一,兰芝未给焦家留下子嗣(至少诗中没有提到孩子的存在);二,婆媳之间性格不合(用焦母自己的话来说:"此妇无礼节,举动自专由。吾意久怀忿,汝岂得自由!")。

这两种可能性都具有微妙的微观政治学含义。从儒家立场上看,子嗣的缺乏意味着家庭营建的根本目的的丧失,因此是属于"是可忍孰不可忍"之事。而"性格不合"之类的感情体验,又往往是复杂微观政治博弈的心理学副产品:换言之,博弈双方因为既无法彼此合作,又无法让一方从属于另外一方,这才会产生"性格不

合"的观感。而《孔雀东南飞》的内容则又暗示了这种微观政治博弈的存在:刘家在兰芝被遣回娘家后立即策划将其高嫁以图报复焦母的无礼——这一情节本身就意味着刘家与焦家在本地政治结构中"势均力敌"的状态。这种状态既使得兰芝无法在焦母之前表现出足够让后者感到满意的恭谦,又无法让焦母压制刘家之意志得以自由的贯彻,而只能让双方陷入彼此内耗的死局。正如我们所看到的,故事的结局对刘、焦两个家庭的长久延续都产生了非常负面的影响(其对焦家的打击或许更大):刘兰芝死亡导致刘家与太守联姻的计划失败,而焦仲卿的死亡则导致焦家基因链条的断绝(从诗歌行文上看,焦仲卿当是焦母独子)。

就像《孔雀东南飞》未提到焦仲卿的孩子一样,这首诗歌也未提到焦父的存在,似乎暗示他已早死。从这个角度看,焦母的地位就非常类似于那些在两汉政治史中因丧夫而临朝的那些太后;焦仲卿则非常像是那些相对弱势,且被太后与外戚的力量捆住手脚的弱势君主。刘家的那些为兰芝张罗新的婚配对象的家族成员,则暗示了一些更为外围的政治势力的存在。在这个故事中唯一不能与宏观的皇家架构匹配的因素,乃是"宦官"势力的缺乏——不过,在并不存在后宫的民间家庭,宦官的存在本来就是不必要的。从这个角度看,《孔雀东南飞》所展现的个体恋爱自由选择权与家长干涉权之间的不相容关系,为我们观察两汉三国时期的皇家婚姻选择提供了一个管中窥豹的案例。

然而,由于皇家的婚配选择所涉及的利益格局远超于民间家庭的同类选择,评价皇家此类选择的价值标尺也需要被更新——正如英国人用以评价爱德华八世的婚姻选择的价值标尺迥异于对平民的评价一样。由此我们便得到了一个或许让沉迷于焦仲卿、刘兰芝之爱情悲剧的"软心肠"的读者感到震惊的结论:**恰恰是对于情感与欲望的放任,才使得两汉三国时期的一些重要君主做出了错误的政治判断——相反,那些相对能够压制这些情感的君主,才能做出相对审慎的政治决策。**

第三节　两汉外戚力量扩张的基本政治逻辑

由于皇帝本人控制了巨大的政治权力，皇室婚配所涉及的各种人际因素的"政治影响因子"也很难不在一个新的尺度上被全面扩大。具体而言，被选择为皇后的女子所在的家族就极可能因为接近权力中心而成长为一种独立的政治力量：外戚。而在某些情况下，甚至那些未得到皇后尊号的女子也能通过皇帝的恩宠而为外戚势力的壮大提供便利（如唐玄宗时因为杨贵妃的得宠而壮大的杨国忠政治集团）。而在两汉时期，外戚力量又因为一个非常偶然的因素的出现而被放大：两汉的开国皇帝——刘邦与刘秀——都因为自身在政治开局时的弱势而不得不倚重妻家的力量。所以，刘邦不得不倚重吕雉，刘秀又不得不倚重郭圣通与阴丽华背后的家族势力。这一王朝开局时的原始格局后来就演变成了汉代政治的深层基因，历经迭代而无法被消除。以西汉为例：虽然吕雉的专权在其本人死后就立即遭到清算，但外戚政治在武帝之后在汉代政治中又复活了，于是便有了著名的霍光专权与王莽专权——而后者则干脆终结了西汉王朝。东汉则先后出现窦宪、邓骘、阎显、梁冀、窦武、何进六大外戚，其中梁冀还因被汉质帝刘缵恶评为"跋扈将军"而成为古代外戚政治的负面典型。①

有人或许会问：为何王朝开局时君主的相对弱势局面，不会随着君主权力的慢慢上升而得到改变？譬如，为何开国君主出身也极为寒微的明代未出现像汉代那样的强大外戚政治？原因有三：第一，明代的嫔妃遴选制度杜绝了皇室与功臣集团联姻的可能，这

---

①　虽然外戚政治在日后北魏的政治格局中也很明显，但至少在东汉，外戚政治的政治领袖依然是男性，而缺乏北魏冯太后这样的重要女性政治领袖。东汉政治的这一特征与古典中国的男权文化形成共振，由此使得东汉的外戚政治具有比北魏更鲜明的"建制化"特征。

就使得明代的皇室具有了相对于嫔妃所在家庭的绝对政治优势。与之相较,至少在东汉,功臣集团与皇家的联姻的确是刘氏笼络南阳豪强集团的基本手段;第二,明代的科举制度早已成熟,皇室即使不通过联姻来笼络士大夫,也不担心公务员体系后备军的匮乏。而就处在前科举时代的两汉而言,察举制乃是为公务员体系提供后备军的主要制度安排,而基于人脉关系的察举制本身又与结姻行为具有深层的关联(上述对于明代的分析也大致适用于宋代:宋代虽然出现过像章献太后刘娥这样的强势太后,但也没有机会成长为强大外戚,这是因为彼时科举制的环境已经堵死了任何个人通过成为外戚而直接成为重臣的晋升之路);第三,明代诸帝即位时基本上都已具备基本行为能力,而没有出现诸如汉殇帝刘隆刚过周岁就在御座上驾崩的荒唐局面(与之相较,明代继承大统时年龄最小的皇帝明英宗是八岁登基的,而北宋继承大统时年龄最小的宋哲宗是十岁登基的)。这里特别需要注意的是帝王自身的寿命问题。东汉皇帝平均年龄不到二十七岁,这一点自然就大大压缩了帝权伸张的空间而间接有利于母权与外戚势力的扩张。限于研究条件的匮乏,今天的我们当然很难去实证地研究东汉皇室成员的"寿命基因"的遗传学奥秘(非常令人惊讶的是,由于不少东汉皇帝是从诸侯国遴选而出,其基因库来源本应相对丰富,但这并未真正解决皇帝短命的难题)。但至少我们可以肯定的是,在帝制时代,皇室成员的生物学状态对于政治制度建设的影响是不容被低估的,否则我们就无法解释为何在与汉代相距遥远的清代再次出现了慈禧垂帘听政的局面(除了由先帝早逝所导致的幼帝的出现之外,我们的确找不到别的解释因素)。不过,也正因为幼帝在两汉(特别是东汉)政治中的反复出现,这就使得一直在努力增长的帝权会随着前一位皇帝的驾崩而迅速萎缩——正如西西弗斯推上山头的石头,一到山顶就会重新滚落。而在皇帝的权杖从山顶滚落的那个时期,除了太后与太后背后的外戚势力,谁又能填补由此留下的政治真空呢?(参表3-1)

表 3-1 东汉皇帝世系表

庙号	谥号	名讳	在世时间与死因	在位时间	与东汉前任皇帝关系	皇权来源	外戚背景
世祖	光武帝	刘秀	前6—公元57年（62岁病死）	约32年	开国皇帝	主要凭借自身军事一政治业绩。	借力于郭氏、阴氏两大家族。
显宗	明帝	刘庄	28—75年（47岁病死）	约18.5年	先皇之四子	先皇生前传位。	阴氏后裔。
肃宗	章帝	刘炟	57—88年（31岁病死）	约13年	先皇之五子	先皇生前传位。	对外戚力量有一定防范。
穆宗	和帝	刘肇	79—106年（27岁病死）	约18年	先皇之四子	先皇生前传位。	先被外戚窦氏挟持，后清除之。
无	殇帝	刘隆	105—106年（1岁病死）	220天	先皇之幼子	先皇驾崩后由邓氏选定。	邓太后临朝。
恭宗	安帝	刘祜	94—125年（31岁病死）	约19年	无直接关系。汉章帝孙，清河王刘庆之子。	先皇驾崩后由邓氏选定。	前期邓太后临朝。邓氏衰落后新外戚阎氏坐大。

(续表)

庙号	谥号	名讳	在世时间与死因	在位时间	与东汉前任皇帝关系	皇权来源	外戚背景
无	(前)少帝	刘懿	？—125年（病死，享年不详）	206天	无直接关系。济北惠王刘寿的儿子，即位前为北乡侯。	先皇驾崩后由阎氏选定。	被阎氏控制。
敬宗	顺帝	刘保	115—144年（29岁病死）	约19年	先皇之子，其生母与乳母均死于宫斗。	先皇在位时就被邓氏选为皇储，历经阎氏打压后幸存。	在宦官清洗老外戚阎氏的前提下亲政。但后期新外戚梁氏坐大。
无	冲帝	刘炳	143—145年（2岁病死）	148天	先皇之子。	先皇生前传位。	梁氏控制局面。
无	质帝	刘缵	138—146年（8岁被毒死）	约1.5年	无直接关系。清河王刘蒜的堂任。	先皇驾崩后由梁氏选定。	梁氏控制局面。
威宗	桓帝	刘志	132—167年（36岁病死）	约21.5年	无直接关系。蠡吾侯刘翼之子。	先皇驾崩后由梁氏与宦官共同选定。	前期由梁氏控制局面，梁氏力量被剪除后，宦官势力暴涨。

（续表）

庙号	谥号	名讳	在世时间与死因	在位时间	与东汉前任皇帝关系	皇权来源	外戚背景
无	灵帝	刘宏	156—189年（33岁病死）	21年	无直接关系。原为解渎亭侯。	先皇驾崩后由窦氏选定。	前期因为宦官集团斗倒了外戚窦氏而未受外戚挟制。后期新外戚何氏力量暴涨。
无	（后）少帝	刘辩	176—190年（14岁被毒死）	136天	先皇之子	先皇之子先皇驾崩后由何氏选定。	由何氏操控。
无	献帝	刘协	181—234年（53岁病死）	31年	先皇之弟，其母死于宫斗	由董卓扶持上位。	可以将董卓勉强视为外戚。被董卓、李傕、郭汜、曹操等各路军阀先后操控。

说明：此表含未被汉室自己视为正统的前少帝刘懿；所有谥号都省略"孝"字以节省字数——比如"孝献皇帝"就简称为"献帝"，以此类推。

当然,按照儒家的孝道原则,操控当下幼帝的外戚本身就是先帝的婚姻选择的后果,而任何一个有远见的先帝都能预见到继承者被外戚操控后的格局变化。一个相关的典型案例便是汉武帝刘彻在其晚年的政治选择(此事虽然发生在西汉,却对东汉的政治产生了深远的影响)。请看下节分析。

第四节　西汉武帝打压身后外戚势力的失败企图

征和四年(前89),汉武帝刘彻颁布《轮台诏》,面对民力凋敝的现实,对自己长年以来穷兵黩武的对匈政策进行了政治检讨。次年发生了针对武帝的政治谋杀事件,虽未得手,但也暴露出此前武帝苛政下官僚队伍内部的思想高度不稳定状态。此刻武帝本人的生命亦即将走向终点,不得不立即思考皇储人选问题。他当时面临的政治局面是:第一,原来的皇储刘据因为所谓的"巫蛊之祸"已被自己所错杀,另外昌邑王刘髆、燕王刘旦和广陵王刘胥等儿子也因为种种政治"污点"而无法入他的法眼;因此他目前可以选择的继承人只有年幼的刘弗陵(即日后的汉昭帝);第二,刘弗陵的生母赵婕妤(即"钩弋夫人")年轻健康,而且很有可能在自己驾崩后成为操控朝纲的太后。为了保护未来帝国统治者的政治羽翼,武帝的政治选择是非常残酷的:他处死了赵婕妤,由此杜绝了赵家成长为新外戚势力的可能。但尽管如此,武帝死后留下的政治真空依然是需要填补的,而他的补救措施就是让霍光、金日磾、上官桀、桑弘羊等重臣组成与新皇帝缺乏婚姻联系的辅政团体,由此帮助新皇帝渡过危险的权力交接期。但精明的武帝还是漏算了两个因素:第一,他无法预料刘弗陵的寿命,因此无法保证儿子能活到自己政治上彻底成熟的那一天;第二,他没有为刘弗陵的婚姻早做安排,而对霍光、金日磾、上官桀、桑弘羊等重臣的信任却又为下一轮外戚的产生创造了条件。结果,这两个被漏算的因素都在后武帝时代的西汉政治中全面发酵了：首先，权臣霍光让自己的外孙女上官氏成为了刘弗陵的皇后，由此开创了西汉政治中的"霍光时代"；其次，刘弗陵本人极不争气地只活到了二十一岁，而且竟然还没留下子嗣，这就使得选择下一代帝王的权力又戏剧性地落到了突然被升格为太后的上官氏及其外公霍光之手。由此，太后—外戚集团成为新帝选择人的两汉政治传统也由此慢慢定格——与此同时，汉代新帝与先帝为严格意义上的直系亲属的老传统则被慢慢淡化（举例来说，曾被霍光玩弄的废帝刘贺就属于刘氏旁支）。西汉政治的这一变革对后世东汉政治的深远影响，是怎么高估都不过分的。

　　从遗传学的角度看，既然新帝与先帝未必就是严格意义上的直系亲属，其"太后"相对于自己而言的"母后"地位也或许仅仅就是宗法意义上的。按照遗传学家所熟知的"汉密尔顿律"（即基因越接近的社会成员越可能彼此帮助，反之则越不太可能彼此提携），上述这种血缘关系的疏远，当然会导致太后—外戚集团与新帝在感情上与行为模式上的疏远，由此强化我们在《孔雀东南飞》里面看到的那种跨代博弈场面中的不稳定性。此外，即使在皇帝与母后为血缘上的直接亲属的情况下，皇帝也可能会因为忌惮母后既成的外戚力量而亲手培养新一代的外戚力量。这自然又会导致《孔雀东南飞》原始版本的某种变异版的出现：一个强化了权力的焦仲卿因为宠爱刘兰芝而敢于去打压母亲的势力——至于这种反抗是否有效，则是另外一回事了。

　　下面我们就分别以西汉成帝、东汉桓帝与灵帝的婚姻选择，为上述博弈模型提供更多的历史细节。

第五节　西汉成帝的任性与西汉的覆亡

　　汉武帝驾崩后，西汉的帝位传了七代：昭帝、废帝（即海昏侯刘贺）、宣帝、元帝、成帝、哀帝、平帝，在王莽篡汉之前还有一个作为傀儡的孺子婴,但他只是太子罢了,未得帝位。这里所说的成帝刘骜乃是西汉倒数第三任皇帝。从表面上看,成帝的确是当时的太后王政君与上一任皇帝元帝刘奭所生的亲生儿子,正如焦仲卿的确是焦母的亲生儿子一样。因此,母子之间应该有一定的感情基础。然而,王氏外戚力量的日益增长,也是无法被成帝所忽略的(一个耐人寻味的事实便是,后世篡汉的王莽就属于该政治集团)。当时成帝得以与母亲所代表的外戚力量抗衡的,便是自己的皇后许氏所代表的外戚力量。许氏是大司马、车骑将军、平恩侯许嘉的女儿,本身就自带巨大的政治能量,让王家一时难以下手。王家曾以天降灾异为由头攻击皇后失德,但效果一般。因此,若用焦仲卿对标成帝,许皇后就是成帝的"进阶版刘兰芝"。不过,正如《孔雀东南飞》中的刘兰芝因无法诞下子嗣而地位不稳一样,许皇后也因为所生子女均早夭而在王家面前露出了政治破绽。王家对许后的下一轮攻击则显得含蓄得多:王太后建议皇帝宠信班婕妤——顺便说一句,班婕妤是左曹越骑校尉班况的女儿,后世班超、班固先祖,其家族背景既不算寒酸,但也不至于与强大的王家分庭抗礼,因此,她属于王家可以拿捏的"体面人家的好姑娘"。然而,偶然的生物学事实却破坏了王家的计划:班婕妤因为也未为帝国诞下健康的继承人而失去了竞争皇后地位的资格。这就使得成帝有借口将身份非常低微的赵飞燕、赵合德姐妹纳入宫中,由此培养出一代更容易被自己(而不是母后)控制的新外戚力量(成帝封赵飞燕的父亲赵临为成阳侯,便是相关政治布局中的一步)。寒微的赵家当然遭到了高贵的王家的鄙视,但或许因为王太后并未预料到赵氏姐妹的政治力量竟然可能动摇许后的地位,所以,在她们入宫之初,太后主要警惕的依然是原来的老对手许皇后。赵氏姐妹利用这种复杂的格局,将"许后之姐施巫蛊诅咒后宫有孕之妃"的案件牵扯到许后本人身上,甚至还牵带上了作为她们二号竞争对象的班婕妤。班婕妤虽然得以幸免,但许后就要倒霉多了:她在赵家人与王家人的前后夹击下丢了后位,最后自杀。赵飞燕立即填补了她在后宫留下的政治真空,成为新皇后,王太后则因为提不出更合适的皇后人选而只能选择暂时隐忍。不过,偶然的生物学事实却又一次阻碍了赵家成长为成熟的外戚:赵氏姐妹虽然得到皇帝多年的专宠,却依然未为帝国诞下继承人。这本是王家人可以用来攻击赵氏姐妹的发力点,却被极为狡猾的赵氏姐妹找到了应对方案:她们撮合成帝将定陶恭王刘康之子刘欣立为继承人,这样就使得未来的皇帝很可能会因赵氏的提携而尊重赵家的利益。赵氏姐妹的算计最后算是成功了一半、失败了一半。先来说失败的那一半:年过不惑的成帝突然神秘驾崩,此后,王家人立即成功地逼迫赵合德(赵氏姐妹中的姐姐)自杀,以让其承担使得先帝龙体虚弱的罪责;而该计划成功的那一半是:王家人无力阻止赵氏姐妹所看中的汉哀帝刘欣登基,并因此无力阻止赵氏姐妹中的妹妹——赵飞燕——成为太后(当然,此刻王政君也顺势被升格为了太皇太后)。不过,此后赵家要将自己的胜利面继续扩大,也不那么容易了。作为一个身心功能正常的男人,新皇帝刘欣也会喜欢新的女人,由此带来的新外戚力量:傅氏与丁氏。这些新力量制衡了赵家的力量,而这些外戚集团之间的彼此消耗,又为汉哀帝刘欣驾崩后王家势力的卷土重来创造了战略机遇。(参图3-1)

汉成帝的故事显然要比焦仲卿的故事复杂得多,但结局却是类似的:在母子博弈中,只要儿子所看重的妻子无法诞下继承人,母亲就会获得相对于儿子而言的博弈优势。不过,从另一个角度看,一夫一妻多妾制在皇家层面上的高度复杂化,又使得可能参加博弈的"玩家"数量大增,这就使得游戏的可能结果变得更具多样性(老实说,假若许皇后、班婕妤、赵飞燕、赵合德中的任何一人能够为成帝诞下可存活至成年的皇子的话,游戏的结果就会变得很不一样,而王家卷土重来的机会也会大大减少)。由于上述博弈的不稳定状态又是由古代帝制自身的基本架构所决定的,上述分析也向我们展示了这一架构运行的高风险性与不可预测性。

不过,在不对帝制架构的基本运行逻辑进行修正的前提下,博

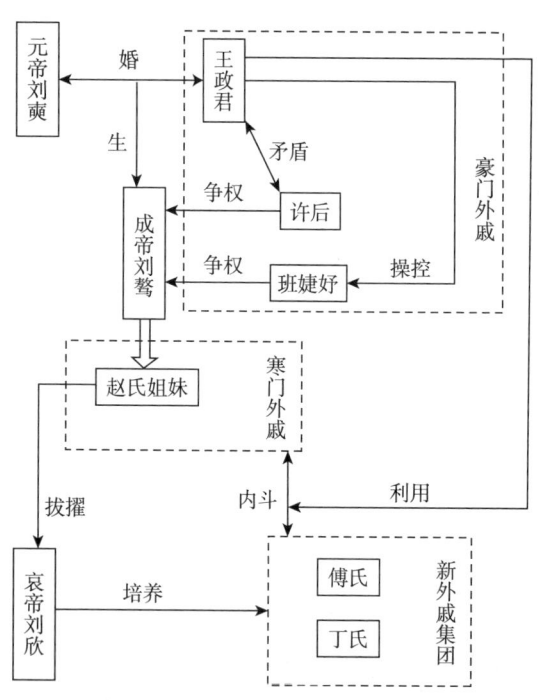

图 3-1　西汉成帝至哀帝时期的后宫斗争及与之相关的外戚斗争

弈当事人怎样的选择才能使皇家的长远利益最大化呢？

与一般读者通过《孔雀东南飞》得到的字面启示相反，笔者的判断是：适当地向母权屈从，乃是两汉年轻皇帝的最好选择。以王政君为成帝设计的联姻道路为例：其实她试图抬高班家地位的政治路线，至少要比汉成帝自己选的抬高赵家的政治路线更为稳妥。班家毕竟已经进入高级士大夫所认可的"朋友圈"，因此，皇家对于班家的恩宠不会引发士大夫集团的逆反心理，也不会引发有限政治资源不可控的外溢。但对背景寒微的赵家的提携，却会使得精英士大夫因新外戚对于公务员编制的挤占而产生怨气（顺便说一句，成帝提携平民女子为后的做法，并不能类比于后世明代皇室从民间提拔嫔妃之做法。明代皇室的此类做法乃是高度建制化的，以图从根本上杜绝外戚之祸；而成帝的做法乃是非建制化的偶然行为,因此反而会导致原来的平民家庭迅速演变成新的外戚)。同时,王政君本人毕竟是汉元帝刘奭的皇后,因此对汉室抱有浓厚的感情,这也使得她在拓展王氏利益时亦会兼顾皇室的利益。因此,一种由王政君本人主导的政治路线并不意味着王家利益对于皇室的凌驾,而很可能意味着二者的双赢。

不过,众所周知的是,王政君毕竟最终未阻止他的侄子王莽成功篡汉。这一点是不是能被解释为"王氏外戚势力恶性膨胀"的必然后果呢?我不倾向于做如此解读,因为这种解读混淆了王政君与王莽各自不同的生态位:前者与汉代的天子有肌肤之亲并共育后代,而王莽却从未与刘氏完成这种基因交换。毋宁说,即使是在王莽篡汉的最后关头,王政君都试图与之抗衡,并一度试图阻碍其获得传国玉玺。实际上,王政君让王、刘两家双赢的方案之所以没有成功,其最初的"第一块多米诺骨牌"就是:班婕妤没有按照王政君的计划,成功怀上成帝的龙种,因此无法成为新皇后。但假若当年王政君抬高班婕妤的计划得以成功的话,沿着这条多米诺骨牌推演下去,王莽代汉一事大概率也就能得到避免。其背后的分析是:正是因为班家的势力没有得到实质性增长,而趁机野蛮增长的赵家力量根基又不深,这才导致对王政君更不利的傅氏力量在哀帝时代抬头(顺便说一句,哀帝的祖母傅昭仪在元帝时代就曾严重威胁过王政君的后位,所以,傅、王两家之间还有一笔历史老账要算)。面对这种近乎失控的局面,王政君才会在晚年急切地提高自己的侄子王莽的地位——很不幸的是,她长期被王莽精明的道德表演迷住了眼睛,却对其真正的政治野心后知后觉,由此使得局面全面失控。

当然,要将造成所有这一切麻烦的责任推到"班婕妤肚子不争气"这一点上,对她本人显然是不公平的,因为此事又不是其主观意志所能左右的。更应该为此事负责的,其实是汉成帝。是他对于赵氏姐妹美色的垂涎这一偶然性事实,使得此后汉朝后宫的宫斗复杂程度变得不可控制,并最终让野心家王莽钻了空子。皇室的婚姻原则对国家命运之影响,由此可见一斑。

然而,上述偶然性背后也蕴藏着必然性,而相关的文化密码就蕴藏在《孔雀东南飞》之中。焦仲卿对刘兰芝的恋情其实是演化论视野中的"性选择"的副产品(刘兰芝本人的青春美貌则为这一选择提供了生物学意义上的合理性),而对于散播基因更为方便的男性来说,焦仲卿的那种貌似专一的恋情其实也很容易在性选择对象变多的情况下变成"滥情"。能够为这一判断提供注解的,便是西汉大文豪司马相如在得势后对结发妻卓文君的冷淡态度——这一态度又逼得她不得不写下名篇《白头吟》来保卫自己岌岌可危的家庭地位。而对于性选择对象空前丰富的皇帝来说,既然这种丰富性乃是儒家的意识形态所保障的(参《礼记·昏义》:"古者天子后立六宫、三夫人、九嫔、二十七世妇、八十一御妻,以听天下之内治,以明章妇顺,故天下内和而家理"),那么,诸如《白头吟》这样的怨妇哀辞就无法在道德上对君主构成足够的压力。这样一来,在儒家所允许的政治操作空间中,太后的意志就能凭借"孝"的名义而成为制衡君主过于放肆的性选择行为的最现实的力量。由此,《孔雀东南飞》所给出的价值体系就在皇家婚姻选择的层面上完成了颠倒:作为这种颠倒的结果,一个获得帝权的焦仲卿应当在婚姻选择问题上极为认真地对待母后的意见,而"自由恋爱原则"的合理性却不得不被大大削弱。

然而,正如皇帝是否能够获得皇子这一点乃是基于某种生物学的偶然性一样,能够制衡皇权的太后本人是否能长寿,似乎也是基于生物学上的偶然性。由此,一些读者或许会发出如下疑问:假若太后早薨或由于别的原因退出历史舞台,皇室的性选择模式又会变得如何?

带着这一问题,我们不妨再来讨论一下东汉末年桓、灵二帝的婚姻选择。这两位皇帝都生活在一个太后势力退场的时代,因此,二者便可被归为一类。

第六节　东汉桓、灵二帝的婚姻选择与东汉的覆亡

先来看东汉倒数第四个皇帝汉桓帝刘志。桓帝为外戚梁冀拥立，当时的太后乃是梁冀之妹梁妠，皇后则是梁冀的另外一个妹妹梁女莹。需要注意的是，在东汉，梁氏绝非外戚专权的第一案例。从表3-1可知，在其之前，窦、邓、阎三家外戚都曾专权，但就控制朝堂的深度与广度，则无可出梁氏者。只是外戚毕竟不是皇帝，而其操控御座的渠道——太后或皇后——在生物学意义上的生存则很难不受偶然性因素的影响。在公元150年，这一偶然性因素开始发力。重病的梁妠自知时日无多，还政给桓帝，而失去梁妠太后名分保护的梁冀则只能凭借国舅的名分控制朝政。发现刘志对姿色平平的梁女莹缺乏兴趣后，梁家又通过另外一个妃子邓猛女控制刘志（邓猛女早年曾在梁家寄居，与梁冀之妻孙寿关系密切）。这本是一个聊胜于无的补救措施，却因为梁冀逼迫邓母将猛女改姓而使得梁、邓二家关系彻底破裂。刘志则利用这种乱局，在159年发动政变，肃清梁门，由此大权在握。至此桓帝的婚姻选择立即进入了表面上的"放飞自我"的阶段。在他对邓猛女也渐渐失去兴趣后，他将注意力转向了美丽却身份低微的采女田圣（顺便说一句，东汉嫔妃分为采女、美人、贵人、皇后四级）。由此，"赵飞燕2.0版"的故事似乎就会在东汉重演。不过，在赵飞燕带给西汉的政治教训的刺激下，以司隶校尉应奉与太尉陈蕃为代表的士大夫集团此刻则扮演起了"临时太后"的角色，推出大将军窦武的女儿窦妙为新后。此刻依然需要士大夫集团之政治配合的桓帝，勉强采纳了他们的婚姻意见，却在迎娶窦妙后对其长期冷落，由此发泄心中的愤懑，并纵容宦官势力的壮大以作为反制。由此，帝权与太后权的矛盾，在桓帝时被转换为宦官集团与士大夫集团的矛盾。请注意这种转换对国政带来的额外风险：在儒家名分

论的维持下,帝权与太后权之间的矛盾总有回旋的余地,而先秦的周礼却没有对如何处理宦官集团与士大夫集团的关系提供现成的规范。由于这两大政治集团的互不承认态度,由此引发的两次党锢事件最终将东汉帝国拉向了使其解体的黑洞。

168年,桓帝驾崩,远在今天河北省的河间国的原解渎亭侯刘宏被窦氏家族匆促推上帝位。但他入宫后立即卷入清流士大夫与窦氏外戚联合发动的针对宦官集团的政变,然后又糊里糊涂地向宦官集团提供了名分工具(天子的符、节等),使得后者顺利完成了对于政变力量的镇压,并顺势发动了针对清流党的第二次党锢运动。考虑到这一年刘宏还是刚入京都的少年,说他主观上自觉地仇视士大夫集团,乃是不合理的。一个旁证是:西凉边将张奂也是因为看到了天子的符、节而糊里糊涂的参与了对清流的镇压,事后知道事件全貌后非常懊悔,死前甚至命家人薄葬自己以作为对自己当年政治失误的自我惩罚。在复杂的政治迷雾中,即使是作战经验丰富且经学素养很高的名将张奂也会任人摆布,年少且缺乏在京人脉的刘宏又如何能免俗呢?仅仅因为他与宦官集团事实上的结合就认定他天然就是士大夫集团的敌人,这一评判显然是过于简单化了。

因为历史的偶然,灵帝即位不久立即摆脱了因桓帝的驾崩而刚被升格为太后的窦妙的挟制:她因为受到父亲窦武(168年政变的主谋之一)的政治牵连,而被宦官集团软禁。由此,窦家一门都被肃清。窦妙本人被软禁,最后抑郁而死。值得玩味的是,少年灵帝感念窦家将自己选为皇帝,在自己能力所及的范围内照顾了窦妙的脸面,并在她死后竭力促成她与桓帝合葬。这既说明灵帝的确有基于"知遇之恩"的正常道德本能,同时也进一步说明他对基于宦官意志的党锢运动的严酷性并非没有自己的保留意见。

汉灵帝在执政生涯中能相对自由地展现自己意志的第一个关口乃是选后。需要注意的是,在东汉政治中,皇室选正妻本身就意味着选择与皇室合作的外戚集团,因此部分具有"组阁"的政治意味,往往引发重大的政治斗争。同时,年轻皇帝婚配的过程也意味着其真正意义上的成年,因此,对其政治地位的巩固也是有好处的。所以,至少在东汉,皇室选后的政治意义是绝不容被低估的。

从表面上来看,这不是一个很难过的关口:由于董太后对刘宏干涉很少(顺便说一句,窦太后薨后,刘宏顺势就将自己的亲生母亲董氏尊为新的太后),灵帝似乎从此就能够凭借自己的意志来选择自己的妻子了。但由于选后的问题关涉过于重大,除了董太后外,在京各股政治势力的态度也非常关键。灵帝的致命问题乃是其在洛京根基太浅:他是被窦氏推上帝位的,但窦氏又迅速被宦官势力所绞杀,而绞杀窦氏的宦官班底(以王甫、曹节、侯览为代表)又是桓帝的政治遗产,而不是灵帝本人的亲信。虽然董太后的侄子董重、董旻日后都在京都掌握了一些兵权可为皇权倚靠,但这是以后的事情,而在灵帝执政早期,身居"执金吾"(京城卫戍司令)的灵帝亲舅舅董宠就在与宦官集团的斗争中失败身亡,这一点足以说明董—刘联盟势单力孤。在这种情况下,一个能够强化帝权的稳妥选择,便是与正遭遇宦官势力围剿的士大夫残余势力进行某种联合——而这种联合的结果便是立新一任执金吾宋酆的女儿宋氏为后。宋氏的血统非常高贵,因为她同时还是章帝宠妃刘贵人的后代。不过,既然这种政治部署客观上保护了正在节节败退的士大夫集团的力量,宦官集团就必须罗织罪名、拱倒宋后,以便扳回一局。而灵帝之所以愿意跟着宦官集团的思路走,大致原因有两个:第一,宋后未诞下皇子,本人也可能不是那么美丽,这使得灵帝自以为应该找到更好的皇后替代人;第二,更麻烦的是,宋后与当时陷入"谋反案旋涡"的渤海王刘悝的爱妃是亲戚,而不管此案证据是否可靠,刘悝本人的敏感身份(他是先帝桓帝十分宠爱的亲弟弟),也足以让并非桓帝直系亲属的刘宏胆战心惊了。在这些复杂因素的作用下,无辜的宋后被废。没能保护好自己选中的宋后,乃是灵帝政治生涯中的一个重大挫败,因为宋后留下的政治真空,将立即被别的力量所填充——而这些力量则未必容易被皇帝所掌控。

从上述格局分析来看,在强势太后缺场的情况下,某些别的政治势力便会扮演临时太后的角色——在桓帝时代,士大夫集团曾经扮演过这一角色,而在遭遇两次党锢的重创之后,灵帝时代的士大夫集团在扮演此类角色时已显得能量不足。这一政治真空立即被灵帝本人所培养的新一代宦官集团所取代——从这个角度看,灵帝留给后人的名言"张让是我公,赵忠是我母"似乎并不像其字面意思那样荒谬可笑。不过,与生殖能力正常的士大夫集团相比,宦官集团的致命缺点则是无法提供作为直系亲属的年轻女子填充后宫。相关的补救措施便是将西汉成帝时代的"赵飞燕路线"加以升级,即将某位身份卑微却样貌美丽的民间女子提升为皇后,由此构成宦官—皇后政治共同体,并借此控制皇权。

也正是在这样的政治格局中,出身屠户却性感妖艳的何氏成了帝国的新皇后。在她从采女到皇后的攀爬过程中,宦官集团肯定出了大力,否则我们就无法解释为何在她害死皇帝的另一位宠妃王荣(即"王美人",也就是日后的汉献帝的生母)之后,宦官们如此卖力地劝阻皇帝不要废黜其后位。宦官集团或许也参与了对于王荣的谋杀,因为作为五官中郎将王苞孙女的王荣,天然带有士大夫集团的政治胎记,并因此对宦官集团构成了潜在威胁。

但汉灵帝为何会宠爱王美人呢?仅仅是肉体意义上的吸引吗?应该没这么简单,否则我们就很难解释为何面对后宫那么多美女,灵帝独独对王美人动情如此之深。就此我提出一个大胆的假设:灵帝似乎是被王荣身上的淑女气质所吸引了,或者说,儒家的文化基因借由王荣的肉身开始对灵帝产生了潜移默化的影响。我甚至认为,灵帝与王美人的爱情是导致他在党锢问题上松动其原始立场的契机。为了验证我的猜测,我想提醒读者注意如下证据:汉灵帝在王美人怀孕的那一年(即180年),非常令人震惊地宽容了当时任议郎的曹操的如下"大逆"之举——他当众建议朝廷为在168年遭遇到第二次党锢之祸的所有儒家清流平反。《三国志·魏书·武帝纪》为了突出灵帝时代政治的黑暗,说什么"太祖(指曹操——引者注)知不可匡正,遂不复献言",但相关记载也从逻辑上蕴含了青年曹操并未在当时因言获罪。作为对比,在176年,官职远比180年的曹操高很多的永昌太守曹鸾也曾上书为党人平反,结果竟被下狱冤杀。面对同样的政治建议,176年的灵帝与180年的灵帝竟然有如此大的反应差异,最合理的解释就是王美人在180年的怀孕对他的影响。事情很可能是这样的:当时的他出于对王美人的爱,就模模糊糊地产生了立其子(如果她的确能生下儿子的话)为皇储的念头。在这一思想背景下,他自然就会担心继续压迫党人会对未来新皇帝的执政带来不利——而曹操之所以未因言获罪,也仅仅是因为他极为幸运地赶上了皇帝内心变化的这个时间窗口。由此看来,灵帝在184年黄巾起义时大赦党人之举,并不完全是为了加强统治集团的内部团结以对抗外部压力,而是早在180年就预埋了另一条草蛇灰线。至于181年王美人在诞下刘协后立即遭遇何皇后毒杀的悲惨事件,则进一步刺激灵帝内心的政治天平进一步向士大夫方向倾斜。

181年王荣的死,貌似只是传统宫斗戏的狗血戏码,却是决定帝国命运的一个关键节点。先来看何后为何必须要对王荣母子下毒手。早在173年,当时还是采女的何氏就与灵帝生下了刘辩,但让人惊讶的是,在180年年底之前,何氏的贵人地位竟然还未被扶正为皇后(尽管从178年宋后被废算起,汉帝国就没皇后了),而刘辩也还仅仅是普通的皇子(尽管他的确是灵帝的长子)。面对汉灵帝日益宠爱已怀上龙种的王美人的现实,何氏心里的政治不安可想而知。此间她到底对灵帝施加了何等政治压力,由于史料的缺乏,今人已很难悉知。但显然她做了点什么,否则我们很难理解她为何会突然在180年年底被升格为皇后——换言之,灵帝为何早不立后,却在自己真正钟爱的王美人即将诞下未来的汉献帝的当口,将自己已不那么喜欢的何氏立为皇后呢?唯一的解释就是何后可能曾当着皇帝的面对王美人发出了死亡威胁:要么立即立我为后,要么王氏母子的生命就必须牺牲掉。请注意,何氏应当是有资格发出此类威胁的,因为她完全可以利用宦官集团和她的利益关联而在宫内各处为王氏母子布设死亡陷阱。而双手沾满士大夫鲜血的宦官集团也非常乐意充当她的工具,因为假若王美人有朝一日成为太后并与儿子携手临朝的话,他们身上固有的士大夫基因或许就会引发一场针对168年党锢之祸的政治清算。而面对何氏与宦官集团的这种强大联盟,缺乏足够政治同盟的灵帝(他早就因党锢事件而得罪了士大夫集团)只能忍痛选择妥协,以求王氏母子平安。

然而,成为皇后的何氏显然不知"信义"为何义,在得到了心念已久的政治名分后就出手害死了王美人。正像任何一个有着正常情感的成年男子一样,暴怒的灵帝计划为惨死的爱人复仇。也正是在这个节点上,他提出了废后的主张,并因此与支持何后的宦官集团产生了冲突。请注意:这是本来依赖宦官势力的灵帝与该势力的又一次正面对决(第一次乃是少年灵帝就窦太后葬礼规格问题与宦官集团的冲突),这一点或许会进一步颠覆不少人心目中将灵帝与宦官始终视为一体的刻板成见。从表面上来看,此刻提出废黜何后的灵帝与主张保留何后的宦官之间的冲突,就好似重演了当年并不喜欢窦妙的桓帝与将窦妙强加给他的士大夫集团之间的矛盾——但更仔细的考察立即向我们揭示了两次冲突之间的重要差异:桓帝主要是在情欲的驱动下与儒家清流进行对抗的,而灵帝则多少是凭借其政治直觉而与宦官集团的政治算计进行对抗的(当然,在两次对抗中,皇帝都输了)。说得更具体一点,虽然此刻何后的美貌依然对刘宏具有吸引力,但他却无法容忍她专断地杀害了已为他诞下皇子刘协的王美人。同时,他也开始意识到王美人身上携带的儒家礼教的文化基因具有更强的可预测性,并因此对巩固皇权更有正面价值。从这个角度看,灵帝的政治德性似乎略高于桓帝,即他具有在关键时刻运用理性思考驾驭情欲的基本政治素质。不过,也正因为灵帝的正确意志没有得到贯彻,此后的政局便形成了某种僵局:一方面,何后—宦官共同体无法除掉王美人诞下的刘协(后者得到了皇帝真正能信任的董太后的保护);另一方面,皇帝也无法彻底无视自己的皇长子刘辩为何后所生这一生物学事实,并因此无法公开否认其在习惯法意义上的太子地位。在这种情况下,灵帝所面对的其实是如下这几个选项:

第一,做出更大的努力去提高王美人之子刘协的地位(并同时打压何氏外戚的地位),增加其继承皇位的概率。

第二,对何氏集团彻底妥协,在死前承认何后之子刘辩的太子地位。

第三,什么也不做,任凭东汉的政治惯性在自己死后将刘辩带上帝位。

平心而论,如果以上三个选项中的任何一个能以排他的方式达到各自的目标,那么东汉就不会这么快覆灭。但在真实的历史中,虽然灵帝意图给出的选项乃是"一",但因为相关目标并未真正达成,这就使得他本不想采纳的"选项三"在其死后自动发生,并最终造成与"选项一"的某种恶性对抗。

具体而言,灵帝试图增加刘协继承大统之机会的组织措施,乃是在汉代成宪范围之外拼凑出新的皇帝私人武装:"西园军"。他很可能想由此增加与何氏博弈的筹码,相关证据便是:由此设立的"西园八校尉"几乎排斥了何后之兄何进的势力。灵帝本人在理论上就是这支武装的总司令,所以他给自己安了一个"无上将军"的头衔。实际代替他指挥这支部队的应该是"上军校尉"蹇硕,一个身体强壮并深受皇帝信任的宦官。该部队余下的骨干(如袁绍、袁术、曹操、鲍鸿、淳于琼、赵融等)基本上都有儒家党人色彩。可见,西园军乃是皇权领导下的清流与宦官的混合军事集团,其针对对象只能是何氏外戚集团,而相应目的显然便是打压何后之子刘辩。换言之,灵帝的计划,便是凭借该武装让刘协上位,并以具有儒家士大夫血统的刘协为精神纽带,修复因党锢而被破坏的皇权—士大夫关系,最终为东汉帝国续命。非常抽象地说,这一布局的确手笔很大,具有一定的政治哲学洞见,可见灵帝并非传说中那么昏庸。但正所谓"魔鬼在细节里",计划是一回事,执行又是另一回事。由于宦官集团与党人集团积怨已久,而党人集团与外戚集团之间的关系却未必那么紧张,因此,若要仅仅在皇威的挟持下就使党人能与宦官精诚合作以对抗外戚,恐怕有点勉为其难。若真想做成此事,灵帝本人必须像日后的康熙、乾隆那样长寿,这样他才能得到充足的行政时间以便慢慢调教党人与宦官,形成彼此合作的心理习惯。但与东汉大多数皇帝一样,灵帝恰恰是个短命鬼(他只活了33岁),而恰恰由于他本人的早亡,他亲手打造的武装力量在人事部署方面的不成熟处也就没有时间得到克服,反而沦为袁绍、袁术等士大夫集团中的少壮派日后全面清除宦官势力的工具。同时,灵帝在太子问题上的踟蹰,又削弱了在其驾崩后仓促继位的汉少帝刘辩的合法性,并为董卓等新军阀势力的搅局预留了后门。汉末全面内战的种子,就此已经种下。由此看来,灵帝在废立皇后问题时犯下的三次错误(第一次是指轻易废掉出身儒门的宋后,第二次是指欲废出身低微的何后而不得,第三次是想抬高刘协的位置却半途而废),为东汉末年的政治大爆炸预埋了引信,正如西汉成帝对于赵氏姐妹的宠爱为西汉的灭亡敲响了第一声丧钟一样。此外,从现有的史料来看,灵帝本人的早亡很可能是由于他在后宫长期的纵欲生活所导致的——而既然他的早亡的确导致了他的后续政治操作的流产,那么,东汉的灭亡恐怕又在很大程度上与灵帝在情欲上的不自制相关。看得更深一点,他的这种不自制又多少是与一个类似太后的强力监督者在灵帝时代的缺位相关的——而不幸的是,正如前文所说,灵帝本人的母亲董氏恰恰是无法承担这一监督者的重责的,因为她对财物的贪婪与其儿子对性的疯狂追求恰恰是一脉相承的。

第七节　刘备婚姻选择背后的政治考量

任意的性选择与审慎的政治考量之间的冲突,在三国时期的君主身上也得到了体现(顺便说一句,尽管汉朝在名义上亡于220年,但在此之前三国鼎立的局面早已形成。因此,这里所说的"三国"与名义上的汉末时期是有不少时间上的重叠的)。在广义上的三国时期,各路军阀之间展开的长年混战实为原有的士大夫集团分裂后的产物,比如在官渡彼此对决的袁绍集团与曹操集团,本来都属于曾与宦官集团对峙的武装士大夫集团。刘备集团又是从袁绍—曹操集团中脱落而出成熟壮大的,正如孙坚—孙策—孙权集团是从袁术集团中脱落而出一样。这样的演化路径导致两汉时期君主实行婚姻策略的"历史背景墙"的全面更新。换言之,在这一全新的格局中,"全国一盘棋"的士大夫集团已经不存在了,任何一股政治势力的领头人的婚姻选择都会更多地受到军事斗争(而不是政治斗争)需要的左右。但从另外一个角度看,这一时期残汉的余威尚未彻底消散,儒家名分论依然在一定程度上影响着当事人对于正妻的选择。具体到个人来说,曹操、刘备、孙权这三位枭雄的婚配选择都带有一种鲜明的"后焦仲卿时代特征":换言之,在他们进行婚配选择时,都没有一个类比于焦母的超级家长在身边横加干涉(三人的父亲毫无例外都在他们走向政治巅峰前早死,而除了孙权之母稍有存在感之外,关于他们各自的母亲的历史记录也非常少)。在这种情况下,他们各自的政治理性就必须在其内心中扮演"内置焦母"的角色。

本节先从刘备说起。

刘备早年婚姻生活细节模糊,数位正妻的姓氏都失考,这或许说明她们各自娘家的社会地位并不那么高。此外,纷乱的战争生活也使得刘备暂时无暇思考再立正妻的问题。这似乎亦解释了为何刘禅的生母甘夫人与曾为刘备带来糜家大量资产的糜夫人都未在生前获得正妻的名分。历史中第一次记载的刘备正妻姓氏,乃是孙氏,即孙权之妹。由于这次婚姻涉及孙刘联盟的宏大政治格局,因此具有重要的政治意义。

这场政治婚姻大约发生于建安十四年(209)。这一年刘备已自领荆州牧,实际控制荆州七郡中的四郡,其余三郡则分别为孙权与曹操占领。虽然对刘备占据荆州要地的行为感到不满,但孙权依然要面对北方曹操发动的更凌厉的攻势,在此情况下,孙权集团只能提出与刘备结姻以避免两面受敌。不过,也正如我们所熟知的,这场婚姻在数年后结束,孙刘联盟日后破裂的契机也由此出现。

这次婚姻的失败,显然给刘备带来了巨大的政治损失。假若孙刘婚姻能长久存在,那么日后孙权偷袭驻扎荆州的关羽的军事策划,就会遇到极大的政治障碍,而随后刘备伐吴的军事报复也就无从谈起了。那么,这是不是意味着刘备与孙氏分手的政治决策缺乏审慎的考量呢?

在这个问题上,我采取的是为刘备辩护的立场。其实,据《资治通鉴》卷六十六以及《三国志·赵云传》的记载,孙吴的势力是趁着刘备入主益州、并将孙氏以及刘禅遗留公安的当口,派人将孙氏强行带回江东,而赵云在此间则破坏了孙吴势力一并带走刘禅的计划。从这个角度看,孙吴才是这场婚姻的失信方,刘备的责任不大。另外,据《三国志·法正传》的记载,"初,孙权以妹妻先主,妹才捷刚猛,有诸兄之风,侍婢百余人,皆亲执刀侍立,先主每入,衷心常凛凛"——可见在喜欢舞枪弄棒的孙氏身边,刘备也很难获得丈夫应有的家庭温暖。二人始终未诞下子嗣,恐不算意外。他愿意在这种情况下继续维持这场形式上的婚姻,其实就足以说明他并不缺乏政治上的审慎性。孙氏离开后,刘备再立刘焉之子刘瑁的遗孀吴氏为正妻,这一举措对于巩固他在益州的既有政治成果也是具有正面意义的,故亦不能被简单解释为其对于吴氏美色的贪恋。

孙、刘联姻的失败，其实具有更为宽泛的政治哲学背景，此即，强调稳定的儒家的既有礼法体系无法为正在增长的两股政治势力（尤其是都有称帝野心的政治势力）之间的联姻提供名分支持。另外，相对于孙刘联姻带来的长远政治红利，刘备势力占据荆州要地带给孙吴政权的战略威胁要来得现实得多。因此，至少在孙权做出带回孙氏的决策过程中，军事考量应当是占据压倒性的权重的。这是三国时期重要政治人物的婚姻决策与两汉时期不同的一个重要面相。

第八节　魏、吴皇室婚姻选择逻辑中残存的汉代因素

虽然刘备在事业打拼期的婚姻选择带有明显的理性政治算计色彩，但在三国政权各自稳定之后，汉代皇室婚姻的固有特征——君主任性（即"赵飞燕路线"）与审慎判断（即"焦母路线"）之间的缠斗——又死灰复燃了。在曹魏政权的脉络中，"赵飞燕路线"乃是通过甄宓与诸曹之间的感情纠葛体现的。从表面上看，甄宓是汉太保甄邯的后代，家中世袭二千石俸禄的官职，政治地位应该远高于完全出自平民的赵飞燕。但在汉末军阀混战的乱局中，不能兑现为军事力量的政治身份会迅速贬值，故此，甄宓的实际政治地位其实远不如前面提到的孙氏。甄宓先是委身于袁绍之子袁熙，后又因袁氏的军事失败而被曹操之子曹丕所虏，此番曲折经历，便是对于这一时期落魄的名门之女命运的典型写照。曹丕对于甄宓的兴趣显然是基于情欲而非政治考量，否则就很难解释他为何会冒风险去接纳袁熙的妻子（这显然会对曹家血统延续的纯正性构成威胁）。但在自己称帝而甄宓本人的青春美颜也渐渐衰退之后，他可能渐渐开始怀疑自己是不是甄宓之子曹睿（未来的魏明帝）的真正父亲，并或许出于这种怀疑杀死了甄宓。（《三国志集解》："明帝之崩，时年卅六，袁胤曹嗣，深滋疑实，杀母留子，藉以

灭口……")从表面上来看,魏文帝曹丕杀甄宓的故事,非常像是西汉武帝杀钩弋夫人故事的重演,因为二者都采纳了"杀母保子"的策略。但魏文与汉武各自行事的深层动机却非常不同:汉武只是担心钩弋夫人未来会壮大为一股尾大不掉的外戚势力,而魏文担心的则是关于曹睿身世的传言会动摇新建的曹魏政权的根基。此外,根据现有的记载,钩弋夫人似乎只是武帝晚年的玩物罢了,但甄宓却留下了很多关于其贤淑表现的记载,因此,甄宓冤死所造成的社会心理冲击(特别是对新帝曹睿的心理冲击)恐怕也远超钩弋夫人之死。曹氏对自己人的刻薄寡恩,加上其篡汉的事实,使得曹魏政权的道统根基远不如两汉牢固,这一点也为以后司马氏篡魏提供了某种间接的便利。从这个角度看,曹氏就甄宓问题表现出来的婚姻策略,就像是西汉类似事迹的某种失去名分色彩的退化版本。

与之相较,孙权的婚姻策略则像是东汉类似事迹——特别是桓、灵故事——的退化版本。孙权本人并不属于严格的东汉士大夫集团,其父孙坚乃是在汉末因为军功而被擢升为太守的新生代官吏,政治根基尚浅。因此,孙权的头一位正妻谢氏便是东汉尚书郎、徐令谢煚之女,以便增加孙氏的士大夫色彩。同时,出身江北徐州的孙策、孙权在江东开拓事业时又需要孙氏核心团队的支持,这就又使得孙权接纳了徐氏(其父徐琨是孙权表兄,其祖父徐真娶了孙坚之妹,即孙权的姑妈,因此,孙权与徐氏的婚姻算得上是"亲上加亲")。不过,见异思迁而父兄早亡的孙权又渐渐对徐夫人失去了兴趣,而喜欢上了重臣步骘的族人步练师。步练师按照儒家礼法要求自己,颇得朝野人心,却在生前始终没有得到皇后名号。她为孙权诞下了两个女儿:孙鲁班与孙鲁育。除步氏以外,孙权当时最宠王夫人,她则很可能为孙权生下了两个儿子:孙和与孙霸(但也有史料认为孙霸的生母是谢姬)。但即使如此,她也没有得到皇后的名号。孙权晚年仓促立身份卑微的潘淑为他的第一个也是最后一个皇后(她为孙权生下了孙亮),但潘淑在孙权死亡之时暴毙,死因非常蹊跷。孙权晚年在立后与立储的问题上踟蹰犹豫,造成了东吴政权的大量内耗,并因此被后人视为其晚年昏庸的证据。而当年灵帝无法在刘辩与刘协之间决断的情节,又在孙权身上出现。

不过,正如我们前面所看到的,灵帝刘宏无法下定决心废何后、立刘协的根本原因乃是受到了宦官力量的掣肘,而孙权又是受到什么力量的掣肘而无法决断呢?换言之,如果说在灵帝时代扮演"焦母"角色的乃是宦官集团的话,在孙权时代又是谁成了新的"焦母"呢?

笔者给出的答案或许会让读者感到吃惊:此即孙权自己的女儿孙鲁班!

前面刚提到,孙鲁班乃是步夫人所生,而步夫人又是朝野认可的"影子皇后",这一点助长了孙鲁班的骄横态度。虽然她作为女性不可能成为皇室继承人,但是身为女性的她可以随意出入后宫进行串联,因此便有了类似于宦官那样的在内廷的行动便利。此外,她又与卫将军全琮结合,由此具有了某些外戚色彩。此外,在最基本的生物学规律——汉密尔顿律——的支配下,为了捍卫步氏基因在孙氏基因库中的优势,她的确有很强的动机去破坏孙权旨在抬高王夫人(以及其所生的孙和与孙霸)的政治地位的任何计划①。由此,正如我们所看到的那样,在长子孙登与次子孙虑早亡后,孙鲁班便开始竭力挑拨孙和与孙霸的关系,使得孙权在立储问题上反复无常。东吴之衰,孙鲁班需要承担很大的政治责任。(参图3-2)

不过,若与汉末的局势做比较,我们会立即发现,孙鲁班所扮演的角色或许要比当年的宦官势力更具破坏性。在灵帝时,宦官—何后政治集团只是想排斥王美人所生的刘协为太子罢了。既然该集团能够抬出灵帝的嫡长子刘辩作为刘协的竞争者,那么,该提议便不会对汉祚的延续构成致命的威胁。实际上,也没有什么

---

① 假设孙霸的生母是谢姬而非王夫人,上述推理依然成立,因为在谢氏的基因与孙鲁班身上携带的步氏基因之间依然存在着生物学意义上的竞争关系。

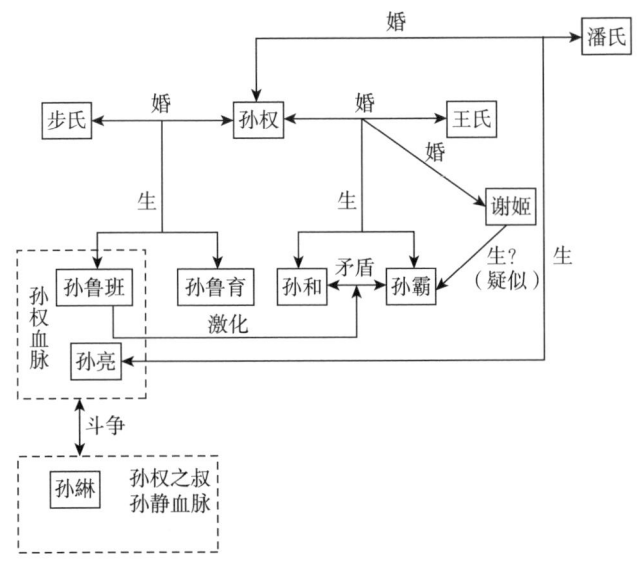

图 3-2　步氏血统与王氏血统在孙吴宫斗中的彼此对峙

证据表明刘辩需要为汉朝的灭亡承担直接责任,因为将引发政治地震的董卓势力引入首都的,实际上是被袁绍蛊惑的何进。与之相较,在孙鲁班破坏王夫人子嗣继位之后,孙权就只能立年龄更小且政治影响力也更小的儿子孙亮为太子,这就为后孙权时代的权臣孙綝(非孙权直系血脉,孙坚之弟孙静曾孙)的跋扈埋下了伏笔。这样的历史演化路径甚至对孙鲁班也是不利的,因为当在汉密尔顿律支配下的她最终意识到孙綝的力量已经足以威胁到与她同父异母的孙亮之后,此刻的她已经没有足够的政治能量将孙綝扳倒了。于是,在复杂的政治斗争后,孙亮与孙鲁班都被逐出了东吴首都建业,孙綝则获得了类似于东汉梁冀那样的超级权力,东吴政治亦由此全面败坏。

从今人的立场看,为了避免身后的这些政治混乱,在原太子孙登已早亡的前提下,孙权最安妥的做法便是顺位立健在皇子中最为年长且最受群臣推崇的孙和为太子。次优的做法是立孙霸为太子,因为孙霸在朝中也已经有了为之服务的势力,继位后不至于被比自己年长甚多的权臣玩弄。孙权竟然立最小的孙亮为太子,这就说明晚年的他已经失去了对于已接近成熟的儿子的基本政治信任。同时,对于孙鲁班的溺爱也使得他轻易接受了后者对孙和的诬陷,这亦说明那些足以破坏君主判断力的情感因素不仅限于恋情,也包括亲情。总而言之,在三国君主之中,孙权处理个人情感与政治关系时的表现显然是最差的,可谓集两汉君主同类决策弊端于一身:武帝之多疑(冤枉自己立的太子)、成帝之好色(扶持民间女子上位)与灵帝之踟蹰(长期无法指定继承人)。同时,他所建立的吴帝国又缺乏一个足以为帝王的专断提供纠错的太后体制与清流谏议体制,这就使得孙权的任性不可避免地将他亲手缔造的这个政权带入衰败的命运。

第九节 小结:冲动是魔鬼,太后话要听

如果我们对从两汉到三国导致负面政治后果的君主婚姻选择案例进行一番纵览的话,我们就不难发现,要在这种复杂局面中找到对政权的长远发展最有利的最优解,君主就需要收敛自身的任性与滥情,进行审慎的政治抉择——或说得更直白一点,"冲动是魔鬼,太后话要听"。但毕竟不是所有的君主都爱听太后的话,而且,并不是所有的君主都有能够承担起基本政治责任的太后。在这种情况下,由于各个君主的性格禀赋与政治素质方面的差异,大量偶然性因素会对当事人的此类决策产生影响,由此陷国家命运于巨大的不确定性之中。换言之,在这种制度安排中,君主的性选择与宏观政治权力架构之间缺乏功能足够健全的"政治缓冲器",并由此能最低限度地保证后者的稳定运行。而儒家的政治哲学的如下因素又导致了对于此类"政治缓冲器"的构建缺乏充分的义

理支持:一方面,"家国一体"的观念使得国家构建的原则与家庭构建的原则过于趋同,由此很难发展出黑格尔在《法哲学原理》中所给出的"家庭—市民社会—国家"彼此制衡的复杂社会结构;另一方面,儒家对于圣人的道德直觉(而不是理性思辨力)的高度推崇又使得优秀人物的决策过程很难被形式化、建制化,成为后辈学习的稳定模板。此外,儒家对于君主的性权力的肯定又导致可能参与资源瓜分的顶级家族的数量无法得到有效的控制,反而增加了君主在决定继承人时所面临的问题的复杂程度。假若爱德华八世生活在这样的一种制度框架中的话,恐怕也不会有任何强大的力量去阻止他将他心目中的"赵飞燕"(辛普森夫人)推上后位,由此将一个离心离德的英帝国带向二次大战吧。①

---

① 熟悉英国史的读者或许会拿亨利八世(1491—1547)的事迹作为正文中结论的反例。亨利八世贪权好色、频繁休妻娶妻,因此得罪了不鼓励离婚的罗马教皇。不料,由此产生的君权与教权之间的反复博弈,反而倒逼出英国国教运动,由此暗自为英国资本主义之勃发提供了助力。可见,君主好色并非总是对国事无补。但需要指出的是,亨利之事迹毕竟发生在"威斯特伐利亚体系"建立之前,彼时欧洲诸国君与教皇之间的关系本就藕断丝连、纠缠不清,故此,君主的任性反而是有可能与欧洲历史潮流的正确发展方向(即民族国家体系的渐渐确立)偶然合拍的。这一偶然性可以由下述史实得到证明:亨利仅仅因为即将成为自己第四任妻子的"克莱沃的安娜"长得不够美艳,就干脆毁掉婚约,全然不顾与安娜背后的德意志诸侯联盟所带来的政治利益。亨利甚至还一气之下,顺便处死了曾竭力撮合这场婚盟的朝廷重臣托马斯·克伦威尔(此人乃后世的"护国主"奥利弗·克伦威尔之远亲)——而富有讽刺意味的是,恰恰是这位带有"英版李斯"色彩的托马斯·克伦威尔,曾为维护君权,协助亨利除掉了托马斯·莫尔——而这位在中国家喻户晓的《乌托邦》的作者之所以丧命,恰恰是由于他不承认英王有独立于教皇的任意休妻自由,并因此被认为有"里通外国"的嫌疑。不难想见,使得亨利八世"歪打正着"的历史机缘过于偶然,实在是难以在他时他地复制。且不说秦以后的中华帝国历史中,教权与君权互相制衡的欧式二元统治架构本就是不存在的,就算我们将目光局限在英国史范围内,类似的条件在爱德华八世的时代也已不存在了。此刻英国国教地位早就确定,罗马教廷亦早就式微,故此,此刻爱德华八世在婚姻问题上的任性所触犯的可不是境外的罗马教廷,而恰恰就是本国之成宪。由此看来,亨利之任性就算在其特定历史语境内有其相对合理性,爱德华之任性则肯定不是这样。故此,从总体上来看,在下一代君主的产生取决于上一代君主之婚姻选择的制度框架内,君主之任性大概率依然非社稷之福。

作为帝国最高统治者的皇帝在婚姻问题上的错误,显然会外溢为不可避免的权斗。而下章就会来详细讨论权力斗争的秘辛。不过在此之前,我们还是希望能将目光暂时转向古典时代的日本,来看看我们身边这位既熟悉又陌生的邻居曾发生过的宫闱斗争,以作为本章与上章讨论内容的外部参照系。

第十节　附录:略论日本平安时代末期的外戚政治与皇族内斗

汉末三国时期,日本社会很可能还处在氏族社会与国家形态之间的某种过渡状态。虽然早在公元 57 年光武帝刘秀就赐给来访的奴国(位于今日本九州福冈县西部)一枚金印(其正式名字叫"汉委奴国王印",现藏于福冈市博物馆),但奴国只是日本列岛上当时存在的氏族部落型政权中的一个,不是代表整个日本的政权。在魏明帝曹叡执政晚期,邪马台国(这可能依然是日本一个地方政权,但也可能是统一的大和王权的雏形)女王卑弥呼遣使者难升米、都市牛利出使魏都洛阳,给魏廷带来了关于日本列岛政治形势的更多情报,对此,《三国志·魏书·倭传》有一些零散的记录。不过,总体而言,彼时日本古史的可信资料非常稀薄,而其社会发展阶段肯定远不如同时期的中国,实在不足以构成本章与前章所讨论的汉末三国时期宫廷政治态势的有效对比参照物。而到了相当于唐德宗到南宋光宗时期的平安时代(794—1192),古日本政治组织的严密程度总算勉强跟上了彼时早就灭亡的东汉的水平,并由此在一个更小的空间尺度内重演了在东汉朝廷内反复上演的外戚政治与皇族内斗的戏码(顺便说一句,"平安时代"因彼时日本的政治中心为"平安京"——即今日京都之前身——而得名)。本节对于日本此间政斗形势挂一漏万的介绍,或将有助于读者通过考察汉语文化圈中其他国家帝制运行的细节,从而更深入地理解

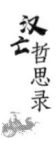

外戚政治与皇族斗争的某些普遍规律。

通过本章与上章的讨论,读者当已知道,在汉代,外戚专政的抓手往往是依附"幼帝需要权臣辅政"这一借口的,而对于特定辅政权臣的选择则需要先帝之遗诏为合法性根据。假若权臣同时还是外戚,这一合法性显然还会得到加强。上述逻辑在平安时代的日本也是成立的。858 年,年仅 8 岁的清和天皇(850—881)即位,权臣藤原良房(804—872)则根据先帝文德天皇(827—858)遗诏而进行摄政。关于其摄政的合法性论证,尊皇思想浓郁的北畠亲房(1293—1354)曾在后世进行了追述。明显读过汉史的北畠写道:

> 周之世有周公旦……成王之叔父也……成王幼而即位,周公南面而摄政。……汉之昭帝,幼而即位,武帝遗诏擢博陆侯霍光为大司马将军,摄政。访周公、霍光之先踪,本朝应神天皇诞生,尚在襁褓之中,神功皇后,居于天位,共摄国政。……(藤原)良房身为天皇外祖,独掌国政,无人不服……①

依照此政治逻辑,藤原良房所在的藤原家族以后便长期把持朝政,成为类似东汉之梁、袁那样的"超级帝国型家庭"。当藤原的家业传至藤原道长(966—1028)时,家族势力达到顶峰,他本人也先后向三位天皇提供了三名亲生女儿作为中宫(即"皇后"在日本的说法),以便让自己坐稳"日版周公旦"的席位:长女藤原彰子(988—1074),婚配一条天皇(980—1011);次女藤原妍子(994—1027),婚配三条天皇(976—1017);四女藤原威子(1000—1036),婚配后一条天皇(1008—1036)。这里需要注意的是,后一条天皇的母亲就是藤原道长的长女藤原彰子,这也就等于说,这位天皇的母后与其正妻是亲姐妹的关系,或说得更直接一点:这位天皇迎娶了他自己的姨妈!(参图 3-3)这的确是像极了东汉梁冀权倾一时时年轻

---

① 转引自[日]池田晃渊:《早稻田大学日本史:平安时代》,罗安译,华文出版社,2020 年,第 198—199 页。

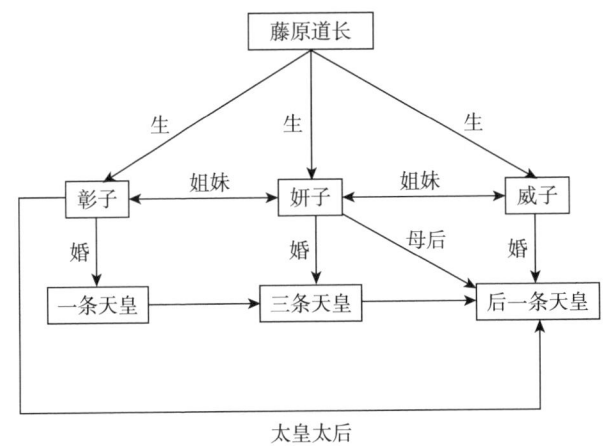

图 3-3　藤原道长在世时藤原家族对日本皇室的控制

的汉桓帝所面临的形势：他在宗法上的太后梁妠其实就是皇后梁女莹的亲姐姐（二人与梁冀的父亲都是梁商）①！无独有偶，正如汉末袁氏这样的帝国型大家庭在肆意扩张的过程中很难不产生自我分裂一样，在日本权势滔天的藤原家也产生了类似的分裂。具体而言，藤原道长就曾与自己的亲侄子藤原伊周（974—1010）长期权斗，好在权斗规模可控，当时并未引爆大乱。但到了 12 世纪上半叶，藤原家的内斗终于引发了全国级别的变乱。具体情况是：在 1120 年，其时日本的"关白"（此二字出自《汉书·霍光金日䃅传》中"诸事皆先关白光，然后奏天子"一语，职权略等于中国宰相）藤原忠实因得罪了白河上皇（"上皇"略等于中国古代的太上皇，但依然有区别，详后）而被迫退休，"关白"的位置自然也就空了出来。白河上皇尊重了藤原家族的整体利益，依然遵循惯例，从藤原忠实的儿子之中选择新关白。但他还是借机为自己的扩权行为埋下了楔子：他故意绕开了忠实更喜欢的次子藤原赖长（1120—

---

① 顺便说一句，汉桓帝刘志的生母乃是郾明（？—152），蠡吾侯刘翼（刘志父）之妾。因此，从遗传学的角度看，刘志与梁女莹婚配不算乱伦。但三条天皇的正妻的长姐的确就是他本人的生母，因此可见日本皇室近亲结婚问题之严重。

1156），而选择了忠实不那么喜欢的嫡长子藤原忠通（1097—1164），以便用"一桃杀三士"之策削弱藤原家。他甚至还帮助忠通拿到了代表藤原家家长地位的器物符号"朱器台盘"，以便在忠通与其父忠实之间埋下楔子。对此，已经退休的忠实自然是非常不满的，他便不断利用自己残存的政治影响力给赖长撑腰。1150年，他积极推荐自己所信赖的赖长担任"内览"（此官职有初步批阅审核上奏天皇的奏疏的大权），被背后有上皇撑腰的忠通所阻止。暴怒的忠实强行将本已在忠通手里的朱器台盘抢走，转给了赖长，而经过相关的政治运作后，赖长也终于获得了"内览"这一职位，与作为"关白"的哥哥忠通几乎平起平坐，让忠通非常"意难平"。此刻的藤原家内部的局面，像极了反董战争失败后彼此对峙的袁绍与袁术，以及袁绍在官渡失败后彼此对峙的袁谭（袁绍长子）与袁尚（袁绍三子）：就差一颗火星，家族内战马上会全面爆发。

而这颗火星则来自于皇室——另外一个帝国型大家庭——所发生的内乱。前文刚提到，平安时代的上皇，只是略等于中国的太上皇（因为二者均是已退休的前任帝王），但并不与之完全相同。二者之间的差异在于：日本古代历史上主动退位为上皇的案例（约59例）要明显多于中国帝王史（不到30例），而这主要是因为依据古代日本政治惯例，上皇在退休状态依然具有部分政治权力，这使得"退位"本身就具有了"以退为进"的意味，并因此在依然有政治企图心的当事人眼中显得不那么令人讨厌。而在外戚权盛的平安时代，这一安排本身若被巧用，则能产生制衡外戚政治的效果。以前面提到的白河上皇为例：他在 32 岁时就让位给只有 8 岁的堀河天皇（1079—1107），其目的就是趁着自己年富力强，以上皇之名分去分掉外戚藤原氏的摄政之权。这貌似是皇权制衡外戚权的一招妙棋，但问题是：过于贪权的白河上皇像鸦片上瘾一般频繁立新君，由此反而造成朝政不稳。1107 年，堀河天皇崩，比儿子更长寿的白河上皇再立孙子鸟羽天皇（1103—1156）为新天皇，而其登基时才 5 岁。可能是因为察觉到鸟羽天皇不太受控制,白河上皇竟然在鸟羽天皇 20 岁时就逼迫其让位给自己的曾孙子(也就是鸟羽的儿子)崇德天皇(1119—1164)——但也有传说认为他再立新皇的动机与一件宫闱乱伦丑闻有关。据此传说,崇德天皇的亲生父亲并不是鸟羽,而竟然就是白河上皇本人。说得更具体一点,白河因垂涎孙媳妇藤原璋子(即鸟羽的"中宫")之美色,与之通奸,这才生下了未来的崇德天皇,并将其说成是鸟羽之子以掩人耳目(顺便说一句,璋子被嫁给鸟羽之前本是白河之养女)!这一传说虽无法被确切考证,但假若是真的,便能充分说明为何白河早早逼迫鸟羽退位的动机,以及为何鸟羽以后与崇德的关系变得如此之差。白河上皇在 1129 年崩后,身为天皇的崇德与身为上皇的鸟羽之间的矛盾开始全面公开化。鸟羽上皇将从爷爷白河那里受到的委屈全面发泄到或许是自己叔叔,也或许是自己儿子的崇德天皇身上,并在 1141 年,逼迫只有 22 岁的崇德退位,立新君近卫天皇(1139—1155)——这一步操作,显然又让崇德年纪轻轻就成了上皇(顺便说一句,下文为了区分鸟羽上皇与崇德上皇,便将前者称为"法皇"。"法皇"是对已经出家的上皇的另外一种称呼,如前面提到的白河上皇也因出家而被唤为"白河法皇")。至于近卫之所以被鸟羽选中,则主要是因为其母亲藤原得子本就是鸟羽之宠妃。因此,假设崇德真是白河之子并因此是鸟羽的叔叔,鸟羽亲近卫远崇德的逻辑,与当年白河亲崇德远鸟羽的逻辑是如出一辙的:两代政治玩家都在"汉密尔顿律"的支配下偏好与自己基因重叠度更大的亲属成员。麻烦的是,正如当年白河立下的堀河天皇早夭一样,鸟羽立下的近卫天皇亦在年仅 16 岁时就崩亡;而鸟羽法皇就像当年的白河法皇附体一样,压制本该也有相当发言权的崇德上皇,继续乾纲独断,立下了雅仁亲王(1127—1192)为新天皇,此即"后白河天皇"。这里需要注意的是,后白河天皇不是前任天皇近卫的儿子(近卫体弱,无嗣),而是崇德上皇同母的弟弟——也就是说,崇德上皇与后白河天皇的母亲都是前面提到的疑似与鸟羽的爷爷白河上皇有奸情的藤原璋子。鸟羽法皇本计划是让雅仁亲王的儿子守仁亲王(1143—1165)为新天皇,但考虑到作为守仁父亲的雅仁还没过把天皇瘾,为了让藤原璋子的血脉分享者能够"利益均沾",他就决定让雅仁先坐上御座威风几天,过几年再让守仁子继父业(后来守仁果然成了二条天皇)。不难看出,强调"亲疏有别"的汉密尔顿律在这一环节所发挥作用的载体,乃是来自藤原璋子的母系基因,正如在东吴宫廷的内部斗争中,来自步氏的母系基因也驱使孙鲁班拼命在父亲孙权面前挑拨继承王夫人基因(或谢姬基因)的兄弟孙和与孙霸之间的关系那样。(参图3-4)

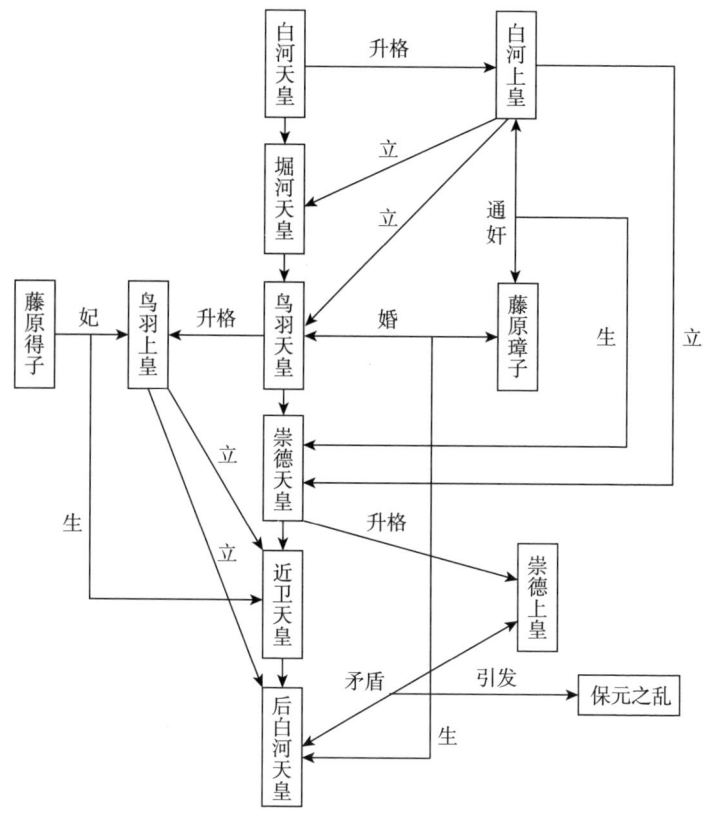

图3-4 引发"保元之乱"的日本皇室内讧

在鸟羽法皇如此一手遮天的情况下，崇德上皇当然也不甘心被人操控。在近卫天皇崩后，他提出的新天皇人选乃是他自己的亲儿子重仁亲王（其母乃是崇德之宠妃兵卫佐局）。由于重仁的血统与藤原璋子这一脉无关，相关提案被鸟羽法皇否决也是意料之中的事情了。但比起可能是己父也可能是己侄的鸟羽法皇来说，崇德上皇还是多一张牌：他活得比鸟羽更长。1156年，鸟羽法皇崩，而他生前立下的后白河天皇立即失去了一个强大的后盾。早就等得急不可耐的崇德上皇立即露出了獠牙，将其在鸟羽那里受到的气又发泄到了后白河天皇身上。而后白河天皇则早就料到了对方的意图，准备先下手为强。这就是同年爆发的"保元之乱"在皇室一方的缘起（参图3-4）。

——那么，藤原家的内乱又是如何与皇室的内乱在1156年彼此共振，并引爆内战的呢？

大致而言，藤原家是通过两个渠道与皇室发生关系纠葛的。首先当然是通过藤原家的女性成员与皇室成员之间的两性关系：具体而言，在藤原璋子与白河法皇之间极有可能存在的不伦肉体关系，乃是导致以后日本皇室内乱的第一块"多米诺骨牌"。此外，在近卫天皇崩后决定新天皇人选的当口，鸟羽法皇本人的妃子藤原得子也发挥了重要作用——这是因为，后白河天皇幼时就得到得子的照料，二人关系非常密切，因此，得子也乐于将其立为新皇。而与藤原家的女性成员为皇室的内斗所做的"贡献"相对应，藤原家的男性成员更是在此间发挥了"火上浇油"的作用。前文已指出，因为藤原忠实处置不当，其长子藤原忠通与其次子藤原赖长彼此势同水火。而在近卫天皇崩后决定新天皇人选的当口，藤原赖长选择站队崇德上皇，其原因是在之前他已经莫名其妙与鸟羽法皇搞坏了关系（由于某些奇怪的原因，鸟羽一直相信自己选下的近卫天皇乃是死于赖长的诅咒），这当然也就等于和鸟羽法皇立下的后白河天皇也搞坏了关系。因此，他只有投靠后白河天皇的政敌崇德上皇。藤原忠通则因为与兄弟赖长的长期矛盾,自然站队后白河天皇。

皇室的分裂若与外戚的分裂构成共振,就会引发一个非常严重的后果:皇室可以通过外戚控制的武装进行真正的"武器的批判",外戚则可以通过皇家权力符号的加持而获得"批判的武器"。在血雨腥风的1156年,"武器的批判"终于与"批判的武器"构成了吵闹的合奏。

由于篇幅的关系,我在此不想详述发生在1156年的保元之乱的细节,读者只要留意事件的结果就可以了:

第一,崇德上皇被后白河天皇所斗败,并被流放到赞岐国(大约位于今天的香川县),靠抄写佛经度日,最后死在了那里。

第二,站错队的藤原赖长重伤而死,而站队正确的藤原忠通在战后就恢复了其失去的政治权力,至于本来一直支持赖长的藤原忠实,亦审时度势,选择"180度大转弯",与长子忠通和解。

第三,在平定崇德势力的过程中,本是作为权力工具的源义朝(1123—1160)、平清盛(1118—1181)两大武士集团立下了重要功勋,开始染指政坛。至此,本来作为皇权与外戚附庸的武人开始具有了独立的政治选择意识(顺便说一句,平清盛的叔叔平忠正[?—1156]与源义朝的父亲源为义[?—1156]都在保元之乱中站队崇德上皇,事败后分别被胜利方的平清盛与源义朝处死。这一骨肉相残的悲剧恰恰反证了皇族与外戚的内斗的确已为源、平二氏各自的重要成员的自由选择提供了空间——而政治层面上的错误选择自然往往会带来严重的后果)。

第四,后来源、平二家又像董卓死后西凉军事集团内部的李傕、郭汜那样,因分赃不均,反复展开政权争夺战。先是平家占据上风,而平清盛本人则一度结束了"上皇专权时代",全面压制了自己曾在保元之乱中曾为之效忠的后白河法皇(即原来的后白河天皇)。然而,平清盛的专权又引发了全国反叛的战火,以源赖朝

（1147—1199）为代表的源家势力卷土重来，并经过残酷的斗争后将平家灭族。此间的军事冲突，在历史上被称为"平源合战"，并在成书于13世纪初的《平家物语》中得到了生动的刻画。

第五，源赖朝在肃清日本境内各路政敌后，建立镰仓幕府制度，并在1192年逼迫朝廷封自己为"征夷大将军"，固化了在曹操那里只是作为权宜之计而出现的政治游戏规则："挟天子以令诸侯。"就此，充满文艺浪漫氛围的平安时代落幕，日本进入了长达七个世纪的由武士主导政权的幕府时期（顺便说一句，在保元之乱的失败方被公开处刑之前，日本已经350年未有被公开执行的死刑）。

上面描述的平安时代末期的政治斗争形势，的确与中国汉末有些相近。平安时代的终结，在本质上乃是由于皇权与外戚之间的鹬蚌相争，使得基于濑户内海商贸圈的平氏武士集团与基于关东平原的源氏武士集团有机会渔翁得利，由此将皇室与公卿一步步玩偶化。无独有偶，汉末皇权、外戚、清流与宦官之间复杂的内斗，也使得本属于首都政治圈之外围的西凉军领袖董卓有机会入京，建立了一个基于武人意志的新汉廷。但需要注意的是，在日本，镰仓幕府建立后内斗暂时平息，而镰仓体制也在随后经受住了忽必烈遣来的庞大入侵舰队带来的严峻考验。与之相较，汉末至三国的内战则绵延几十年，而随后建立的大一统王朝西晋先是陷入了"八王之乱"，后来又在"永嘉之乱"这场由外族入侵所引发的"大考"中交了白卷，由此在中国长江以北造成了远比日本平源合战严重得多的生命与财产损失。为何两国政治斗争的相似性起因，又引发了不同的结果呢？

美国有一个叫"头盔"（helmet）的重金属乐队出过一张专辑，题目叫"尺寸很重要"（Size matters）。这一句话也能被沿用于对平安时代的日本与汉末的中国的比较。概而言之，即使在诸如汉密尔顿律之类的硬科学规律通行于中、日两国的前提下，中日之间巨大的"尺寸"差异也会导致类似的规律产生非常不同的历史后果。或说得更清楚一点,由于中国的国家尺度远超过日本,政治斗争的玩家数量也肯定远超过日本,因此,某一玩家通过"赢家通吃"而建立新的政治平衡的难度自然也远超日本。这种复杂性具体体现在如下四个方面:

第一,汉末政斗的主要玩家有皇权、宦官、外戚、清流这四方(后来西凉军阀又趁乱摸上了牌桌),而在平安时代的日本,既无独立于外戚的清流,又无宦官集团,政斗复杂性显然不如东汉。至于为何日本竟无外戚之外的清流力量,又无宦官集团,这恐怕又与日本的尺寸相关:因为国家尺寸小,类似藤原氏这样的超级家族就足以塞满朝廷的各个关键岗位,因此,平安时代的日本就缺乏动力建立一个类似汉朝的孝廉制度以便从更广泛的人才库中挑选官员(顺便说一句,平安时代选官的主要方式是每年春秋两次的"除目",即人才自荐,权臣公议——而对自荐书的遴选权几乎就控制在少数外戚手里);同样,也因为国家尺寸小、日本自身地理的封闭性以及氏族力量的强大,当时的日本亦根本无法通过征服大量外族以作为宦官的来源(而中国古代宦官的最早来源恰恰就是殷商所俘虏的羌族人①)。而在宦官缺席的前提下,为皇室提供生活服务的责任自然就落在了女官身上。不难想见,因为天然的性别身份,平安时代的女官是很难成为公卿仇恨的对象的,相反,大量女官还成为公卿子弟的情人,并进而成为监视皇室的眼线——这种秽乱的情况甚至发展到了"没有一个公卿不与后宫女官私通"的地步。② 由此看来,在藤原家族一手遮天的平安时代,日本上层是很难找到足够的政治动力去改变这种现状的——而这种现状的维

---

① 参看[日]三田村泰助:《宦官——侧近政治的构造》,吴昊阳译,华文出版社,第11、207页。

② [日]池田晃渊:《早稻田大学日本史:平安时代》,罗安译,华文出版社,2020年,第481页。

持显然使得东汉式的党锢之祸在日本很难出现（我们知道，党锢之祸的一个重要心理学动因，就是雄性荷尔蒙旺盛的儒家士大夫对于宦官的暧昧性别身份的高度仇恨）。

第二，若仅就外戚而言，平安时期的日本的外戚主要就是藤原氏，而在东汉建国初期，由于光武帝刘秀要征服的地域的广袤性，他不得不同时利用郭、阴两大外戚与庞大的军功集团来作为羽翼，这使得后来的东汉诸帝均面临一个规模非常庞大且基因非常丰富的妻妾来源库。因此，日本藤原家族内部的斗争，在东汉就会同时显现为不同家族之间的斗争，以及一个大家族内部的斗争，其斗争的复杂性与残酷性自然会超过平安时代。举例来说，藤原忠通与藤原赖长之间的内斗最后虽然令人遗憾地演化为了保元之乱，但此事变毕竟仅发生在首都，死亡人数也有限，而没有像袁术与袁绍之间的斗争那样，演化为作为袁术代理人的孙坚与作为袁绍代理人的周㬂、周昂、周昕、刘表、黄祖之间横跨数州郡的大缠斗。

第三，汉末斗争外溢且绵长的另一个原因，是东汉没有平安时代的日本在公卿与武士之间的截然二分，因此，士大夫可能既掌握在京核心政治资源，又掌握在地的人力资源，由此可以方便自己随时从士大夫转变成武将。譬如，东汉中期的青州刺史法雄与汉末的交州刺史朱儁，虽然都有儒生色彩，却也都有忠于自己的属地人力资源以执行朝廷突然加派的治安战任务。再譬如，黄巾起义爆发后，即使像卢植这样的儒学大师都能在冀州调集足够的镇压资源，可见东汉士大夫的文武两面性。虽说这种两面性在某些情况下确是社稷之福（因为朝廷可以通过借用士大夫的武力资源以减少治安战成本），但在士大夫自身被高速军阀化的汉末，却可能使得内战的规模难以得到遏制。与之相较，在平安时代，厌恶鲜血的皇室与藤原家族本身并不尚武，却极为迷恋和歌、物语等文艺形式，这就使得皇室与外戚内部的暴力争斗很难不假借于原本被视为低下阶层的武士之手。这一假借所造成的信息差自然使得政治斗争演化为暴力冲突的速率有所降低,并使得上层争斗所累积的怨恨很难被传递到在源氏与平氏这两大新军事贵族展开的新斗争之中,由此阻止了仇恨的扩大。

第四,我们知道,汉末军事冲突愈演愈烈的一个重要原因,乃是两大因素构成了共振:(甲)《春秋公羊传》提出的大复仇理论被汉儒意识形态化,从而成为士大夫集团的集体行为准则;(乙)太学自身对于来自不同地理区域的青年儒生的聚集作用,使得"友"的内涵在东汉迅速向"党人"的方向演化。(甲)这一要素使得汉代的复仇行为的远因可以延展到复仇行为实施者个人记忆所无法覆盖的先祖的历史上去;而经过(乙)这一因素所提供的"乘数效应",复仇行为的施惠对象甚至可以被延展到与自己并无直接血缘关系的友人身上,由此使得复仇行为变得更加不可预测。不难看出,这两个要素的产生,也都与古典中国巨大的空间尺度与人口规模相关:正因为中国之大,人口之多,对于远祖历史的集体记忆才能通过复杂的文牍记录成为可能,而且,也正因为中国人口之众多所带来的巨大农业生产力,类似太学这样的能聚集起几万学子的巨型国营学术基地才可能出现。与之相比,这两个因素在平安时代的日本是不存在的。由于日本古文明发育的滞后性,日本信史出现的时间非常晚,对于天皇血脉的追溯往往得诉诸《古事记》这样的神话材料,而想要基于这些材料考证出某甲的先祖是某乙的仇敌,几乎是不可能的。此外,平安时代日本物资相对贫乏(譬如,平安时代头号才媛紫式部[973—1014]创作长篇小说《源氏物语》所需要的纸张,竟然都需要作为朝廷左大臣的藤原道长的特批才能获取),因此,要在首都建立一个能够聚集起全国学子的日本版太学,完全是超越当时的日本能力上限的事情。在这种情况下,平安末期日本政治斗争的心理学缘起所涉及的对象就很难超越当事人的亲历范围,遑论通过充盈着意识形态要素(而非血缘要素)的

"友"这一环节而被进一步扩大化。需要注意的是,到了大致与清代同期的日本江户幕府末期,随着日本农业生产力的提高以及儒家名分论的深入人心,彼时被高度儒化的日本武士的行为反而展现出了某种"东汉化"的趋势。彼时维新志士提出的"尊王攘夷"口号其实就带有明显的东汉式儒学狂热性,而水户藩剑客在1860年实施的针对幕府重臣井伊直弼的刺杀行动(此即著名的"樱田门外之变"),则又非常容易让人联想起汉代的那些满脑春秋复仇学的游侠之所为。不过,即使到了幕末,日本的"东汉化指数"依然有限,维新派发动的倒幕战争依然规模可控,故而,此间日本的政权更迭其实更类似于英式光荣革命,而与秦嬴政屠灭赵、楚之旧例相差甚远(详见本书第八章的分析)。

面对上文的分析,有的读者或许会反驳说:日本较小的国家尺度未必会在任何一个方面都减少斗争的残酷性,有些时候反而会促发某些不必要的斗争。比如,假若日本皇室能像东汉皇室那样具有一个超级庞大的后妃备选库,那么,白河法皇也不至于如此"饥不择食",与自己的养女兼孙媳妇藤原璋子通奸,这样,引发保元之乱的第一块多米诺骨牌兴许也不会倒下。而在笔者看来,这一分析忽略了一个重要的背景信息,即在高度强调神权的帝制国家,出于维护皇室受命于天的血统纯正性的需要,某种意义上的乱伦其实是很难避免的(古埃及王室也有类似问题)。而与中国皇室相比,日本皇室的宗教性是压倒世俗性的,因此,其对帝王配偶的基因多样性的渴求本就要亚于中国皇室。之所以如此,多少又与两国的地理环境与国家尺寸有关:中国幅员辽阔、人力资源相对丰富,要成为帝王首先就要具备调配各种人力的能力,因此,像光武帝刘秀那样在郭、阴两大外戚之间游刃有余以充分利用其人力,便是这种环境下非常合理的决策选项。与之相较,日本自然灾害频发、人口稀少,"与天奋斗"的重要性超过"与人奋斗",因此,在生产力低下的古日本,像卑弥呼那样的"通天人士"显然要比军事领袖更有机会成为政治首领。由此衍生出的大和政权显然也会继续强调皇室的血统纯正性,以维护其宗教属性。虽然这一操作显然会带来乱伦的问题,但由此带来的好处却更明显,即皇族通过与广大平民的生殖隔离而断绝了千万个可能的日本版刘邦"取而代之"的念想,由此使得本就出身不够高贵的镰仓幕府只敢"挟天子以令诸侯"而不敢学习王莽、曹丕之篡汉行径。加之镰仓幕府建立后,皇室继续驻扎京都,与驻在镰仓的幕府遥相呼应,这就使得皇室象征性的名号使用权与幕府的实际行政权即使在地理上也彼此分隔,由此进一步构成了对孱弱的皇室的保护。这一局面,其实就等于在一个较小的尺度上重演了中世纪欧洲的教皇(驻于罗马)与神圣罗马帝国皇帝(驻于布拉格或维也纳)之间的那种暧昧的平衡关系。至于为何镰仓幕府不将天皇挪移至镰仓,或干脆自己搬去京都,原因如下:一方面诚如镰仓幕府史专家三浦周行所言,是因为自身根据地在关东的源氏家族生怕"在京都沾染了奢侈懒惰之风,甚至变成第二个藤原氏"①,另一方面这也是因为日本的国家规模较小,无法像当年的曹操那样为搬迁到许昌的汉献帝建起行宫,或干脆像孙权那样,从无到有地建立新都城建康。同时,为皇室举行的宗教活动多由处在奈良的东大寺与兴福寺来承办,假若将皇室搬迁至远离奈良的关东,亦必会影响皇权与神权的良性互动,最终触发自带僧兵的日本佛教势力对幕府的敌对情绪②。因此,阴差阳错的是,恰恰是因为"小",告别平安时代迎来幕府时代的日本,其实已然开始默默积累起那些使得其能在19世纪后半

---

① [日]三浦周行:《早稻田大学日本史:镰仓时代》,栾佳译,华文出版社,2020年,第10页。

② 与凭借着秦政式帝国的暴力工具悍然发起"会昌灭佛"的唐武宗相比,本身也信佛的幕府根本就缺乏全面打压佛教的意识形态动机与组织资源,而只能对某些行为乖张的佛教流派进行"精准打击"。

叶顺利成为近代君主立宪制国家的历史条件。①

不过,直接接续明治维新的毕竟是江户幕府,而不是镰仓幕府,关于江户幕府与中华帝国的政治形态的比较,本书后文还会有所阐述。现在我们需要收拢思路,再次将目光转向东汉。

---

① 这当然不是说君主立宪制必须在地理上分隔皇室与行政班子。作为君主立宪制的样板国,英国的皇室与行政班子就都在首都伦敦。但英国毕竟是提出"三权分立"思想的哲学家洛克的母国,因此,英国本就自带实现君宪的意识形态背景,这样一来,英国也就不必经受皇权与行政权的长期地理分离以便为行君宪提供集体心理基础。而日本则是君宪思想的输入国,因此,此类外来思想需要依附在本国的特定文化传统之上才能存活。而幕府与皇室的地理分离便是这一可被利用的文化传统。另外需要注意的是,日本的最后一个幕府——德川幕府——被推翻后,皇室被搬迁到东京,皇室与行政班子的地理隔离消失,借以限制并保护皇权的工具则从地理分隔被置换为明治宪法。很显然,明治宪法要顺利"上岗",就需要地理分隔这一皇权限制/保护器在退役之前站好最后一班岗,不能产生危险的政治真空。为了缩小这一真空产生的空间,1868年明治天皇移驾东京千代田区皇居之时,便说这是"巡幸",因此,从字面意义上说,皇室从未正式被搬迁到东京——尽管皇室明明已经离开了京都。很显然,这一充满暧昧性的操作减少了天皇移驾所带来的心理冲击,使得明治宪法能够在一种恰当的政治氛围中"持证上岗"。然而,西来的君宪思想毕竟根基不深,明治宪法又自带种种缺陷,该宪法体系对皇权既限制又保护的双重作用其实并未得到有效的发挥,因此,远比当年的源赖朝可怕百倍的新武力集团——军部——挟持皇权将日本变成新秦政帝国的危险可能,从明治维新一开始就已被埋下。更可怕的是,秦政机器的运作所需要的巨大人力物力又不是地理格局逼仄的日本本土所能提供的,这就促使日本走上侵略扩张之路。由于日本此刻已建立起现代海军,古时横隔日本与朝鲜半岛、中国台湾和中国大陆的大海屏障反而成为"海上高速公路",由此,这些地区便自然成为秦政化的日本帝国觊觎的对象,正如当年得到相对先进的军事技术的秦国觊觎山东六国一样。此后发生的种种悲剧,读者当已熟知,在此不必赘述。战后日本再次走上"君宪加周政"的道路,则是在美国这一势力远大于日本的宗主国的强力矫正下才完成的,而这一外部强力自身之大,伴之以日本本土残存的周政因素的复活,显然也使得战后的日本不必再通过地理分隔皇室与政府的方式来维护君主立宪制。

第四章

帝王家事溢发的帝国权斗

第一节　导言：中平六年洛京的权斗迷思

汉灵帝在婚姻问题上的踟蹰所引发的政治麻烦,本书已多有讨论。在本章中,我们将对该故事做出一番新的描述,以便接续本章的主题:权力。

中平六年(189)夏,汉帝国倒数第二个皇帝汉灵帝刘宏突然驾崩了。由于他生前没通过内朝与外朝都可见的公共仪式定下皇储,帝国继承人的人选自然就陷入了暧昧之中。按理说,何皇后生下的皇子刘辩应成为当然的继承人,但众所周知的是,汉灵帝生前更宠爱他的第二个儿子刘协,否则,外人就很难解释为何他一直不愿确认刘辩的太子之位了。我们知道,刘协是何皇后曾经的情敌王美人所生的,她本人则因为何皇后的嫉妒而早就被其残忍毒杀了。汉灵帝非常宠爱王美人这一点也是众所周知的,否则外人便很难解释他为何曾因王美人的遇害而暴怒,并试图废掉杀人凶手何皇后之后位。不过,他究竟还是没废了何皇后,这或许说明皇后的美貌对他尚存生物学意义上的吸引力,但更说明皇后在后宫宦官那里得到的政治支持,已使得她无法轻易被废。然而,随着皇帝本人的暴毙,他在这两个皇子(其背后是一个活皇后与一个死美人)之间真正心意属谁,也永远成了全国"吃瓜群众"眼中的秘密。甚至刘辩年长于刘协的事实,也无法让这一猜测的答案变得明显起来,因为开国皇帝光武帝刘秀早就开创了"废长立幼"的传统:废后郭圣通为刘秀所生的长子刘疆,最后只做了东海王,而帝位则被留给了更年幼的刘庄,至于这位新皇帝的母亲,则是刘秀的初恋情人阴丽华——她本人则被升格为皇后(不过,这一人事安排并不意味着刘秀不爱郭圣通,因为他与郭所生子女数量是超过阴丽华的)。一般认为将阴氏骨血立为皇储,是为了在政治上讨好阴氏代表的南阳土豪利益)。在这种情况下,为何东汉倒数第二个皇帝汉灵帝不会仿效东汉第一个皇帝光武帝的先例呢？

除了向开国皇帝刘秀"废长立幼"的先例"对齐"之外，或许还有一个理由能促使汉灵帝选择年龄更小的刘协：若选更年长的刘辩，其背后的何皇后就会伙同其兄长大将军何进，打造出一股刘氏宗亲难以消除的外戚力量；但若选早年丧母的刘协，帝权或许能得到更多伸张。当然，年幼的刘协即使登基，也需要大人的辅佐。好在刘协从小是汉灵帝的生母董太后带大的，而刘协对董太后的信任，当然超过对何皇后的信任。因此，在古老的达尔文式遗传偏好机制"汉密尔顿律"的作用下，他宁可自己死后垂帘听政的是自己的亲妈（董太后的基因传给了灵帝，灵帝的基因又传给了刘协，因此，刘协身上也有部分的董氏基因），也不是自己的妻子（对刘家人来说，她依然是某种外人）。然而，麻烦的是，即使选了刘协，还是有一隐忧未除。届时汉灵帝的亲妈固然能凭借"太皇太后"的名分压着何氏的"太后"的名分一头，但董氏的武力凭借当时主要是骠骑将军董重，其所掌握的武装力量是不如作为大将军的何进的（汉代的"大将军"可以被理解为全国武装部队总司令）。由上述推理可知，灵帝若真想立刘协为太子，本就该早早废了何后之位，并为剪除何家势力打足时间上的提前量，而不能在病危之时再仓促议事。他在家庭问题上的重大失误，为以后整个国家的动乱埋下祸根。

不过，汉灵帝毕竟没有蠢到未给自己留下任何后手的地步。为了制衡大将军何进，汉灵帝在生前建立了貌似忠于自己的皇家亲卫武装"西园军"，其首领乃是自己最信任的宦官蹇硕。不过，由于从小生活在冀州河间国的汉灵帝在首都的根基不深，该武装的军事干部来源复杂，有不少来自清流派与外戚的眼线，蹇硕对其控制力非常有限。蹇硕很可能是在灵帝的病榻上获知了其想立刘协为帝的想法，并试图逮捕何进以遂圣意。但埋伏在西园军组织内的暗桩将情报泄露给何进，使得政变计划失败。何家人顺利将刘辩推上皇位，蹇硕则被处决。将皇位拿到手后，何家人又清洗了董太后与董重，以免后患。此刻的何进，貌似就能成为像霍光、梁冀那样的权臣，依靠操控傀儡天子而长期掌控整个帝国了。

但何进还是漏算了一个对其不利的变量。蹇硕出局后，西园军这一武装的性质巨变，从宦官、清流、外戚三家合力入股的武装，变成清流与外戚分享的武装。换言之，清流所占据的股份立刻被抬高，成为足以威胁何家人势力的力量。需要看到的是，在东汉帝国的运行历史中，外戚与清流的关系一直很复杂。梁冀专权的时代，清流与外戚势同水火；而在陈蕃、窦武的时代，二者又曾联手对付宦官（只是因为事败不成，才酿成第二次党锢之祸）。而当下的形势是：一方面，由于蹇硕的出局，清流在客观上具有了凭借自己控制的那部分武装（包括自家部曲）向何进叫板的可能；而另外一方面，由于第二次党锢以来宦官与清流之间的矛盾一直是汉廷内斗的主轴，此刻外戚势力未必会在主观意识世界中感到清流的威胁。这种微妙的形势，就给具有野心的清流党领袖——袁绍、袁术兄弟（其背后又有袁绍叔父、资深政客袁隗的暗助）——一个极好的操作空间。具体而言，他们可以先挑拨何进与宦官残存势力之间的关系，让其彼此消耗，然后自己再来收拾残局，最终控制全帝国。

愚蠢的何进不懂政治平衡术的玄妙，竟然被袁绍说得鬼迷心窍，多次劝已为太后的妹妹除掉余下的宦官。基于多年在深宫中培养出的政治直觉，何太后坚决否定了哥哥的决议，因为她深知天子的日常起居与必要的公文传递都需要宦官集团的协助。而没有宦官的皇帝（即何后的亲儿子），就会像失去工蚁的蚁后那样脆弱不堪。甚至何进的弟弟何苗（当时任车骑将军）也不赞同屠杀宦官的意见。何进可以不去理睬宗法意义上的"弟弟"的意见（理论上说他与何苗并无真实血缘关系，因为何苗是其母婚姻重组才从原生家庭被带入何家的），却无法不重视妹妹的意见，因为只有妹妹才能用太后的名头去说动皇帝动用皇权符号工具以诛杀宦官。因此，只要妹妹不同意自己的方案，何进就得一次又一次尝试对其进行说服。而这时候愚蠢的何进又漏算了一个因素：他每次与妹妹商谈都必须只身入宫，而深宫就是宦官的天下。因此，他与妹妹之间的谈话细节就不可能不泄露，正如不久前蹇硕针对何进的图谋也很难保密一样。深知何进杀意的宦官集团决定先下手为强。于是，他们设下埋伏，在189年的秋天，在嘉德殿诛杀了刚与妹妹会晤完毕的何进。

  双手沾满何进鲜血的众宦官，立即从复仇成功的狂喜中清醒过来。他们意识到，何进虽除，但其政治盟友袁绍却依然在宫外磨刀霍霍。此刻宦官集团的计划，乃是仿效168年其前辈镇压陈蕃、窦武反叛的先例，命令尚书令制作诏板，并利用帝国的官方信息渠道，将何进的党羽袁绍等人定义为朝敌。不过，这下轮到宦官集团产生致命的漏算了。在168年其前辈能成事，乃是因为当时的皇帝就是刚从河间国被推上皇位的汉灵帝，而当时的太后则是反宦官政变的主谋之一窦武的亲女儿。窦太后尽管不赞成父亲清洗宦官的计划，但出于父女感情，她也不可能反过来帮助宦官集团去镇压自己的父亲。与之相较，与窦太后（因此也与窦武）无血缘关系的汉灵帝则没有与宦官集团合作的心理芥蒂。而且，因为他刚到京都，也相对容易被宦官操控。实际上，正是靠着年少的汉灵帝所提供的天子印、玺、符、节，当年宦官集团才能挟制尚书令制作诏板，顺利将陈蕃、窦武定义为朝敌。而正所谓"此一时、彼一时"，到了189年，上述条件已发生巨变。一方面，何太后怎么可能给予杀死自己亲哥哥的宦官集团以大义名分呢？另一方面，作为何太后的亲子，汉少帝刘辩又怎么可能具有与母亲不同的政治态度呢？而在这种"最高权威缄默"的情况下，宦官集团挟持尚书令制作诏板的计划终于失败了。由此，他们也失去了通过官方信息渠道为自己的行为正名的机会。

  而如此混乱的信息局面，则被试图坐收渔翁之利的袁绍、袁术所利用。他们假惺惺地打出为何进报仇的口号，率领自己所能控制的武力，冲进皇宫，大屠宦官，制造了令人惊骇的惨案——而自身缺乏武力保护的宦官集团,在大屠杀中基本被物理消灭(顺便说一句,何进家的部曲抱着为主人报仇的念头也参与了屠杀,而在东汉大复仇思想泛滥的历史背景中,这一点本身并不令人感到意外。但令人惊讶的是,何进的弟弟何苗虽然明明也赶来为宗法意义上的哥哥报仇,却在混战中糊里糊涂地被何进的家将吴匡杀害了,因为吴匡武断地认定何苗就是宦官安插在何家的暗桩①。何家的此番内乱,似乎也为未来袁绍、袁术之间分裂提供了某种征兆)。然而,清流集团也没能笑到最后。被何进下令入京勤王的西凉军阀董卓恰好在郊外找到因躲避宫内兵燹而落难于此的天子,由此成为京都牌桌上突然出现的新玩家——而自以为已经拿到帝国大部分政治股份的袁绍、袁术集团则是绝对不能容忍董卓成为新的"大股东"的。这样一来,帝国的全面动荡似乎已经不可避免了。

——好了,复习完这一段汉末旧事,诸位有何体会呢?

在本书第一章中,我提出了这样一种观点:周政之所以被秦政取代,关键乃是因为从春秋中晚期开始的步兵战术革命,颠覆了以精锐的车战战士为基础的周礼式战争模式,并由此颠覆了与该作战模式密切相关的基于周礼的政治博弈规则。而之所以是秦而不是别的诸侯国最后一统天下,则是因为在集中资源、告别周政这条道路上,秦走得最为彻底。在这一叙述脉络中,军事的硬力量——而不是政治上的软力量——才是解释政治制度变迁的主要变量。

---

① 何苗被杀事件扑朔迷离,不排除其中也有袁绍集团挑拨离间的可能,因为二何(何进、何苗)皆死的局面对袁家是大大有利的。一个旁证是:何苗遇害是在皇城的朱雀阙,当时理论上说袁绍的人马就在他旁边,因为二人此前刚刚合力在朱雀阙斩杀了宦官赵忠。但在吴匡对何苗动手时,袁绍人马却什么也没做,好像很乐见其成的样子。请读者细品下段史料,自行判断笔者的这番猜测是否有理:

苗、绍乃引兵屯朱雀阙下,捕得赵忠等,斩之。吴匡等素怨苗不与进同心,而又疑其与宦官同谋,乃令军中曰:"杀大将军者即车骑也,士吏能为报仇乎?"进素有仁恩,士卒皆流涕曰:"愿致死!"匡遂引兵与董卓弟奉车都尉旻攻杀苗,弃其尸于苑中。(《后汉书》卷六十九《窦何列传第五十九》)

但如果我们讨论的不是战国时期的诸侯国战争而是统一的汉帝国内部的纷争的话，情况就不一样了。由于帝国内部的政治斗争介入方在理论上都是同朝为臣的，因此，此类斗争是以文斗为主，武斗为辅的，在这种情况下，对于政治资源的控制有时就能抵消对手的武力优势。以上面谈到的中平六年之政斗为例：假若汉灵帝能通过和平手段早一点废掉何后，或何进能早点对袁绍产生戒心，或宦官集团在杀死何进后能通过某种手段获得天子的符、节、印，抑或来洛阳勤王的董卓因为运气差，并未凑巧撞上出宫避祸的天子，那么，汉帝国的最终命运或许就会非常不同，至少不会变得那么惨烈。很显然，上面这种种偶然之所以发生，都与军事斗争无涉，而都尚且发生在政治运作的层面上。

——那么，到底什么是政治权力呢？

首先，我们看到，政治权力是有规则的，就这一点而言，政治权力游戏有点类似棋类游戏。譬如，何进集团之所以能如此轻易地拿掉汉灵帝的亲母董太后（以及其武力凭借董重），就是因为董太后的亲孙子刘协没有成功承接帝位，由此使得董太后本人的"权力开启机关"未被打开；而袁绍、袁术之所以胆敢带兵冲入皇宫，也是因为宦官未能找到指挥尚书令的权力密码以便事先处理掉二袁。很显然，上述游戏规则的有效性，与每一个权力节点所代表的自然人自身之物理力量无关。譬如，168年的时候，汉灵帝还是一介少年，其肉体所代表的自然力当然是微不足道的，但以其名义下达的诏命却足以镇压窦武麾下的大量甲士。但这到底是怎么一回事呢？为何一具微不足道的肉身所发出的指令，能够让那么多肉身愿意付出自己的努力（甚至承担生命的风险）去执行它呢？权力到底代表了怎样的一种人间魔法呢？这就是本章所要反思的问题。不过，对权力机制起源的抽象思考，显然会使下文的阐述具有一定的理论性。下面就请读者留点耐心，暂时离开对汉代历史的细节考察，进入一个相对思辨化的领域吧！

第二节　权力来自于对资源的掌控吗？

权力（power）一般被理解为这样一种人际关系：通过这种关系，一个社会成员可以通过命令别的社会成员而达成自己的目的。比如，一个企业家的权力能够使他顺畅地命令其秘书为其预订国际机票，而不必亲力亲为；一个将军的权力能够使他在相对安全的指挥部里顺畅地命令其部下去攻击一个敌军阵地，而不必亲自冒险上前线——而在中平六年政变的语境中，何进的权力使得他能够在灵帝死后立即清洗董氏的势力，而在清洗过程中，双手沾血的"脏活"他本人是不必亲力亲为的，自有手下替他去做。由于复杂的人类协作离不开上下级之间的服从与被服从关系，权力关系就构成了复杂社会关系得以成型的重要指标。不过，关于特定的权力关系为何能够成型（譬如，为何韩信一定要听刘邦的命令而非反之），学术界有不同的意见。德国古典哲学大师黑格尔就在《精神现象学》中经由著名的"主奴辩证法"提出了一种貌似很合理的观点：由于自然资源的有限性，试图争夺这些资源的社会主体就会展开"生死搏斗"以尽量增加自己独占相关资源的机会。而决斗的胜利方为了进一步增大其收益，会选择将失败者转变为奴隶（而不是将其杀死）以便长久享受其劳动成果。这种经由暴力斗争而建立的主奴关系，便是权力关系的雏形。不过，作为辩证法家的黑格尔也进一步指出，作为奴隶的一方亦有"反客为主"的机会，因为奴隶对于劳动过程的熟悉使其能够得到主人无法得到的改造大自然的乐趣。

黑格尔的权力叙述方案预设了资源占有关系对权力关系的奠基作用。譬如，如果一个人占有了特殊的暴力资源，他就有更大的机会在生死搏斗中取胜并成为主人；再譬如，正因为奴隶在生产过程中掌握了生产技术这一特殊的资源，他也就有一定的机会反客为主。因此,黑格尔若有机会读到后世的马克斯·韦伯提出的著名的权力三分法(权力或来自政治传统,或来自法条,或来自领袖魅力)的话,他很有可能会嗤之以鼻,因为在他看来,政治传统的根源肯定是诸如"汤武革命"所奠定的胜局(以及其所带来的资源占有割据),法条的可颁布性肯定是以主奴斗争为先导的,而领袖的魅力若不与领袖所控制的资源相捆绑,则一文不值。换言之,对权力类型的静态展示将无法帮助我们洞见权力那充满血腥味的起源。

而在比韦伯更晚近一点的社会心理学的领域,黑格尔的这种将资源占有与权力机制相互结合的观点似乎慢慢占了上风。这也就被称为"传统权力观"。不过,英国社会心理学家特纳(John Charles Turner,1947—2011)却对"传统权力观"提出了挑战,提出了一种更强调那些非暴力的柔性力量的新权力观[1]。这显然就是本书第一章提出的基于暴力的权力观与本章"导言"所展现出的柔性权力观之间的分野。这两种观点,究竟孰是孰非呢?

先来看看传统权力观的内容。在社会心理学的领域中,此论的支持者有道尔屈(M. Deutsch)、格拉德(H. B. Gerard)[2]、菲斯丁格(L. Festinger)[3]、弗兰屈(J. R. P. French)、拉文(B. H. Raven)[4]、科尔曼(H. C. Kelman)[5]等。根据特纳的概括,这种观点

---

[1] John Charles Turner, (2005). Explaining the Nature of Power: A Three-Process Theory, *European Journal of Social Psychology*. 35, 1-22.

[2] Deutsch, M., & Gerard, H. B. (1955). A Study of Normative and Informational Social Influences upon Individual Judgment. *Journal of Abnormal & Social Psychology*, 51, 629-636.

[3] L. Festinger, (1954). A Theory of Social Comparison Processes. *Human Relations*, 7, 117-140.

[4] J. R. P. French & B. H. Raven, (1959). The Bases of Social Power. In D. Cartwright (Ed.), *Studies in Social Power* (pp. 150-167). Ann Arbor, MI: Institute of Social Research.

[5] H. C. Kelman, (1958). Compliance, Identification, and Internalization: Three Processes of Attitude Change. *Journal of Conflict Resolution*, 2, 51-60.

的基本内容是:

权力乃是一种影响他人的能力。这种能力的获得乃是通过控制他人所渴求或珍视的资源来获得的。这些资源包括某些积极或消极的后果、奖励与代价、信息,等等。上述控制的存在,使得缺乏资源的一方不得不依赖于行使影响的一方以便满足自己的需求,实现自己的目标。不同的资源类型则会衍生出不同的权力,以便施加不同类型的影响。

特纳进一步展现了这种传统权力观的架构(见图4-1):

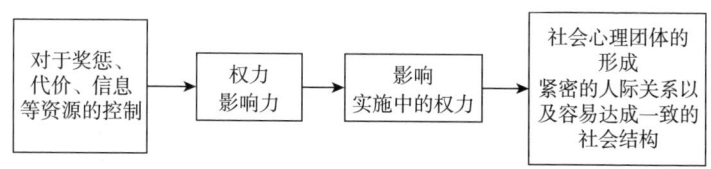

图4-1 对传统权力观的图示

很明显,根据图4-1,资源控制导致了权力,权力导致了社会影响,后者又导致了社会集团的社会心理架构的塑造。资源控制乃是权力之本。很显然,这是一种带有浓重的韩非与商鞅色彩的权力观描述方式,因为他们也主张君主通过掌控特定资源(如爵位、土地等)对编户齐民制下的小民施加影响,使得其听从其指挥。

这一理论模型是否正确呢?若仅仅从实践这一理论模型的秦的短暂成功来看,貌似是成功的。但这一模型的运作却预设了权力拥有者要掌握巨大的资源。万一这些资源不再被拥有呢?在此情况下,我们又如何解释权力的运作?举个例子,当陈胜、吴广说"王侯将相、宁有种乎"的时候,他们又控制了什么资源?他们为何就能团结成千上万的起义军呢?而在上文提到的关于中平六年的政变的案例中,当时官职仅是司隶校尉的袁绍,又是如何说服他的上级何进去诛杀所有宦官的呢?难道司隶校尉控制着比大将军更多的资源吗?

与上述质疑的方向类似,特纳对正统权力观提出了更富理论色彩的疑问:一个社会主体是如何控制相关的资源呢？比如,一个地主是如何控制一片土地呢？难道仅仅靠对土地产权的获取吗？但假若这种产权转让没有得到普遍的社会认同的话,纯粹的产权转让并不能保障土地使用权的稳固存在。比如,在19世纪,瑞士人苏特尔曾买下了今天旧金山市所在地区的土地使用权,但1848年出现的淘金潮却使全世界涌来的淘金者肆意入侵了他的领地,并使得作为原主人的他反而在"自己的"土地上被边缘化了。加利福尼亚法官汤普森曾在1855年通过法庭判决支持苏特尔对其土地的使用权,但此判决非但未得执行,反而激发了淘金者的全面骚乱,最终使苏特尔失去了最后的容身之所。由此看来,占有一片土地资源所要涉及的社会学环节,远比传统权力观设想的要复杂。

当然,传统权力观的维护者会说:苏特尔恰恰因为没有占据暴力资源,所以才无法保护他的土地;汤普森法官也因为缺乏暴力资源,所以才无法执行他的法庭判决。由于暴力本身也能被视为一种"资源",基于"资源控制"话术的传统权力观依然有能力说明苏特尔的个人悲剧的起因。

但这种辩解会带来循环论证的问题。具体而言,具有社会学意义的"暴力资源"往往不是指单个人的武力,而是指个体对于由众人组成的暴力组织的掌控,因此,"对于暴力资源的占有"这一话术本身就预设了占有者对于暴力组织成员的社会权力。或用特纳的话来说,"一个政府若要使得其警察或武装部队瞄向一个特定目标以展示其武力,就首先得对这些警察或武装部队具有社会影响力"[1]。而麻烦的是,传统权力观的支持者却恰恰希望通过"对于暴力资源的占有"这一预设了权力的话术来说明权力的起源——其荒谬的程度,无异于通过"汉献帝今天的确吃饱了"这一

---

[1] John Charles Turner, Explaining the Nature of Power: A Three-process Theory, *European Journal of Social Psychology*. 35, p. 12.

点来解释为何"今天汉献帝的确吃上了饭"一样。

另外,基于资源占有模型的传统权力观,也会因为过于排斥基于"说服"——而非"强制"——的权力而低估权力来源的丰富性。按照常识,基于说服力所施加的社会影响力当然也算是一种权力(比如,一位学生可以通过展示在黑板上的演算,最终说服老师认定其解题法要比老师的解法更优,由此获得威信),但是很难说这种影响是通过对于某种资源的占有来完成的。在这种情况下,将某人的数学智力硬说成是一种资源就会显得略有牵强,因为数学智力本身并不像石油资源那样可以被分割与抢夺。当然,数学智力的占有者本身可以被勉强视为一种资源(因为作为一个个体的数学家是可以被抢夺的),但如果这种智力的占有者恰好就是权力拥有者的话,上述说法就会变得毫无意义(譬如,假若曹操本身就是权力拥有者的话,去谈论如何抢夺与分配曹操的谋略能力,就会变得毫无意义)。

很明显,基于说服力而获得的社会权威以及由此衍生的权力,主要出现在习惯于说理的社会团体中(如科学共同体)。现在笔者将这样的社会称为"威尔逊世界"(因美国总统威尔逊而得名,因为哲学专业出身的他主张康德式的伦理理性应适用于全球)。与之相较,基于强制性的资源占有关系的权力理论,则显然更适用于信奉弱肉强食原则的"达尔文世界"(如嬴政与苻坚这样的古代军事强人所面对的世界)。由此看来,传统权力观由于过度泛化本来只能适用于"达尔文世界"的权力模型的适用范围,而犯下了"以偏概全"的错误。

——那么,这是不是说我们只要将权力的来源从"占有"一项添加到"说服"与"占有"这两项,就能修正传统权力观的错误呢?至少特纳不这么看,因为这种简单的修正方案依然无法说明下述问题:在"说服"与"占有"之间,何者为本,何者为末?与黑格尔从暴力斗争出发说明权力起源的思路相反,特纳本人不但认为"说服"比"占有"更基本,而且,他甚至还主张从某种比"说服"更基本

的社会组织构成出发,反向说明暴力机器是如何占有资源的。他的相关理论路线图可以被展示如下(见图4-2):

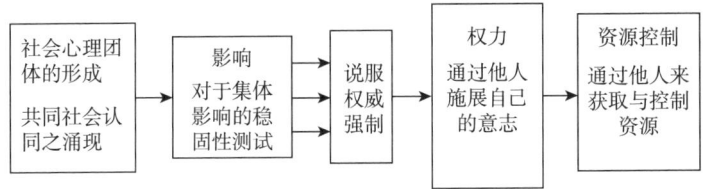

图4-2 特纳对传统权力观的修正

下面便是笔者对这一理论模型的解释。

在上图所展示的五个方框的第一个方框中,我们看到了特纳版本的权力故事的起源:一些社会成员通过某种复杂的情感联系而彼此承认为同一个社会的成员。这种原始的社会团体感得以产生的机缘非常复杂,往往包括(但不限于)社会成员所具有的共同的生活环境、生活经历、方言、饮食或者衣着习惯,等等。很显然,这种情感纽带的形成,会立即使"自己人"与"圈外人"之间的界限浮现,并使得"自己人"之间的社会互动的机会明显多于"自己人"与"圈外人"之间的互动关系。"自己人"之间的互动机会的增多,则会进一步使得社会成员之间的能力差异有更多机会得到曝光(比如,谁擅长钓鱼,谁更擅长缝纫,等等),由此导致最原始意义的社会影响关系出现(比如,关于钓鱼,某人的意见更重要;关于如何缝衣服,则应当去听某人的意见,等等)。这也将我们引向了上图第二个方框所展现的内容。

第二个方框又进一步引出了第三个方框中所展现的三项内容:说服、权威与强制。这乃是第二个方框所展现的原始人际影响关系的三种衍生方式,各自对应于不同的使用语境。说服活动使用的语境具有的特征有:(甲)一方面社会成员之间具有分歧;(乙)另一方面他们却分享了一些共同的意见作为论证前提(比如,两拨为如何猎取猛犸而彼此争论的部落成员,显然在"必须要猎取猛犸"这一问题上没有分歧);(丙)社会成员都具有基本的理性能力使得他们能够进入这种辩论。与之相较,"权威"则向我们展现了一种比论辩耗时更少的影响力施加方式:譬如,我之所以相信张三提出的猎取猛犸的方案,并不是因为他的论证说服了我,而仅仅是因为我认可他在猎取猛犸这件事上的权威性。很明显,与说服活动相比,权威机制的起效,更需要团队成员之间互动历史的积累,因为某人一次性的成功经验往往是不足以排除某些幸运因素的介入的,而仅仅凭借幸运而成功的人又往往不足以成为真正的权威。不过,权威机制与说服机制之间的共通点也是很明显的:它们都是软性的社会影响因素——二者都未牵涉暴力,遑论对于某些可见资源的排他性占有。由此可见,在特纳的理论模型中,暴力因素并不占据核心地位。不难看出,上述权力形成过程,往往限于在邓巴数限制之下的熟人团体,有着浓郁的周政色彩。

尽管如此,特纳的理论也未遗漏基于暴力的强制性要素。这是因为,说服活动也好,权威机制也罢,总有力所不逮之处——具体而言,总会有某些社会成员因为某些复杂的原因不愿被说服,或者不愿服从权威。而当这些人的行动构成对于集体行动的明显阻碍的时候,暴力强制活动就必须成为题中应有之义。不过,非常明显的是,这样的暴力弹压活动本身是基于说服与权威的:弹压命令的下达者必须对其命令的执行者具有足够的说服能力以及社会权威,否则后者是不会冒着自己受伤甚至死亡的风险去执行相关命令的。因此,特纳的理论对于强制力的纳入依然是建立在他对于那些"软力量"的肯定之上的。这也就是儒家所说的"教"与"诛"之间的辩证关系。从这个角度看,特纳应当会赞成《荀子·富国》中所说的:"不教而诛,则刑繁而邪不胜;教而不诛,则奸民不惩。"

不过,暴力因素的介入也会带来某些偶然性:镇压可能会成功,但也会失败。只有成功的镇压才能固化在"说服"与"权威"中固化的社会共识,由此形成完整意义的权力。由此我们也就过渡到了图4-2中最后一个方框所展现的内容:权力拥有者通过此类权力去获取资源。很显然,这种将"资源获取"视为"权力获取"之结果（而不是反之）的理论模型，能够有力地说明其标靶理论所难以解释的如下问题：权力拥有者是如何保证其团队能够在残酷的资源争夺过程中保持团结的。传统权力观显然无法说明这一点，因为持此论者毫无理由地预设权力拥有者能够像拥有其双手那样拥有暴力机器；与之相较，特纳的理论由于对暴力机器自身的形成过程有足够的铺垫，显然就能更好地解释暴力组织之成员自身的社会认同的来源。

然而，尽管特纳的权力模型具有相对于传统理论的明显优势，依然还有一些瑕疵。请看下节的分析。

第三节　别忘了信息控制权！

根据笔者的浅见，在特纳模型中遭到忽视的，乃是权力占有者对于信息资源的占有所产生的特定效果。请注意"信息资源"这一提法。在前面提到的关于中平六年政变的案例中，相关当事人对信息资源的占有与否，产生了迥异的后果。譬如，假若蹇硕诛何进的计划或何进诛宦官的计划没有外泄，此二人也极可能不会被对手所诛。对于该问题的更抽象的反思则会告诉我们：一方面，正如特纳本人所承认的，信息也是一种资源，可以成为抢夺的对象，而且，对于特定信息资源的控制也往往会诉诸暴力机器（比如在情报战中常见的那样）；但另一方面，与石油资源之类的有形物质资源不同，信息的多寡可以迅速影响人类的思想，由此对劝说活动之类的软性力量的构建产生立竿见影的影响。因此，特纳的理论在强调软性力量对于硬性权力的奠基作用的同时，似乎忽略了某些硬性权力对于软性力量之构建的反作用力。

当然，笔者不是试图从信息控制角度反思权力运作模型的第一人（因为这本身并非很难想到的一个论点）。譬如，英国社会学家佩蒂格鲁（Andrew M. Pettigrew）就曾指出，任何一个社会组织的

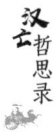

运作都牵涉各种信息交流机制,而如果这些机制能够为特定组织的决策行为提供准确与合适的情报的话,相关的决策质量便能得到提升。考虑到环境中客观存在的信息的巨大数量与任何一个信息处理系统的能力上限,此类信息交流机制就需要类似"信息守门员"的角色以便筛选信息。然而,也正是因为筛选标准的特异性与技术性,特定的"守门员"就可能通过垄断对于相关标准的特殊知识而掌握信息控制权。换言之,在特定组织的决策过程中,对于决策信息的过滤机制本身就会起到至关重要的作用,这就使得对于信息的控制权本身也成了一种权力。①

笔者将佩蒂格鲁的理论所提到的"信息守门员"的作用细化为下述三种信息控制机制:

第一种影响方式,便是通过**对于信息传输格式的确定**来加强社会成员对于团队的心理认同感。这里所说的"信息传输格式"首先就体现为特定语言的发音、语义、词汇、语法与记法等形式要素。对于相同信息传输方式(即相同的语言形式)的使用显然能加强社会团队内部的心理共情力。很显然,一个社会团体之所以使用相同的语言,既可能是基于自然的原因(比如,地理条件的阻隔使得某种方言自然形成),又可能是因为社会强制力的出现——比如,日本官方在特定历史时期通过强制力在我国台湾地区施行日语教育。需要注意的是,在某些情况下,有些社会权力控制者甚至能发明崭新的信息传输格式来强化社会认同,比如西夏开国皇帝李元昊在11世纪初对于新发明的西夏文字在西夏王国境内的强制推行。此外,在另外一些情况下,社会权力控制者也会通过容纳(而不是排斥)被统治团体的语言文字来维持大型多民族国家内部的团结性,比如以拉丁语为母语的古罗马帝国对于希腊语的

---

① Andrew M. Pettigrew, (1972). Information Control as a Power Resource, *Sociology*, 6, pp. 187-204.

宽容，以及在 19 世纪末奥匈帝国皇后伊丽莎白·阿玛莉·欧根妮（即俗称的"茜茜公主"）对于匈牙利语（马扎尔语）的尊重。

第二种影响方式，则是通过**对于所传输的信息内容的重新剪辑**来使得某些劝说活动变得更为有效。比如，作为袁绍幕僚的陈琳在讨伐曹操的檄文《为袁绍檄豫州》中便对曹操与宦官集团之间的关系做出了如下描述："司空曹操祖父腾故中常侍，与左悺、徐璜并作妖孽，饕餮放横，伤化虐民。父嵩，乞匄携养，因赃买位，舆金辇璧，输货权门，窃盗鼎司，倾覆重器。操赘阉遗丑，本无令德，剽狡锋侠，好乱乐祸。"但这段描述显然忽略了如下信息：青年曹操在任洛阳北部尉时曾用五色棒当街打死当红宦官蹇硕的叔父（后者违背了官方颁布的宵禁令），而且，曹操在任议郎时还曾建议汉灵帝赦免在 168 年的政变中被镇压的外戚窦武等人（这些人都是宦官集团的死敌）。由此可见，袁绍集团通过重新编辑历史，试图让读者遗忘曹操与宦官集团之间的罅隙，并由此使得其讨伐曹操的战争更具有正义性。同时，袁绍集团还掩盖了自身的一些负面信息。比如，当陈琳在同一份文献中攻击曹操"故九江太守边让，英才俊伟，天下知名，直言正色，论不阿谄，身首被枭悬之诛，妻孥受灰灭之咎"时，他却完全不提袁绍本人曾做过比曹操更恶劣的事情：围攻名士臧洪所在的东武阳城长达一年，破城后将其全家残酷杀害，还顺便杀害了为遇难者鸣冤的另一位名士陈容。无独有偶，孙吴政权建立后，官方曾利用国家力量传播由韦昭创作的《吴鼓吹曲十二曲》以颂扬孙氏的武功。在颂扬孙权之父孙坚讨伐董卓的功绩后，这一组曲却选择性地忽略了孙权之兄孙策平定江东六郡之功，这显然是因为创作者希望吴民牢记孙坚与孙权之间的权力传递关系，以免孙策后人获得对孙权不利的政治影响力。

第三种影响方式，则是通过伪造某些信息来强化权力。比如，《三国志·孙破虏讨逆传》裴松之注引《吴书》诉说孙坚诞生时的情形时，夸张地写道："冢上数有光怪，云气五色，上属于天，曼延数里。众皆往观视。父老相谓曰:'是非凡气,孙氏其兴矣!'及母怀妊坚,梦肠出绕吴昌门,寤而惧之,以告邻母。邻母曰:'安知非吉征也。'"这些所谓的"吉兆"显然是孙吴政权为显示孙坚的帝王气象而编造出来的,用以增强整个东吴政权的合法性(顺便说一句,孙坚生前并未称帝,在孙权称帝后被追封为"大吴武烈皇帝")。需要指出的是,在谶纬迷信横行的东汉与三国时代,此类假资讯曾在当时的政治生活中扮演重要角色。譬如,光是对于《春秋谶》中"代汉者当涂高"一语的不同解释(其中每一种解释都可以被视为一条被肆意伪造的信息),就在这一历史时期引发了不同的政治野心家的不同激进行为。比如,袁术就认为"当涂高"指的是他自己,于是他称帝了;曹丕则相信这指的是曹魏,于是他便逼迫汉献帝退位了。虽然袁术失败了而曹丕成功了,但伪造特定信息以增加其政治博弈行为的成算,却无疑是当时的标准操作。

这里需要指出的是,无论是对于信息传输格式的规定、对于信息传输内容的重新编辑,还是对于伪信息的编造,都牵涉强制力的介入,因为上述三种信息操控方式都对其他的信息传播方式构成了排斥效应——譬如,西夏建国者李元昊对于西夏文的强力传播就意味着对于其他文字的排斥,《吴鼓吹曲十二曲》对于孙策功绩的遮蔽,就意味着对于大规模传播孙策事迹的行为的排斥,而汉末枭雄们对于《春秋谶》中"代汉者当涂高"一语的任何一种解释都意味着对另外一种与之竞争的解释的排斥。很显然,上述这些排斥之所以能发生,便是因为信息控制者已经掌握了相关的信息传播管道,而这一点又是他们"获取政治权力"这一状态的自然结果。从这个角度看,对于硬性权力的获取显然能反向影响软力量的建设,由此使得软、硬两种力量可以彼此支撑。

图4-3便是对于上述讨论的概括,以便在一个统一的权力模型中兼顾特纳与佩蒂格鲁的观点,以及我对佩蒂格鲁之论的补充。

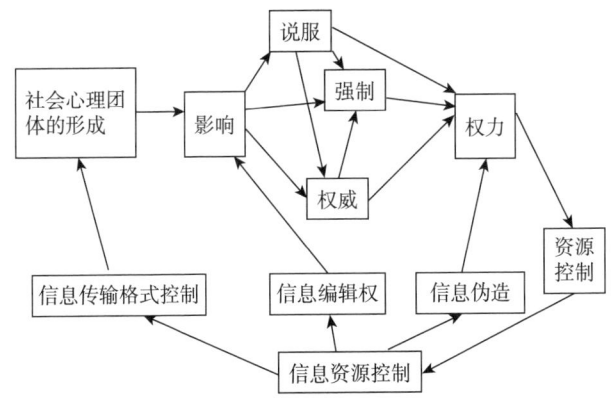

图 4-3　兼顾特纳、佩蒂格鲁之权力观的混合权力观

需要注意的是,在今日的互联网时代,信息控制权对于软性社会力量的反向作用机制非但没有遭到削弱,反而得到了增强。首先,现代信息技术显然能使得强势语言获得马太效应,进一步挤压弱势语言的频道宽度,由此使得当代国际互联网日益呈现出"单语化"(其本质是英语化)的倾向。其次,现代信息技术在文本编辑方面提供的极大便利,显然能够使同一个故事迅速得到不同的编辑方案——而在这种情况下,具有更大信息传播权的利益方则显然能够使自己喜好的那种故事版本得到更广的流传。最后,语音与图片生成技术以及聊天机器人技术的普及,进一步使假新闻与假意见(即由机器人发表的"人类意见")的制造变得便利,这就使相关利益方能够使用自己的信息控制权对目标人群发动大规模认知战。而一旦这种认知战被施加到竞选的领域,就会对目标国的实际政治生态产生战略级别的影响。因此,在现代信息技术所提供的新历史条件下,软、硬两种力量促成整体政治控制力的"化合反应"的规模与速度都已经攀升到了农耕时代所难以企望的一个层级之上。本书将在第九章讨论大数据技术与儒家之间的思想关系时,再次回到这一话题上。

不过,尽管如此,即使是农耕时代的政治权力运行模式,都已

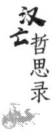

经充分体现了笔者所修订的特纳权力模型的所有理论细节。为了进一步论证这一点,在下一节中,笔者将在一个更小的历史颗粒度上,运用东汉时期的真实政治史材料去验证相关模型的普世性。

第四节 理论联系史料:重读东汉三大政变

本章第一节已经详细分析了东汉中平六年的政变,由此引发对于权力本质的思辨。现在还需要补充说明一下,为何我本人对东汉的兴趣要高于西汉。这是因为,在整个东汉王朝中,始终没有出现类似汉武帝这样的能够轻松调用全国资源的超级君主,而即使是像开国皇帝光武帝刘秀这样的相对强势的君主,也必须在诸如迁都、度田等重要议题上与地方豪强妥协。而在东汉中晚期的历史中,宦官、清流、外戚三股政治势力彼此制衡或轮流坐庄的局面已大致形成,这就使得任何一股政治势力都无法彻底控制全局。因此,在东汉的历史中,曾经暂时得势的政治集团一朝倾覆的案例可谓比比皆是。从这个角度看,东汉的历史的确为观察权力运作的动力学机制(而不是其静力学机制)提供了丰富的案例。而正如前文所展示的那样,特纳的权力理论(以及我对于它的基于佩蒂格鲁之权力观的修订方案)的强项恰恰在于:它能比传统理论更好地说明权力是如何从无到有地产生的——因此,它也能方便地说明权力是如何失去的。因此,用充满变动的东汉历史来检测这种理论的适用性,是非常合适的。

由于政变乃是使得政治权力分布状态在短时间内得以发生巨变的典型政治活动,我们的考察将聚焦于影响东汉历史的三次重要政变。基于全书的"失败学"定调,我们所关心的问题是:如何用前文给出的理论模型来解释政变胜利方的胜利,以及失败方的失败?需要指出的是,下面提到的关于桓帝灭梁冀、宦官灭窦武以及灵帝死后乱局的材料,本书前文已多次提及。而在本书不同的语境中,它们之被提及往往是出于不同的立论目的。因此,请读者不要仅仅将其当成老生常谈的故事来看,而要结合本章的核心问题——权力模型之本质——来重新解读之。

(甲)桓帝时期梁冀集团的覆灭

读者应当很熟悉"梁冀"这个名字了。他是东汉中后期有名的权臣,先后立冲、质、桓三帝,专断朝政近二十年。年幼的汉质帝刘缵称其为"跋扈将军",几个小时后即被他毒死(参《后汉书·梁统列传》:"帝少而聪慧,知冀骄横,尝朝群臣,目冀曰:'此跋扈将军也。'冀闻,深恶之,遂令左右进鸩加煮饼,帝即日崩。")。随后的桓帝刘志不甘心成为其政治傀儡,与宦官单超等人合谋通过政变从梁冀手里夺回政权。政变以很小的代价就获得了成功,皇帝顺利地收缴梁冀的大将军印绶,失势的梁冀与其妻孙寿被迫自杀,满门老少皆被斩首,牵连处死及免职者数百人。

我们在此关心的问题乃是:为何权倾一时的梁氏集团会如此快覆灭?为何他能轻松害死合法的天子质帝并继续安然掌权,却斗不过另外一位合法的天子桓帝?面对这一问题,如果一个解释者依然受制于"资源掌控"的传统思路的话,他就会去着力寻找哪些资源为桓帝所拥有却不被质帝所拥有。沿着这一思路,他或许会说:在桓帝发动政变之前,他已经与单超、唐衡、徐璜、具瑗、左悺等宦官结成了一个小型政治同盟,而这一人脉关系便是更为年幼的质帝在当年所不占据的资源。他或许还会说,在159年的政变中,桓帝成功使用了天子符、节号令虎贲、羽林等京都卫戍部队来逮捕梁氏集团成员,而宦官集团的忠心显然能够方便桓帝使用这些皇家符号。需要注意的是,这些皇家符号本身就是一种巨大的政治资源,或借用澳大利亚的汉史专家张磊夫(Richard Rafe Champion de Crespigny, 1936—)的话来说:"至少在朝廷的上层,皇权一旦行驶,绝对没有任何官员能够与之抗衡,无论这个官员看上去多么强大。"①

但这种基于资源掌控的解释思路显然将"资源"的含义泛化了。天子的印绶与符节与其说是一种资源,还不如说是权威的象征,而在天子权威本身不存在的情况下,这些皇家符号就无法实施任何权力(汉末汉献帝刘协的尴尬处境就足以说明这一点)。另外,桓帝通过小型政治联盟获得权力的过程又恰恰证明了特纳的权力理论的合理性:特定社会团体的整合肯定是先于权力的获取的,否则权力争夺过程带来的巨大压力就会使得未被整合完毕的社会团体分崩离析。

另外需要注意的是,消灭梁氏集团是需要军人的大力协助的,而宦官本身并不直接掌握兵权,只能协助皇帝使用符、节调兵。因此,皇帝的权威就必须得到诸如尚书令尹勋、光禄勋袁盱(袁绍之先祖)、司隶校尉张彪等官员的承认。那么,他们为何要承认皇帝的权威呢?而这些官僚为何又不在质帝被弑后立即发难呢?

显然,我们需要别的解释资源来面对这个问题。在特纳的模型中,我们已经看到了"说服"机制在权力形成过程中所起到的作用。而在儒家文化圈里,"说服"往往是通过"正名论"的方式来进行的:做某事必须"名正言顺",否则相关事项的推行就无法得到普遍的赞同。顺着这个思路,我们就必须在关于159年政变的史料中去寻找一些特定的因素,以使得深受儒家思想影响的官僚觉得奉命讨伐梁氏是"明正言顺"的,而这样的要素却在146年刘缵被弑时并不存在。

首先能够找到的第一个因素当然是君主本人意志的体现,因为对于臣子来说,"执行君主的意志"这一点的合法性几乎是不需要任何辩护的。与之相较,年幼的质帝的迅速遇害使得他根本来不及向群臣传达其意志,而紧接着被梁氏扶上皇位的刘志亦暂时

---

① [澳]张磊夫:《洛阳大火——公元23—220年的后汉史》,北京大学出版社,2023年,邹秋筠译,第298页。

无法做到这一点。另外,一些对质帝遇害之细节感到疑惑的朝臣(如梁冀的死对头李固)也无法拿到可以证明梁冀弑君的有力证据,而只能将怀疑的矛头转向太医(参《后汉书·李杜列传》:"固伏尸号哭,推举侍医。冀虑其事泄,大恶之。")。这就使得当时的反梁力量暂时无法获得扳倒梁氏的大义名分。

但上面给出的理由只能解释为何在君主的意志得到充分的表达时,君主能够顺利地调用特定的暴力资源,却不能充分地解释为何群臣明明知道君主的意志遭到了梁氏的压制,却依然愿意长期与梁氏合作(参《后汉书·梁统列传》:"百官迁召,皆先到冀门笺檄谢恩,然后敢诣尚书。")。这也就是说,梁氏集团依然具有特定的说服机制以说服群臣与之合作——但这一机制却在159年突然失效了。

——这一机制到底是什么呢?答案是:联姻关系。这也是本书上章所提及的内容。我们在此不妨就来看看,婚姻关系是如何给权力机制添加润滑油,或导致其运作不畅的。

梁家与皇室的联姻关系主要依靠的是梁冀的两个妹妹——梁妠与梁女莹——所提供的桥梁。梁妠是汉顺帝刘保的皇后。顺帝驾崩后,她自然被升格为太后。按照儒家的孝道价值观,年幼的天子必须遵从太后之命,因此梁妠便顺利获得了"垂帘听政"的名分。利用这套名分工具,梁冀就可以利用梁妠的权威执行自己的意志,而太后的存在,以及她所表露出来的与自己兄长略有不同的较好的政治德性(梁冀的死对头李固其实恰恰受过梁妠的拔擢),又使得反梁力量不得不投鼠忌器。梁冀的这种"兄假妹威"的双簧游戏历经冲、质、桓三帝,直到150年梁妠本人病逝为止才变得难以为继(此时离桓帝发动政变清洗梁家尚有九年)。这是梁冀面临的一个小型政治危机,因为曾为他提供掩护的妹妹的太后名分已经失去了。这时他唯一能够依靠的备份政治工具便是自己的另一个妹妹梁女莹了——她当时是汉桓帝的皇后。因此,梁冀便依然能暂时以国舅爷的身份继续把持朝纲。但从宗法制度上说，皇后必须附属于皇帝，故此，梁女莹为梁冀提供的名分掩护的质量显然不如梁妠（不过，皇后的名分至少也为梁冀提供了一种聊胜于无的保护，因为皇后的尊贵地位使得桓帝不可能在不废后的前提下去扳倒梁冀，而此类操作的复杂性显然又能带给梁氏更多的缓冲空间）。但后续的事态发展变得对梁氏愈发不利：在159年8月，由于梁女莹本人的死亡，她的皇后身份所提供的上述微弱的掩护亦消失了。此刻陷入恐惧的梁家已经无法再提供合适的女性成为新的皇后了。而年轻的桓帝则趁机发挥自己的自由意志，让自己早就钟意的美丽妃子邓猛女成为新皇后。这原本是一个对梁冀来说不算太糟糕的选择，因为邓猛女在入宫前与梁冀的妻子孙寿的关系颇为密切。但梁冀为了加强对邓猛女的控制，却画蛇添足地强迫其母亲接受梁家收邓猛女为养女的提议，其母不从后又遣刺客谋杀之。此举既彻底挑战了儒家的名分秩序，又大肆惊扰了京内各方势力，最终使得梁冀在情感上与义理上都迅速被京内各方势力公认为朝敌（顺便说一句，与汝南袁氏关系密切的宦官袁赦作为凶案目击者，在谋杀发生当晚敲锣鸣金，弄得全城人心惶惶）。在这种背景下，若皇帝这时开始行使其皇权制裁起梁氏来，儒家名分的力量也就自然会一边倒地加持到他这一边来。这最终就使得特纳模型中的"说服机制"与"权威机制"能完全为皇室所用，最后导致皇室将其兑现为真正的硬性权力。

而笔者对于特纳模型的修正也能在159年政变的细节中体现出其解释力。前文已指出，笔者的修正模型特别强调了信息控制力对于权力获取机制自身的稳固作用。在桓帝扳倒梁氏的过程中，他对于信息的控制权就成了一项致胜要素。很明显，作为皇帝所信任的全权代表，单超、唐衡、徐璜、具瑗、左悺等宦官控制了宫内要冲，使得梁氏无法掌握皇帝夺权行动的具体行动计划。而躲在暗处的皇帝就依靠这种信息屏障具有了发动突袭的优势，使得对手无法及时聚集资源进行有效反抗。而信息屏障对政变成败所起到的关键性作用，我们在后面的两场政变中还能继续看到。

（乙）灵帝初期外戚—清流集团与宦官集团的生死对决

宦官集团在桓帝扳倒梁氏的过程中立下殊功，从此以后居功自傲，迅速堕落为新的权力腐败集团。而在桓帝亲政后，他依然要面对儒家清流力量的挑战，不能放任自己与自己的宦官为所欲为。比如，在桓帝废黜邓猛女的后位后，他本想立自己更钟爱却身份卑微的田圣为新后，此提议却被儒家集团否决，后者强迫皇帝接受了功臣之后窦妙为后。桓帝驾崩时，窦妙自然被升格为太后。在桓帝本人无子的背景下，按照儒家的名分论，窦妙与其父大将军窦武就获得了从各封国皇室成员中遴选新皇帝的权力。缺乏强政治背景的刘宏最终被选中，以方便窦家对朝政的控制。本来，窦武会按照这样的执政逻辑而成为一个新的梁冀，由此长期把持朝纲。但与梁冀不同，窦武是富有儒家理想主义精神的外戚，并不满足于对纯粹权欲的满足。于是，在窦氏父女的安排下，陈蕃、胡广、李膺、杜密、尹勋、刘瑜等名儒都进入朝廷获得了高位，开始了一场针对宦官贪腐集团的政治整肃活动。他们计划逮捕曹节、王甫等宦官，将其一网打尽。但在168年九月辛亥日（九月初七），计划细节不慎泄露，曹节、王甫决定先下手为强。他们操控皇帝，获得了天子之印、玺、符、节，并挟持尚书下达文书，由此将窦武定义为朝敌。窦武的盟友陈蕃知道情况有变后，便率领仓促武装起来的部曲与弟子试图夺回天子诏令，但惨遭镇压。窦武又调动装备更好、人数更多的步兵营进行了类似的尝试，却遭遇了被宦官集团调来的护匈奴中郎将张奂的精锐边防军。最终窦武也被镇压。宦官集团获得了一场一边倒的胜利。

特纳的权力理论显然能够解释168年政变成败的很多细节。首先，该理论可以解释为何外戚集团与清流集团能够团结在一起对抗宦官。这显然是因为一种深层的说服机制在起作用：按照儒家的名分论，皇帝既需要诞下继承人，自然就需要皇后，而为皇室提供皇后的外戚集团显然也就因此在儒家的名分世界中拥有很高的地位（也正是因为这一点，当年失去与皇室之联姻桥梁的梁冀立即就失去了相关名分秩序的保护）。与之相较，传统的儒家理论却没有为宦官的存在提供特定的名分支持：它们既无法提供皇室的继承人，也可能成为阻碍儒家士大夫与皇帝交流的阻碍——尽管复杂的宫廷运作实际上的确需要宦官提供的各类服务加以支持。而在宦官势力日益强大的桓帝后期，生存空间日益逼仄的儒家集团与外戚集团显然就有了彼此合作的可能。

特纳的权力理论又能解释为何儒家集团与外戚集团的联合行动最终还是失败了。我们当还记得，在特纳的权力形成模型的第一阶段，他提到了前理性的共情机制对于整合团队内部人际关系所起到的关键作用，而此类共情机制的产生又有赖于共同的生活习惯的形成。很显然，如果在一个政治集团中有个别关键性成员的生活习惯与他人不同的话，他/她就会因为无法与他人形成情感共振而导致行动不同步，最终导致整个政治行动的失败。而在168年政变的过程中，这个关键性的异数便是太后窦妙。窦武早就希望能杀死曹节与王甫，却被窦妙阻止，以至于窦武以后制定的除掉曹、王的计划都是背着女儿做的。而在曹节等人利用天子的符、节调动兵马对抗窦武的时候，窦妙却没有积极利用自己的太后身份予以干预（尽管她也不可能去协助这些宦官）。之所以会出现这种貌似怪异的父、女异心的现象，便是因为入宫后的窦妙已经进入了一个与宫外迥异的微观世界。具体而言，正因为皇后的日常起居也需要宦官的照顾，这就使得她与宦官集团产生了一定的共情，而无法下定彻底清除宦官集团的决心。外戚集团内部的女性成员与男性成员之间的这种分歧给整个外戚集团带来的政治风险，还将在189年的政变中得到体现。

至于佩蒂格鲁基于信息控制力的权力观,则能解释为何宦官集团能够在168年赢得如此彻底。换言之,该集团在信息控制权方面的优势使得其始终能料敌于先。首先,窦武旨在清洗宦官集团的行动必须有皇帝的批准才能获得名分,因此,他就不得不以奏折的形式披露这一计划,而奏折的内容本身又很难不被泄漏给作为臣子与皇帝之中介的宦官。其次,作为皇帝权柄的直接物理象征,皇家印、绶、符、节的直接保管人便是宦官集团,而一旦掌握了这些物理符号后,宦官集团就能随意对武装部队的掌控者编造信息,以便通过符号权力兑现硬性暴力资源。而边防军将领张奂也正是在这种情况下糊里糊涂地成了宦官的暴力工具。与之相较,在189年,偶然地失去此类符号权力保护的宦官集团却在武装到牙齿的清流集团的打击下被碾得粉碎。

(丙)少帝时期宦官集团的覆灭与西凉集团的意外登场

在这里,我们将从一个新的角度重新回顾本章开头提到的中平六年(189)政变。因为担心读者会被本章对前两场政变的细节描述绕晕了头,我们再将相关的故事线索梳理一下(不过,下面的叙述角度或有不同)。189年的政治形势其实很类似于汉桓帝刚刚驾崩的168年:在这一年,汉灵帝驾崩,其皇后何氏升格为太后,其子刘辩被立为新帝,其兄何进则以大将军身份屹立朝堂。但灵帝时代留下的宦官集团(即"十常侍")依然强大,正如窦武担任大将军时曹节与王甫的势力依然非常强大一样。至于在窦武时代由清流领袖陈蕃所占据的生态位,在189年则被袁绍与袁术兄弟所占据。不过,由于184年爆发的黄巾大起义,189年的政治形势毕竟与168年有所不同:在镇压起义的过程中表现积极的清流集团获得了灵帝的有限政治肯定,并因此得到了更多的武装权。而利用灵帝建立准私人武装"西园军"的机会,清流集团又在相关人事安排上掺沙子,使得该集团实际上获得了在首都的军事行动执行能力。理论上说,如果该集团与外戚集团联手针对宦官集团的话,缺乏直接武装保护的宦官集团得以幸存的机会就只剩下两个了：其一，利用其对于皇后的影响力延缓对方的行动（正如当年王甫与曹节对窦妙所做的那样）；其二，利用自己所控制的皇帝的权力符号，将对手定义为朝敌。然而，在189年，尽管宦官集团依靠其在长期的宫斗历史中给予何太后的支持而抓住了第一个机会（何太后在为灵帝之后时曾因谋杀王美人而差点被废黜，当时宦官集团曾死保她过关），却没有抓住第二个机会——而之所以如此，又恰恰是因为作为太后的何氏并不支持宦官集团利用皇家权力符号去任命与该集团关系良好的官员担任司隶校尉、河南尹等要职。虽然何太后的这种犹豫态度自有其道理（与当年的窦妙一样，她担心宦官被尽诛后皇室无法运作），但在历史决断的危机时刻，不选边站者只有死得更快。从后果上看，她当时的犹豫既害死了她的哥哥何进，也害死了这些宦官。具体而言，正因为她在人生最后一次与兄长谈话时拒绝了他诛杀宦官的提议，刚走出其寝宫的何进才被偷听到这场兄妹对谈的宦官所杀害；而且，也正因为她始终不愿意使用皇家符号来保卫这些已经因杀死何进而与外戚、清流集团彻底决裂的宦官，袁绍、袁术等人才能顺利地率领自己所能够控制的武装杀入皇宫（期间何进家的部曲也积极参与其中）[1]，最终将数千名各级别的宦官残酷杀害——这就等于摧毁了何皇后多年来在宫内苦心经营的人脉关系。雪上加霜的是，在混战中，为哥哥何进报仇而来的何苗竟然被何进家部曲找借口杀害（详细情况本章开头已有交代，在此不再赘述），这就意味着何太后在失去何进之

---

[1] 汉史专家刘三解先生在私下学术交流中说服我接受了下面这个观点：袁绍虽在"西园军"的组织中顶着"中军校尉"的名号（而且他同时也有"虎贲中郎将"的官方头衔），但冲入皇宫的反宦官武装可能还是以当事人各自的部曲为多，而非有编制的官方武装。从表面上看来，这些人的组织来源固然是削弱了这次政治清洗活动的合法性，但政变的组织者也能凭借其对于自带组织资源的掌控而使得清洗活动被执行得既快又彻底。

后，连何苗这一武力凭借也失去了（顺便说一句，何进、何苗虽然仅仅是宗法上而非血缘上的兄弟，但何苗却与何太后同母，因此，何进虽然忌惮何苗，何太后却未必）。此刻的何太后已经成为砧板上的肉了，问题是谁来切这块肉。

如果接下来爬上餐桌的只有袁绍、袁术的话，何太后的命运或许还不会太惨，因为只要二袁还在技术上继续效忠汉少帝，那么，儒家的名分观就会倒逼他们在形式上继续尊重何太后。问题是，爬上餐桌的，还有西凉董卓。即使他在形式上无法拒绝儒家的名分观，但他本人的特殊地位却能方便他利用该名分观做出对何太后不利的事情。

现在便来细说董卓。作为凉州边防军将领的董卓曾是西凉名将张奂的部下，而且，正如168年的张奂是根据宦官传递的诏令进入首都一样，他本也是尊奉大将军何进的命令进入首都的。行军过程中他虽然得到反悔的何进所遣的谏议大夫种劭的劝阻而停留于京郊的夕阳亭，但何进的突然死亡却使董卓获得了自由裁量自己下一步行动的空间。向洛阳城区进军的董卓意外遇到了仓皇出逃的刘辩与刘协，由此通过"救驾"之功而获得了巨大的政治话语权。而对董卓更有利的是，在何进、袁绍的棋局中本该制衡董卓的并州刺史丁原所部，却因为其主簿吕布的背叛反而成了董卓的筹码。同时，部分失去主人的原何进属下的部曲也投靠了董部，更壮大了其实力。需要注意的是，董卓虽是武夫，却也非常清楚掌握皇帝符号对于维护其权力的巨大意义。而他当时面临的形势是：武力较强的袁氏兄弟缺乏对这些皇帝符号的掌控权，而直接掌控这些符号的宦官势力则已基本被消灭，因此，挡在他与这些皇家符号之间的唯一屏障，便是皇帝与太后本身。于是，他仿照历史上霍光废除刘贺的旧例，废了汉少帝刘辩，并扶持刘协为新帝——而他钟意刘协的真实理由恐怕是因为其母王美人早已过世，因此，这样的安排自然会排除任何一个可能与之掣肘的"太后"的出现。另外，由于董卓与董太后是亲戚,而作为董太后亲子灵帝的骨肉,刘协身上自然又带有董太后的基因,因此,董卓即使基于"亲亲"原则也只能选刘协。① 这一废旧立新的政治安排给何太后带来的影响是灾难性的:她失去太后名分的保护后立即被董卓鸩杀,而董卓的这一残酷行动则得到了基于公羊学的"大复仇"理论的名分掩护(因为何太后在之前已经害死——一说逼死——了董太后,而这当然算是媳妇谋害婆婆的大逆之举)。

正如读者所熟知的,董卓的安排引发了巨大的政治地震,不服从他安排的袁氏兄弟逃出京都,开始在外郡招兵买马,与董卓对抗。汉末内战正式爆发。特纳的权力模型可以解释为何董卓入京后东汉王朝会立即陷入全面的内战。内战之所以爆发的一般条件便是:内战双方都具有相当的政治、军事实力,而且,双方的矛盾已经激化到了无法调和的地步,不得不通过武力来解决问题。在前文的分析中我们也早已看到,对于军事机器的掌握离不开说服机制的起效,而在汉代的语境中,这种说服机制的具体表现形式,便是"名分加持机制"。这也就是说,董卓与反董卓力量之所以能够势均力敌,在相当程度上便是因为各自的"名分加持机制"的工作效能也是彼此势均力敌的。具体而言,反董联军讨董的政治理由是:"贼臣董卓乘衅纵害,祸加至尊,虐流百姓,大惧沦丧社稷,翦覆四海。"(《三国志·魏书·吕布张邈臧洪传》)——换言之,董卓先废后再弑杀少帝的野蛮行为,已经使得他成了当然的乱臣贼子;但另一方面,也恰恰是因为董卓所立的献帝亦是灵帝的亲骨肉,反董联军没有成功地推举诸如刘虞之类的汉室宗亲为对等的皇帝,所以,反董联军就在一个关键的问题上失了分:他们的相关人事决定没有任何皇帝印绶的加持。这种混乱的状态使得各路联军领袖都

---

① 参看《后汉书·董卓列传》所言:"(董)卓与(刘)辩言,不能辞对;与陈留王(注:即以后成为汉献帝的刘协)语,遂及祸乱之事。卓以王为贤,且为董太后所养,卓自以与太后同族,有废立意。"

会按照自己的喜好去"表"自己钟意的将领为各州郡的长官("表"表示先被上级授予官职,后再找机会通过皇权确认),由此引发联军内部的巨大政治纷争。长沙太守孙坚先杀害同僚荆州刺史王叡、南阳太守张咨并掠夺二人之军资,后被袁术"表"为破虏将军与豫州刺史的历史事实,便是这一乱局的写照。总而言之,正因为董卓军与反董联军的名分加持机制都有各自的优势与弱点,双方的争斗才会变得难分难解。

而佩蒂格鲁的信息论(以及笔者对该理论的发挥),则能进一步说明为何貌似掌握皇帝权力符号的汉献帝会在内战中变得无人理睬。笔者已经指出,权力信息的传输需要一定的格式,而错误的格式将导致信息传输的失败。具体到皇权信息的传输上,威严的仪仗与复杂的仪轨便是使得相关信息得以传播的特定格式,因为这一格式本身的存在就足以暗示皇权的特殊性。然而,先后被董卓与李傕、郭汜玩弄的汉献帝从长安出逃以后一路颠沛流离,一度连自己的饮食安全都不能保证,又如何能使自己的皇权信息得到正确格式的传播?他派遣太傅马日磾与太仆赵岐持天子节调停各军阀内战的举动之所以不那么成功,也正是因为这个道理(袁术曾从马日磾手里抢走天子节,使得其羞愤而死)。

不过,传统权力模型的支持者或许会说,汉献帝之所以无法通过正确的信息传播格式来传播他的皇权信息,恰恰是因为他没有掌控足够的资源来支持这种格式的确立,因此,权力的根源毕竟还是对于资源的掌控。针对这种反驳,笔者的意见是:汉献帝之所以无法控制足够的资源来维持正确的皇权信息传输格式,恰恰便是因为他自己的皇位缺乏正名机制的足够加持。换言之,既然在袁术、袁绍眼中汉献帝的权力来源乃是董卓,而董卓自身的政治地位又缺乏正名机制的加持,所以,汉献帝自然也就无法获得稳固的政治地位,遑论利用这种地位兑现对于物质资源的掌控。同时,汉献帝的皇权还始终处在宦官集团覆灭事件带来的阴影的笼罩下:由

于皇权信息的传输无法脱离宦官集团的大力协助,这一集团的消逝自然使得皇权信息自身的信号强度变得十分衰微。①

第五节 小结:别小看"软力量"

"权力"因为与"硬性强制力"之间的天然语义关联,一向被视为各种软性力量——如共情力、说服力、权威影响力——的对立面。但特纳的权力模型帮助我们看到上述软性力量对于此类硬性力量的奠基作用。这一奠基机制背后的哲学理由则是这样的:人类乃是一种具有情感与理性的动物,而人类的暴力能力本身又在

---

① 顺便说一句,汉献帝的名分力量虽然得不到实际物质力量的支撑,但在汉末重建汉室名分体系之威仪的可能性并非完全不存在。具体而言,袁绍为了解决反董名分问题,就曾思考过一个补救方案:立同时具有皇室血统与巨大声望的幽州牧刘虞为新帝(刘的政治声望可以通过他于188年轻松平定张纯在幽州发动的十万人叛乱一事得到证明)。应该看到,刘虞血统的"含刘量"要比刘备高得多(刘备只是年代久远的西汉中山靖王之后,刘虞则是东汉开国皇帝刘秀的长子刘彊[读"强"]之后),故此,若以后刘备敢称帝,倒过来看刘虞称帝也未尝不可。刘备日后称帝的借口是汉献帝被曹丕害死了(虽然真相仅仅是汉献帝被迫退位了),而以此为比照,在真实历史中早亡的刘虞也完全可以汉少帝被害死为借口称帝,并由此认为董卓所立的汉献帝是伪帝。而且,假若刘虞真做了皇帝,凭借他在幽州的人望与临近少数民族的良好关系,也未必会成为袁绍的傀儡,甚至可能反过来凭借这一名分工具吞并他的本地政治对手公孙瓒的人马。若刘虞整合幽州资源成功,他就能重新建立起天子仪仗的威仪,甚至还能在乌桓等少数民族友好力量的帮助下建立起当时的中国弥足珍贵的骑兵部队。由此,他可以通过赐予官爵、派兵威慑等软硬手段调整各路军阀关系,在较短的时间内停止(或减缓)全国内战,建立起一个类似中晚唐那样的地方独立性虽强但依然维护大一统局面的复合型政治格局,由此将汉末人民的痛苦将至最低。但在官僚系统中浸淫过久的刘虞毕竟缺乏草根英雄刘备(以及其祖先刘秀)的那种独立政治人格,白白错失了这一机会,其本人也在与公孙瓒的火并中丧生,让人哀叹。以后的刘氏宗亲中,除了初始力量最弱的刘备具有历史格局感之外,刘璋(西汉景帝刘启之后)、刘表(西汉景帝刘启之后)、刘繇(汉高祖刘邦的庶长子刘肥之后)等刘姓地方诸侯其实都是"自守之贼"(曹操讥刘表语),由此使得汉家的名分之花一直得不到实际政治力量的滋润,最后只能慢慢枯萎。由此再反观新莽时期历史,当年的刘秀竟能以微薄的"含刘量"承担起重建汉朝的重责并最终成功,实为当时华夏之幸。

特别的情感与理性理由的支配之下。因此,若脱离人类的共情力与理性理解力去抽象地讨论暴力的强迫机制,就无异于将人贬低为没有内部心灵生活的纯粹机器。尽管韩非子与商鞅这样的法家或许会喜欢这种人性描述方案,但这并不正确。

不过,特纳对于人性的哲学素描却忽略了另外一个问题:由于人脑的先天生理与心理机制的局限性,人类很容易被外界的信息所操控,并因此成为信息操控者的工具。由于信息资源本身也是一种资源,而信息控制力也算是一种硬实力,所以,传统的基于资源控制的权力观至少在信息控制这一维度上还是有其合理性的。佩蒂格鲁基于信息控制权的权力观,则为上述理论填补了短板。

本书所展现的东汉政治斗争史虽然发生在农耕时代,但当时社会组织的复杂程度已经能够充分体现出软、硬两种力量在权力塑造过程中所起到的作用。同时,也正因为权力形成的机制是如此微妙,汉末的乱局对于权力形成条件的种种破坏将不可避免地导致全国性的权力失序。从这个角度看,一种说明权力如何形成的模型,也自然能成为一种说明权力如何失序的模型。

需要注意的是,本章的讨论多次提到了"名分"概念在获取政治斗争优势时所具有的重大意义。究竟什么是"名分"呢?其在汉儒构架的帝国意识形态中,又扮演了什么角色呢?请看下章的分解。

第五章

儒家名分论与其所孽之"谣"

第一节　导言：从汉末三国的"檄文文化"说起

在前章中我们已经提到，在汉末的内战中，檄文扮演了重要的作用。檄文在本质上是用于晓谕、征召、声讨等的文书，其目的是在征讨敌人的过程中赋予己方以正义性。其潜在的阅读对象应当是敌人阵营中的动摇派，以及在复杂战局中的观望派，因此，散布檄文的最终目的，就是瓦解敌人，并使得观望派最终参加己方。需要注意的是，没有证据表明在秦统一天下的过程中，檄文起到了显著的作用。毋宁说，当时展开在诸侯国之间的外交活动（如"合纵"与"连横"），主要基于对当事人之利弊的分析，而不是基于名分论。用当代哲学话语来说，基于利弊的判断乃是事实判断，关心的是输赢，而基于名分论的判断便是价值判断，关心的是善恶。由于汉帝国对于儒学的推崇，在汉末混战展开时，各军事玩家的意识形态世界已与战国时大不相同。作为军阀，他们当然关心输赢，但作为儒式军阀，他们还希望自己能够赢得符合儒家伦理，以免胜利后还被人嚼舌根子，最终提高统治成本。不过，需要注意的是，因为孙武式军事革命已经造成了不可动摇的路径依赖，儒式军阀对于儒式道德荣誉的追求，是无法倒逼其恢复早就被淘汰出历史舞台的车战的，遑论与之相伴而生的周礼式战争规则。毋宁说，就诡诈程度而言，汉末三国时期的军事斗争，比起孙膑、庞涓时代，是有过之而无不及的。在这种情况下，为了既能使诸玩家所熟悉的孙武式战争模式得到维持，又能使自己的军事行动在最低限度上符合儒道，最经济的解决方案就是展开基于檄文书写的舆论战。需要指出的是，《尚书》中本就包含诸如《甘誓》《汤誓》《牧誓》《费誓》等檄文，因此，在太学受过经学训练的汉儒们，自然也不缺乏在新形势下炮制新檄文的文字技巧。在这种文化传统的影响下，大儒士陈琳便在袁绍的命令下写下了攻击曹操的《为袁绍檄豫州》，日后，他又帮新主子曹操写了针对孙权的《檄吴将校部曲文》。很显然，在这些檄文中，作者都试图将己方军事行动的政治根据与某个"政治帽子"联系在一起，并由此将己方的行动正义化。具体而言，陈琳帮助袁绍攻击曹操的理由之一，便是通过其与宦官集团的历史关系来污名之，这一点前章已有详述，在此不再赘述。而他攻击孙权的理由之一，便是孙权违背了儒道，杀害名士盛宪（字宪章），并杀了自己的堂兄孙辅（原文是："夫天道助顺，人道助信，事上之谓义，亲亲之谓仁。盛孝章，君也。而权诛之；孙辅，兄也，而权杀之。贼义残仁，莫斯为甚！"）。但正如陈琳当年对曹操的攻击多有污蔑之辞一样，他对孙权杀害自己堂兄的指控也和事实不符（真相是：孙辅因私通曹操而被孙权软禁，却未被其处决；此外，孙权杀盛宪虽是真，但其背后或有隐情，比如，此人可能涉嫌参与刺杀了孙权之兄孙策）。这似乎也暗示了儒式檄文撰写的一个特点：撰写者更关心什么样的语言符号能够用来装点自己、侮辱对方，而不太关心事实真相是怎样的。

　　汉末三国军事斗争的"檄文文化"，充分展现了语言观念对政治活动的影响力。按照亚里士多德对于人的定义，人既是"言语的动物"，又是"政治的动物"。这两个定义其实并不互相冲突，而是相辅相成的。这是因为：一方面，政治活动显然高度依赖语言与推理；另一方面，按照人类学家邓巴的研究，人类的话语活动之所以产生，本身就是原始的政治—宗教活动——比如祭祀活动——的需要所倒逼的。① 由此看来，言语活动的组织方式，实际上也会对政治活动的组织方式构成影响。基于上述亚里士多德式的语言—政治一体论，黑格尔在评论中国文化与历史时还进一步提出了如下假设：汉语缺乏西语中的性、数、格变化，而这一特征本就是呼应于中国传统政治架构缺乏实质分工的特征的。② 我大致认可黑格

---

① ［英］罗宾·邓巴：《梳毛、八卦及语言的进化》，区沛仪、张杰译，电子工业出版社，2022年。

② 见黑格尔《逻辑学》（杨一之译，商务印书馆，1996年）第二版"序言"。

尔的假设，只是认为其论依然需要更多细节来使其变得更合理。而要切入相关的研究，我们就需要一个兼具语言学与政治学色彩的关键词来"解剖麻雀"。我选择的切入点乃是"证成"（justification），特别是其在汉语世界中的对应物"正名"（the rectification of names）。概而言之，西方人说的"证成"也好，中国人说的"正名"也罢，乃是在公开的政治活动中赋予特定行动以理由的主要方式——而此类概念在公开辩论词或政治檄文中所扮演的角色，其实便已经提点了相关文化中的政治组织特征。基于上述观察，笔者试图指出：基于"正名"概念的主流儒家证成方式，由于其对于直觉的高度依赖，其合理使用范围只能限于小范围内的熟人共同体。而要在大尺度的国家范围内获得一种更适合的证成方式，基于直觉的传统正名方式，就必须被替换为一种能够包容精细化命题思维的新语言组织方式。不过，在古汉语固有特征的限制下，这种能够承载新语言组织方式的政治言说方式，从未成为中国古代政治活动的主流。毋宁说，在两汉，对于先秦正名说的升级是沿着另外的演化路径展开的。具体而言，在汉帝国的政治背景下，主流汉儒在《春秋繁露》《说文解字》与《白虎通义》等文献中对于"正名"论的强化表述，其实是通过对儒家名分论的全面建制化而使得既定意识形态预设变得更为僵化，并进一步挤压了公共政治生活中进行批判性思维（特别是证伪性思维）的空间；此外，名分创制活动对于创制者所掌握的社会资源的高度依赖，也使得资源掌控者有更多的机会让新创制的名分成为牟取私利的工具。这最终就使得旨在强化政治稳定的名分论很难不经由这种私利的掺杂而走向自己的反面：谣言。

第二节　名分、名器与认知战

"正名"的说法显然来自于孔子。《论语·子路》讨论"正名"问题的经典段落如下：

子路曰:"卫君待子而为政,子将奚先?"子曰:"必也正名乎!"子路曰:"有是哉,子之迂也!奚其正?"子曰:"野哉,由也!君子于其所不知,盖阙如也。名不正则言不顺,言不顺则事不成,事不成则礼乐不兴,礼乐不兴则刑罚不中,刑罚不中,则民无所错手足。故君子名之必可言也,言之必可行也。君子于其言,无所苟而已矣。"

《论语·颜渊》另有相关的著名段落:

齐景公问政于孔子。孔子对曰:"君君、臣臣、父父、子子。"

从上下文可知,子路与孔子的这段对话牵涉到了当时卫国非常复杂的政局。当时卫国的国君叫蒯辄(卫出公),而流亡在外的公子蒯聩实际上是蒯辄的父亲。蒯聩在外部势力的支持下回卫国夺取政权,于是发生了与儿子的多次政治冲突。他虽一度复辟成功(由此成为"卫庄公"),但最后还是因为举措乖张,不得人心,以失败告终。而已在卫出公手下出任官员的孔子门徒子路,则针对目下的局势向老师咨询了意见(顺便说一句,后来子路本人则在与蒯聩颠覆势力的斗争中身亡)。孔子便顺势给出了其关于"正名"的看法,其中"名不正、言不顺"一语在日后成了家喻户晓的名句。

孔子给出的上述评论有两个特点值得注意:第一,孔子在与子路的对话中并没有对卫国的政局发表具体评论,而是就"何为得到'正名'的行动"这一点给出了一般性的评论。这也就是说,孔子心目中是存有一个关于"理由给予"的规范性活动的一般性标准的。第二,"正名"所说的"名"并不是指现代语言分析哲学语境中的"名称",而是指作为规范性研究范畴的"名义",因此,"名正言顺"指的就是事物的"实然状态"与其应该具有的"名义"之间的相即状态。考虑到这种意义上的"名义"往往是以谓述的形式在语言里出现的,因此,从今天语言哲学的角度看,孔子在此说的"名"恰恰不是"名称"(proper name),而是"谓述"(predicate)。

依据上述思路,任何有待被评论的对象——一位具体的国君或其做出的事迹——之所以具有政治上的合法性,乃是因为其符合了评论者心目中的某种先验的规范。比如,前面提到的蒯聩到底是不是一位合格的国君,得看他是否符合评论者对于合格国君的期待。如果符合,便是"君君"(即"这个具体的君符合'君'之标准"的意思),否则就是"君不君"。

这里的问题是:关于君主的规范如此之多,孔子是不是主张将其全部罗列出来,然后将其一条条与当下君主的行为进行比对?

至少《论语》没有带给我们这样的印象。毋宁说,孔子往往在特定的语境中对无法被正名的行为表示愤怒,而很少对被批评对象行为的不合理性进行复杂的推演。换言之,他似乎只是满足于将当下的对象与头脑中固存的某种刻板印象(stereotype)进行比对,一旦二者匹配失败,他就会将负面的价值投射向被评价对象。譬如,他对于"八佾舞于庭"的贵族季孙氏的不满(《八佾》),对于学生宰予白天睡觉的行为的不容忍态度(《公冶长》),以及对于故交原壤叉腿而坐的不雅行为的情绪性表达(《问宪》),都属于此类即兴认知活动的产物。而此类情绪性评价是否还能经得起事后冷静思考的考验,也的确在两可之间。譬如,东汉哲学家王充就在《论衡·问孔》中提出了这样的一个问题:如果白天睡觉的宰予真是"朽木不可雕"的话,这就说明他本性顽劣——但既然如此,孔子为何还是将其收在门下呢?而假若他没有到"朽木不可雕"的地步的话,孔子用如此激烈的话语来批评他如此细小的过失,是不是就有一点过分呢?(其原话是:"其非宰予也,以大恶细,文语相违,服人如何?")

在王充看来,由于孔子的正名说缺乏对被标签为"不可被正名的行为"的一般性规范阐述,这就很容易使道德评判者给出的道德评判结果时重时轻,缺乏统一的标准,由此使得被评判者难以心服。需要注意的是,孔子的道德直觉与王充的批评之间所展现出来的张力,是可以在现代认知心理学的语境中被加以重新理解的。

按照心理学家卡内曼(Daniel Kahneman)的观点,人类的认知系统本就有"快""慢"两个系统——前者基于直觉,并往往基于对事态的快速当下反应①(这大约就是《孟子·公孙丑上》所描述的情形:"今人乍见孺子将入于井,皆有怵惕恻隐之心");后者基于反思,并依赖对于事态的细节化观察与逻辑推演(如今日的伦理学家在解答"电车难题"时所展现出的踟蹰)。按照美国汉学家森舸澜(Edward Slingerland)的观点,孔子的正名论大约就对应于上面说的"快思维"(不过他本人更喜欢"热思维"这个隐喻),而且,按照一种乐观的估计,一个成熟的儒家学者可以通过长期的训练而得以在复杂的语境中给出正确的道德直觉(即"七十而从心所欲不逾矩",见《为政》)②。然而,按照王充的悲观估计,这种直觉判断的适用范围似乎相对有限,因为此类判断的有效性很难通过他在《问孔》里发起的"融贯性检查"的拷问。

我本人虽对王充之论比较同情(相关讨论详见第七章),但还需要做出一番重要的批评性补充。严格地说,如果我们将《论语》仅仅视为对孔子与其弟子之间言谈的记录的话,那么,在特定场合下孔子对宰予或原壤的批评即使分寸失当,依然是熟人圈内的准私人事件,缺乏公共意义。从这个角度看,王充对孔子本人的批评的确略显苛刻。但同样需要注意的是,即使在《论语》尚未被升级为"五经"的汉代,这部典籍也已经成为大众教育文本的一部分(汉代儿童一般从八岁开始学习《论语》③)。因此,如果《论语》所描述的这些孔子言行通过公共的传播渠道而成为社会行事的基准,那么其缺乏超语境的普遍适用性的缺点的确就难以被遮掩了。从这一角度看,王充的批评又能体现出更多的合理性。

---

① [美]丹尼尔·卡内曼:《思考,快与慢》,胡晓姣、李爱民、何梦莹译,中信出版社,2012年。
② [美]森舸澜:《为与无为:当现代科学遇上中国智慧》,史国强译,现代出版社,2018年。
③ 王子今:《汉代儿童生活》,三秦出版社,2012年,第98页。

不过，也正因为孔子的正名学说缺乏特定反思机制的"校准"以抵消基于道德直觉的判断所难免的误差，这就使得此说很容易成为某种政治偏见（甚至邪见）的包装技术。在20世纪的历史中能为这种可能性提供注解的最著名的政治事件，莫过于纳粹德国的全面反犹宣传了：任何一个人只要被套上"犹太人"的帽子，就会被打入万劫不复的境地，而没有人会仔细检查当事人在历史上是否真正做过危害德国的事情。而即使在那些不那么可怕的案例中，基于特定名分的快速思维方式依然会带来那些在不少"批判性思维"教材中被反复提及的思维陷阱：诸如"花车效应"（别人说什么我就信什么）、"锚定效应"（先入为主的意见很难再被改变）、"框架效应"（被故事叙述者的话术框架拘束了思维），等等。换言之，孔子的正名论，的确有被改造为一种认知战武器的可能。

孔子学说的支持者会反驳说，纳粹的反犹主义与孔子基于"仁"的价值观显然是彼此抵触的。这一说法固然不错，但儒家的名分论与纳粹的种族主义叙事的展开，毕竟都以民众头脑中固有的"刻板成见"为支点。因此，二者在认知模式上具有深刻的同源性。此外，与佛教意识形态不同，儒家意识形态并不全面否定暴力，而只愿意否定缺乏名分论支持的战争行动，这就使得在错误名分加持下的残酷暴力行动照样会在一个未必赞成种族主义的儒家社会中孳生——如在汉代常见的基于"大复仇"理论而展开的家族仇杀，以及基于不同当事人对名分论的不同理解而展开的汉末军阀大混战。

正如本章"导论"所指出的那样，与战国时代纯粹的灭国吞并战争不同，汉末军阀大混战的名分论意味很浓。无论是反对董卓的"酸枣联盟"的建立、袁绍对张邈与臧洪的劝降（此二人都曾是袁绍在反董战争中的盟友，后因为对政治情势理解之不同而与袁分裂）、袁绍在官渡大战之前对曹操的宣传攻势，还是曹操在赤壁大战之前对孙权集团的宣传攻势，其实都借助于儒家名分论而为自己的行动寻找正当性依据。而在魏、蜀、吴三个地方政权各自建立之后，三国各自的文宣机构又炮制出不同的"鼓吹曲"来宣扬己方的政治正义性。从这个角度看，频繁的认知战活动的确是伴随着整个汉末三国时期的军事斗争的。那么，基于名分论的认知战究竟是如何展开的呢？下面就是笔者梳理出来的一条利用儒家名分论来进行认知战的路线图：

第一，锁定需要被攻击的目标（比如袁绍眼中的曹操集团、曹操集团眼中的孙权集团，等等）。

第二，凸出目标的主要负面特征，略去其优点（如陈琳在《为袁绍檄豫州文》中对曹操的攻击："操赘阉遗丑，本无懿德，僄狡锋协，好乱乐祸"等）。

第三，通过上述步骤使得目标对象的概念标签本身被"污名化"。

第四，通过信息传播技术，并利用心理学所说的"花车效应"，将上述对特定人群进行"污名化"的刻板成见植入广大受众的认知框架。

第五，动员那些被植入上述刻板成见的社会成员进入真实的政治斗争。

需要指出的是，即使在信息传播技术相对落后的古代，具有较大财力与社会动员力的一方依然有能力将自己制造的刻板成见植入更多人的认知架构（比如，在汉末的政治斗争中，讨伐檄文的发布就往往依赖于发布者对交通道路的掌控；而同在儒家文化圈的古代日本，关原合战后德川方与丰臣方的势力也各自利用当时刚出现在日本的活字印刷术来传播对己方有利的战况资讯①）。因此，基于名分论的认知战，在根底上依然是一种物质与技术力量的比拼，而与被传播的信息的真假自身无关。而这种只问成败，不问是非的马基雅维利主义态度，甚至也使得具体信息的编制者本身

---

① ［日］横田冬彦：《天下泰平——江户时代前期》，瞿亮译，文汇出版社，2021年，第2—5页。

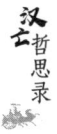

的人格也被高度工具化了(譬如名儒陈琳的"工具人"地位)。这种高度的工具主义态度最终使名分本身也被工具化了,换言之,使得名分变成了"名器"。

不过,关于孔子的正名论被工具化的进程,上文所进行的勾勒依然是非常粗线条的。下节所要展开的更精细的考察将向我们揭示此进程得以发生的关键:荀子对于孔子正名论的名器化改造,汉儒对于这一改造成果的全面建制化。

第三节　荀子与汉儒对于正名论的修正:人为法对于习惯法的置换

前文已经指出,基于直觉判断的正名活动若仅仅局限在熟人圈里,即使评判结果缺乏足够的正当性,也不会对公共生活造成太大的困扰。而东汉哲学家王充之所以在《论衡·问孔》中对孔子相关言行的公正性提出质疑,也主要是因为:经过汉代经学家的改造,《论语》中的孔子形象在汉代意识形态架构中已经被高度神化,由此使得《论语》中相关记录的不严谨性会经由信息传播管道自身的乘数效应而被放大。从这个角度看,假若没有主流汉儒对于春秋时期儒学形态的改造,王充对于孔子的原始立场的哲学批判的合理性就会大打折扣。所以,为了能更公允地对待孔子,对于正名论的更精细的考察就不能仅限于对孔子本人学说的考察,而要将孔子后学对于其学说的修正也囊括其中。

一言以蔽之,孔子后学修正孔子正名论的思想要点,即将春秋时期正名论对于习惯法的依赖置换为对于人为法的依赖。从哲学角度看,习惯法与人为法之间的对立,大约对应于古希腊的智者学派所彰显的"physis"(自然)与"nomos"(规范)之间的对立——前者乃是经由历史习惯积淀而形成的"惯常做法",未必构成成文法;后者则是经由特定立法机构主脑的意志而形成的强制性规定,往往以成文法的形式出现。那么，孔子所维护的周礼系统，到底属于习惯法还是人为法呢？我倾向于认为属于前者。诚然，作为一份历史文献的《周礼》的确包含了一套非常复杂且具有成文法外观的仪轨制度，但这份文献本身要到西汉末年才经由刘向、刘歆父子的"发现"而进入公众的视野，且直到宋代，其真实性都受到诸如苏辙、欧阳修等名士的怀疑①。因此，作为现存文献的《周礼》本身可能就是经过汉儒大量"二次创作"后的产物，与孔子心目中的周礼未必完全重合。需要注意的是，与将周礼的创制者归于周公的当下一般见解不同，孔子本人说得很清楚："殷因于夏礼，所损益，可知也；周因于殷礼，所损益，可知也。"（《论语·为政》）——换言之，他更愿意强调周礼体系对于夏礼与殷礼的继承性（而非断裂性），并经由这种强调凸显了周礼的习惯法色彩。当然，孔子对于季孙氏"八佾舞于庭"的愤怒，貌似凸显了他心目中的周礼体系的成文法面相，但考虑到季孙氏使用的"八佾"仪轨本就属于周天子，因此，对于此类过于明显的僭越行为的判定本就不需要严密的礼法知识的辅佐，而只需要基于习惯而形成的当下直觉。

然而，战国时期，上述局面在作为孔子后学的荀子那里发生了重大的改变。荀子思想的特点，是既提高先秦之"礼"的强制性色彩，又提高其在细节上的分辨率，以便应对奸佞遍地的现实，因此，有人就认为荀子的思想道路实与法家暗通款曲。不过，据我浅见，荀子思想的基础依然是儒家仁义观，与法家之类似仅仅是表面的。同时，在我看来，荀子的思想道路，其实已经给出了一种比主流汉儒更佳的儒礼恢复方案：既不需要彻底向秦政投降，又能尽量适应比周政下的小国寡民更复杂的国家形态（本书第八章将引入对于荀子与日本儒生荻生徂徕的比较，在此只是略提一笔）。不过，需

---

① 苏辙与欧阳修对《周礼》的怀疑，其实还关涉到王安石通过《新经周礼义》一书支持他自己的变法方案的历史背景。虽然宋史的材料不是本章关涉的主要范围，但耐人寻味的是，本章将要涉及的汉代"改革家"王莽也与后世的王安石一样，试图通过《周礼》来进行"革新"。

要注意的是，荀子思想的确包含了一种风险，那就是通过对于"礼"的强化，而将周政下的习惯法偷换为成文法，并由此使得公共权力能够以"礼"的名义干扰私人空间。除非像荻生徂徕那样明确提出公域与私域的区分，否则这一隐患便始终会以干扰个人自由探索空间的方式，阻止社会更复杂形态的构成。具体到正名问题上，荀子的下述表达就为"王者"对于"民众"的思想掌控开了方便之门：

> 故王者之制名，名定而实辨，道行而志通，则慎率民而一焉。故析辞擅作名，以乱正名，使民疑惑，人多辨讼，则谓之大奸。其罪犹为符节度量之罪也。故其民莫敢托为奇辞以乱正名，故其民悫；悫则易使，易使则公。其民莫敢托为奇辞以乱正名，故壹于道法，而谨于循令矣。（《荀子·正名》）

从上述引文看，荀子所说的"王者"显然就具有了按照自己的判断来制定名分体系、约束百姓行为的巨大政治权威。那么，这个"王者"究竟是谁呢？荀子虽然没有明说，不过从"……故明君临之以势，道之以道，申之以命，章之以论，禁之以刑"（《荀子·正名》）一语来判断，战国时代一般意义上的"君"都能成为他心目中的"王者"的备选者。这显然是将孔子的正名论所不具有的一个新因素——权力主导者的个体意志——带入了正名论的场域。由此，正名论所遵循的习惯法传统，已经被偷换为人为法的传统。

虽然荀子本身的政治地位在汉代一直没得到提升，但是他对于正名论的这一重大修正却在汉儒的思想体系中生了根。在这方面，两汉各自的首席意识形态专家董仲舒与班固，以及汉代最重要的文字学家许慎都分别以自己的方式发展了荀子的思路。

董仲舒在《春秋繁露·深察名号》里写道：

> 深察王号之大意，其中有五科：皇科、方科、匡科、黄科、往科。合此五科，以一言谓之王。王者皇也，王者方也，王者匡也，王者黄也，王者往也。是故王意不普大而皇，则道不能正

直而方;道不能正直而方,则德不能匡运周遍;德不能匡运周遍,则美不能黄;美不能黄,则四方不能往;四方不能往,则不全于王。故曰:天覆无外,地载兼爱,风行令而一其威,雨布施而均其德。王术之谓也。

此段文字用"皇""方""匡""皇""往"等与"王"同韵母之汉字解释"王"的做法的深层根据,是在许慎的《说文解字》中才得到说明的,在此我们暂且不表。更关键的问题是,荀子的正名理论对于君主权力的隐微式提点,已经在董仲舒的文本中被升级为对于君主权力的全面讴歌——而且这种讴歌恰恰是以正"王"之名的名义而进行的。这或许是会让孔子本人感到惊讶的一段评论。这是因为,按照"君君、臣臣、父父、子子"的原始正名论思想,限制君主行为的规范与限制臣子行为的规范构成了一个彼此制衡的机制,而使得整套机制得以成效的习惯法力量本身,则要大于任何一个君主的主观意志的力量。但在董仲舒的名号论体系中,上述制衡机制却被取消了,而对于"王"这样的带有权力色彩的汉字的语义澄清活动则使其具有了某种凌驾于其他汉字的至高无上性。

转眼到了东汉。班固在其主持编纂的《白虎通义》中,除了鹦鹉学舌地跟着前朝的董仲舒全面美化对于"皇"这样的带有政治色彩的汉字的语义修饰之外(见《白虎通义·号》篇:"皇,君也,美也,大也。天人之总,美大之称也"),还更为明显地在社会规范的层面加强了人际关系之间的不平等性。比如,在《白虎通义·三纲六纪》篇中,他便将在《论语》中被模糊提及的父子关系进一步界定为:"父者,矩也,以法度教子也;子者,孳也,孳孳无已也",并将夫妇关系定义为:"夫者,扶也,以道扶接也;妇者,服也,以礼屈服也"——由此将父子关系与夫妇关系可能具有的别样的语义属性加以遮蔽。

需要注意的是,董仲舒与班固对于关键性汉字的界定方式是与基于亚里士多德式逻辑的"属加种差"(genus et differentia)式定义方式格格不入的,尽管二者都试图用成文的阐述取代当下的直觉。概而言之,任何一个柏拉图的《对话录》的读者都应感到,作为亚里士多德的学术先辈,苏格拉底在界定一个哲学关键词(如"善""爱"与"虔敬")时是如何虚怀若谷地看待任何一个对既有定义构成威胁的反例的,而且,他还在这种哲学讨论中预设了任何一个对话参与者在人格与智力上与自己的平等。而在此类讨论中,基于形式逻辑的归谬法亦扮演了重要的角色,以便让当事人了解其所主张的某个断言会在何种情况下被证伪(在下节中我们将更为全面地讨论"可证伪性"问题)。与之相较,董仲舒与班固的汉字界定方式却是基于非常粗疏的类比式思维的——譬如,仅仅因为某字与某字谐音或分享韵母,就用第二个汉字来注释第一个汉字。但这种比附很难在苏格拉底式的拷问中幸存下来:如果与目标汉字语音接近的汉字并不止一个,那么,为何一定要用其中的一个而不是另一个来注解目标汉字呢?譬如,为何班固能够说"夫者,扶也,以道扶接也;妇者,服也,以礼屈服",别人就不能说"夫者,负也,负妇为夫;妇者,浮也,浮浪为妇"呢?

而在汉儒的传统中,对上述质疑的最终解决方案并不是给出某种解释性的说明来排除对于目标汉字的竞争性解释,而是通过带有政治目的的字典编纂工作来让公众遗忘这些竞争性解释的存在。这也便是许慎的《说文解字》所试图完成的任务。在该书的《叙》中,许慎写道:

> 古者庖牺氏之王天下也,仰则观象于天,俯则观法于地,视鸟兽之文与地之宜,近取诸身,远取诸物,于是始作《易》八卦,以垂宪象。及神农氏结绳为治而统其事,庶业其繁,饰伪萌生。黄帝之史仓颉,见鸟兽蹄迒之迹,知分理之可相别异也,初造书契。

从今人视角视之,将汉字的来源归于庖牺氏、神农氏、仓颉等上古英雄,仅是基于传说的臆测,缺乏实证证据。但是许慎却利用了国人对于历史习惯的高度依赖心理以及批判性思维的匮乏,通过虚假的历史陈述使得受众接受了他本人所创造的汉字解释系统的历史谱系。在这一总的理路的统摄下,许慎归纳了汉字构成的六种方法(象形、指事、会意、形声、转注、假借)——而需要注意的是,类比思维方式几乎在上面提到的某种汉字构成方式中都扮演了重要的角色。与之相较,西方语文学高度重视的句法学(syntax)却在许慎的符号体系缺乏地位——尽管在乔姆斯基(Norm Chomsky)看来,基于句法的自由变换而产生的造句能力才是人类(注意,不仅仅是西方人)有别于动物的关键性特征。顺便说一句,现代语言学家徐通锵曾遵循许慎的思路将汉语视为一种基于字法而不是句法的语言①。此论虽在语言学层面上颇有创新之义,却也在不经意之间暴露出了古代汉语难以承载批判性思维的一项技术性缺陷:基于字义的正名论理路由于过于敏感于字义而非句法结构,最终使得逻辑推理难以展开——因为使得逻辑推理得以进行的真值(truth-value)概念恰恰需要句子作为承载者。

本节的讨论虽然貌似是纯学理的,却对应了两汉历史中的大量现实政治操作,如王莽篡汉。

第四节 王莽对于名分论的利用

王莽篡汉的过程异常复杂,在此仅举与上文直接相关的一例②。公元6年,平帝(刘衎)崩,已掌控朝纲的王莽立孺子婴为皇太子。很显然,既然孺子婴并未继位,当时汉朝是暂时没有皇帝的。王莽虽然此刻已经有"安汉公"的名号,但还不满足,便发明

---

① 徐通锵:《汉语字本位语法导论》,山东教育出版社,2008年。
② 对于相关历史过程更详细的梳理,见张向荣《祥瑞——王莽和他的时代》(上海人民出版社,2021年)。

了"假皇帝"(代理天子从事宗教仪式时的称呼)与"摄皇帝"(代理皇帝处理政务时的称呼)这两个新名号,自己代行天子之权。"假皇帝/摄皇帝"是汉代成宪中没有先例的政治存在,因此,按照基于习惯法的孔子式正名理论,这一步操作可谓"名不正、言不顺"。但既然自荀子后正名论的理论基础已经从习惯法转为人为法,王莽的拥戴者就可以通过随意解释历史来给"假皇帝"正名。他们最后找到的历史先例乃是周公辅成王的故事:"《书》逸《嘉禾篇》曰:'周公奉鬯立于阼阶,延登,赞曰:假王莅政,勤和天下。'此周公摄政,赞者所称。"(《汉书·王莽传》)。很显然,正如班固在《白虎通义》中对于"妇"与"服"之间的语义比附没有考虑到反例的存在一样,王莽拥戴者在"假皇帝"这一新政治名号与周公先例之间的比附也没有考虑到下述反驳的存在:当年周公所辅佐的成王已经继位为周天子了,而今日的王莽却故意不让他名义上辅佐的孺子婴继位——因此,假若王莽真要效法周公,他首先就要让孺子婴立即成为真天子。这其实是一个很容易被想到的反驳。很显然,如果王莽身边之人不拿出这一"批判的武器",天下想到这一反驳方案的人就迟早会进行"武器的批判"(如果他们恰好也有武器的话)。不久后,安众侯刘崇、东郡太守翟义就先后举起反莽的大旗,二人虽皆事败身死,其事迹却大大鼓舞了后来者,以一波又一波的起义浪潮摧毁了短命的新莽政权。不过,中华文明却也在此改朝换代的过程中付出了巨大的代价,以至于一度繁荣的首都长安在兵燹中被毁,历经东汉一朝也未恢复元气。基于任意制造名号而进行的政治操作所带来的负面政治效果,由此可见一斑。

需要注意的是,王莽创制"假皇帝"这一新名号的历史事迹,其实也为"名分"向"谣言"的转变提供了真实的阐释案例。具体而言,任何一个有正常猜测能力的观察者都能看出,王莽创制上述新名号的目的是为将自己最终升格为真皇帝提供政治过渡。《汉书·王莽传》记载了这一过渡最终完成的过程:看出王莽心思的儒生哀章制作了两个铜匮,上面各有两道标签,一道写着"天帝行玺金匮图",另一道写着"赤帝行玺某传予黄帝金策书"。后一个铜匮里有策书,说王莽就是真天子,王氏代刘氏为最高统治者,是符合天意的。不过,在临门一脚的时候,王莽又碰到一个难题:在禅让仪式中,他还需要一个禅让主体,以便将大汉的江山委托给自己。但这个主体是谁呢?显然是当时的大汉天子。但前面我们已经提到了,他始终未将孺子婴升格为正式天子,因此,孺子婴没有资格将其皇位禅让给他。至于立即让孺子婴登基,然后再让其禅让,则显得"吃相"过于难看,也不妥当。幸好那个叫哀章的儒生已经有了解决方案。他所献的一个铜匮上不是写着"赤帝行玺某传予黄帝金策书"吗?按照汉代的官方意识形态,这"赤帝"就是汉高祖刘邦的真正父亲,因此,此话就等于明示王莽,禅让的主体可以是刘邦。不过,既然刘邦早就死了,这种禅让过程又如何完成呢?依据汉代人的世界观,这也不是问题,因为他们本就认为人死后灵魂是存在的。于是,在汉高祖刘邦的牌位之前,礼官假托刘邦之灵的名义,将大汉江山禅让给了王莽。

从现代知识论的角度看,哀章与王莽完成的这次政治"双重奏"乃是颠倒了信念证成中的"信念—证据"关系:按照正常的信念证成过程,信念(如"王莽应当成为真皇帝")的成立是需要证据加以支持的——而既然此类证据能够起到支撑信念的作用,它就不能预先肯定信念的内容并由此造成致命的"循环论证"。而在哀章的例子中,他却分明是将包含了目标信念内容的伪造证据当成了支撑信念的根据,由此使得严肃的政治论证活动变成了一种"通过谣言支持信仰"的闹剧。看得更深一点,诸如"假皇帝当为真"之类的政治谣言之所以在西汉末年层出不穷,也恰恰是因为已深深嵌入汉代政治文明的"正名"机制过分强调了特定名分在论证中所起到的作用,并由此引诱大量参与这一概念游戏的"玩家"去根据已定的名分随意裁剪甚至伪造各种支撑性材料,并最终失去了对于谣言的理智抵抗力。请不要低估哀章的这种貌似荒唐的政治操作的后续影响力。从表面上看,东汉王朝的开创者刘秀的

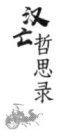

确是完成了对于王莽个人的政治否定,但由于整个东汉的官方意识形态都没有否定王莽其人所依赖的整个"正名"思维传统,该传统所诱发的谣言效应,又会继续像难以根治的慢性病一样影响着东汉王朝的政治稳定。

不过,直到现在为止,我们对于谣言的讨论都还是旁敲侧击式的。下面就让我们来直面这一话题。

第五节 从正名论到冻结"证伪思维"的谣言

现代汉语中的"谣言"基本上可以按照英语中的"rumor"来加以理解(顺便说一句,"rumor"的词源乃是拉丁语"rumorem",意思是"噪音")。从现代社会学的角度看,"rumor"的意思是:"关于得到公众关注的某对象、事件或事项的夸张解释,而且此类解释已在人群中得到了传播。"[①]从这个定义看,"谣言"不仅仅是"假信息",而且具有如下两个额外的特征:(甲)所涉及的对象是得到一定关注度的;(乙)其自身具有一定的传播度。

需要指出的是,两汉历史背景中的"谣言"的意思或许与现代社会学的上述定义略有差异。"谣"这个字有"歌谣"的意思,或说得更清楚一点,合着音乐唱的叫"歌",光凭嗓子唱的叫"谣"。(见《毛诗正义·魏风·园有桃》:"曲合乐曰歌,徒歌曰谣。")考虑到这种意义上的"谣言"往往是庶民用口语流传的某些反映社会形势与民众心境的韵文,因此,相关内容也包含了部分社会真相,而未必就是"假信息"。譬如,汉末魏晋歌谣中"小民发如韭,剪复生"一语,甚至影响了当代网络语言对于"韭菜"一词的用法,可见其生命力之强。不过,就"所涉及的对象是得到一定关注度的"与

---

① Warren Peterson; Noel Gist (September 1951). "Rumor and Public Opinion". *The American Journal of Sociology*. 57 (2): 159-167.

"其自身具有一定的传播度"这两个特征而言,两汉历史背景中的"谣言"与今日所说的"谣言"还是彼此相似的。

按照吕宗力先生的考证①,真正符合现代汉语中"谣言"之语义的信念传播模式有:

(甲) **流言**:带有污蔑、诽谤、挑拨等负面价值色彩且流传甚广的假信息。"流言"的出处乃是《尚书·周书·金縢》中的"武王既丧,管叔及其群弟乃流言于国"一语,本意仅指流传甚广的说法,后经郑玄、孔颖达等人的注释,才逐渐附带上了前述负面含义。流言一旦符合了受众关于某人的刻板成见,显然会带来重大的政治后果,其典型案例便是西汉末年的流言"王莽鸩杀平帝"(前节提到的东郡太守翟义曾利用此流言起兵反对王莽)。虽然没有证据证明王莽真的谋杀了汉平帝,但上述流言却的确符合了对王莽权势表示忧心的拥汉政治力量的心理期待,并一度给王莽造成了巨大的政治压力。

(乙) **谶言**:指表述隐微且对未来有预言力的信念,其本质上是公众的某种预言信仰。从现代知识论的角度看,流言涉及的乃是已发生的事情,而谶言所涉及的往往是未发生之事,因此,对于后者的证伪难度要远高于前者(另外,谶言自身语义的含混性也可以方便传播者随时改变语义解释以使得谶言能符合新的事实)。谶言影响历史进程的一个重要案例,乃是西汉后期流行的"刘秀当为天子"一语。在今人的"事后诸葛亮"式视角看来,这一谶言似乎真应验了,因为在新莽灭后,的确是光武帝刘秀重建了汉朝。但有两方面的考虑会削弱该谶言的可验证性:第一,在当时叫"刘秀"的人未必只有一个,譬如大儒刘歆就曾故意改名"刘秀"以增加自己颠覆新莽政权的成功概率(不过他还是败亡了);第二,光武帝刘秀最后之所以成功,或许主要也并不是因为谶言自身的效力,而恰恰是因为公众对于谶言的普遍预期给刘秀带来了额外的

---

① 吕宗力:《汉代的谣言(修订版)》,四川人民出版社,2023年。

政治优势。换言之,只要相关的谶言能够鼓动足够强大的政治力量,该谶言就能带来一种影响历史进程的神奇力量,而与此同时,谶言自身承载的语义内容却恰恰与这一效力是相对无关的。这就使得谶言与今日实证科学语境中提到的"科学假设"出现了巨大的差异,因为从科学共同体的角度看,一条科学假设的效力当然首先当与其承载的语义内容相关。

（丙）**妖言**:"妖"在《白虎通·灾变》中的含义是"衣服乍大乍小,言语非常"。而从《后汉书·五行志》的记录来看,各种自然灾异与社会反常（如山崩地裂、蛇生双头、奇装异服等）都可以被视为"妖"。因此,对于这些具有"妖"的特点的现象的解释性语言,就是"妖言"。与谶言类似,妖言涉及的是对于未来可能发生的事件的预言,因此,妖言的传播者往往有相对大的解释空间以使得信众接受其所传播的信息。不过,与谶言相比,妖言还有如下新特征:首先,妖言往往会以反常的自然现象作为自己的推理根据,而推理的结论则往往指向某种巨大的政治变动。因此,妖言的传播预设了"天人感应"的宇宙论模型的有效性;其次,谶言的传播更多是"集体无意识"的产物,妖言的传播却往往是(或被认为是)特定组织的刻意行为,因此,此类传播更容易引发官方的关注。两汉时期的两个著名妖言传播事件,即淮南王刘安（汉高祖刘邦之孙）"萤祸百姓、妄作妖言"案（刘安因此被废封国。不过,关于他所传播的"妖言",史料记载不详）,以及与之性质类似而牵涉更广的楚王刘英（光武帝刘秀之子）作妖书谋逆大案（刘英因此自杀,案件牵扯上千人）。很明显,刘安和刘英各自的地方影响力,是导致二人政治灾祸的重要因素,因此,朝廷对于二人的处理方式,或许是有"莫须有"的成分的。但富有讽刺意味的是,被汉廷视为大敌的妖言的深层构成逻辑,却恰恰就是作为汉代官方意识形态之要件的"春秋公羊传"所蕴含的,此即:自然界的祥瑞与灾异能够通过丰富的解释学途径而被视为相关政治操作的根据。因此,既然王莽与刘秀能够通过此类逻辑获取政权,那么,别的政治势力也会遵循同样的逻辑去改变政权。

现在我们就将上文所说的"流言""谶言"与"妖言"统一视为今日所说的"谣言"在两汉时代的三种历史形态。如果我们忽略这三种谣言的具体细节，三者的统一特征便慢慢浮现了出来。此即：它们都冻结了证伪性思维。

"可证伪性"是出生于维也纳的英国科学哲学家卡尔·波普尔（Karl Popper）为了给科学与非科学划界而界定的一个重要概念。在他看来，"以太乃是传播光、电与磁的媒介"这样的科学判断与"耶稣在千禧年会降临"之类的宗教断言之间的根本差别就是：你能够指出在怎样的条件下前者为假，却很难给出后者为假的条件（因为"千禧年"到来的具体年份乃是模糊的）。很显然，在波普尔主义者看来，任何语义含糊的命题都会因为无法获取可证伪性而无法成为科学的一部分。而按照波普尔的思想前辈、法国实证主义者孔德（Isidore Marie Auguste François Xavier Comte）的观点，良好的政治运作便应当建立在扎实的实证科学知识（特别是经济学、社会学知识）之上，否则就无法实现累进的社会进步。因此，如果结合孔德与波普尔二人的观点，我们就不难得出下面的推论：缺乏证伪性的政治操作手段会因为其科学性的匮乏，而无法实现累进的社会进步。若将这个推论沿用到两汉的政治现实上去，我们又会立即得到一个新的推论：因为缺乏证伪思维，基于随意比附的经学式政治意识形态就很难实现累进的社会进步——因为证伪思维的缺乏会使得执政活动中的错误无法得到及时的识别与纠正。具体到本节所涉及的内容上，这就意味着：特定流言对于已发生事件的假定（如王莽谋杀了平帝）得不到证伪式思维的拷问（即怎样的反证据能够证明平帝死因并非如此）；特定谶言对于未来事件的预报方式得不到语义的澄清并由此给不出特定的证实—证伪条件（如"刘秀当为天子"一语中的"刘秀"具体是指谁——尤其在很多人都可能叫"刘秀"的情况下）；特定妖言所承载的语义内容的准确性也得不到类似的正、反两方面的反复考量（从这个角度看，

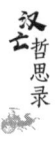

假若刘安与刘英的谋反案确有冤情,这在相当大程度上也便是因为官方对于他们"作妖言"的判定得不到基于相反立场的抗辩)。

从心理学哲学的角度看,证伪思维的缺乏是与"正名"理论所代表的基于"刻板成见"的思维方式相辅相成的:二者的泛滥,都因为当事人想"省力"而不愿意对信念的征伪条件进行基于"慢思维"的反复考量。请注意:这种来自于采集—狩猎时代的"懒人思维法"即使在现代社会中也是普遍存在的。德国认知心理学家吉仁泽(Gerd Gigerenzer)便指出,虽然从理论上说,在甲方与乙方之间建立的契约的完全起效取决于双方是否都履行了其义务并得到了其收益,但从心理学角度看,契约双方依然更敏感于自己获得的收益是否到手,而非自己是否已经履行了义务,或对方是否已经得到了收益。——譬如,广泛的心理学测试就说明,对于"若周末加班就得到一个额外的休息日作奖励"这条契约的有效性,作为员工的被试就会特别敏感于"我加班了却未得到老板的休假批准"的情形,而作为老板的被试则会敏感于"员工多休假了却未为我加班"的情形①。若用证伪主义的话语框架来重述上述研究成果,我们也可以说:即使是作为现代人的雇员与雇佣者,也都会更敏感于契约的"证实条件"而非"证伪条件",因为当事人对于后者的关注既不能带来当下利益的增大,又会带来额外的心智消耗。至于现代社会用以对抗这种"懒人思维法"的利器,就是在社会建制的层面上给予契约双方相等的话语空间以便达到相对公平的博弈结果——而著名的"罗伯特议事规则"(Robert's Rules of Order),②便是对于上述社会建制进行反思后出现的文件成果。

"罗伯特议事规则"的基本原则其实并不复杂:"一次只能提出一个动议""会议表决必须一人一票,且投票者仅限于到会者"。

---

① Gerd Gigerenzer. *Adaptive Thinking: Rationality in the Real World*, Oxford: Oxford University Press, 2002, p. 220.
② [美]亨利·罗伯特:《罗伯特议事规则(第11版)》,袁天鹏、孙涤译,格致出版社,2015年。

不难看出,因为动议的内容被限定,这就阻止了基于"谶言"与"妖言"的思维方式对于讨论对象的模糊化倾向;由于对动议持不同意见的与会者都有投票权,这就使得相关动议被否决的"证伪条件"自然浮现;此外,由于不同社会地位的与会者都能获得平等的投票权,这就使掌握更多社会资源的与会者通过掌握"名器"资源而展开认知战的空间被适当限制(尽管未必被完全取消)。不难看出,产生于1876年的该议事规则的文化远祖,既有古代雅典的民主制(特别是其一人一票的选举制),又有经过亚里士多德的整理而在西方文化中绵延不绝的形式逻辑以及修辞学传统(这一文化传统便利了人们对于动议内容进行语义澄清与逻辑分析)。若用隐喻化的语言来说,上述社会建制的作用,便是通过特定的人为装置,将当事人来自远古时代的快速思维引入慢车道,由此在公共空间中建立起反思的习惯。与之相较,基于正名的思维方式却做出了与此完全不同的文化预设:第一,名器控制者自然拥有更大的公共话语权;第二,对于名器与特定事件的比附式思维排除了针对上述比附结果自身的合理性检讨;第三,公共领域内的思维依然诉诸政治激情,而不是冷静的推理与反思(也正因为如此,陈琳所写的政治檄文才会那么文采飞扬,无论他的主子是袁绍还是曹操)。从这一角度看,在前节中我们看到的汉儒们对基于名器化的思维方式的建制化努力,便自然处在了与罗伯特议事规则完全不同的文化轨道之上。

第六节 小结:"牵狗绳隐喻"与正名论

学界主流的哲学研究方式(无论研究的对象是中国哲学还是外国哲学),往往忽略人类认知架构的一般特征与相关文化产物之间的互动关系,并试图以此维护哲学研究的"纯粹性"。但假若我们的研究目的并不是梳理相关哲学范畴的内部演化过程,而恰恰是哲学观念与历史现实的互动过程的话,那么,上述方法论对于经验科学内容的回避态度便会构成研究者自身的致命盲点。说得更具体一点,任何一个使用特定哲学观念来影响历史的具体个体(无论是董仲舒、王莽还是刘秀)都必然会带有人类来自于遗传的固有认知架构,并在这些架构的先天特征的限制下去创制、理解与使用相关的观念产品。从这个角度看,人类个体的认知框架与其文化产品之间的微妙活动,便成了使得同时期的人类历史画卷得以被展开的底层事件。关于此类底层事件的展开方式,文化传播学家布莱克摩尔(Susan Blackmore)曾有一个很生动的比喻:人类的先天认知禀赋就如牵狗的主人,人类特定的文化产品便如被牵的狗——无论狗跑多远,它都会在牵狗绳的限制下而为主人所掌控。因此,任何文化创制都无法摆脱人类先天认知架构的限制这一"如来之掌"。①

孔子的"正名"理论的相对合理性,也只能通过这一"牵狗绳隐喻"而得到理解。人类认知架构的一项重要任务,就是在面对芜杂的输入信息时通过最快的信息梳理方式尽快给出反应,由此提高对环境的适应性。从这个角度看,"正名"理论因为恰恰诉诸人类认知架构中的"快思维"部分,显然能够帮助认知主体迅速给出道德—政治判断,由此以最节省时间资源的方式促进地方伦理共同体的团结。然而,"成也萧何、败也萧何"。在孔子所处的春秋小共同体社会结构渐渐演化为秦汉式的超级帝国后,统治者所要面对的社会关系的复杂度便有了全面的提升,这就使得本来只能处理简单人际关系的正名理论不敷使用了。在这里,文明的分歧也便出现了:希腊—罗马社会开始演化出一套基于"慢思维"的新社会建制来弥补"快思维"的疏漏;而与之相较,汉儒们则通过系统整理儒家的仪轨而将在"快思维"中模糊呈现的先天社会规范予以明述化,由此强行达成"全社会行动整齐划一"的效果。但需

---

① Susan Blackmore. *The Meme Machine*, Oxford: Oxford University Press, 2000, p. 33.

要注意的是,即使是这样的文化分歧,也没有构成对于前述"牵狗绳"理论的反驳,因为即使是希腊—罗马文明基于"慢思维"的文化构建,也会通过分工协作的方式来降低任何一个社会成员的信息处理负担(比如,元老院等代议组织的出现,正是为了规避"全民民主"所带来的巨大信息处理成本)。而且,即使是在重视逻辑论辩的希腊—罗马文明中,某种与孔子的正名论类似的快思维方式,也会在政治生活中扮演某种"托底"的角色——譬如,罗马元老院议员老加图(Marcus Porcius Cato,前234—前149)在任何一次公开发言后都会加上"依我之见,必灭迦太基"(Ceterum censeo delendam esse Cathaginem)一语,由此强化受众对于罗马之敌迦太基的刻板成见。从这个角度看,孔子的正名论当然具有超越于中华文明的普遍意义。反向观之,甚至希腊—罗马文明对于慢思维的推崇——甚至是其对"证伪性思维"的包容——也并非不能由中国人的认知架构所通达。譬如,哲学家王充就在《论衡》中提出了很多基于归谬法的论证,以便暴露主流经学意识形态中的自相矛盾之处——而终身为汉代基层小吏的王充显然不知道同样热爱归谬法的苏格拉底与柏拉图的存在,而是靠自家修行完成了他的哲学批判(请参看本书第七章的详细讨论)。从这个角度看,基于"逻格斯"的西式哲学思维显然也具有超越于希腊—罗马文明的普遍意义。

但不得不指出的是,西方文明道统中的"经学"显然是包含亚里士多德的古典逻辑的,而有着同样敏锐的逻辑头脑的王充却是主流儒家文明的边缘性存在。这一反差本身就是文明之间差异的鲜明体现:这就好比说,虽然人的基因禀赋既允许人蓄发,亦允许人剃发,但"全人类皆然"的此类禀赋却不能自动消除"好蓄发的文明"与"好剃发的文明"之间的分野。很显然,既然此类分野是如此惹眼,就需要被解释。至于如何解释"正名"理论及其变种在中国文化中长期占据如此主流的生态位,相关的探讨恐怕将不得不涉及特定的生态环境与相关族群之间的关系,其牵涉面之广,已经超越本章处理的范围。不过,从广义的达尔文主义立场视之,上述研究无论多复杂,在本质上依然会以"适应性"(adaptivity)为思考的抓手——换言之,一种文明之所以将"慢思维"加以边缘化,在根底上乃是因为处在该文明的诸个体的确无法通过代价高昂的"慢思维"而获得足够的社会适应度。撰写《论衡》的王充郁郁不得志的一生,以及撰写《工具篇》的亚里士多德在生前所获得的"帝王师"的显赫地位,或许能为上述观察提供两个管中窥豹的注解。

很显然,既然基于正名论的檄文文化无法防止谣言的孳生,而谣言又会引发更多的争端,那么,基于名分论的舆论战就不是调解政治冲突的正途。而在政治冲突无法得到调解的情况下,一些政治赌徒就会在不同名分机器的缝隙中找到崛起的机会,由此使得博弈局面变得更为复杂。而汉末枭雄孙坚,便是这样的一位政治赌徒。我们下章见。

第六章

徘徊在"周政"与"秦政"之间的汉末赌徒孙坚

第一节　导言：为何要关注孙吴集团？

在前章的分析中我们已经看到，基于名分论的思维模式在本质上乃是基于刻板成见的一种近乎于自动的大脑反应。此类反应若仅仅被用来处理小团体内的简单人际关系，尚可勉强应付，但若没有形式化的逻辑思维的襄助，此类反应是无法应对处理复杂人际关系所必须面对的多步骤推理任务的。因此，假若辩论双方已因头脑中植入的刻板成见彼此分殊，基于名分论的思维模式难免就会导致分歧的扩大。而在分歧双方本身均掌握相当暴力资源的情况下，此类口水仗就可能升级为规模不等的内战。为了修补这一缺陷，汉儒试图统一帝国的意识形态，以便将上面所提到的刻板成见加以统一化，但相关的措施效果其实并不理想。这又是因为：带有强大周政基因的儒家意识形态本就与帝国的框架不太兼容，若用电脑软件做比喻，汉儒的操作软件的内部冲突问题乃是内生性的。而此类思想软件对于比附式思维（如"春秋决狱"）的高度依赖，又使得此类软件的不同利用者可以随时根据需要修改推理结果，由此将自己装扮成为正统儒家立场的维护者。更麻烦的是，在汉帝国的政治架构中，由于作为最高世俗统治者的"皇帝"同时兼任作为国家大祭司的"天子"，因此，并不存在一个类似于欧洲中世纪的教会法庭（或今日宪政国家之"最高法院"）的机构来为这些纠纷做出最后决断。而在皇帝本人被弱化的前提下，汉帝国这一宪政结构上的缺陷当然会使得帝国内部的政治分歧难以得到和平处理了。

而在此类宪法层面上的分歧难以弥合的情况下，具体政治博弈者所面临的选项自然也就变得丰富了起来。不少人或许会觉得，既然口水仗已经无法说服任何人，那么，变成孙武式的兵法家，就成为各博弈方提高自身胜率的不二法门。从军事史的角度看，孙武基于步兵战思维的军事理论革命确实对两汉三国时期的军事实践影响巨大。汉末混战的战术特点依然是以步兵战为主，辅之以骑兵战，而骑兵战的规模则一直受到骑兵兵源与马匹来源的掣肘（当时优秀的骑手主要来自南匈奴、羌、鲜卑、乌桓等少数民族）。众所周知，在中国广袤的交战地域内，步兵战的胜负往往取决于将领在广大时空范围内调配兵力的能力，而这一点又取决于其粮草筹措与运输能力。因此，这样的战争形式就自然会倒逼各割据势力建起微型秦政架构，以保证军粮的供应。但需要指出的是，既然汉末的群雄混战引发了割据，而割据又很容易让人联想起周政下的多国体制，所以，割据的现实与秦政的需求之间就产生了一种内在的张力。而孙吴政权便恰好处在这种微妙的张力之中。

应当看到，孙吴政权最后也演化为了帝国（其标志是孙权在229年从"吴王"升级为"吴帝"），而且，就面积而言，其145万平方公里的幅员其实已经达到了后世拿破仑第一帝国之鼎盛期（86万平方公里）的约1.69倍。虽然其尚不如同期的曹魏帝国（曹魏在灭蜀汉之前就占据了近300万平方公里的领土），但也明显超过了蜀汉约106万平方公里的面积。不过，需要指出的是，三国政权各自的"周政/秦政"指数与其所辖面积并无明确关联。面积最小的蜀汉政权其实秦政色彩最浓：为了执行注定劳民伤财的北伐战略，在刘备死后成为蜀汉实际统治者的诸葛孔明对国内的经济资源竭泽而渔，官吏比例竟高达全部人口的15%，而布帛等基础民生物资竟也被强行转换为国家的经济结算工具。[①] 在这样激进的"军事优先"政策的指导下，作为汉朝名义上继承者的蜀汉政权竟挤不出额外的预算建立太学系统以维持儒学的基本颜面，由此成为三国中唯一无太学者。而从政治角度看，刘备之前的统治者刘璋在益州境内留下的封建势力也在政治上受到了压制，无法有效对抗孔

[①] 相关详细分析请参看［日］柿沼阳平：《蜀汉的军事最优先型经济体系》，《史学月刊》2012年第9期。

明的激进财政政策以保护益州民力。而与蜀汉相较,曹魏政权的运作中则稍微多了一些变相的周政因素。我们知道,曹魏政权本就衍生于洛阳的首都政治圈,其"朋友圈"中多帝国型大家庭(特别是袁绍、袁术所在的汝南袁氏)。由于曹操本人身处这些帝国大家庭的边缘,为了自身的利益,他便刻意通过"唯才是举"的标准拔擢官吏,由此绕过"德"这一条为儒式大家族控制的人才评价标准。这似乎便是曹魏政权中的秦政因素。然而,曹操在汉制下对于自身家族利益的全面扩大(比如逼迫汉献帝于213年下诏建立作为超级诸侯国的"魏公国"),又说明他似乎很在意某种与国家政权脱离的家族利益,而不像王莽那样至少在表面上两袖清风——这似乎便是重视家庭的周政思维对于曹操的影响①。但需要注意的是,诸如"魏公国"之类的诸侯国毕竟是仓促建立的地方封国,缺乏历史的积淀,而与孔子所面对的具有历史传统的原版多国体系貌合神离。这一点也就解释了为何代曹魏而起的西晋王朝并未通过分封制而享有西周式的长期和平:被分封到地方的诸皇族因为与所在封地之间缺乏历史关联,并不会像传统封建贵族那样爱护当地的民力,反而会将当地资源视为发动"八王之乱"的资本。一言以蔽之,曹魏—西晋政权中的周政成分具有明显的"盗版"嫌疑。

  而在三国之中,周政因素最为彰显的其实是东吴政权。东吴政权本质上是江北军事集团与江东土豪集团相互协作的产物。来自江北的孙权虽对江东封建势力多有打压,但打压的效果远未达到孔明意义上的最低标准,因此,孙权就很难像孔明那样调集全国力量,不计代价地反复北伐(尽管他很可能是具有这种主观意愿的)。此外,如何将拒绝编户齐民的山越人纳入赋税人口,也是孙

---

① 魏公国辖约十郡,占据冀州核心地带,曹操在国内自设百官、拥九锡、掌握军屯体系,权势远超东汉正常运行期的诸侯王。因此,逼献帝允许自己设魏公国,可视为曹魏代汉过程中的关键一步。

吴政权面临的一大难题——而山越人抗税能力的普遍存在,本身就意味着孙吴政权所面对的这片疆土的"内生封建指数"之高。耐人寻味的是,恰恰是因为孙吴朝廷对国家资源的掌控力有限,反而保护了东吴的民力,并为"永嘉之乱"后东吴故地接纳西晋流亡皇族预留了资源。因此,虽然东吴没有实现统一,却恰恰为延续华夏文明的正统做出了重大贡献,遑论东吴对建康、武昌等长江城市群的建设对于日后长江经济带的发展的奠基性意义。这也就是"周政"与"秦政"之间隐秘的辩证关系①。

因此,孙吴政权便成了在汉帝国崩溃后新政治势力探索"周政—秦政"合适搭配比例的理想政治样板。由于篇幅的关系,本章将在分析这一样板时将注意力进一步聚焦到孙吴政权的奠基者孙坚身上去。与身为皇族的刘备与本就身处首都政治圈的曹操相比,孙坚出身微末,且具有丰富的基层治理经验,而这一特殊的经历本身就造就了秦政因素与周政因素对于他的双重影响:他与乡土关系网的天然联系使得他具有拥护周政的一面,而他与儒式大家庭的阶级矛盾又使他不得不效忠秦政以规避此类大家庭对于其仕途的干扰。到了帝国崩溃的时代,孙坚不幸陷入了想效忠秦政又找不到效忠对象的窘境——而最终意识到父亲所面临的这种战略性绝境的孙策,则干脆选择放弃逐鹿中原并迅速割据江东,由此为弟弟孙权的新政治探索打下了基础。孙氏父子三人的灵活姿态虽带有浓郁的马基雅维利主义气息,却为我们观察复杂政治形势下基层汉朝官吏的政治选择提供了丰富的史料,也为日后的周政爱好者在类似政治局面下的抉择提供了宝贵的历史参考。

需要指出的是,下面所要展开的对于孙坚事迹的考察并非传

---

① 西晋"八王之乱"时,广陵相陈敏曾仿效汉末孙氏割据江东,却兵败身死。孙氏能成事而陈氏却只会败事,关键差异便在于孙氏能驾驭江东士族而陈氏则不能。换言之,孙吴能注重"周政"要素与"秦政"要素之间的比例关系,而陈氏却只会建立起小型的军事强权而逞一时之快。

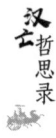

记亦非历史演义①。而在一部讨论思想史脉络的非虚构类书籍中,若要剖析像孙坚这样并未留下诸如《孙子兵法》这样的思想史材料的军事家,就必须立足于对其所身处的思想背景的分析——正如对于电影《阿甘正传》的分析必须立足于美国在越战前后的国内思想背景一样。

解读孙坚思想背景的第一个切入点乃是其老上级臧旻:此人是缺乏儒学背景的孙坚与儒家思想世界联系的隐秘通道。

第二节 孙坚的思想导师臧旻的精神世界

东汉中期的哲学家王充曾在《论衡·谢短》篇中将汉帝国的官吏队伍区分为"儒生"与"文吏"两类:前者通晓儒经,并往往有"孝廉""茂才"等名号加持,具有在帝国官僚阶层内步步高升的可能性;与之相较,后者则通晓各级政府部门的具体事务,有广泛的基层历练,却往往缺乏上升通道。若按照这个二分法去看孙坚,他在官场上的高升显然就是一个奇迹。他家世寒微,在吴郡富春世代务农种瓜,却因参加官军积极镇压172年爆发的会稽郡起义(由许氏父子所发动),而被扬州刺史臧旻所赏识。尔后他在徐州的三县(盐渎、盱眙、下邳)先后为县丞(常务副县长),在将近十年的时间都未被提升为县令。没有"孝廉"等名号加持的孙坚原本很可能就陷在县丞这一秩位终其一生,却因为184年爆发的黄巾起义而有机会成为"臧旻朋友圈"中重要成员朱儁的下属,并因镇压黄巾军的战功被朝廷所识,立即转战西凉,辅佐车骑将军张温对战184年年末起兵的边章、韩遂叛军。由于在长安军事会议上他当众建议斩杀开会迟到的董卓,获得了旁观的清流的好感(后者一直

---

① 想从这个角度解读孙坚故事的读者,请移步阅读笔者的相关长篇历史小说《坚——三国前传之孙坚匡汉》,广西师范大学出版社,2023年。

鄙视身处凉州的董卓）。由此，孙坚极为幸运地离开前线成为朝廷的议郎（皇家顾问），并经过一些细节不太清楚的政治操作而在不久后被外派为二千石级别的长沙太守，最终得到了"乌程侯"的爵位（此乃县侯，为汉朝一等侯爵）。对于他这个出身的小吏来说，这已经是难以企及的天花板了。当然，众所周知的是，在189年开始的汉末内战中，他还将勇敢地突破这一天花板，试图以一己之力挽救帝国（详后）。

在孙坚早期的官宦生涯中，臧旻是一个很容易被忽略，却极为重要的幕后人物。青年孙坚在会稽郡的镇压活动是在臧旻指挥下进行的，其细节虽然不太清楚，但以孙坚区区"郡司马"（即临时扩建的郡属武装别动队指挥官）的名号就能得到臧旻的重视，可见二人当时已经建立了比较深入的合作关系。孙坚获得的第一个县丞官位乃是在徐州广陵郡盐渎县（今盐城），这一点也大有讲究。盐渎与射阳毗邻，而臧旻本就是射阳县人，可见臧氏安排孙坚去自己老家附近做官，就是为了方便他能用上自己在徐州广陵郡的人脉，将官做得舒畅①。至于为何臧旻不干脆安排孙坚去自己的老家射阳做官，也可能是因为他希望孙坚能沾上盐渎本地发达的盐业的光。而孙坚在与黄巾军作战时的积极表现，虽是由朱儁而非臧旻上报给朝廷的（此刻臧旻已亡故），但此事背后肯定也有臧旻的历史影响力的作用。原来，172年许氏父子②在会稽发动起义时，作为扬州刺史的臧旻曾弹劾失责的会稽太守尹端。尹端本很有可能因此而被处死，却因主簿朱儁的暗中疏通，这才得到轻判。按理说，此事很可能会得罪臧旻（因为胆大的朱儁竟然篡改了臧旻弹劾尹端的原文），但耐人寻味的是，朱儁事后依然被举荐为孝廉，可见朱儁对于原主人的封建式忠诚肯定已经得到了臧氏的欣赏。对臧氏释放的官场善意，朱儁肯定是心领神会的。考虑到这层历史渊

---

① 顺便说一句，臧旻在桓帝时代做过徐州从事，自然在徐州人脉通达。
② 即许昭（又名"许昌"）与许生父子。

源,184年年初朱儁在组建针对黄巾军的新官军时能立即想到在下邳为县丞的臧旻旧部孙坚,也就不那么令人奇怪了。

臧旻对于如何处理会稽太守尹端渎职案的二元态度——既向朝廷举报他的渎职行为,又默许别人去暗自搭救此人,甚至默许搭救者得到重要的"孝廉"名号——体现了臧旻意识形态的二元性:秦政与周政因素的彼此糅杂。作为扬州刺史部的刺史(其任务是代表朝廷巡视刺史部下属的郡、国,并举报所发现的各种不法事件),臧旻显然是秦政体制中的一颗螺丝钉,必须忠诚于帝国赋予他的监察职责;而作为土生土长的徐州人,他对徐州以及与之毗邻的扬州的地方官场带有浓郁的封建感情,又使得他的具体执法过程不得不受到人情因素的左右。在这种情况下,他自然就会宽纵同样具有此类封建感情的朱儁。就这一点而言,臧旻的精神世界的确还具有一层"周政"的底色。他留给后世的如下思想史材料也充分体现了上述这种二元性。

这份材料就是臧旻在做扬州刺史之前写下的《上书讼第五种》(收于《后汉书·第五钟离宋寒列传》)。当时臧旻为徐州从事,试图为被朝廷通缉的前兖州刺史第五种辩护。考虑到第五种的故事牵涉到了东汉帝国内部秦政因素与周政因素的微妙关系,下文将花费一点笔墨,将相关事迹的细节呈报给读者。

第五种乃是符合儒家理想的优秀官吏,即他始终以最高的道德诚意,并以最少的官方支出来保境安民。作为曾为光武帝赏识的司空第五伦的曾孙,他的经济实力可能不俗,早年于高密为官时就曾自费向流民散粮以稳定局势——而不是像传统的秦政式官僚所做的那样,将问题层层上报,坐视地方政局全面恶化。由于这种具有周政风格的执政方式的确也减少了中枢的负担,他在桓帝时期被拔擢为兖州刺史,负责监察其下属的各郡、国。但他的兖州刺史却没有像以后臧旻的扬州刺史做得那么顺畅。在他下属的济阴郡,郡守单匡恰好是为桓帝所信任的大宦官单超的侄子:此人凭借桓帝对自己叔叔的宠爱而在济阴贪婪放纵,毫无典型儒式官员所应具有的爱民之心（而桓帝之所以宠信单氏，则是为了报答其在剪灭外戚梁冀的过程中为皇室所做出的巨大贡献）。单匡的恶劣事迹充分说明了，儒式的人情观若肆意突破"邓巴数"的限制而在帝国的广袤疆域内与秦政的官僚系统相互捆绑，最终会给地方政治带来多大的麻烦。而作为典型儒式官僚的第五种，本就看不惯那些能绕开儒式德性评价系统而轻易得官的阉党成员，至于单匡的作为则进一步突破了其所能接受的伦理底线。他开始积极行使其作为刺史的职责，全面搜集单匡的"黑材料"。这就给单匡提出了一个难题：首先，他的确有不少政治把柄留给了第五种；其次，第五种的刺史职守也使他把这些把柄呈报朝廷的行为完全符合大义名分。无法动用任何官方手段阻止反贪利剑落下的单匡开始与黑社会勾结，雇佣武林高手任方谋刺第五种。但谋杀任务竟偶然失败，任方被捕入狱，作为其雇主的单匡处境反而变得更加危险了。不过，由于任方是被关押在京都的，单氏便利用在京关系网帮助其逃狱，使得第五种在临门一脚时失去了重要人证。单匡由此侥幸脱罪。对第五种咬牙切齿的单匡自然要反寻其把柄作为报复。而机会终于被他等到了。原来，出于怀念周政的政治本性，第五种招安了泰山郡的贼帮首领叔孙无忌，以减少朝廷的剿匪费用。但单匡却借机污蔑第五种与匪贼勾结，并动用其在京的关系将其流放到朔方郡。这其实就等于判了第五种的死刑，因为朔方太守董援恰恰就是单超的外孙兼单匡的堂侄：他有一万个办法让第五种"被自杀"。当然，面对宦官集团挥出的这一记重拳，儒家清流集团也不会坐以待毙。他们想到的办法依然是诉诸于黑社会（好吧，为儒家服务的黑社会成员应当叫"大侠"）："大侠"间子直和甄子然在第五种旧部孙斌的安排下，在第五种去朔方郡的路上将其救走，并将其藏匿在某座不为人所知的"安全屋"内。被阉党控制的朝廷则立即借用桓帝的命令发布了针对第五种的全国通缉令。也就是在这个历史背景下，同样作为清流成员的臧旻决定向汉桓帝上书，为第五种说情，由此为后世留下了《上书讼第五种》。

不难想见，这其实是一份很难写的奏疏，因为只要上书措辞不当惹怒桓帝，臧旻自己的政治前途也会受到严重影响。他唯一的策略，就是在默认皇权的权威的前提下，请皇帝意识到宽恕的意义。为了说明这一点，他拾起了汉儒的传统艺能：用《春秋》与先皇留下的先例去压当下的皇帝。他写道：

> 臣闻士有忍死之辱，必有就事之计，故季布屈节于朱家，管仲错行于召忽。此二臣可以死而不死者，非爱身于须臾，贪命于苟活，隐其智力，顾其权略，庶幸逢时有所为耳。卒遭高帝之成业，齐桓之兴伯，遗其亡逃之行，赦其射钩之仇，拔于囚房之中，信其佐国之谋，勋效传于百世，君臣载于篇籍。

翻译成大白话就是：若士人愿意忍辱负重地活着，必然胸怀大计，所以项羽的旧部下季布在高祖得天下后愿意藏匿于朱家（注：一个鲁地土豪），春秋时的管仲明知自己曾差点射死公子小白（即以后的齐桓公）还愿意继续为小白服务，由此与前同事召忽分道扬镳（注：召忽因不想做小白臣子而自杀）。此二人之所以设法保全性命，并不是因为他们贪生怕死、卖傻弄权，而是因为他们相信自己的确生逢盛世，留下性命才能大有作为。而历史也恰好真是如此：汉高祖雄才大略，齐桓公尊王攘夷，前者选择遗忘了季布的流亡，后者则赦免了曾经差点射死自己的管仲，他们在囚犯之中拔擢了季布、管仲这样的人才，采用其治国策略，以此达成良好的治国效果，而君臣互信的美事也得以青史留名。

臧旻的上述政治修辞显然带有丰富的暗示：第一，他明显是将桓帝与高祖、齐桓相比，并借机也将第五种比作类似季布、管仲这样的人才——就这样，他一边给当今皇帝戴高帽，一边偷偷将第五种也拉出了"危险区"；第二，臧旻将第五种与季布、管仲并提的深层动机，除了强调前者的才能之外，还等于含蓄地承认了第五种的确犯了罪——正如季布与管仲也的确各自在历史上做过对高祖与齐桓不利的事情一样。很显然，这一提法便维护了曾发布通缉令

捉拿第五种的皇帝的颜面。不过,接下来臧旻立即笔锋一转,又开始为第五种做进一步的正面辩护了:

> 伏见故兖州刺史第五种,杰然自建,在乡曲无苞苴之嫌,步朝堂无择言之阙,天性疾恶,公方不曲,故论者说清高以种为上,序直士以种为首。《春秋》之义,选人所长,弃其所短,录其小善,除其大过。种所坐以盗贼公负,筋力未就,罪至征徙,非有大恶。昔虞舜事亲,大杖则走。故种逃亡,苟全性命,冀有朱家之路,以显季布之会,愿陛下无遗须臾之恩,令种有持忠入地之恨。

大白话:前兖州刺史第五种可是个人杰啊!他在乡不包庇熟人,在朝知无不言,嫉恶如仇、刚正不阿,所以大家都说第五种的清高与正直都是天下第一的。所谓《春秋》大义,也就是选择别人的长处予以肯定,看到其短处就规避之,将其点滴的小善加以记录,并选择遗忘其大过。至于第五种么,他之所以违规招安匪盗,也是因为其掌握的资源不足以将其剿灭。而既然他本人已被判流放了,看来也没摊上什么大罪。当年舜的老爹瞽叟用棒子教训舜的时候,舜就立即逃走以防与老爹起争执,弄不好第五种今日的藏匿也正是抱着与当年的舜类似的心情呢!① 换言之,今天他的逃亡,也可能是希望自己能学当年的季布,通过朱家提供的帮助而留下为朝廷效力的机会。希望陛下您老人家行行好,哪怕给出一秒钟的恩惠,也不要让第五种这样的忠良遗恨九泉啊!

臧旻的这段话有两个重点值得注意。第一,他用舜与瞽叟的关系来比拟第五种与汉桓帝之间的关系,充分体现了儒家"家国一体"的政治哲学思想:既然皇帝既是"君"又是"父",那么,皇帝的合法性便既体现于"君"的威严,又体现于"父"的宽容。很显然,

---

① 臧旻的原文并未点明"瞽叟"之名,隐去了他多次试图谋杀亲子舜的恐怖情节。这显然是为了防止桓帝由此疑心臧旻是在将自己比拟为残暴的瞽叟。与之相较,"父亲用棒子教训(而不是谋杀)儿子"则是一个让读者在心理上更觉舒适的表达。

臧旻在此试图充分利用"君父"这一提法对于周政要素的包容而对冲皇家通缉令所自带的秦政成分。第二,他对春秋大义的独特解释——"录其小善,除其大过"——显然与《公羊传》对于跨代复仇行为的褒扬相冲突。但在为第五种辩护的具体语境中,这种概括却是非常合适的:既然"大过"这一提法显然指涉的是皇家通缉令指控第五种的内容,那么"大"这个形容词就等于进一步维护了天子的自尊。同时,对于季布与第五种之间联系的再次提点,也说明了臧旻试图让第五种重回官吏队伍的企图。

臧旻营救第五种的行动算是成功了一半:第五种终于得到了皇帝的赦免,但也未被重新启用,最后死在了乡里。不过,臧旻的名字也由此被整个儒家清流圈所知,为他日后的仕途发展打下了很好的基础。

臧旻对于第五种的辩护貌似与孙坚无关,但由此展现出的臧氏世界观却颇能解释为何他愿意重用社会背景复杂的孙坚。在孙坚投入172年的剿灭会稽反贼的战争之前,他唯一被载入史册的英雄行为,便是在浙江(今钱塘江)的渡船上孤胆大败海盗的事迹(当时他才十七岁)。不过,《三国志·孙破虏讨逆传》对此事的描述过于戏剧化,让人很怀疑一个十七岁的少年究竟如何可能将众多全副武装的成年海盗逼退。考虑到青年孙坚本人的"涉黑"背景,我们不妨大胆推测:此事原是他与海盗团队唱的双簧,以便让他成为官府内应。关于青年孙坚涉黑的间接证据,则来自于《三国志·吴书·嫔妃传》。其中提到孙坚有"轻狡"的名声,使得流落到钱唐(今钱塘)的中小地主吴门不愿意将自己的千金许配给孙坚。而吴小姐本人虽力主答应这门亲事,理由却竟然是"何爱一女以取祸乎?如有不遇,命也"。——换言之,她担心若不答应这门亲事,孙坚便可能动用其在本地的江湖关系而对吴门不利。她的这一担忧,也就反证了孙坚作为"富春、钱唐一带知名古惑仔"的社会地位。对于孙坚的这些底细,臧旻不可能不知,但是他依然依赖其镇压起义军,相关动机颇值玩味。我对其思想动机的复原如下:(1)本着"录其小善,除其大过"的臧版"春秋大义",臧旻有理由认为孙坚身上的光明面是超过其阴暗面的。具体而言,不管他勇斗海盗的故事是不是有猫腻,这至少说明他在面子上是愿意维护帝国的社会治安的;也不管他追求吴小姐的手段是否有点龌龊,但这亦至少说明他对于美好的异性与较高的社会地位,的确有着正常男人所应有的期望。因此,假若臧旻本人的政治偶像第五种能宽恕字面上的匪贼叔孙无忌的话,臧旻本人为何就不能宽恕仅仅有涉黑嫌疑的社会青年孙坚呢?(2)本着对于周政轻税原则的尊重,臧旻的确需要量入为出地调配镇压会稽郡起义的资源,以免过多叨扰已为鲜卑人的入侵不堪其烦的朝廷。而作为地头蛇的青年孙坚所掌握的江湖资源,显然能为此刻的扬州刺史部所用。(3)从现有史料分析,臧旻麾下镇压这场起义的大功臣,除了郡司马孙坚之外,还有丹阳太守陈夤。但奇怪的是,丹阳太守是二千石级别的高官,孙坚当时的秩位可能还不及四百石。在这种情况下,孙坚竟然能与陈夤并提,显然已经坏了官场规矩。臧旻如此提拔出身微末的孙坚,可能也是为了增加作为监察机构的刺史部与掌握地方实权的郡守博弈的筹码(顺便说一句,我们在第五种的故事中已经看到了刺史与郡守之间的激烈博弈)。(4)在臧旻看来,只要将孙坚的人生紧紧捆绑在镇压起义军这一条道路上,他本人的涉黑背景就会被漫漫淡化,他本人日后也便大有机会成长为对帝国有用的封疆大吏。很显然,假若上述四点对于臧旻重用孙坚的心理动机的重构的确合理的话,那么孙坚此后的人生轨迹也的确基本上实现了臧旻对于他的期待。从这个角度看,臧旻乃是孙坚如假包换的人生导师。

上面的叙述应当已经带给了读者这样的印象:在周、秦因素杂糅的汉帝国政治逻辑中,臧旻总是试图强调周政的一面,尽管他也始终小心翼翼地使自己不与秦政的那一面起直接冲突(譬如,正是因为臧旻本人的小心,他才逃过了那场至少将半个儒家清流圈子陷入水火的"党锢运动")。而他的这种柔性政治风格,也深刻影响了他对于孙坚的灵活用人态度。不过,硬币的另一面却是:作为帝国官员的臧旻毕竟是无法控制自己的命运的,因此,如果帝国的秦政逻辑要求他放弃自己的周政理想而去飞蛾扑火的话,他也只能去做那只飞蛾。而为上述可能性提供真实历史注解的,乃是臧旻在成为"使匈奴中郎将"后的命运:在177年8月,他奉汉灵帝下达的天子诏令,与破鲜卑中郎将田晏、护乌桓校尉夏育一起出击鲜卑,却在准备不足的情况下被鲜卑首领檀石槐击败,几乎全军覆没,他本人也一度被贬为庶人。从史料上看,主张进行这次军事冒险的主要将领乃是田晏:此前他曾因其他事获罪,正逢鲜卑骚扰北方,他便贿赂大宦官王甫怂恿汉灵帝对鲜卑宣战。臧旻极可能是在圣意已决的被动局面下才仓促加入这场远征并遭遇大败。此后臧旻虽又得复出,但相关历史事迹已不可考了。

  很不幸的是,臧旻对于周政因素的刻意强调,并未被其儿子臧洪所继承。臧洪的事迹我们在本书中已多次提过,现在我们再在"父子对比"的新语境中对其进行提点。靠着父亲臧旻的战功(其中当然也有孙坚的功劳),臧洪十五岁就被拜为太学的童子郎(帝国大学的少年预科班学生),日后也被举荐为孝廉,做过丘县县长(汉朝时大县一把手叫"县令",小县一把手叫"县长")。他还做过清流领袖之一、广陵太守张超的功曹,由此与张家关系密切。董卓把持朝纲后,反董联盟的主盟人之一其实就是臧洪——但奇怪的是,他在联络各路诸侯的时候却绕过了当时已为长沙太守的孙坚,尽管他不可能不知孙坚与其父的历史渊源。我本人对这一怪异现象的解释是:臧洪从十五岁开始就已将自己的朋友圈定位为京都清流圈,由此在客观上脱离了父亲所留下的更具封建层次的人际关系网,并顺便轻忽了孙坚这一重要的人脉资源。而在汉末大混战爆发之后,臧洪更关心的问题也主要是如何为被曹操杀害的老上司张超报仇,而不是臧门自身的封建利益。至于他杀死爱妾,并让士兵分食其肉的疯狂行为,显然已经远离其父所秉持的宽厚精神了。臧洪的悲剧,从一个侧面说明了缺乏封建文化制约的儒家思想究竟会蜕变成一种多么可怕的意识形态狂热。

说完了臧旻的精神世界对孙坚的影响之后,我们再来考察一个与孙门关系密切的儒家官僚:张昭。

第三节 孙策、孙权的重要辅臣张昭的精神世界

作为《三国演义》里被多次提及的人物,张昭的民间知名度是远超臧旻的。不过,没有证据表明他认识孙坚本人。毋宁说,他是在孙策时代才正式加入孙吴集团的,并在孙策被暗杀后又长期辅佐其弟弟孙权。然而,考虑到孙坚、孙策、孙权父子三人之间的历史联系,在一个讨论孙坚的章节中涉及张昭,并不太算跑题。更重要的是,与孙坚的人生导师臧旻一样,张昭的意识形态世界也存在着一种周政因素与秦政因素之间的张力——而无独有偶,整个孙吴集团也一直处在这两股精神力量的拉扯之中。而与没来得及活到三国时代的臧旻不同的是,相对长寿的张昭亲眼目睹了汉帝国崩溃、群雄混战、三国鼎立、吴王称帝的全过程,因此,如此密集的现实刺激也使得他本人在周政选项与秦政选项之间的踟蹰具有了更为丰富的历史内容。从这个角度看,对于张昭精神世界的考察,将有助于我们更深入地理解孙吴集团形成的思想背景。

张昭的早年经历貌似很像臧洪,因为二者都与名士的"朋友圈"有诸多交集。根据《三国志·吴书·张顾诸葛步传》的记载,与张昭最要好的两个名士乃是赵昱与王朗。不过,与臧洪与张超等过于心怀天下的"帝国儒"不同,赵昱与王朗的属地封建色彩要浓郁很多。赵昱曾自费发兵镇压黄巾起义以保境安民,但却对获得更高的帝国官职毫无兴趣,以至于陶谦做徐州刺史时是动用了硬性行政力量才逼他出山辅佐自己的。王朗的官瘾虽然比赵昱大不少,但一有机会也会表现出自己对于周政传统的尊重。比如,他在会稽为郡守时就严禁民间祭祀秦始皇,以免暴君的思想毒素污

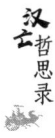

染会稽的净土。在经过反复辗转成为曹魏的臣下后,他又变着法地破坏曹魏政权攻打东吴的计划(特别是夷陵之战后曹丕对吴的军事行动),以节省魏的民力。此外,在做魏国御史大夫的时候,他又根据儒家的宽厚精神减轻刑罚,以礼治国。王朗的高风亮节在魏国得到交口称赞,甚至其曾经的敌人孙策也对其感佩不已(在196—197年,王朗保卫会稽未果,被攻打会稽的孙策所俘,但被囚禁一段时间后又被敬佩其人格的孙策放行)。顺便说一句,罗贯中在《三国演义》中将王朗说成是被孔明活活气死的小人,实属毫无历史根据的胡编乱造。真相是:228年,王朗死于自然原因,与孔明无涉。

不过,赵昱与王朗身上的周政因素与其对于汉帝国的忠诚是并行出现的。实际上,189年的全国内战爆发后,汉献帝的地位已经非常接近于东周时的周天子了,故而,在此刻,即使是最热忱的周政(而非秦政)爱好者也必须维护皇室残存的权威以保证"天下"在颜面上的统一性。基于这种思维逻辑,赵昱与王朗在做陶谦幕僚时都积极劝说陶谦支持汉室。而王朗本人的会稽太守官位,便是汉献帝对于他的支持的积极回馈。至于王朗在被孙策俘虏后之所以还是一心投奔献帝,也是基于类似的逻辑。

孙策劝降王朗之事,很可能有张昭的因素介入其中。张昭与王朗有故交,此刻在孙策麾下效力,自然也希望老友与自己同朝为臣(顺便说一句,此刻赵昱全家已死于汉末混战,不可复得也)。至于孙策本人对王朗的热忱挽留,也可见作为武夫的他对于正统儒家知识分子的向往与尊重。

意识形态与王朗接近的张昭之所以没有像王朗那样投奔献帝而是投了孙策,可能仅仅是基于历史的偶然,正如倒霉的赵昱之所以在193—194年间被流窜广陵郡的军阀笮融杀害,也是因为类似的偶然一样。与张昭南渡动机相关的历史记载非常模糊,《三国志·吴书·张顾诸葛步传》只是抽象地说:"汉末大乱,徐方士民多避难扬土,昭皆南渡江。"不过,相关的推理应当能够帮助我们补充一些背景信息。上述史料显然提到了徐州地区的全面战乱——

而考虑到在193年曹操以"为父报仇"的名义攻打陶谦之前,徐州只有小规模战乱,张昭大约就是在这个当口跟着当地难民渡江避难的。由于徐、扬二州只有长江为隔,去投奔江东的孙策显然要比投奔当时不知在何处的汉献帝更为现实。不过,考虑到孙策是在195年才正式发动平定江东的战役的,张昭在决定投孙之前可能也经历了约一两年的观望期。

张昭投孙后,立即成为江北士大夫投奔江东的重要联络人,以至于积攒了大量江北儒生信件的张昭本人都担心孙策对自己生疑。不料孙策却以齐桓公信任管仲的旧事宽慰张昭,在传达自己对张昭的信任的同时,也提示了自己亦有尊王攘夷之雄心。裴松之引《吴历》注释《三国志》时曾提到,孙策临死前竟然对张昭说:"若仲谋(注:指孙权)不任事者,君便自取之"——可见孙策对张昭信任之深。而张昭之所以明知孙策所得江东土地并非名正言顺却依然效忠之,很可能也是因为他深受孙策身上的封建贵族精神之感动。说得更具体一点,著有《春秋左氏传解》(现已散佚)的张昭很可能在年轻的孙策身上看到了久违的春秋古风:他对于幕僚的信任,对于曾经的敌人王朗的坦诚,以及对于太史慈等潜在盟友的信义——所有这一切,都与秦政式官僚常有的阴暗、自私、怯弱的心理构成了鲜明的反差。

相比较而言,张昭与孙权的合作可能就不那么愉快了。孙权称帝后,他本人竭尽民力以求霸业的秦政式冲动也变得不可遏制了。而就像王朗在北方竭力破坏曹丕的伐吴计划一样,此刻的张昭也竭力破坏孙权通过海上力量在辽东登陆攻击曹魏的计划。孙权之所以始终不愿拜其为丞相,很可能也是因为张昭所代表的周政因素是无法见容于孙权心中的秦政倾向的。

张昭虽注释过《左传》与《论语》,但今日我们所能看到的他本人书写的思想材料,就只剩下《宜为旧君讳论》这篇文章的残篇了。考虑到此文对于理解张昭思想中的周政倾向具有指标性意义,因此不得不提。

张昭写作此文的背景是：当时做汝南郡主簿的儒生应劭写了《旧君讳仪》，主张为已亡故的五十六位君主的名字避讳。其实，避讳文化本身就是周政与秦政相互纠葛的一个灰色地带。一方面，为了表达对尊长与君主的尊敬，避讳其名字本就是儒道的题中应有之义；但文字又是天下之公器，避讳字的增加显然会增加民间信息沟通的不便，有违仁政的本义，却有彰显秦政之武断性的嫌疑（譬如，在许慎的《说文解字》中，对于东汉前五帝光武帝、明帝、章帝、和帝、安帝的名字——"秀""庄""炟""肇""祜"五字——皆不书，为辞书的一般使用者构成了巨大的不便）。在这个问题上，应劭的立场是偏向秦政的。他写下《汉官仪》与《风俗通义》等文献的最终目的，便是试图承接董仲舒与班固的传统，从帝国统一意识形态的角度规定民众运用汉字、礼仪与器物的国家标准。而更偏向周政的张昭则主张为民间保留更多的文字使用权。不过，作为儒生，张昭不方便直接攻击使得避讳文化得以可能的孝道原则，而只能诉诸周礼对于使用该原则的时空限制与语境限制。他写道：

> 然亲亲有衰，尊尊有杀，故《礼》服上不尽高祖，下不尽玄孙。又《传》记四世而缌麻，服之穷也；五世袒免，降杀同姓也；六世而亲属竭矣。又《曲礼》有不逮事之义则不讳，不讳者，盖名之谓，属绝义，不拘于协，况乃古君五十六哉！

张昭的这段文字显然是活用了《礼记·曲礼》关于在何种情况下不必避讳的规则，如"逮事父母，则讳王父母。不逮事父母，则不讳王父母"（若子女曾服侍过父母，则需要避讳祖父母的名字，若非如此，则不必避讳之），以此反制要为五十六位君主避讳的荒唐规定。为了使自己的论断更有历史根据，他又提到了周穆王与其孙同名为"满"以及周厉王与其子同名为"胡"的例子，由此与郑玄在注释《礼记》时所说的"生者不相辟名……君臣同名，《春秋》不非"遥相呼应。最后，他通过"应劭虽上尊旧君之名，而下无所断齐，犹归之疑云"一语，提示应劭的避讳法只能满足帝国层面上的仪轨需要，而无法指导形式多样的民间生活,并因此很难获得长久的效果。

值得玩味的是,张昭对于避讳礼仪的淡化态度,并未影响日后东吴帝国在这方面的礼仪实践。恰恰相反,东吴恰恰是三国之中避讳制度最为严格者。假若一位今日的历史学家穿越到当时的吴国做田野调查的话,为了避免牢狱之灾,他就一定要在待人接物时切记如下避讳原则:孙坚的父亲孙钟要叫"孙蒋",孙坚本人要叫"孙牢",孙策要叫"孙计",孙权要叫"孙威",孙权的三子孙和要叫"孙嘉",而孙权的六子孙休要叫"孙海"。甚至今天的"嘉兴"与"海宁"这两个地名也是这种避讳文化的产物——"嘉兴"本叫"禾兴","海宁"本叫"休宁",二者都是为了避讳孙和与孙休的名字而分别被改名的(需要注意的是,"禾兴"的"禾"只是与"孙和"的"和"同音罢了,并不同字)。① 如此严苛的避讳实践,其实已经违背了《礼记·曲礼》所规定的"不违嫌名"(同音字不必避讳)的原则。而此种实践方式与张昭原始意图之间的巨大差距,也能从另一个侧面反映出代表帝王利益的秦政因素与儒生所秉持的周政传统之间的巨大张力。

不过,若我们越是将东吴集团的历史往前追溯,我们就越能发现该集团内部更多的周政要素。是时候再将目光转向孙吴集团的奠基人孙坚了。他本人的人生经历,就是一个从周政式思维走向秦政式进路的过程。

第四节 孙坚人生履历中的封建性面相

前文讨论臧旻与孙坚的关系时我已提到,青年孙坚在吴郡富春的乡土关系网成了可供臧旻利用的重要剿贼资源。这一点也充

---

① 请参看王建:《魏晋避讳简论》,《贵州教育学院学报(社会科学版)》2000 年第 6 期。

分体现了孙氏集团在起源时的封建性。下面我们就从家庭结构开始,以更高的分辨率来展现孙坚集团的封建性的来源。

封建性的社会结构的稳固性非常依赖封建领主本人的决断力,而孙坚本人的家庭结构也的确非常有利于其决断力的培养。在本书第二章讨论"焦仲卿式家庭"时笔者已提到,强势家长的存在会高度压抑子女的精神成长,并在婚姻选择等关键问题上与子女产生巨大争执,甚至由此导致对家族整体利益不利的人伦悲剧。而从这个角度看,孙坚要比焦仲卿幸运得多。在史料中我们没有找到孙坚母亲的任何记载,可见她只是普通的农村妇女,史家无暇注意。他的父亲孙钟可能是一个性格懦弱的人,否则我们就无法解释为何在陈寿所记载的孙氏遭遇海贼的故事中,孙父显得如此怕事("坚谓父曰:'此贼可击,请讨之。'父曰:'非尔所图也'")。而孙坚竟胆敢不顾父命而与海贼作战(尽管可能仅仅是"唱双簧"意义上的"作战"),可见其父在家庭事务中本就缺乏话语权。而下述事件或许也增强了孙坚的家庭地位:其兄孙羌早亡,留下两子(也就是孙坚之侄)孙贲与孙辅。在孙坚长子孙策诞生之前,孙贲与孙辅就长期跟着孙坚一起生活,而孙坚也就成为了二者实际上的父亲。这种奇特的家庭结构很容易促成孙坚性格的早熟(后来孙贲、孙辅长期跟随孙坚征战,成为了孙氏集团的当然元老)。此外,孙坚还有小弟孙静,孙坚在外为官或征战时,他一直在老家留守。最后,孙坚还有一个小妹孙氏,与富春人徐真为婚(详后)。

孙坚原生家庭的上述结构显然不足以帮助其实现阶级跃升。他虽然通过与海贼的英勇斗争获得了一个临时县尉的小官职,但是该官职很难保证家族地位的稳固(一个可以比照的例子是:刘备的父亲虽然是县令,但青年刘备依然要通过商贸活动来支付生活成本)。此外,因为孙坚缺乏世家背景,行事又带江湖气息,通过察举制上升的渠道也几乎不存在。一条能迅速改善现状的捷径便是联姻。以孙氏的背景,与豪族联姻显然不可能,因此,其最佳的策略就是选择上一个社会阶层中有中落倾向的家庭。在这种情况下,从吴县(今苏州)迁徙到钱唐的吴氏便成了一个很好的猎物。孙坚通过准黑社会手段抱得美人归的故事前文已有涉及,这里不再赘述。

与阶级地位远高于孙家的吴家联姻,显然有助于孙坚提高其家庭总资产额。此外,通过这场婚姻,他还得到了吴家的宝贵男丁吴景(吴氏弟)的效忠。孙坚进入官场后,吴景长期与孙坚共事,并在孙策时代发挥过重大作用。

在吴家之外,孙坚的早期封建性关系网里还有两位富春的同乡。一位是祖茂。日后祖茂在孙坚与华雄鏖战时曾穿上孙坚衣冠替他引开敌军,可见二人交情之深。史书虽未记载二人交往的细节,但从二人皆为富春人这一点出发,大致可以判断二人是"发小"。另一位是徐真。徐家与孙家的复杂关系可以从下面三件事情上得到体现:(1)徐真迎娶了孙坚的小妹孙氏;(2)徐真的儿子徐琨后成为东吴集团干将;(3)徐琨的女儿后来又成了孙权的夫人(不过,由于这位徐氏实际上是孙权的表侄女,孙权实有乱伦之嫌疑。但这也是后话了)。

说到这里,我们提到的人物还没离开孙坚所在的吴郡。不过,孙坚早期人脉圈中的不少重要人物并非吴郡人。比如,程普是右北平土垠(在今河北)人,黄盖是零陵泉陵(在今湖南)人,韩当是辽西令支(在今河北)人,朱治乃是丹杨故鄣(在今浙江)人。这四人中的前三人与孙坚家乡都相距太远,大概率是孙坚离乡为官后认识的。朱治家乡离孙坚比较近,或许认识他的时间略早。

总之,早期孙氏集团的封建关系网的营建方略,采取的是"扎根孙氏,联姻吴、徐,再慢慢拓展到北方人才"的路线图。这与袁绍集团的朋友圈构建方式非常不同:孙氏集团的成长带有强烈的地域性色彩,而植根洛阳太学的学缘关系的袁绍集团的组织架构却带有强烈的袪地域性。然而,需要指出的是,孙坚本人又是一个在帝国意识形态中成长起来的草根官吏,因此,他本人出身的地域性并不妨碍其官场生涯的跨地域流动性。实际上,当青年孙坚跟着扬州刺史臧旻剿灭会稽郡的反叛势力许氏父子后,他就基本上没再回过富春的家乡(参图6-1)。

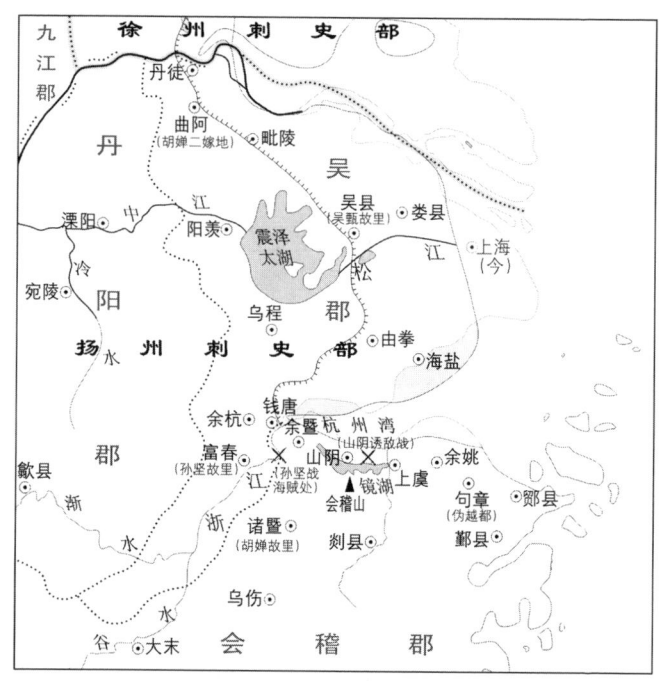

图6-1 孙坚诞生地富春周围的政治地理形势,以及青年时代在臧旻领导下参与的针对会稽郡起义的军事镇压活动

第五节 从封建性转向帝国性的早期孙氏集团

孙坚为县丞的十年,乃是早期孙氏集团的封建性色彩与帝国性色彩杂糅的十年。其帝国性色彩主要体现在:孙坚与其妻子吴氏已经离开了富春故土,并在相对陌生的江北为官,成为帝国官僚机器中的一颗螺丝钉。但需要注意的,这一阶段亦是孙家家资不断增长的十年,其证据是《江表传》的下述记载:"坚历佐三县,所在有称,吏民亲附。乡里知旧,好事少年,往来者常数百人,坚接抚

待养,有若子弟焉。"很明显,能够经常接济几百乡民的孙坚肯定是具有很高的财力的——而当时县丞的秩位也就是区区二百石而已。史料没有解释孙坚是如何得到这些工资外收入的,但联想到其在扬州家乡时的江湖背景,孙坚很可能利用其控制县政的方便进行了权力寻租,由此建立起了自己辖区内的新封建关系。相关证据便是:陈寿提到孙坚在下邳募兵时得到了商旅的支持("坚又募诸商旅及淮、泗精兵,合千许人……"),可见至少他在做下邳丞时的确充分利用了淮泗水系的便利建立起了与各地行商的人脉。这或许也是来自江东的孙吴集团"亲水"的行为习惯使然吧。(参图6-2)

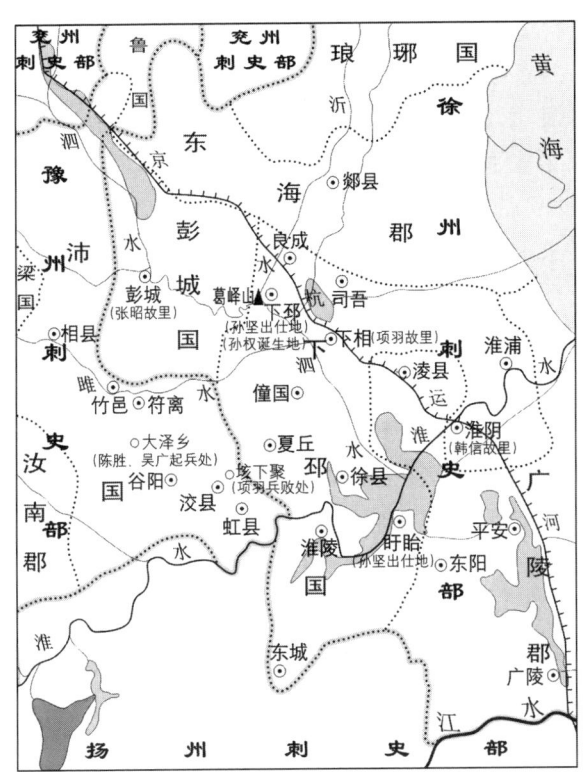

图6-2 孙坚县丞生涯的终点以及孙权诞生地的下邳附近的政治地理形势

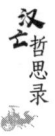

孙家在这十年还获得了两项额外的重要人力资源，进一步巩固了他在江北新建立的封建关系。这首先就是孙家自身人口的再生产。在盐渎时孙坚得到了他的长子孙策，而在下邳时，他又得到了他的次子孙权与三子孙翊。其次，这是指孙坚在黄巾暴起时于淮泗地区得到的千余精兵。这也便是最早意义上的"孙家军"。需要注意的是，由于生在江北的徐州，孙策与孙权的潜在文化认同可能并不是"扬州人"。这也为孙坚死后的孙氏集团与江东本地土豪之间的冲突预埋了伏笔。

184年黄巾起义爆发，孙坚带着他组建的千人"孙家军"参加了朱儁领导的官军，与黄巾军在宛城等地激战，多次化险为夷。虽然此间史料稀薄，但考虑到孙坚本人也多次受伤，我们有理由认为他从下邳招募的千人壮勇也在战斗中慢慢损耗了（图6-3）。而在更晚的针对边章、韩遂叛军的西北战事（即"中平羌乱"）中，这一批孙家军算是被彻底消耗完了，甚至孙坚本人的印绶也在美阳亭（离长安帝陵区不远）的混战中弄丢了。这一凄惨的结局似乎向孙氏暗示项羽的命运正在向他招手：在全国性的大混战中，仅仅基于乡土封建关系的武力集团必然只能是昙花一现。孙氏集团要继续发展，就必须要规避项羽的错误路径，而彻底拥抱帝国架构。

——那究竟又该如何拥抱帝国架构呢？由于当时的汉帝国是由儒家清流、外戚与宦官分割权力的，出身寒微的孙坚要获得帝国级别的权力与资源，就必须与这三股势力中的任意一股合作。有意思的是，尽管他的出身必然使得他成为儒家清流鄙视的对象，与儒家清流合作却反而是他当时唯一的选择。理由有二：第一，他与臧旻的历史渊源已经将他的发展路线锁定了；第二，他在平定"中平羌乱"的过程中所面临的上级与同僚（车骑将军张温、执金吾袁滂、荡寇将军周慎、参军事陶谦等）基本上都属于儒家清流集团，这就意味着他当时缺乏与外戚集团与宦官集团勾兑的渠道。

那如何才能在清流集团面前好好表现呢？在战场上立下大功

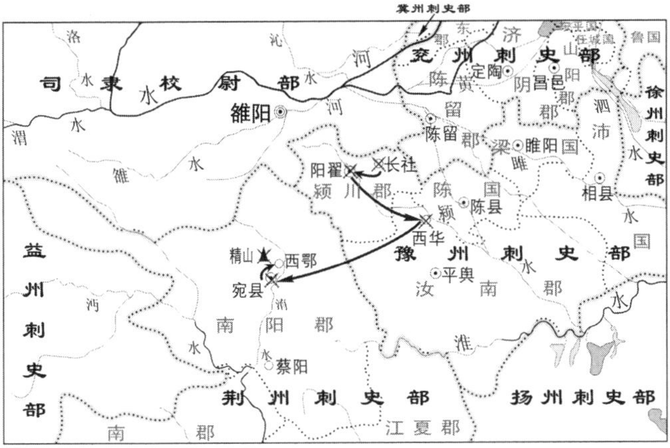

图 6-3 孙坚在镇压黄巾起义时的主要军事行动——以宛城（宛县）战役为核心

显然是困难的,因为这时官军所面对的边、韩叛军本就脱胎于全帝国最能打的凉州边防军,战斗力非如装备低劣、缺乏训练的黄巾军之流(图 6-4)。孙坚决定剑走偏锋:通过当众挤兑为儒家清流所不齿的董卓而获得进入帝国核心官僚圈的入场券。

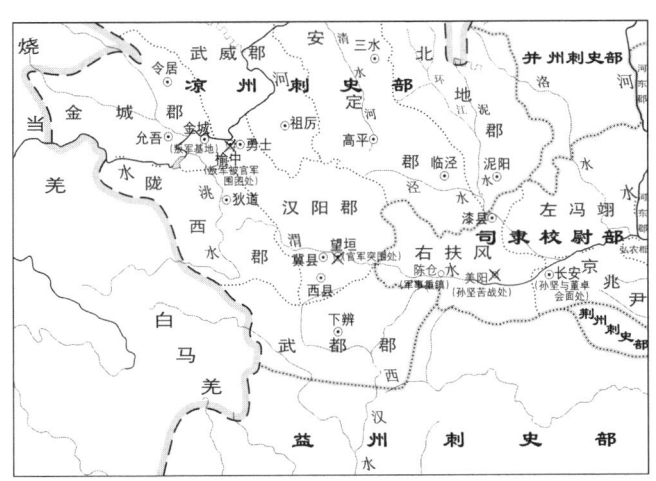

图 6-4 孙坚在"中平羌乱"中参与的军事行动,特别是其在美阳、榆中所遭遇的失败

从理论上说,当时的董卓顶着"破虏将军"的名号(富有讽刺意味的是,日后孙坚反董的时候也顶着同样的名号),必须受到中央委派的车骑将军张温的管辖。但实际上,名义上属于官军的董卓军具有很强的独立性。他手下的凉州兵羌、汉混杂,与边、韩叛军分享类似的乡土关系,因此,董卓军既是不熟悉凉州风土的张温军必须依赖的对象,又是其所必须防范的对象。同时需要注意的是,自东汉中期以来,凉州已沦落为帝国的囚犯流放地,故在通晓儒经的京都清流看来,凉州人已与半野蛮人无异。加之董卓的老上级张奂曾亲手在洛京镇压过反对宦官的太学生,儒家清流对董卓的鄙视与仇恨便可想而知。与之相较,孙坚的江东人出身虽然也被中原人士鄙视(当时江东的经济远不如中原发达),但这种鄙视至少没有上升到仇恨的程度。因此,假若孙坚能在清流面前直接挑战凉州军阀董卓的权威,自然就能大大提高他自己在歧视链中的位置。

不过,要挑衅在凉州根深叶茂的董卓,显然还要有个摆得上桌面的借口。借口说来就来。此刻张温令董卓来长安汇合,但董卓一则迟到,二还对张温不甚恭顺。孙坚迅速找到表演机会,竟然主动向张温提议处死董卓。张温担心杀董会在当地引发巨大负面政治影响,驳了孙坚的建议。孙坚竟然还不依不饶,慷慨陈词道:

> 明公亲率王兵,威震天下,何赖于卓?观卓所言,不假明公,轻上无礼,一罪也。章、遂跋扈经年,当以时进讨,而卓云未可,沮军疑众,二罪也。卓受任无功,应召稽留,而轩昂自高,三罪也。古之名将,仗钺临众,未有不断斩以示威者也,是以穰苴斩庄贾,魏绛戮杨干。今明公垂意于卓,不即加诛,亏损威刑,于是在矣。(《三国志·吴书·孙破虏讨逆传》)。

孙坚的这段陈词中"穰苴斩庄贾,魏绛戮杨干"一语涉及了一些重要的春秋旧事,在此有必要向不熟悉这段历史的读者解释。穰苴为春秋后期齐国军事家,《司马法》的作者,曾在组织齐军对抗燕晋联军时斩杀列队迟到的齐景公的宠臣庄贾。魏绛为春秋时晋国军事家,曾在整列部队时斩杀了破坏军纪的晋悼公弟弟杨干的车夫(在上述引文中孙坚将魏绛斩杀的对象说成是杨干本人。这可能是他搞错了,但也可能是他故意说错,以暗示张温可以杀掉与杨干政治地位类似的董卓)。顺便说一句,魏绛的儿子魏舒日后在晋国完成了旨在替代车战的"步兵革命",与孙武在《孙子兵法》中提出的军事革命思想遥相呼应。换言之,孙坚在这段陈词里提到的这些军事家,都试图以一种呼应孙武的方式建立一种军队内部的微观秦政体系,并以严酷的赏罚措施,将所有的士兵——无论其阶级来源为何——都训练为符合孙武式战争需要的碳基战斗机器。而孙坚的这段心迹表露,也预报了他日后在反董战争中的用兵特点。

至于张温,他当然不可能因为官职低微的孙坚给他讲了几个春秋故事就杀掉董卓——而且,他的这一决策在当时看也是正确的,因为在边、韩叛军向官军发动反击时,董军恰恰是诸路官军中战绩相对最拿得出手的。不过,孙坚亦的确得到了他想要得到的东西:他的反董表演得到了清流的认可,不久后就被调离前线,去京都做了议郎。孙坚本人或许也通过这一人生巨变意识到了与帝国核心架构联通所能带来的巨大政治利益——这一利益明显抵消了他本人的封建关系网在美阳亭战役中的损失。早期孙氏集团的祛封建性或帝国化进程,或许就与这一变化有关。

第六节　孙坚在反董战争中的政治选择

孙坚在被拜为议郎后,因为身处京都,可能又有了与宦官集团和外戚集团发生关联的机会。但此间具体发生了什么事,因为史料匮乏,只能交由小说家去想象。不过,孙坚之所以做了约一年的议郎就能被外放为长沙太守,可能也与帝国当时面临的危局有关。在187年2月,离京都不远的荥阳也发生了叛乱,所幸被河南尹何

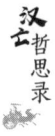

苗及时平定。西北战线的反叛依然在进行,只是叛军的领袖发生了变化(韩遂杀死了他的同伙边章及北宫伯玉、李文侯,拥兵十余万,进围陇西,并策动太守李相如叛汉)。更雪上加霜的是,在帝国马匹产地的冀州,渔阳人张纯也反了,麾下聚集十余万人,且僭号天子。而在这堆乱局之中,长沙郡发生的由区星领导的新叛乱,便极有可能成为压垮骆驼的最后一根稻草。汉帝国显然需要更多的消防队员去长沙灭火。也正是在这种情况下,军事经验丰富的孙坚便成为了一个不错的长沙太守人选。而且他也没有辜负朝廷的信任,迅速平灭了长沙的叛乱,并获得了"乌程侯"的爵位。

但需要指出的是,此刻思维方式已经高度帝国化的孙坚,已不再将长沙郡视为培育孙氏新封建关系的沃土,而是将其视为获取更大帝国权力的跳板。也正是因为这一点,他与控制更多在地资源的荆州刺史王叡产生了冲突。①

孙坚与王叡的冲突有深厚的历史背景。首先应当看到,很早就被举为孝廉的王叡仅凭其阶级出身就有理由鄙视孙坚。另外,他的军事资历也不算差。他曾联合南阳太守羊续联合击破反贼赵慈的叛乱,因功被封为安次县侯,与孙坚获得的乌程县侯是一个级别的。另外需要注意的是,汉末官制的疏漏也在给孙、王冲突"拱火"。本来,刺史只是监察官,并无守、相的实际兵权与财权,但在188年,这一制度却发生了变化。这一年,太常刘焉向朝廷提出用宗室、重臣为州牧,掌管一州的财权兵权,由此将刺史的权力升级为牧权。这一建议被朝廷批准。不过,虽然刘焉本人因此做上了益州牧,但全国的"废史立牧"工作并没有在各州被全面铺开。而

---

① 孙坚此刻之所以用工具化的态度面对长沙郡乃至整个荆州的资源,一方面固然因为他是吴人(而非长沙人),另一方面则是因为其太守之位来得太易,这就很难不助长其赌徒心态,与之相较,孙坚此前任职的盐渎、盱眙、下邳等地虽也非孙氏故土,但孙坚毕竟在此三县深耕近十载,有充足的时间培养封建感情。孙坚的封建性面相向帝国性面相的转变,实与其此前在洛阳任议郎的经历相关——正是此职使得他有机会完成从六百石到二千石的跃迁。

在孙坚所在的荆州,直到荆州刺史王叡在189年被孙坚所害为止,"废史立牧"的举措也没有被真正实施。这种暧昧的状态自然会带给刺史与郡守不同的心理期待:刺史会期待自己立即成为州牧,由此扩张权力;郡守会倾向于认为本州的"废史立牧"工作被延迟,由此使得自己的权力不会被过于削弱。这种不同的心理期待显然会使得刺史与太守之间的人际关系变得更为紧张。

而在反董战争正式爆发之后,王叡与孙坚的矛盾也就全面爆发出来。其核心关涉是:究竟由谁来代表荆州参加反董战争呢?很显然,谁来获得这个主导权,谁就能获得整个荆州的资源调配权。有意思的是,当时与王叡关系恶劣的荆属郡守还不止孙坚,就连武陵太守曹寅也算是王叡的政敌。裴松之注引《吴录》曰:"及叡举兵欲讨卓,素与武陵太守曹寅不相能,扬言当先杀寅。寅惧,诈作案行使者光禄大夫温毅檄,移坚,说叡罪过,令收行刑讫,以状上。坚即承檄,勒兵袭叡。"——这也就是说,似乎是曹寅委托光禄大夫温毅之名,伪造了针对王叡的逮捕令,鼓动孙坚去火并王氏,自己则坐收渔翁之利。但孙坚之所以不辨檄文真假就去急匆匆地执行命令,显然也是因为他看到了"执法"的利益所在。在逼死王叡并获得其储存的军资后,孙家军迅速暴兵为数万,这就为孙坚参加全国性内战打下了物质基础。尔后,他又如法炮制,火并了南阳太守张咨,并吞没了其军资。

——细心的读者或许会问一个问题:为何此刻的孙坚不能满足于仅仅控制荆州,而一定要将巨大的资源投入后果未定的全国性军事豪赌呢?难道他不能学习日后满足于控制徐州的陶谦与控制荆州的刘表,坐山观虎斗吗?答案是"不能",理由至少有五:(1)他若选择割据,就无法向天下说明他杀死上司王叡的理由。需要注意的是,根据曹寅伪造的檄文,王叡是由于暗通董卓才成为执法对象的,因此,若逼死王氏的孙坚反而不愿积极讨董,他就无法佐证这份檄文所提出的指控的正当性;(2)孙坚杀死王叡与张咨的行为,可能是受到了袁术的鼓励(否则我们就很难解释为何他刚杀死王叡,就被袁术表为假中郎将,刚杀死张咨,就被袁术表为"破虏将军",并让其兼领"豫州刺史")——而既然袁术本人是积极参加全国内战的,孙氏的行为模式就需要与袁氏对齐;(3)王叡在荆州有一定民望,孙坚对于他的镇压很可能会激发当地民怨。因此,本就缺乏在荆封建关系网的孙坚还不如率军打到洛阳去捞取更大的政治资本;(4)从军事地理上看,荆州本身就是四战之地,并非割据的理想选择——此外,从荆、豫出发攻击洛阳的军事路线,不会立即受到白波军、黑山军等农民起义军的干扰,因此,孙坚其实处在一个比以袁绍为首的酸枣联盟更有利的进攻位置上;(5)从孙坚的政治认知架构角度看,他应当很难设想一个完全被董卓所控制的汉帝国的存在。他早先在中平羌乱中已得罪了董卓,由此造成的路径依赖使得他无法再与董合作;同时,他也无法仅仅满足于在形式上反董,因为假若让以袁绍为首的酸枣联盟占据了先机,在新的帝国政治版图中,出身微末的他将分不到自己所需要的那块蛋糕(前文已说过,清流臧洪在组建酸枣联盟时就故意忽略了孙坚)。而要得到那块蛋糕,他只有拾起祖先孙武留下的传统艺能,攫取一切可能的资源,向着董卓与皇帝所在的洛阳一路猛冲。而他的最终目标很可能是:在赶走董卓势力后获得对皇帝的控制权,并利用其名分资源让孙氏彻底实现地位跃迁。

——那么,假设孙坚的上述计划全面成功,这一结果会不会导致孙氏代汉呢?此事发生的几率或许不大。考虑到孙坚薄弱的家世背景,他若匡汉成功,对于汉室的尊重程度大概率会超过曹操,因为本就儒家底色薄弱的他缺乏控制皇帝周围的清流集团的名分抓手。因此,从维护汉室利益的角度看,孙坚一旦成功,汉朝或许真就能得到实质性的续命。

不过,若站在事后诸葛亮的角度看,恰恰是孙坚军事集团的暴起,才使得汉末内战的规模突然扩大了。本来,酸枣联军因为各种内讧以及白波军、黑山军等外部势力的干扰,并无能力逼近京都,因此,其与董氏签订停火协议的机会并不算小。而孙坚带来的巨大威胁则倒逼董卓放火烧了首都并向西京长安逃窜,由此为整个华夏文明造成了不可挽救的文化与生命财产损失。再考虑到皇室的威仪大半维系于洛京的城市架构,洛阳的毁灭自然也就意味着汉帝国的实质性灭亡。这当然不是还指望着凭借皇家名分获得超额利益的孙坚所愿看到的悲剧,所以他在进入被毁的首都时才有这样的表现:"旧京空虚,数百里中无烟火。坚前入城,惆怅流涕。"(《江表传》)

洛京的悲剧同时也是孙坚个人的悲剧。在拯救汉室的计划失败后,他发现荆州又已悄成为刘表的地盘,而理论上属于他的豫州,此刻正在遭遇袁绍所指派的新豫州刺史周昂的攻击。他只好返身与袁绍的代理人作战,先是击败了周昂,后又在袁术指派下去攻打被刘表控制的荆州。由此,孙坚所参与的战事的政治性质完全变更,从"匡扶汉室"沦为袁家内部纷争的军事外溢。他最后死于刘表部将黄祖的埋伏,下属被袁术收编,第一代孙家军至此化整为零、偃旗息鼓。而正是因为通过父亲的死而意识到了逐鹿中原的巨大风险,孙坚的长子孙策才决定在相对边缘的江东地区发展割据势力,由此竟然第二次将孙氏集团的事业带向辉煌。

孙坚的悲剧充分暴露了一个被帝国式思维绑架的地方军阀对于"零和博弈"的偏好。在讨董的过程中,他曾坚决拒绝董卓派遣的部将李傕提出的休战、和亲建议,还言辞激烈地说:"卓逆天无道,荡覆王室。今不夷汝三族,悬示四海,则吾死不瞑目。岂将与乃和亲邪?"(《三国志·吴书·孙破虏讨逆传》)但被孙坚忽略的一个宪法层面上的基本事实是:既然当时全国唯一的合法皇帝就是汉献帝,而献帝也的确被董卓所控制,那么,他本人的反董行为的的确就是缺乏最高政治权威的背书的(至于他自己的政治靠山袁术,在酸枣联盟中的地位甚至连袁绍都不如,因此,他给予孙坚的名分资源亦非常有限)。在这种情况下,他固然无法不与董卓作战(相关的五条理由详见前文),但也不必如此不计成本。换言之,他完全可以选择一条既与董卓有限作战,又承认董卓所挟持的汉献帝之权威的中间策略,正如日后刘备在赤壁之战后所做的那样:上书曹操所控制的汉献帝,表孙权为车骑将军与徐州牧(也就说,刘备既肯定了汉献帝的权威,又暗示当时为曹操控制的徐州应该给孙权,由此进一步羞辱已在赤壁大败的曹操)。很可惜,孙坚并未想到这样一条更富马基雅维利主义色彩的操作路线,而走上这条路线的政治后辈刘备与孙权则获得了比孙坚更长的政治生命。

不过,看得更深一点,孙坚的马基雅维利主义指数之所以不如刘备与孙权,也是有着深刻的历史背景的。第一,正如在生物界更为复杂的生物构造的演化需要时间一样,在社会历史中,更为复杂的博弈策略的演化也需要时间。作为汉末超级残酷的"鱿鱼游戏"的第一代玩家,孙坚的博弈策略相对简单粗暴,也符合演化论的一般逻辑。第二,更具谨慎性的博弈策略需要一定的封建德性,也就是说,多少要考虑到自己根据地百姓的长久利益。孙权本人当然视江东为其根据地,而在赤壁大战后的刘备亦对荆州垂涎三尺。与之相较,身为长沙太守的孙坚却不太珍惜在地的社会资源。相关理由有:(1)他多年来的官宦足迹遍布大江南北,且做官的地方离开家乡富春越来越远,这就使得他心理上很难对新的履职地产生封建式忠诚;(2)孙权所掌控的江东六郡是其大哥孙策用血与泪换来的,这使得孙权不可能不珍惜兄长留下的政治遗产;与之相较,孙坚获得荆州纯属朝廷的一纸诏令之功,这就使得他难免得陇望蜀;(3)在因当众建议杀董获得超额政治利益后,孙坚已经形成了对于帝国政治资源的依赖路径,而这种依赖显然会使得他不再那么重视在地资源;(4)与黄巾军横跨各州郡流动作战的经历,使得孙坚相对轻视根据地的建设;(5)孙武留给孙坚的精神影响也使得孙坚倾向于采纳"集中资源、长途奔袭"的用兵策略①。

---

① 孙武一直被孙坚视为自己的祖先。二人的血缘关系虽不可考,但孙坚的这一主观认知无疑会使得他成为孙武行为模式的模仿者。

但富有讽刺意味的是,孙坚貌似徒劳无益的匡汉行为,却给日后孙权的割据行为提供了正名的依据。吴帝国建立后,官方史学家韦昭组织团队编写《吴鼓吹饶歌十二曲》,其第一曲《炎精缺》便是用来称颂孙坚的事迹的,其中"张角破,边、韩羁;宛、颍平,南土绥"一句唱词,显然概括了孙坚生前匡汉的武功。不过,为了让孙坚的匡汉行为与吴帝国自身的代汉行为相容,《炎精缺》的头一句便是"炎精缺,汉道微。皇纲弛,政德违",以暗示孙坚的失败乃是天命的一部分,因为任何个体都无法对抗代表火德的汉统衰微(此即"炎精缺"三字之意)所带来的历史必然性。这样,孙氏父子就能以"已为汉室尽力"的形象示人,由此将代汉的政治责任缩到最小。

——假若一位现代的历史学家穿越到汉末,去做孙坚的谋士,他又将如何帮助孙坚找到周政与秦政之间更好的平衡点,以求公私两顾呢?假若我本人就是这样的一个谋士的话,我会先和他说一下日本战国时期的名将黑田官兵卫的故事。有意思的是,与孙坚一样,黑田也是熟读《孙子兵法》的一流兵法家。

第七节　孙坚的东瀛镜像:黑田官兵卫

2013 年,日本 NHK 电视台推出的年度大河剧为《军师官兵卫》,说的是日本战国时期(1467—1615,比中国的战国时期晚将近 2000 年)的名将黑田官兵卫的故事(黑田官兵卫又有"黑田如水""黑田孝高"等多个名字,但民间都习惯于叫他"官兵卫",参图 6-5)。在片中黑田没事就引用几句《孙子兵法》,宛若孙武在日本的精神复刻版(顺便说一句,《孙子兵法》是在唐代传入日本的,在黑田时代早已成为各路诸侯的必读书)。而他的人生路径与作为孙武后人的孙坚也的确有点像。二人出身都相对寒微(只是

图6-5 如水居士像（原品藏于日本福冈市崇福寺。黑田晚年的戒名为"龙光院殿如水圆清大居士"，简称"如水居士"）

黑田多少也算是小贵族出身），都需要依附更强大的政治势力才能得到更好的政治前途。孙坚先后依附臧旻与袁术得到资源，与之类似，黑田则先后依附了小寺政职、织田信长与丰臣秀吉。孙坚试图匡汉以拯救帝国秩序，而黑田则试图辅佐某个日版齐桓公以便给"日版袖珍天下"带来和平。此外，二人的用兵方略也有点类似，都具有在大空间尺度内快速调配军力的孙武式异能。不过，两人的结局却不太一样：孙坚壮志未酬，自己则毫无意义地死在袁术与袁绍发动的代理人战争中；黑田则在乱局中谨慎站队，使曾为丰臣附庸的黑田家族在德川幕府时期竟也能获得更大的政治蛋糕。考虑到黑田在其政治生涯中一直恪守"不背主"的基本封建道德，且在方略执行上也往往怜惜底层士兵与民众的生命,这就使得黑田家族的政治选择具有比较明显的周政色彩——而这一特点恰好与孙坚"从封建性转向帝国性"的路径选择相反。那么,究竟是什么原因导致孙武的两个精神继承者在中、日两国走上不同的政治路径呢?对于这一问题的解答,显然能帮助我们在一个更广阔的东亚史(而不是中国史)语境中反思孙坚个人悲剧的历史根源。不过,考虑到大多数中国读者对日本历史都不如对秦汉三国的历史那么熟悉,在正式讨论黑田之前,我们还是需要回顾一下"前黑田时代的最简日本史"。

(甲)17 世纪以前的极简日本周政史

大致而言,无论是在黑田生活的时代,还是在黑田诞生之前,日本政治中的秦政因素虽时有涨落,却从未达到建立真正意义上的秦政式帝国的地步。具体而言,本处在原始氏族社会的日本是在飞鸟时代(592—710)才开始系统学习中华帝国的架构与文化的,但学习得一直不那么彻底(不过这未必是坏事,详后)。由于天皇的人选乃是贵族协商的产物,日本很难出现秦皇汉武式的强势天皇,飞鸟时代大名鼎鼎的圣德太子其实只是摄政王罢了。孝德天皇(645—654年在位)时,因为机缘巧合,皇室权力出现了日本历史上罕见的强化,而皇室也借机推出"大化改新",以便将日本打造为袖珍版隋唐帝国。考虑到具有明显秦政基因的隋唐帝国本就是通过编户齐民来全面榨取民间资源的,"大化改新"的措施之一便是推出了模仿中国均田制的班田制,以便打碎封建贵族的社会凝结核,让中央权力的吸血管可以直抵所有底层农民的血肉。需要注意的是,在班田制中,个体农民只有对所分土地的耕种权,而一旦本人亡故,土地就会重新收归国有进行新的分配。这种制度安排显然预设了政府具有针对所有在籍农民的身份信息的控制权,而这一点也自然方便政府通过"租庸调制"(即唐版人头税,包括实物税与徭役)来强化对民众的盘剥。从儒家立场上看,这就是打着土地国有制幌子的秦政了。但日式秦政体系的运行要比中国不稳定得多:为了逃避纳税负担,农民逃籍与伪造户籍的现象层出不穷,这使得班田制在奈良时代(710—794)末期就已名存实亡,而类似东汉庄园经济的日式庄园经济则渐渐取而代之。在平安时代(794—1192),皇室终于认清了秦政式统治方式在日本难以维系的现实,放弃了针对户籍的收税方式,改由委托地方土豪代收税收。由此,就日本皇室无法演化为标准秦政架构这一点而言,几成定局。此刻虽然天皇的权力依然不容被忽视,但以藤原家族为代表的外戚力量也在卧榻之旁虎视眈眈。皇权与外戚之间的缠斗,以及皇族与外戚自身的分裂,最后导致了1156年的保元之乱,而这种两败俱伤的局面最后又导致了新的政治力量——原本作为公卿之打手的武士集团——的崛起(请参看本书第三章第十节对此间过程的更详细的介绍)。

尔后日本又迎来了两大幕府时代(即武士集团遥控朝廷的时代):镰仓幕府(1192—1333)与室町幕府(1338—1573)。此间日本的真正权力被幕府大将军所控制,天皇沦为摆设。若用儒家的话语体系来描述之,这就是"周公辅成王"的周政惯例的建制化。需要注意的是,虽然在两汉三国,霍光、王莽、梁冀、何进、曹操、司马懿等人也都曾获得过类似幕府大将军的权力(甚至"幕府""大将军"这两个名号其实都来自于汉代),但他们都没有将所得到的权力建制化。因此,其家族势力要么亡于别的政治势力的反扑(如霍光、梁冀、何进),要么因演化为帝权而彻底变性(如王莽、曹氏与司马氏)。而在日本,幕府大将军的地位既可以世代传承,又一直在形式上不干扰天皇作为名义上国家元首的存在,由此一定程度上使日本避免了中国在汉末陷入的那种乱局:因太多野心家觊觎御座,使得内战失控。两国的这一重要差异或许与背后的哲学因素有关:汉儒迷信天命论,认为最高权力会随着时运而转变,并愿意在适当时机效仿"汤武革命"之成例,促成改朝换代,而日本人则更笃信佛教,相信那种与"满"对峙的"空"的力量(据此,在政治斗争时就不能去抢最后一块肉,而要留一点余白给自己的胃)。此外,日本自从有皇室后,皇室就一直没有获得秦皇汉武级别的巨大权力,因此,天皇的执政无论如何荒腔走板,也不太可能激发出陈胜、吴广级别的怨恨,而这一点也能在客观上解释为何日本一直未经历过前朝皇族被新朝屠灭的悲剧。如此一来,"不能动天皇"这一惯例也在历史的沉淀中被进一步固化。

不过,幕府统治模式的稳固性,亦不能被片面高估。作为天皇与地方贵族之间的中间层,幕府势力其实也很容易被两面夹击,镰仓幕府就亡于天皇派的反击。但暂时获得权力的后醍醐天皇因处理不好与地方武士的关系,使政权又落到了室町幕府手中。室町幕府试图在边缘化天皇的前提下攫取全国的税收,以便再玩一把隐形秦政的把戏,结果重又导致中央与地方关系破裂,由此使得日本进入战火纷飞的战国时代。不过,需要指出的是,在战国时期,虽然连幕府大将军(如足利义昭)也会成为地方强势大名(如织田信长)的玩物,但早就被边缘化的皇室反而却一直能得到幸存。各路诸侯争雄的真正目的,也不是为了自己做天皇,而是争得"上洛"权以便成为新一代幕府大将军(在此,"洛"指天皇所在的京都——可见汉帝国对日本的文化影响多显现于文辞上,而非真实的社会结构上)。这一点也足以显现日版战国时代与原版战国时代的本质差异:日版的战国混战更类似于中国春秋时期的争霸战,并不会像中国原版的战国时代那样直接导致对于多国体系的否定——实际上,结束日版战国时期的德川幕府体制就是一个糅杂有部分秦政特色的春秋式多国体系。而黑田的人生,也正好处在战国时期向德川幕府时期转型的关键历史窗口。

(乙)黑田青年时代的封建关系网

黑田官兵卫于1546年冬生于播磨国姬路城,比孙坚晚生1391年。比起作为瓜农之子的孙坚,黑田的起始阶级地位要高一点。

黑田家发迹,始自于官兵卫的祖父黑田重隆那一代——彼时作为药贩子的重隆被播磨国御着城主小寺政职看中,成为姬路城代,从此,在今日已成为世界级文化遗产的姬路城,也便与黑田家族的命运紧紧联系到了一起。这便是黑田氏在地封建性的重要体现——与之相较,转战大江南北的孙坚一直没有一个类似姬路城的孙家专有根据地。由于祖父造成的路径依赖,黑田本人的政治命运一开始也与作为其上位贵族的小寺家族联系在了一起。他迎娶了小寺政职的从侄女光("光"就是人名),正如他自己的老爹黑田职隆在多年之前迎娶了小寺政职的某位养女一样。由此可见,联姻关系乃是黑田家族巩固其在播磨国的在地封建关系的重要手段。与之对比,青年孙坚虽与吴氏联姻,但在官僚国家的构架中,没有官职的吴氏家族只能在经济上提携孙氏,对提高其政治地位帮助有限。孙坚虽与具有政治能量的臧旻建立了比较良好的个人关系,但因为没有联姻手段的加持,这种关系在臧洪那一代就淡漠了。而且,在反董战争爆发之后,他与他的新靠山袁术之间的关系也缺乏联姻关系的巩固。而这一差异也是由中日两国之间的基本国情差异所导致的:战国时代,日本各地领主都有稳固的在地封建关系,这就使得彼此联姻的政治前景相对清晰;而在汉帝国的构架中,就连像臧旻这样的高官都控制不了自己的政治命运,因此,除非与稳居帝都的皇室以及掌握中央权力的帝国型家庭联姻,否则,一般帝国官员之间的联姻是不会带来明显的政治利益的(而在党锢运动的压力下,胡乱联姻弄不好还会带来杀身之祸)。不过,也正因为这一差异,在日本,地方诸侯就能通过反复使用联姻的策略联合不同诸侯的力量,由此使得相关封建联盟可以被不断复杂化。不难想见,此类封建同盟因为内部的"支撑件"比较丰富,也会在巨大政治压力面前表现出比较强的抗压力——而不会像臧洪建立的酸枣联盟那样,稍遇外力,就立即沦为一群乌合之众。

黑田家族的封建关系也正是在这种背景中被不断复杂化的。

他们原本所处的播磨国乃是一处"池小王八多"的地方：小寺、黑田的部队控制东部，而他们的敌人赤松政秀（龙野城城主）则控制西部。为了阻止黑田家族与更为强大的浦上家族联姻，赤松竟然杀害了承担联姻任务的官兵卫的亲妹妹。而身负为妹妹报仇重任的青年官兵卫，则在赤松本人率领 3000 人围攻姬路城时，仅仅动用 300 人便大败之，显露出了令人震惊的军事才华。按照这一思路推演下去，官兵卫本应对赤松与其背后的支持者继续穷追猛打才对，但就在这个当口，黑田家族体现了惊人的马基雅维利式判断力。官兵卫发现，赤松的背后支持者乃是织田信长，而小小的黑田家族是不可能打得过势力日益增大的织田氏的。既然这样，那不妨就拿其本人在防守姬路城时展现的军事才华作为筹码，转而投靠织田。而为了不违背对于小寺家族的封建义务，他干脆劝说老主公也一起投了织田。

（丙）黑田在与带有秦政化的织田一丰臣政权合作时依然保持的封建性

织田信长乃是负载了更多秦政化因素的战国新军阀，其特点是下手残忍（如火烧藏身比叡山的政敌与僧众），且善用西洋军事科技以破坏旧军事贵族的传统骑射优势（如在长篠之战中用大量火绳枪打败了曾经不可一世的武田氏精锐骑兵）。其政治继承者丰臣秀吉（在织田死前也是其属下）更有立足日本，侵略朝、中的巨大政治野心。二人都带有明显的秦政色彩，其政治作为也有终结日本周政传统的意蕴。作为周政文化之产物的官兵卫之所以愿意与织田一丰臣政权合作，首先当然是因为想"借力出海"，其动机与孙坚当年选择与袁术合作并无二致。其次，官兵卫所熟悉的《孙子兵法》本身就有与秦政暗通之因素（请回顾本书第一章），因此，同时身携多种文化基因的官兵卫本人就可能在做具体政治选择时有更多的灵活性。但同时需要看到的是，在战国时期各诸侯之间的结盟需要付出更大的成本（而不仅仅是依靠某些形式上的盟誓活动)，这一成本对力薄的黑田家族来说可能是非常昂贵的。具体而言，为了让秀吉信任自己，官兵卫竟然将经营日久的姬路城献给了他；而为了让信长信任自己，官兵卫甚至将嫡长子黑田长政(当时叫"松寿丸")献给信长做人质。而后一个决定差点就让他失去这位嫡长子了：信长曾误认为官兵卫与一个叫荒木村重的叛将一起谋反了，下令处死松寿丸，幸好官兵卫的好友竹中官兵卫用掉包计才救下了孩子。更麻烦的是，荒木村重又因官兵卫不愿真和他一起反叛织田而对他本人加以折磨，以至于官兵卫被解救时身体健康已大受损害。不过，经此一难，官兵卫忠义的美名也得到了流传，而他也与竹中官兵卫一起成为秀吉麾下的卧龙与凤雏，合称"两兵卫"。

值得注意的是，与服务于刘备的卧龙与凤雏这样的纯谋士不同，封建基础浓厚的官兵卫即使做了他人之臣下，依然自带家兵。就这一点而言，整个织田—丰臣军事集团的组织方式显然更接近于东吴集团以及其前身袁术集团：譬如，从属于袁术的孙坚就具有很强的独立性，而先后效忠于孙策与孙权的周瑜也一直自领部曲。不过，黑田家族的封建性又超越了孙吴集团，关于这一点的判断标准乃是其各自下属的优秀军事人才有多少得到了记载(史载的家将越多，便说明其军事组织的层级越丰富，组织自身在特定军事干部阵亡后的修复力也就越强)。若仅比较孙坚与官兵卫，我们便不难发现，史载的直属孙坚的家将也就是孙贲、孙辅、祖茂、吴景、黄盖、程普、朱治、韩当、公仇称等数人(在这里我们不能将周瑜、张昭、太史慈等"孙二代"干部计入其中)，而直属官兵卫的家将却有井上之房、小河伸章、菅忠利、衣笠景延、桐山信行、久野重胜、栗山利安、黑田利高、黑田利则、黑田直之等二十四人，史称"黑田二十四骑"，仅比东汉开国皇帝刘秀麾下的"云台二十八将"少四人！考虑到官兵卫的身份只是作为信长之下属的秀吉的部下，再考虑到当时的日本势力比黑田氏大者又多如过江之鲫，战国时期日本诸侯封建层级之复杂,的确令人叹为观止。①

很明显,正因为官兵卫与其部下有着如此丰富的封建纽带,他才会在战场上努力减少己方伤亡。就这一点而言,他与孙坚的用兵特点既有类似点,又有不同点。类似点是:同样是受到《孙子兵法·作战》提出的"善用兵者,役不再籍,粮不三载"思想的影响,二人都高度敏感于军粮对于军事行动的制约作用。为此,孙坚在对董卓动手之前就先抢夺了王叡与张咨的军粮,而在与董卓作战时他还曾亲自离开前线赴鲁阳向袁术催粮。无独有偶,在1582年的"本能寺之变"中织田信长被叛将明智光秀所害后,官兵卫便立即帮助秀吉制定了完美的快速调兵计划,以便当时正与毛利辉元交战的秀吉军能快速投入"山崎合战"以消灭明智军。期间官兵卫对于夜间行军与粮草补给等细节的管理水平,已接近现代物流公司的水准。不过,由于对手头的军事资源的珍视程度不同,孙坚与官兵卫对部下的体恤程度亦有很大不同——这就是二人带兵风

---

① 有的读者可能反驳说,黑田家史比较近,东汉历史相对遥远,因此我们不能排除孙坚与刘秀手下大批将领名字失载的可能。这一可能固然在逻辑上不能排除,但概率不大,因为我们很难在以后的中国军事史记载中找到一股地方政治势力下属的将领数量超过24人的记录,这就说明《后汉书》与《三国志》所反映的军事干部分布密度乃是古典中国的常态,而非因失载造成的错觉。举例来说,唐末到五代的军阀李克用手下有"十三太保",人数也仅勉强超过黑田家将的数字的一半。获得帝国级资源的李世民的"凌烟阁二十四功臣"的人数竟与黑田家将的数字正好齐平,还不如刘秀的"云台二十八将",而且其中很多人不算是武将。明太祖朱元璋立国后,封公、侯、伯、子、男五等爵约150人,因为此事距今时间较近,大约能体现出明朝开国集团的真实干部分布水平。但需要注意的是,这约150人中有不少文官不谈,大批在开国前就战死,又有大批死于开国后朱元璋的各种清洗,并不能构成西周意义上的那种稳定封建关系(至于朱元璋所试图恢复的封建关系,则主要恩泽其皇族,其中大多数人都成为寓居地方的寄生虫,而非西周意义上的封建领袖)。与之对比,在黑田生活的战国时代,武田信玄手下有24将,军事干部基础略薄弱的德川家康麾下也有16将。考虑到日本地方势力远小于中国的军事组织规模,如此密集的家将数量也就能反映出日本地方性封建军事组织层次之丰富。顺便说一句,日本武家的家史文化非常丰富,这显然为后世研究战国时期的历史提供了莫大的方便。而家史的可传承性本身就是封建关系稳定的标志。与之相较,尽管明代离今天并不算太遥远,在朱元璋所封的五等爵位的功臣之中,很多人的事迹已失载。

格之间的差异点。譬如，即使在快速遣军攻击明智叛军的过程中，官兵卫依然预留了兵卒在姬路城休整的时间以维持其在战场上的体力；而他负责改建的姬路城，也因为高度复杂的城防设备，吓阻了很多潜在的攻城者，颇能体现"不战而屈人之兵"的兵法精神。翻遍整部黑田家族的征战史，虽不能说从未吃过败仗，但至少其蒙受毁灭性打击的记录几乎是零。与之相较，史载的孙坚部接近全军覆没的记录就至少有三次：在打黄巾时的西华战役中，他是靠"老马识途"的坐骑帮忙，才从死人堆中侥幸跑回大营的；在平定"中平羌乱"时，他在美阳亭战役中几乎耗光了自己在下邳招募的兵勇，甚至还弄丢了自己的印绶；在反董时的梁县战役中，孙坚遭遇到了人生中空前的惨败——他失去了他在富春的好友祖茂，而其政治盟友颍川太守李旻亦被残暴的西凉军烹死，更有大量孙军战俘被精神变态的董部用热油烫死。不过，与日本截然不同的国情，使孙坚在每次惨败后都能找到新的资源重新来过，正如当年汉高祖刘邦在彭城战役中损失五十多万大军后，依然能找到新筹码，终在垓下消灭项羽一样。而对于资源有限的黑田官兵卫来说，他是经不起孙坚与刘邦当年所经历的任何一次失败的。这种对于资源有限性的高度意识，反过来促进了官兵卫的封建德性，也使得他麾下的封建关系能历经战火而幸存。

更为鲜明地体现官兵卫的封建德性的两个案例，便是他对秀吉发动的侵朝战争的态度，以及他对于震动全日本的关原合战的态度。先来说前者。官兵卫辅佐信长与秀吉的初心是凭借其武力实现日本的统一，由此实现日本境内长久的和平。他是很晚才察觉到秀吉的真正野心是以朝鲜为跳板攻击明帝国，而统一日本仅仅是实现这一方略所做的准备罢了。尊重中国文化的官兵卫承认明帝国在东亚之枢纽地位，并因此坚信秀吉的侵略是缺乏名分支持的。但在秀吉处死同样反战的茶道艺术家千利休后，知趣的官兵卫便立即停止了对主公的劝诫，转而思考如何在这场大战中尽量保存黑田家族的骨血。而得到其指示的黑田长政在踏上朝鲜的领土后,虽出于年轻气盛的本性一度积极作战,但在遭遇了强大的明军的暴击后,便开始认真执行父亲定下的避战策略,最终使黑田军的损失基本可控(不过,官兵卫的另一个儿子黑田熊之助却在渡海时溺死,算是黑田家族在侵朝战争中蒙受的最大损失)。很明显,从马基雅维利主义的角度看,消极参加侵朝战争,是当时黑田家族能将损失最小化的唯一策略;若积极参战,等待他们的将是明军的铁拳;而若积极反战,官兵卫就会在黄泉路上追上千利休。更麻烦的是,因为官兵卫与秀吉过于密切的个人关系,他还不能学习老狐狸德川家康,找一个什么"守备国土"的借口不出战。所以,黑田家族只能做好在朝鲜战场上蒙受有限损失的心理准备,并随时控制成本的支出量。与之相较,这种"成本控制"的思维模式却不被孙坚所分享,更未被他老上司臧旻的儿子臧洪所分享。顺便说一句,如果官兵卫能读到臧洪对抗袁绍的事迹的话(他说不准真的知道这事,因为从理论上说他是能读到《后汉书》与《三国志》的),他肯定完全不能理解臧洪仅仅为了给朋友报仇就搭上全家性命的做法。毋宁说,在官兵卫的价值系统中,家人永远是最重要的,因为这才是自己的手足;而任何一个要拯救天下苍生的人,首先要学会拯救自己的手足。

秀吉发动的两次侵朝战争,因为他本人的死亡而"烂尾"。此刻,一直找借口避免涉入侵朝战争的德川家康,则对已被中朝联军严重削弱的丰臣残存势力伸出了利爪。二者之间的巅峰对决,便是爆发在1600年的关原合战,其重要性完全可以对标(甚至超过)汉末的官渡大战。在战斗爆发之前,德川家康与代表丰臣残存势力的石田三成(即秀吉生前最信任的财务总管)都在全日本积极联络各路诸侯参加自己一方。而面对德川的"东军"与石田的"西军"之间的这种微妙政治形势,黑田家族究竟又该何去何从呢?

(丁)1600年的黑田 vs. 189—190年的孙坚

若与汉末的形势做对比,官兵卫当时面临的局面很像是董卓与袁绍刚撕裂时孙坚在长沙郡所面对的局面:他究竟是应学习吕布,参加董卓代表的西凉军,还是应参加袁绍率领的关东联军呢?前文提及,本就被中原士人歧视的吴人孙坚是不愿投奔更被士人所歧视的西凉军的,所以,他无法投董;而荆州作为"四战之地"的地理位置又使得他无法像益州的刘焉那样据险割据,因此,他唯有参加反董的一方(当然,他是否真需要那么卖力地反董,这就得另说了)。与之相比,官兵卫在关原合战之前的政治选择要丰富得多。具体而言,这种丰富性是建立在如下五个因素之上的:(1)虽然日本的关东与关西地区也有互相轻视的传统,但由于日本缺乏一个类似帝国太学式的文教系统来将这种歧视建制化,因此,即使作为关西人的黑田家族选择与植根关东的德川家族合作,也不算什么太丢人的事情;(2)虽然黑田家族与丰臣家族有历史渊源,但秀吉侵朝给黑田家族带来的连带损失也大大影响了官兵卫对于丰臣家族的忠诚;(3)虽然石田三成是丰臣政权之内朝的"五奉行"的首席,但德川家康也是丰臣政权之外朝的"五大老"之首席,因此,曾为丰臣秀吉属下的官兵卫就有了在二人之间进行选择的名分空间——而耐人寻味的是,官兵卫与石田三成私交很差,曾因琐事得罪石田而差点被过于宠信石田的秀吉勒令自杀,与之相较,官兵卫与德川并未有过直接冲突;(4)当时官兵卫所处的地理形势亦允许他进行更为灵活的战略思考。原来,官兵卫因得罪石田而出家并得法号"龙光院殿如水圆清大居士"后,与部分家臣隐居于九州岛,而并非作为日本列岛之主岛的本州岛。九州进可攻、退可守。先来说"守"的一面。此岛与本州之间有宽600米至2000米的关门海峡(即下关海峡)。在那个没有海底隧道与跨海大桥的时代,此海峡如同袖珍版的直布罗陀海峡,在南北向分隔了九州(日版摩洛哥)与本州的山口县地区(日版伊比利亚半岛),又在东西向沟通了濑户内海(日版地中海)与日本海(日版大西洋)。因此,只要官兵卫能控制九州全岛,再控制狭窄的海峡在九州的渡口,割据九州可谓得天独厚。而类似的地利条件,只有在孙策控制江东六郡后才为孙吴集团所具备(长江此刻就扮演了类似关门海峡的地理隔离角色，只是由于长江自身的长度所带来的渡江点的不确定性，其防守难度要远大于仅长约21海里［东西向］的关门海峡）。再来说"攻"的一面。假若官兵卫想问鼎本州，联接九州与本州的关门海峡就是天然的水上补给线，而水上补给的难度一向小于陆上补给。与之相比，日后被孙权所继承的长江地利其实并不特别有利于其发动北伐，因为横向的长江并不能为从南到北的北伐路线提供军粮补给（赤壁之战后，曹军在江北设置宽阔无人区，这是长江补给线自身所无法应对的难题）；（5）黑田家族的下一代领导人黑田长政的成熟，也允许当时的官兵卫进行更为复杂的策略设计。具体而言，当时长政已经通过援朝明军的捶打积累了丰富的军事经验，而官兵卫也将家主的位置让给了他。因此，父子两代军事家同时出现在历史舞台上，就使得他们有可能在不同的战略位置上展现出不同的战略姿态，互为策应，最终谋取更大的家族利益。与之相较，孙坚反董匡汉时，孙策还并不成熟（遑论年龄比他还要小七岁的孙权），孙坚只能将家小安置在遥远的庐江舒县，委托周瑜的族人加以照顾。这就使得孙坚本人的战略行动缺乏可靠力量的策应，孤军深入的缺点便很难得到克服。

——那么，这是不是意味着官兵卫此刻的策略，就是在割据九州的基础上尽量扩大家族利益呢？也不尽然。已在一定程度上被秀吉式野心熏染的官兵卫此刻也产生了上洛的念头，只是比孙坚更慎重的他决定采取"两条腿走路"的复合争霸策略。这套策略的一支由他本人执行：肃清九州其他割据势力，然后观望本州局势；另外一支则由其子黑田长政执行：参加德川率领的东军并尽量消灭西军，但也要尽量让东军被削弱。这两套策略将在如下时间点汇合：长政在德川军被严重削弱后反戈一击，与父亲从九州带来的部队合力夺得整个本州。由此，黑田家族将建立黑田幕府，借天皇之名控制全日本。

这个计划的保守部分（割据九州）乃是孙策割据江东计划的袖珍版，执行难度不大。但此计划的激进部分（在关东、关西联军两败俱伤后取而代之)则与孙坚试图从荆、豫出发入洛匡汉的计划同样疯狂,变数非常之多。一旦真被执行,将大大扩大日本内战的规模,陷千万黎民于水火。这说明晚年官兵卫的封建德性指数是略有下跌的。但由于其封建性存量毕竟较多,因此,官兵卫执行该计划的决心并不像孙坚当年的争霸决心那么强烈。实际上,当德川家康以可控的损失与很短的时间在关原合战中歼灭石田的西军后,远在九州的官兵卫立即就意识到他已失去了执行原有争霸计划的时间窗口。而且,他也意识到德川家康建立新幕府体系的历史趋势已不可动摇。为了避免毫无意义的新战争,他本人彻底隐退,并令儿子长政积极配合德川建立新幕府体系。而作为回报,德川也将黑田家族提升为50万石大名,长驻九州。由此,德川家族与黑田家族实现了双赢,久经战火的日本人民也将迎来二百年的德川式和平。

很明显,如此美好的结局并未出现在汉末。汉末到三国的战争虽然异常频繁,但没有一场能够像关原合战那样带来长久的和平,而只能为下一场残酷的战争进行预热。其背后的原因,非常耐人深思。从地理与人口角度去考察,这当然是因为中国太大,要通过一两场战役解决全国性政治问题的机会本就比日本来得小;而更深层次的原因则是已被高度秦政化的汉帝国的封建指数太低。打个比方来说,封建指数低的游戏玩家与指数较高的玩家之间行为模式的差异,就好比拿别人钱炒股的股民与拿自己钱炒股的玩家之间的差异:凡是花自己钱所做的投资决策,显然会更加谨慎,而花别人钱的时候,投资者的行为模式就会更接近赌徒。而赌徒往往会不计成本地添加筹码,由此增加巨亏的可能性;无独有偶,在真实的军事博弈中具有类似性格的玩家也会将战争的规模变得不可控,由此使得和平遥遥无期。官兵卫与孙坚的行为模式的差异,以及原版战国时代与日版战国时代所导致的不同历史结局,由此便可得到解释。

第八节　小结：已坐上历史火车的你，是否已经错过了换乘的机会呢？

不少人喜欢将历史的进程比作河流，但或许"坐火车"才是一个更合适的比喻。若你在今日的中国乘坐高铁或者动车，那么在北京、上海、武汉等枢纽站就会有丰富的换乘机会；但在偏远的小站，这种换乘机会就要少得多。而若你既不在大站也不在小站，那么，除了被闭锁在车厢内思考自己在下一站的换乘策略之外，你什么也做不了。从某种意义上说，一个民族的历史的演化也有"大站""小站"与"车内时间"之分：在大站，掌握相当社会资源的枭雄是有丰富的选择机会的，其丰富程度宛若密集的树杈；而在"小站"，这一树杈则会被大量修剪，只留两三根可供飞鸟停歇；而若到了毫无选择的"车内时间"，即使是枭雄也只能选择躺平。若用这个比喻来看待周政在中日两国的命运，具有"大站"意义的历史节点各自发生在中国的春秋中期与日本的奈良时期：在春秋中期，孙武式的新军事革命已经铺就了偏离周政、通向秦政之路，而在奈良时期，班田制的失败已经注定日式周政必然会打败日式秦政。而对于黑田官兵卫与孙坚（以及与他同时代的臧旻、张昭等人）来说，他们虽都统统错过了换乘选项丰富的大站，但至少还有机会在小站进行有限的选择。黑田氏在真实历史中所做的选择就是对其而言的最佳选择，在此不再赘述。而孙坚当时所能做的上佳选择则是在获得与董卓的有限战果后，利用董卓掌握的汉献帝将自己控制的领土加以正名化，正如孙策在平定江东后通过曹操掌握的汉献帝正式获得了"骑都尉""会稽太守""乌程侯"（承袭自孙坚之爵）等名号一样。孙坚还应当看到，即使他与董卓达成了有限的停火协定，这也不妨碍他日后与其择机再战，正如日后的孙权也不会因为曹操控制的汉献帝曾赋予孙策以官职（并赋予他本人"孝廉"的名号)而在赤壁饶过曹军一样。孙坚更应当看到,他本人薄弱的封建基础既无法与西凉军相比,也比不上关东诸侯,因此,他更应当耐心等待某个雄主(如曹操)在混战中慢慢崛起,然后再投靠之,正如黑田氏在秀吉死后投靠德川氏一样。至于荆、豫之地难以防守的地利缺陷,亦能通过几次威慑性的军事胜利或多筑城堡来加以弥补,并非完全不可为也。然而,孙坚显然误估了自己掌握的资源所能达到的最大边界,由此进入了一个他并不能驾驭的政治股市,结果只能血亏。

相比而言,臧旻、张昭与王朗的人生选择,都大致符合当时的形势,因此,他们都能算是未在小站换错车的乘客。具体而言,臧旻在汉桓帝面前对第五种的辩护并不算法律上的抗辩,而只能算是某种软性的道德恐吓("陛下您若不宽恕第五种,就说明您不想成为齐桓公与汉高祖那样的明君啊!"),而这也是他在当时的帝国宪法结构中所能做出的最大幅度的反抗了。张昭利用周礼对抗应劭带有秦政色彩的避讳方案——"我不是直接说不需要避讳先王,而是想问:你的避讳方案为何不合古礼呢?"——也是基于类似的"柔性反抗"思路。张昭、王朗这对昔日好友日后又在各自的阵营变相破坏自己主君的军事进攻计划,虽无法改变大势,但至少也在一定程度上纾解了百姓的痛苦,其积极意义亦不容被一笔抹杀。如上三人皆得善终,亦算是上天对其爱民之心的奖励。

不过,正如黑格尔的历史哲学所指出的,历史的残酷性在于:各个民族的发展路径虽然都有各自需被谅解之处,但随着全球化进程的展开,各个民族总会展开竞争,而这种竞争的最高形式便是战争,其和缓形式则是商贸与科技竞争。一个民族若在竞争中失败,通过"我的祖先早就换错车了"之类的修辞来加以辩解乃是无意义的。这或许的确不是某个具体个体之责任——但这又怎么样呢?若将世界史舞台上的新玩家比作刚加入股市的新股民的话,这些新股民关心的可不是如何原谅某个正在经历颓势的上市公司,而是如何尽快将相关股票出仓,或干脆永远不要碰这些股票。

而与之对应,如果他听说某个公司的确有稳定的经营信誉与充满希望的盈利前景的话,他就会立即买入这些股票。市场偏好契约精神与对稳定性的预期,这一点乃是亘古不变之理。

然而,契约精神与对稳定性的预期,毕竟是与漫长的周政传统与深厚的封建德性相联系的。这是因为:稳定契约关系建立的前提便是契约方自身资源的稳定性——比如,没人会和一家明天就要倒闭的公司签约——而稳固的封建关系显然能保证契约方自身掌握的资源的稳定性,并由此反哺契约精神的孕育。以官兵卫本人的经历为例:他虽然也经历了效忠对象的变更,但对自己与老主公的关系都做出了尽量合适的安排,由此最大程度上减少了人际冲突,因为力薄的黑田家族实在承受不起因固有封建关系的削弱所带来的政治资源流失。譬如,他为织田臣下时,即使听到自己的儿子被主上处死的"噩耗",亦坚决不反,选择隐忍(官兵卫是事后才知道自己的儿子尚健在的)。黑田积累的这些政治声誉使得他有足够的道德资本与德川交易,因为德川已悉知黑田家的人不会做出太出格的事情。最终,黑田、德川两家"上市公司"的"市值"都得到了上涨。与之相较,若缺乏契约文化制约,特定政治集团不断内部分裂的概率会大增,内战的规模也会不断扩大——如董卓集团的不断自我分裂便是明证:先是吕布背刺董卓,后吕被李傕、郭汜所背刺,最后李、郭互相背刺,其间二人还糊里糊涂弄丢了汉献帝这一名分工具。由此,曾经不可一世的董系集团也只能在汉末的政治股市中黯然退市了。自带西凉本地封建关系的董卓集团尚且如此,就不必提本就是匆促成型的酸枣联盟了。

需要注意的是,日本深厚的封建传统——其本质就是周政传统——在德川幕府时代也得到了保留,而由此积攒的民力与得到继续培养的契约精神,也为日后明治维新的成功悄悄做好了准备。我们将在本书第八章中讨论为何日本式的周政能够促进明治维新,以及在这个过程中日式儒家思想所起到的积极作用。这样的讨论也试图向读者传递这样的信息:来自周政时代的儒家思想本

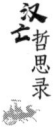

身并不需要为传统中国难以自行演化为近代社会负责,而帝国化的儒家思想则未必。不过,在切入与日本相关的思想史考察之前,还是让我们回到汉代,看看在那时是不是已经有足够勇敢的哲学家试图在当时的思想环境下对帝国化的儒学思想提出批判了。我们下章见。

第七章

汉儒意识形态大树上的啄木鸟
——王充、王符与仲长统

第一节　导言：汉代人精神世界的二元性

在前章中我们已经看到，汉末枭雄孙坚的个人命运之所以变成悲剧，在相当程度上乃是因为在封建制缺席的情况下，各政治游戏博弈者对自身政治筹码的最大值都缺乏自觉的意识，由此很容易催生"以小博大"的赌徒心理，最终使彼此和平妥协的可能性被大大缩减。而玩家们各自博弈资源的不稳定，显然还会影响逻辑思维能力的培养。这又是因为：逻辑思维能力的训练是需要与名词勾联的事物自身的稳定性做配合的——比如，你若要从"长沙太守孙坚受荆州刺史王叡节制"与"王叡受袁绍节制"这两个前提中推出"孙坚受袁绍节制"这个结论的话，光了解亚里士多德的三段论规则是不够的，你还需要保证在你做推理的那一时刻，王叡还活着（否则相关的推理结果就毫无实际用处）。换言之，在社会资源网上的诸节点随时都可能被吞并的环境下，旨在梳理这些节点之间关系的逻辑思维能力就会让位于神秘的命运预测学，如易学。但需要注意的是，古罗马的《十二铜表法》之类的宪政安排就是建立在希腊式的逻辑规则之上的，而同样的清晰宪政安排，则是鼓励多重卦象解释的易学所不能支撑的。这就自然使得汉帝国的宪法结构缺乏逻辑骨架的支撑，并因此具有根基处的不稳定性。"天人感应""春秋决狱"等汉代宪法实践方式亦都具有类似的允许多重解释的特征，这一点本书已多次提及，不再赘述。

而多少让人感到震惊的是，尽管两汉的意识形态给人一种"神神叨叨"的观感，汉代（尤其是东汉）同时又是中国古代科技发展的一个小高峰，重大科技事件层出不穷：对于圆周率的计算尝试已经开始，蔡伦改进了造纸术，张衡发明了浑天仪（至于他发明的地动仪是否有效，目前尚有争议），《九章算术》得到了广泛传播，民间建筑也普遍实现了多层结构（这从大量出土陶器模型中可得验证),汉末更是出现了像张仲景、华佗这样的名医——后者所代表的外科手术水平可能是当时东亚最高的。对《居延汉简》《长沙走马楼吴简》(其中部分简牍是东汉时期的)等出土文献的研究也表明,汉代基层政权的运作是极富韦伯式的技术理性的①,而与《春秋繁露》与《白虎通义》所揭示的精神世界旨趣大异。甚至出土的大量东汉陶器也向我们揭示了东汉建筑的高水平(图7-1)。由此体现出的反差足以向我们证明:汉代的技术理性非但不是不存在的,而且还熠熠生辉。

图7-1　2011年出土于河南焦作东城花园汉墓的东汉三层三联仓彩绘陶仓楼手绘模拟图(笔者临摹)

---

① 这方面的典型研究文献有:长沙简牍博物馆:《走马楼吴简研究论文精选》,岳麓书社,2016年;赵沛:《居延简牍研究:军事、行政与司法制度》,知识产权出版社,2020年;[日]富谷至:《文书行政的汉帝国》,刘恒武、孔李波译,江苏人民出版社,2019年;等等。毫不夸张地说,与聚焦于哲学文本的中国哲学研究不同,今天的秦汉史研究已经高度依赖于简牍的发现了——但中国哲学界却罕有将二者打通的理论尝试。

汉代人的精神世界为何会呈现出与汉儒意识形态不同的技术理性面相呢？原因有三：(1)无论一个社会的人际关系网是否充满变动，与之对应的物理环境大致还是相对稳定的。譬如，无论荆州刺史王叡是否已经被孙坚逼死了，荆州毕竟还在司隶之南，正如司隶还在冀州之南一样。因此，与基本的交通规划、物资调配、治病求药相关的技术理性，显然还是有用武之地的——而这一点也会使得一种朴素的逻辑意识得到滋养。(2)汉代技术理性的承载者与体制内的公务员之间，是有一定的交集的。先后做过郎中、太史令、侍中、河间相、尚书的张衡，以及做过长沙太守的张仲景，显然都是体制内人士。至于西汉末年的刘歆（作为古文经大师，他在数学与天文学上的造诣也很深）在王莽那里得到的体制性资源，则更无需多提。很显然，相关精英人士的这种混合式身份，在客观上也使得汉帝国主流意识形态对于相关技术发明的社会容忍度并没有一些人估计的那么低。(3)汉代还未实行科举制，知识分子不必因为长时间备考浪费生命，这就为科技的发展提供了时间保证。而像张衡这样的科学家还自有庄园，这还为其研究提供了经济保证。与之相较，在科举制已把控全国精英知识分子之有效生命的明清帝国，这种研究自由已基本不存在了，因此大清只有基于外力，才能反向倒逼出一个最终被做成夹生饭的"洋务运动"来。因此，虽然汉帝国的上层意识形态具有蒙昧主义色彩，其残存的封建性依然使得其成为中国古代相对接近近代工业革命的一个朝代（另两个备选的对象，可能是因偏居一隅而不得不发展工商业的南宋，以及既无科举制束缚又大力鼓励国际贸易的元——但本书显然已无足够篇幅涉及太多的宋元史内容了）。汉帝国的崩溃之所以令人感到可惜，这也是一个原因。

汉代人精神世界的二元性，自然也会在汉代官吏队伍的结构上打下烙印。虽然像张衡、张仲景这样位列二千石的技术专家并非不见史册，但大多数技术人才甚至都爬不到县丞这个秩位（这也便是青年孙坚在盐渎、盱眙与下邳所得到的官职）。本章的主角、东汉中期的哲学家王充在《论衡·谢短》篇里就用"儒生修大道""文吏晓簿书"这样的修辞,将高级儒生与低级技术人员在帝国架构中的层次区别做出了清楚的刻画。不过,千万不要小看这个技术小吏阶层,因为东汉非主流哲学三杰,要么就出自这个技术小吏阶层,要么干脆就是普通百姓,而且他们竟然都被范晔的《后汉书》作了小传,与吕布、曹操这样的枭雄并列于一书!

顾名思义,在《后汉书·王充王符仲长统列传》中得到记载的三位哲学家,自然便是写下《论衡》的王充、写下《潜夫论》的王符与写下《昌言》的仲长统。在正式介绍王充的思想之前,我们先来简要讨论一下东汉初年的王符与东汉末的仲长统的思想作为其铺垫。

第二节　王符与仲长统思想中的理性权衡要素

王符与仲长统的思想特点,乃是二者都精准地看到了儒式帝国的宪法结构的缺失所引发的衍生性问题——执政与司法安排在分寸感上的丧失。相关的背景信息如下:本书已反复提及,儒家所遵循的周礼系统本是对应先秦的多国体系的,因此,各级封建领主只需要负责维护封地内的人际关系,而不太需要处理与封地外陌生人相关的人际事务。在这种情况下,儒家所说的那种模模糊糊的"中庸之道"就有了用武之地,因为在关系维护者与利益相关者彼此熟悉的情况下,维护者就能根据对于相关个体之德性积分的历史记忆,以一种近乎直觉的方式,对奖惩的分寸做出大致靠谱的判断。然而,在需要被维护的人际关系网的复杂程度全面突破"邓巴数"的情况下,柔性的"礼"对于人际关系的调节作用就不得不让位于硬性的"法",而由"中庸之道"加以粗判的奖惩分寸,也就需要在法条所构成的显微镜下提高分辨率。需要注意的是,不同历史时期的法固然各有其特定的阶级属性与历史内容,但"法"之为"法"——无论是《汉谟拉比法典》之"法"还是《拿破仑法典》的"法"——都必须具有清晰、可操作的特点，否则就不可能应对超越邓巴数的社会结构所孳生的问题。这其实是"法"的一般性优点，而这一优点又与法条陈述所依赖的逻辑力量的普遍性相关。因此，没有理由认为这个优点是不适用于商鞅所开创的秦法的。但汉儒所面对的历史难题便是：与秦法捆绑的恐怖历史记忆使其罹患了很难治愈的"创伤后应激障碍症"，因此，他们在面对秦法体系的二元性特征——清晰性与暴虐性并存——时，就很难做到"既倒掉洗澡水，又留住洗完澡的孩子"。因此，在儒家"仁政"的名义下，一些只能在熟人关系网络中被使用的宽恕原则被无限扩大了，由此在帝国层面上造成了巨大的麻烦。相关的第一类案例便是西汉文帝对于秦法的残余——肉刑（脸上刺字或砍足、砍鼻）——的废止。其本意当然是彰显儒礼宽厚之义，但在执行过程中，因取代肉刑的鞭笞之刑缺乏执行的尺度控制，本不会领受相应肉刑而死亡的罪犯反因"仁政"被活活打死的事例层出不穷。至于犯人家属为减少犯人痛苦而贿赂鞭笞者并由此造成执法不公的弊端，直到清代也无法根除。另一类案例便是频繁的大赦。赦免罪犯当然是仁政的题中应有之义，但太频繁的大赦则会导致重罪犯很难得到法律的惩处，以至于王符感叹道："今案洛阳主杀人者，高至数十，下至四五，身不死则杀不止，皆以数赦之所致也。"（《潜夫论·述赦》）。第三类案例便是东汉的司法实对复仇者的宽纵——而这又与"公羊学"的大复仇学说的传播有关。关于与大复仇相关的故事，本书已提到不少，现在为了加深读者印象，再提一事。据《后汉书·申屠刚鲍永郅恽列传》所载，东汉初年的名臣郅恽年轻时有个好友叫张子夏，因其父被恶人所害而耿耿于怀。子夏病重时将自己未报父仇之憾倾诉给郅恽，后者为了让朋友安心上路，竟然就替他砍了仇人首级，献于病榻之前。子夏见之，含笑瞑目。郅恽立即去县廷自首，而县令竟基于春秋大复仇学说，将其当场释放（至于郅恽本人，本来也是想在形式上领受一些惩罚的,但县令竟以自杀相逼,使他不得不离开)。这显然是一份让任何一个受过现代法制思想熏陶的当下读者都感到震惊的史料。该史料最值得分析的一点便是:郅恽复仇的对象竟然不是自己的直系亲属,而是朋友的亲属,如此绕弯子的复仇行为,竟然也能得到执法者的赦免。进而言之,此类荒谬行为未得惩处不谈,反而被传为美谈,这也就难怪汉末的臧洪会仅仅为了给朋友张超报仇而将爱妾充作军粮了。不难推见,对于生活在这种环境中的升斗小民来说,这种充满委托复仇行为的社会环境乃是高度不确定性的,因为你不知道哪一天你会因为你的爷爷当年得罪了张三的爷爷而被张三的孙子委托的好友王五所杀害。这就是汉儒所面对的悖谬式局面:基于对"法"的抽象式仇恨,他们越是要在帝国的宪法结构中加入儒学因素,由此导致的社会现状就离"路不拾遗、夜不闭户"的儒式社会理想越远。

上述这种种案例足以说明为了维持社会的稳定,就必须在一个更大的尺度上引入"量化原则",也就是说,执法者要更为精细地测算恶行的社会危害与对于恶行的惩罚行为的社会效果之间的比例问题。比如,郅恽代友复仇之事显然就需要此类量化理性的匡正:子夏之父的仇人究竟做了何等坏事?是否坏到需要以死偿罪的地步?此人目下究竟又在相关的社会网络中扮演什么角色?假设他现在成为了一名优秀的医生,将其杀害,会不会对当下的社会利益造成更大的伤害?很显然,这些都不是郅恽或宽恕他的县令所要思考的问题。而他们不思考的问题,仲长统就要来思考。

需要注意的是,与生活在更早年代的王符与王充相比,曾为曹操外围幕僚的仲长统亲眼目睹了东汉帝国的崩溃,也肯定知道臧洪杀妾充粮的恐怖事迹(此事当时震动天下)。因此,再联想到历史上秦帝国与新莽帝国崩溃时所带来的巨大人口损失,仲长统的著述就带有了一种明显的"失败学"意味。在《昌言·理乱》篇中,他以泣血的笔调写道:

> 昔春秋之时,周氏之乱世也。逮乎战国,则又甚矣。秦政乘并兼之势,放虎狼之心,屠裂天下,吞食生人,暴虐不已,以招楚、汉用兵之苦,甚于战国之时也。汉二百年而遭王莽之乱,计其残夷灭亡之数,又复倍乎秦、项矣。以及今日,名都空而不居,百里绝而无民者,不可胜数。此则又甚于亡新之时也。悲夫!不及五百年,大难三起,中间之乱,尚不数焉。变而弥猜,下而加酷,推此以往,可及于尽矣。嗟乎!不知来世圣人救此之道,将何用也?又不知天若穷此之数,欲何至邪?

这段引文的奥妙之处,便是仲长统在概括从春秋到汉末的历史时,几乎完美地回避了一切可引发秦政爱好者颅内高潮的要素,如秦对度量衡的统一,汉对匈奴的用兵,等等。他当然不是不知道这些事情,而是不愿意谈论之,因为谈论这些无助于在帝国失败的当口检讨其失败的原因。而上述引文虽修辞色彩浓郁,但也隐隐指出了帝国之所以覆灭的社会心理因素,即暴力激情的泛滥。过于旺盛的激情当然需要冷静的理性加以制衡,而仲长统则试图进入这样的制衡理性,以及配套的司法措施。具体而言,为了制衡普遍的民间暴力犯罪现象,仲长统引入了可能最受正统儒家诟病的准法家因素:加强对犯罪行为的惩戒力度,并不惜恢复肉刑。在《昌言·损益》篇中他写道:

> 肉刑之废,轻重无品,下死则得髡钳,下髡钳则得鞭笞。死者不可复生,而髡者无伤于人。髡笞不足以惩中罪,安得不至于死哉!夫鸡狗之攘窃,男女之淫奔,酒醴之赂遗,谬误之伤害,皆非值于死者也。杀之则甚重,髡之则甚轻。不制中刑以称其罪,则法令安得不参差,杀生安得不过谬乎?今患刑轻之不足以惩恶,则假臧货以成罪,托疾病以讳杀。科条无所准,名实不相应,恐非帝王之通法,圣人之良制也。或曰:过刑恶人,可也;过刑善人,岂可复哉?曰:若前政以来,未曾枉害善人者,则有罪不死也,是为忍于杀人,而不忍于刑人也。今

令五刑有品,轻重有数,科条有序,名实有正,非杀人逆乱鸟兽之行甚重者,皆勿杀。嗣周氏之秘典,续吕侯之祥刑,此又宜复之善者也。

对这段引文的现代汉语意译如下:废除肉刑貌似符合儒家之仁道,但却会带来更大的弊病:执法的标准变得模糊不清了。肉刑肯定比死刑轻,所以判处肉刑的人肯定不会被判处死刑——但既然肉刑没了,又该怎么判呢?再轻一点就是剃头箍颈之刑,再往下就是鞭刑。但这两个刑罚也太轻了吧,对中等以上的犯罪行为如偷鸡摸狗、乱搞男女关系、索贿受贿、斗殴伤人等,又有何威慑力呢?现在也就是因为废了肉刑,刑罚变轻,所以很多犯罪行为才得不到惩治,这肯定不符合帝王的利益,也不符合圣人的本意。当然也会有人反问我:对恶人用肉刑,也就罢了;但若对善人用肉刑,恐怕不妥当吧?对此,我的答复是:假若按照以前那种司法判决习惯的话,那么,只要执法者的确未对善人用肉刑,那么善人自然也就更不可能领受更严重的死刑了。但问题是,你们仅仅看到了按照以前的判决法不判处善人肉刑的好处,却忽略了按照那种判决法误将善人处死的坏处(在这里仲长统显然预设误判是难以避免的——译注)。换言之,你们这群家伙竟然一方面忍心杀人,另一方面却不忍心对犯人施行肉刑,这难道不是咄咄怪事吗?至于我的判法,恢复了肉刑固然不假,但我也特别强调慎用死刑啊!这也就是说,要不是杀人造反之类的罪行,都可免死。这样,所有的罪行与所有的法条都能做到名实相符,一切都能变得井井有条起来。按照我的想法,再结合周礼与《吕刑》完善刑律,这难道不是大好事吗?

虽然因为时代的局限,仲长统的上述某些评论会让今日的读者感到惊讶(比如将"男女之淫奔"这样的生活作风问题也视为中等罪行,要被砍掉鼻子或一足),但其思想的形式框架还是与现代法制思想相对符合的。在现代法制系统中,因为已引入"刑期制"这一可以被高度量化的手段,法官当然可以对犯罪的危害程度与其所对应的刑期进行严格的对应,以便让判罚结果能够尽量符合比例原则。但需要看到的是,引入刑期制必然会带来监狱的全面扩建,由此带来的经济负担是古代社会的生产力水平所难以负担的。按照这一逻辑推理下去,在仲长统的时代,恢复肉刑便算是以最低的成本维护司法惩罚之比例原则的良策了。

仲长统上述辩论的核心难点,是如何避免主流汉儒们将其建议视为秦政之复归。为此,他修了三道防火墙。第一,他指出:刑罚太轻会影响社会秩序,反而会破坏公众利益,违背圣人之道;第二,他特别强调慎判死刑,以对冲恢复肉刑的建议给听众带来的心理冲击;第三,他特别提醒批评者注意,在错判本身不可避免的前提下,"有死刑却无肉刑"的刑罚体系,可能会比"有肉刑却高度慎判死刑"的刑罚体系带来更大的不公。具体而言,若错判未发生也就罢了,错判一旦发生,按照仲长统的判法,被错判的人无非就是被砍掉一足罢了;但按照以前的司法实践习惯,当事人的脑袋就没了。哪种情况对正义的伤害更大,乃是一目了然的。

在仲长统所修筑的上述第三道防火墙中,最后一条最具有思想史上的革命意义。我们知道,儒家正名论思维的典型特征,便是基于刻板成见对特定现象进行归类,比如将某人归类为"小人",又将某人归类为"君子"。这种简单粗暴的思维方式显然无法应对那些需要形式逻辑思维襄助才能处理的复杂情形,比如对于负面证据的处理。具体而言,如果范晔认定郅恽是君子,他就会只关注那些能够证明其是君子的事迹,如"其代友复仇的行为竟然得到了官府的肯定",等等。与之对应,范晔却忽略了那些可能动摇这一刻板成见的负面证据,如:郅恽所杀之人正好是一个医生,而他的死又导致了更多无辜的人得不到医治。同样的道理,假若有人认定废除肉刑乃是仁政的话,他也就会自动忽略那些因废除肉刑(同时却不废除死刑)而被冤杀的人,因为经由这种关注而被搜集到的负面证据会迫使他走出思想上的舒适区。与之相较,仲长统与这些思想懒汉的辩论方式已经初步具备日后卡尔·波普尔所说的"证伪主义"的思想特征,即不但要重视使得一个假设得以成立的正面证据,而且更要重视使得其得以被动摇的负面证据,由此达到一个更为稳妥的结论。这显然是基于直觉的儒式"中庸之道"所不能达到的思想复杂程度。

再来看王符的思想。在如何修正汉帝国的司法实践习惯方面,王符的有些建议大方向与仲长统类似(如在《潜夫论·述赦》中,他就反对滥赦由此增加执法密度,正如仲长统主张恢复肉刑以增加执法强度),但有些则相反,譬如在《潜夫论·爱日》中,他主张将小案的司法裁判权交给地方宗族,尽量就地消化社会矛盾。因此,王符的这一建议的"周政"色彩就与仲长统素来带给世人的"准法家"形象构成了鲜明反差。但需要注意的是,王符提出其建议的具体方式竟然不是像主流汉儒那样引经据典,而是明确引入了基于量化原则的理性论据——而就这一点而言,他与仲长统都已经走出了那种基于刻板成见的直觉式论述习惯。他写道:

> 孔子曰:"听讼吾犹人也。"从此言之,中才以上,足议曲直,乡亭部吏,亦有任决断者,而类多枉曲,盖有故焉。夫理直则悖正而不桡,事曲则谄意以行赇。不桡故无恩于吏,行赇故见私于法。若事有反复,吏应坐之,吏以应坐之故,不得不枉之于庭。以羸民之少党,而与豪吏对讼,其势得无屈乎?县承吏言,故与之同。若事有反复,县亦应坐之,县以应坐之故,而排之于郡。以一民之轻,而与一县为讼,其理岂得申乎?事有反复,郡亦坐之,郡以共坐之故,而排之于州。以一民之轻,与一郡为讼,其事岂获胜乎?既不肯理,故乃远诣公府,公府复不能察,而当延以日月。贫弱者无以旷旬,强富者可盈千日。理讼若此,何枉之能理乎?正士怀怨结而不见信,猾吏崇奸轨而不被坐,此小民所以易侵苦,而天下所以多困穷也。且除上天感痛致灾,但以人功见事言之。自三府州郡,至于乡县典司之吏,辞讼之民,官事相连,更相检对者,日可有十万人。一人

有事,二人经营,是为日三十万人废其业也。以中农率之,则是岁三百万人受其饥者也。然则盗贼何从而销,太平何由而作乎?

对这段引文的现代汉语意译如下:连孔子都认为,他老人家判断案情的本领与一般人是差不多的。由此反推出,只要一个人的才智达到中等以上,他就能分清地方小案的是非曲折。由此,乡、亭这级别的小吏,也能胜任此类审判任务。但既然如此,为何还有那么多蒙冤百姓呢?肯定有别的原因。我的分析如下:在诉讼中的双方,要么就是理直者,要么就是理曲者。理直者肯定会觉得自己理直气壮,不会在正常打官司之外还有什么别的出格行为。若是理曲者,则会为了扩大自己的利益去贿赂审判者。而如果审判者有私心,自然不会太喜欢那些不会去贿赂他们的理直者,而会更喜欢那些会贿赂他们的理曲者。不过这样乱判一通,理直者肯定不满。他们一哭一闹,基层审判者为了推卸责任,就将乡、亭这级别的案件上交给了县一级。但同样的故事又在县一级别上演:县政府大概率与乡、亭穿一条裤子,并因此维持原判,而理直者再哭闹,由此,案件再被上交给郡一级。由此推算下去,这点小事就可能一直被上交给州刺史部,甚至交给洛京的三公。若理直者缺乏经济资源,又怎么可能在县、郡、州与京都各个级别的公堂上,与那么多高官对阵呢?很显然,上诉层次越高,翻案难度越大,因为翻案所要得罪的官场力量也就越大。洛京的三公才懒得管这些小事,这样,案情就会被长期拖延,不了了之。这结局对豪强是无所谓的,但已被侵害利益的贫苦百姓又怎么等得起呢?有理者无处说理,狡猾者横行霸道,这就是天下冤案越积越多的道理啊!若不算自然灾害,此类人为冤案到底有多少件呢?我算了一下,从乡这一级到县这一级,全国每日要处理的冤案有 10 万件。我再算笔账:若一个人去报案,两个官吏去断案,这样,每日 10 万件案件,就浪费了 30 万人一天的工作时间啊!若每日都是如此,在一年间所消耗的经济物资又有多少呢？我还算了一笔账：若以中等农户的消费水准为计算基准，这会让每年有300万人忍饥受饿呢！这种情况，又如何能消除盗贼，并使天下太平呢？

王符上述论证高度依赖于对反复诉讼所导致的对于经济资源的数学计算——这一特征因过于明显，本无需多加解释。但在此我依然想要补充说明的是，王符在上述讨论中已经使用了今日经济核算中经常使用的"工时"或"工作日"的概念。这一时间观念的本质是用抽象的数学理性去核算时间，背后的哲学意蕴与基于天人感应学说的汉帝国主流时间哲学完全不同。具体而言，汉帝国的主流时间哲学在政治实践上的外溢，便是始自于汉武帝（并对整个汉字文化圈构成深远影响）的年号系统。年号的本质，便是将对于天命的感悟表达于特定的汉字组合（如汉武帝的年号"建元""元光""元朔""元狩"等），并由此与特定的序数相联系（如"元光元年"），最终表达出一个具体的年份在整个天命系统中的地位。由于年号系统的裁定权属于帝权，因此，这其实就是一种被儒家天命说所包裹的隐蔽秦政，而频繁更换年号所造成的行政效率的降低，其成本也都需要基层小吏与百姓来消化。（顺便说一句，汉武帝一个人就先后用了11个年号！）与之相较，王符的时间观只与"日出日落"这一自然现象所规定的工作时长有关，由此在客观上边缘化了基于帝权的年号计时体系。同时，由于王符所核量的工作日与相关人等的身份关系不大，这就使人们可以基于数学理性对其加以"中立化"操作。这显然反映了广大劳动人民与基层小吏管理日常事务时所天然具有的对于时间的态度。他的这种观点，也天才地预报了20世纪日本的马克思主义者户坂润基于工人阶级的时间意识而提出的新时间哲学。[①]

而数学理性与逻辑理性总是携手而行的，因此，王符的上述论

[①] 请参看拙著《哲学与战争——京都学派六哲人思想素描》，广西师范大学出版社，2024年。

证也像仲长统所展现的思路一样,体现出了论者对于"假设之可证伪性"的重视。比如,在讨论小案被乡、亭小吏处理的情形时,王符所关心的,不仅仅是"基层管理者会秉公执法"这一假设将得到怎样的证据来证明,更是如何会被证伪——而且很明显的是,在王符看来,该假设可被证伪的程度还很高。而为了减少该假设被证伪时百姓所遭受的损失,他干脆主张简化审判层次,以免因司法裁判浪费资源而导致民间财富流失。其背后的政治哲学思想,与今日英美式保守主义所带有的"小政府主义"意蕴颇有相合之处。

当然,王符的建议也不是没有问题。他一方面主张就地消化社会矛盾,但又意识到豪强地主经常侵夺小民利益,那么,他就需要解释究何人才能同时具备妥善处理这些矛盾的如下两大资格:第一,具有足够的本地权威;第二,足够公正。然而,在现实生活中,这两大条件往往是很难同时具备的,因为强大的本地权威往往是与一定的经济资源相捆绑的,而既然如此,你就不能指望其能对缺乏资源者足够公正。不过,王符本人的思想资源似乎也并不缺乏应对该问题的潜力。他在《潜夫论·卜列》中说什么"行有招召,命有遭随,吉凶之期,天难谌斯",这就等于承认了神秘的天命对于个体命运的影响。换言之,若某个小民在基层诉讼中吃了亏,这可能也是命的作用。按照他"不将矛盾上交"的思路,只要此类亏吃得不是那么明显,那么,小民就得认命,以免反复诉讼造成更大的经济损失。需要指出的是,这一思路虽然看上去很"怂",但从维护封建道德的角度看,其实并非完全无理,因为对于任何一点不公正都不能容忍的"杠精精神"其实是很难保证本地封建关系网的稳固性。以前章提到的黑田官兵卫的故事为例:当他得知他的儿子被主公织田信长"冤杀"(实际上没死)的时候,他没有选择上诉,而是默默忍受;而在他为丰臣秀吉卖力打下江山却被功劳不大的石田三成抢了风头的时候,他还是选择了默默忍受。请注意,黑田也好,王符也罢,他们都不是将忍耐内化为生物学本能的祥林嫂——他们之所以选择忍耐不是因为他们缺乏反抗的勇气,而是因为他们的计算理性都告诉他们:此刻不反抗反而能止损。而能在牺牲某些棋子的情况下维护大局的利益,本身就是封建格局感的体现。

在本节的分析中我们不难看到,无论是王符还是仲长统,他们都试图利用自己朴素的逻辑推理能力对汉儒意识形态的偏颇之处进行纠偏。与五四时代激进的启蒙者不同,他们根本不想去质疑儒家学说的整体,而只是就汉帝国执行儒道所暴露出来的具体问题进行实事求是的剖析。因此,他们的相关批评方式都体现出了卡尔·波普尔所说的"渐进式知识工程学"的某些特征。将他们比作"啄木鸟"式的思想家,应当是恰当的。下面要提到的王充,也是这样一只啄木鸟。不过,就哲学思想的深度与系统性而言,王充又明显超过了这两人。在正式讨论王充之前,我还想补充一点关于王符个人命运的信息。与通过荀彧的关系而在曹操手下当过几天差的仲长统不同,王符是一天官都没做过,尽管他的"朋友圈"里也有马融、窦章、张衡、崔瑗、皇甫规等名人,他自己也勉强能算得上是一位名士(否则范晔也不可能注意到他)。他不利用这些人际关系去京都为官,体现了他对其所在的凉州地方风土的封建忠诚。很可惜的是,随着凉州日益被东汉政府当作罪犯流放地,以及百年羌汉战争对于此地的破坏,到了董卓的时代,他的凉州集团里已经没有像王符这样头脑清晰且对小民充满同情的优秀人才,而只留下了李傕、郭汜这样的纯武夫与李儒、贾诩这样的纯粹的马基雅维利主义者。但这也是后话了。

第三节　王充挑战汉儒意识形态的主要方式:归谬法

从《后汉书·王充王符仲长统列传》与《论衡·自纪篇》等材料来看,与王符、仲长统一样,王充从来没有获得过"孝廉""茂才"这样的人才品级。他虽然也曾在首都洛阳跟着儒学大师班彪(即

《白虎通义》的主编班固之父)学习过古文经,但由于师徒意见不合,王充后来就开始了自己的思想探索。他一直没有机会在洛阳做"京官",在家乡会稽郡一直担任一些辅吏,譬如上虞县功曹、会稽郡都尉府掾功曹、郡太守五官功曹从事等("功曹"略等于现代的人事处处长)。这也就是说,王充日常工作所直接面对的文牍世界,乃是处在《居延汉简》《长沙走马楼吴简》所揭示的技术理性世界,以及《春秋繁露》与《白虎通义》所揭示出来的神学世界之间的分界面——在面对上级的时候他必须娴熟地使用袪技术化的意识形态语言,并在面对实际事务时又重拾起技术理性的思维工具。然而,他本人的思想显然是倾向于技术理性的,这就使他在开始自由著述时,可以相对放肆地对主流意识形态展开攻击。

不过,要在汉儒一统天下的情况下对其意识形态提出批判,王充不可能感受不到巨大的政治压力。因此,他为自己找到的立论方法是"欲擒故纵"——换言之,他必须先肯定汉儒意识形态的各种说辞,然后找到其中的逻辑矛盾,再从矛盾出发,反推出错误的根源,由此完成"捉虫"的工作。这也就是说,他实际已经用上了在古希腊哲学中成为哲学论辩基本工具的"归谬法"。

归谬法在西方哲学史中的源头,至少可以上溯到芝诺对"飞矢不动"这一反常识论题的辩护。其基本操作步骤有三步:(1)首先假装肯定自己所要反对的观点(即"靶标论点")是对的;(2)然后,从自己论敌的观点一步步引申出一个荒谬的推论——该推论要么与自己论敌所提出的其他观点有矛盾,要么就与公众所公认的某些常识论题有矛盾;(3)为了消除矛盾,否定掉在上一步骤中得到的推论,进而否定掉使该推理得以成立的靶标论点。不过,使用这个方法,要有一个隐蔽的政治哲学前提,即论辩中的攻击方与防守方在理智尊严上是彼此平等的。但在孔子已被神话的历史背景中,要让听众接受这一点乃是颇为不易的。面对这个难题,王充的办法是学习古文经学派的做法,将孔子描述为一位伟大的先师,但不是一个神。据此,儒生虽然必须尊孔,但不必迷信孔子。在《论衡·问孔篇》中，王充写道：

> 凡学问之法，不为无才，难于距师，核道实义，证定是非也。问难之道，非必对圣人及生时也。世之解说说人者，非必须圣人教告乃敢言也。苟有不晓解之问，迢难孔子，何伤于义？诚有传业之知，伐孔子之说，何逆于理？谓问孔子之言，难其不解之文，世间弘才大知生，能答问解难之人，必将贤吾世间难问之言是非。

王充在此表达的意思很清楚：今人与孔子在时空方面的差距，并不构成我们不对孔子进行"问难"的理由，而今天的世界，也完全可能存在着智力不输孔子的"世间弘才大知"。不过需要注意的是，王充并不是以一种武断的方式肯定今人与孔子在智力上的平等地位的——他甚至为这一理智平等主义的主张，也准备了一系列精妙的具有"归谬法"特征的论证。以下是笔者对其中两个论证的重构，至于作为重构依据的原文，则在括号里出现。

归谬法论证之一（关于孔子如何知道过去）：

姑且假定孔子具有类似于神的知识获取能力，即他可以不通过经验归纳与逻辑推理，获得大量关于外部世界的真信念。（参《论衡·实知篇》："儒者论圣人，以为前知千岁，后知万世，有独见之明，独听之聪，事来则名，不学自知，不问自晓，故称圣则神矣。"）由此得到推论：孔子应当能够"顿悟"到关于自己的身世的知识。然而，根据当时公认的传说故事，孔子是在吹奏乐器的时候反复琢磨，才推理出他自己的祖上是殷宋大夫子氏的。（《实知篇》："孔子生不知其父，若母匿之，吹律自知殷宋大夫子氏之世也。"）由此我们就能发现，假若这一传说是真的，这就等于否定了孔子能够顿悟到自己的身世。他要获得此类知识，也要反复思量，与一般人无甚差异。（《实知篇》："如孔子神而空见始皇、仲舒，则其自为殷后子氏之世，亦当默而知之，无为吹律以自定也。"）由此得出结论：孔子不具有类似于神的知识获取能力。

归谬法论证之二（关于孔子如何预知未来）：

姑且假定孔子具有类似于神的知识获取能力，即可以不通过经验归纳与逻辑推理，获得大量关于外部世界的真信念，甚至是关于未来即将发生的事件的真实预报。由此得到推论：孔子如果试图避免某件事情发生的话，他就能知道怎么避免这件事情发生，而不会通过某些行动促成其发生（比如，如果你不想吃到不新鲜的帝王蟹，而且你知道某家店买的帝王蟹一直不新鲜，你就不会去那家店买帝王蟹）。由此，我们再可推出：孔子如果试图避免与小人阳货（鲁国大夫季平子的家臣，后背叛主公并杀害了他）见面的话，他就知道如何避免与他见面，而不会糊里糊涂在路上与他偶遇。然而，根据《论语·阳货》的记载，即使孔子的确是具有不见阳货的明确意图，但他还是在路上偶遇了阳货。（《实知篇》："孔子不欲见，既往，候时其亡，是势必不欲见也。反，遇于路。"）很明显，这就说明孔子并不具备对于未来的预知能力。

看到这里，敏锐的读者或许会反问：王充对归谬法的使用预设了理智平等主义，而为了消除孔子崇拜对这种平等主义的戕害，他又引入了归谬法，以论证孔子不是神而是人——但该做法是不是有一点循环论证的嫌疑？难道那种用以论证孔子之"非神性"的归谬法不是基于理智平等主义吗？

我觉得王充是有能力回应上述批评的。他完全可以这么说：我在论证孔子不是神的时候用的归谬法，其实是以将孔子吹捧为神的今文经为对手的。但同样作为学者，我与今文经学家之间的理智地位乃是平等的，否则，我们就无法解释为何同样视孔子为人的古文经学家也具有类似的理智地位了。而由此得到"孔子非神"的结论后，我们自然也就能引出"我们与孔子具有类似的理智地位"这个结论了。

同样需要指出的是，即使王充得出了吾辈与孔子理智地位类似的结论，他引用的思想资源依然是儒家认可的那些信息（比如孔子"吹律自知殷宋大夫子氏之世"的故事，以及他想避开阳货却反而遇到他的故事)。这个做法一方面固然是为了减少与主流汉儒之间的思想碰撞强度,但另外一方面,也是归谬法的内在要求使然。前面已经说过,根据归谬法的游戏规则,从论敌的观点引申出的结论,要么必须与其所提出的其他观点有矛盾,要么就必须与公众所公认的某些常识论题有矛盾。因此,归谬法的使用者必须以退为进,先预先肯定有一个很大的公共信息库中的信息是不容怀疑的。而在这种情况下,预设儒家知识库中相当一部分内容是正确的,便成为了王充不得不采纳的选择。

不过,对于这些知识库中信息准确性的预设毕竟只是某种垫脚石,王充一旦利用它完成了对孔子至尊理智地位的驳斥,这就等于为一般人用自己的理智探索外部世界提供了可能。这样一来,王充也就能腾出手构建他关于自然世界的图景了——而正如我们所知,此类关注虽然对日后的工业革命来说是必须经历的环节,但却恰恰是儒家的精神世界最缺乏的内容。

第四节 基于"气"论的世界"祛魅化"方案

众所周知,王充的《论衡》包含了一些一般不会出现在传统儒家考察范围内的百科内容,譬如解释天体运动(《说日篇》)、气温变化(《寒温篇》)、蝗灾(《商虫篇》)、虎灾(《遭虎篇》)、水灾(《顺鼓篇》),讨论如何改革丧葬制度(《薄葬篇》),等等。对于《论衡》内容的这种驳杂性,既有一种社会学的解释,也有一种哲学的解释。社会学解释如下:王充所处的时代,蝗灾、虎灾、水灾等灾害对民众的生活生产构成了巨大的威胁,也对政权的基层治理构成了巨大的挑战。同时,对于鬼神的迷信所导致的厚葬风俗,也增加了民众的经济负担,浪费了社会财富。至于农业生产对精密历法的需求,也倒逼学者们思考宇宙的运作机制。作为务实派官吏的哲学代言人,王充不可能不就这些问题发表自己的意见。而与之对应的哲学解释如下:对于上述这些现象,董仲舒的天人感应学说已经提出了一套基于目的论的系统性解释,大大扰乱了民众与官吏的知识系统。因此,王充就必须针对这些问题提出自己的意见,以便将我们所看到的世界加以"祛魅化"。

王充进行此类"祛魅化"操作的基底概念,乃是先秦道家所说的"气"。众所周知,"气"是一个被先秦道家、阴阳家、某些新儒家(特别是北宋的张载)反复利用的哲学概念,要对它做出精密定义,是颇为困难的。而就事论事地说,在《论衡》的文本中,"气"大致可以被视为一种彻底剥离了人格性与目的性的、充盈宇宙的自然能量(参《自然篇》:"谓天自然无为者何?气也。恬淡无欲,无为无事者也,老聃得以寿矣");它分为阳、阴二种,分别为天与地所释放,而阴阳的交合则催生了万物。(参《自然篇》:"天地合气,万物自生,犹夫妇合气,子自生矣。")

如果用古希腊—罗马哲学的概念比照,王充的"气"并不是米利都哲学家阿那克西曼尼所说的"气",因为后者是构成万事万物的本原(arche),而王充的"气"的释放者——天与地——却不是处在阿那克西曼尼的"气"论的描述范围之内的;王充的"气"也并不是亚里士多德所说的"质料",因为"质料"需要与"形式"的结合才能构成具体事物,而在王充那里,气自身的阴阳交合就能够自主地构成事物了;王充的"气"更不是斯多葛主义者所提到的以"火"的隐喻为基色的、作为人—神—自然之统一体的"宇宙"(cosmos),因为这样的"宇宙"既然具有神的面相,自然也就具有目的论的色彩,而王充的"气"论则是纯然反目的论的。或许与很多读者的直观不同,笔者认为最接近王充的"气"的概念的西方自然哲学概念,乃是德谟克里克、伊壁鸠鲁、卢克莱修所说的"原子"(根据他们的原子论,宇宙中万物即虚空背景中大量原子相互碰撞后的结果),只不过希腊—罗马的原子论对于原子之间的分离性的设定,在王充那里,已经被"气"之间的连续性设定所取代了。但二者之间在哲学上的类似处却是更根本的,此即:(甲)这两个宇宙论模型都是纯然反目的论的;(乙)这两个宇宙论模型都在压制目的论的同时,提高了偶然性的地位。(顺便说一句,在西方原子论那里,偶然性因素是从伊壁鸠鲁开始才成为一个重要原则的。关于这一点,青年马克思在其《博士论文》中是有系统阐发的。)若再从西方自然科学的角度看,王充哲学对于"气"的描述,完全可以在现代科学语境中被替换为对于"能量""场"或"熵"的讨论,具有极高的理论可拓展性。

为了不跑题,下面我们就将悬置对于西方学术的讨论,而着重讨论王充是如何具体论证"气"的运作的无目的性与偶然性的。

关于王充是如何论证"气"的运作之无目的性的,笔者的重构如下(不出人意料的是,王充在此又开始使用归谬法了):

首先,王充确立归谬法的靶子:假若目的论的宇宙观是正确的话,那么目的的存在就必须以"目的之领会者与执行者的存在"为前提。接下来,王充开始抄录董仲舒的观点:宇宙目的的领会者与执行者乃是"天"。(参《春秋繁露·郊义》:"天者,百神之君也,王者之所最尊也。")然后,王充指出,在"天"之外,我们暂时找不到别的备选的"目的承载者"。(虽然人类个体或组织也是具有目的的,但二者显然无法承担宇宙论模型的骨架支撑任务。)由此推出:假若目的论的宇宙观是正确的话,那么,"天"就必须成为"目的之领会者与执行者的存在"。但王充立即指出:任何目的的领会者与执行者,都需要特定的身体来产生欲望、满足欲望,特别是作为能量输入端的嘴与作为观察器官的眼睛。(《自然篇》:"口欲食而目欲视,有嗜欲于内,发之于外,口目求之,得以为利,欲之为也。今无口目之欲,于物无所求索,夫何为乎?")但麻烦的是:既然天与地是如夫妇一样彼此配对的,而地是没有嘴与眼睛的,那么天又怎么可能有嘴与眼睛呢?(《自然篇》:"天地,夫妇也,地体无口目,亦知天无口目也。")所以,天便不是"目的之领会者与执行者"。故而,目的论的宇宙观是错误的。

那么,王充又是如何论证"气"之运作的偶然性的呢?笔者的重构如下：

王充先确立归谬法的靶子：假设世界上万事万物的命运是必然的话，那么我们就肯定有办法，从这些事物的内在性质出发，推理出他们所遭遇到的命运。但他马上指出，对于自然事物，我们却无法做出类似的推理。譬如，为何明明内在品性类似的草药，会遭遇到非常不同的命运呢？（《幸偶篇》："夫百草之类，皆有补益。遭医人采掇，成为良药；或遗枯泽，为火所爍。"）因此，对于人类的个体，我们也无法做出类似的推理。譬如，为何同样仁德的晋文公与徐偃王，各自的福报却天差万别呢？（《幸偶篇》："俱行道德，祸福不均；并为仁义，利害不同。晋文修文德，徐偃行仁义，文公以赏赐，偃王以破灭。"）所以，我们无法认为世界上万事万物的命运是必然的。然后，王充又指出：对于任何一件已经发生的事情来说，如果其发生不是"必然"的，那么它的发生就是"偶然的"。由此我们可得出：世界中充满了大量的偶然性。换言之，王充虽然也谈"命数"，但却对通过占卜来预测命数的做法，持消极态度（参看《论衡·卜筮篇》），并认为命数的本质也是一种难以被预测的偶然性。（《偶会篇》："命，吉凶之主也。自然之道，适偶之数，非有他气旁物厌胜感动使之然也。"）

有了"反目的论"与"偶然论"这两把"奥康纳剃刀"在手，王充便将汉儒正统神学体系中所有试图用人类的意图解释自然现象的企图全都加以了批判，由此展开了对各种自然现象的"祛神学化"描述。下面就是一些典型的案例：

关于虫害：在王充看来，虫子吃谷物，并非是因官吏侵夺人民而产成的，因为官吏的作为与虫子的生长，完全属于两个因果序列。具体而言，既然虫灾常发生于夏春（《商虫篇》："然夫虫之生也，必依温湿。温湿之气，常在春夏"），那么，如果官员的作为与虫害直接对应的话，我们就必须说"乡部吏贪于春夏，廉于秋冬"——但这显然是荒谬的，因为一年四季，都可能出现官场的贪腐现象。

关于虎害：在王充看来，官吏的奸、廉与虎害的多寡之间没有真正的对应关系，而只有偶然的配对关系，否则我们如何理解《礼记·檀弓下》所记载的鲁国赋税轻薄，却依然有虎害的事迹呢？（《遭虎篇》："夫虎害人，古有之矣。政不苛，吏不暴，德化之足以却虎，然而二岁比食二人，林中兽不应善也。为廉不应，奸吏亦不应矣。"）

关于水害：在王充看来，水害不能像俗儒所说的那样，通过击鼓的方式来加以克制（参《春秋·庄公二十五年》："大水，鼓，用牲于社"），因为水害与土地属于两个因果序列，通过作用于土地而希望对水发生作用，其荒谬程度类于通过逮捕与罪犯甲无关的某乙来制服甲。（《顺鼓篇》："甲为盗贼，伤害人民，甲在不亡，舍甲而攻乙之家，耐止甲乎？今雨者，水也。水在，不自攻水，而乃攻社。"）

如果王充的上述祛魅化方案能够全面贯彻下去，并被当时的社会普遍接受的话，那么儒家学说的覆盖力，将仅仅局限在人类社会领域，而对于整个自然界的研究，则会被完全交付给像王充、张衡这样的技术性官员的自然理性。康德在"信仰"与"知识"之间所做的启蒙主义二分法，或许也就能提前在中国实现。当然，东汉王朝运作的真实历史，并没有给予王充哲学这样一个大放异彩的机会。

第五节　王充哲学的政治意蕴

尽管在我们今日的世界观中，对于虎害虫害等技术问题的讨论是毫无政治意蕴的，但在那个普遍相信天人感应的时代，情况却不是这样。与王充对虎害问题的讨论构成鲜明对照的，乃是本书第一章已提及的法雄治虎之事。现在我们在一个新的语境中再详细分析之。

据《后汉书·张法滕冯度杨列传》所载,汉代中期的名臣法雄在做南郡太守时,沔水、云梦泽一带的虎害问题非常严重。他手下的官吏主张多雇佣人手并多设陷阱以减少虎害,法雄则否定了这一建议。他认为只要遍施仁义,惠泽飞鸟走兽,虎患自然会得到平息。因此,他下令撤掉那些猎虎设施。而按照他的建议实行后,的确达到了"虎害稍息"的效果。

这显然是一则让今人感到无法理解的史料,因为今人一般也分享了与王充类似的世界观:官吏的奸、廉与虎害的多寡之间没有真正的对应关系。毋宁说,随着土地的开垦以及森林的消退,人类与野生动物之间的冲突其实是必然会发生的。在当时的技术条件下,多设捕虎陷阱并雇佣捕虎能手,乃是缓解问题的唯一办法,否则,就只有大量退耕还林,以便将生存资源留给老虎。但这样一来,又会导致地方官、地方豪强与一般自耕农的关系恶化,并非上佳之策(顺便说一句,江南虎害之基本解决,乃是在西式枪支相对普及的20世纪30年代)。但奇怪的是,根据范晔的记录,法雄的"仁义治虎法"竟然成功了。对于上述怪异记录,我们就只有如下两种解释了:第一,范晔撒谎了,或至少记录有误;第二,法雄的确说过要用仁义治虎的话,但他却又用了别的更有效的策略来治虎。然而,因为复杂的原因,他所使用的真正策略失载了。

我本人比较倾向于第二种解释,这首先是因为我不太相信作为著名史学家的范晔是那种会胡乱写史书的人(他可能会遮掩一些事情,但应当不至于无中生有)。其次,更是因为法雄是与流窜各州郡的青州海贼张伯路打过硬仗的能吏,应不是那类只会空谈仁义的腐儒。而他的曾孙子法正,则是刘备身边能干的辅臣,可见其家风。因此,情况很可能是这样的:在典型的儒家意识形态之中,使得虎害得以被遏制的技术措施是无法登上大雅之堂的,因此,对于这些技术问题的关注会影响士人对基于目的论的天人感应学说的信仰,由此引发严重的宪法危机。譬如,在《后汉书·五行志》中就有大量记载,强行将自然灾害与执政者的德行问题加以联系(如"(安帝永初)三年,雨雹,大如雁子,伤稼。刘向以为雹,阴胁阳也。是时邓太后以阴专阳政",云云)。既然京都的政治形势被视为与自然现象如此相关,将作为地方官的法雄的德行与虎害问题相联系的做法,也自然是符合这种刻板成见的。在这里我们无疑又看到了正统儒家对于负面证据的忽略,即在怎样的情况下,善意的执政行为却依然换来了自然灾害,或恶意的执政行为却未引来自然灾害。

不过,不难想见的是,如果将王充基于无目的的"气"的宇宙论模型普及到全社会去,那么,董仲舒与班固在自然现象与人间伦理—政治现象之间建立的意义管道就会全面崩溃。需要注意的是,这并不是先秦儒家的麻烦,因为建立这些意义管道本就是汉儒的发明;但在汉儒看来,一旦这些意义管道消失了,他们就会立即失去通过自然灾害对帝王进行道德恐吓的抓手,由此,汉儒在帝国中的政治生态位也将受到全面威胁。王充不被主流汉儒所看重,也便不那么奇怪了。有意思的是,尽管汉儒的神学目的论思想对科技发展有很大的阻碍作用,但由于当时没有实行科举制,尚有余力的士人依然做出了不少科技研究成果;而到后世天人感应与谶纬学说慢慢退出历史舞台后,科举制又开始对全国士人进行强制性时间管理,由此反而使得中国古代发展先进科技的空间变得更小了。换言之,王充式宇宙论模型在汉代的边缘化,使古典中国错过了通过科技发展走出农业经济模式的重要机会窗口。若用前章使用过的坐火车的比喻,王充时代的汉朝,便是那位已经错过在大站换车却依然有机会在小站换车的乘客——而错过了小站后,这位乘客就只能被锁闭在车厢内,什么事情也做不了。

王充学说的政治哲学意蕴,还绝不仅限于此。假若他能穿越到西汉初年,并使得他的学说在两汉被彻底接受的话,那么,有两件大事就不会发生:第一,王莽代汉为帝;第二,孝廉制度成为两汉的主要选官制度之一。很显然,假若这两件事情真未发生,汉代的命运就会产生巨变。

先来看第一件。在本书第五章讨论王莽代汉过程时我曾提到,在获得"假皇帝"的名号后,王莽碰到了一个巨大的麻烦:如何将"假皇帝"变成"真皇帝"。由于当时没有一位在位的皇帝,王莽面临着"缺乏禅让主体"的难题。为了解决这个难题,其手下就搞了一套祭祀仪式,让汉高祖刘邦的灵魂附身于某礼官的肉身,由此完成禅让过程。很显然,这套把戏要成功,就必须预设当时的人普遍相信人死后是有灵魂的。但恰恰在这个问题上,王充给出了一个很有名的论证,以证明人世间无鬼,尽管有妖(在他的话语体系中,"鬼"就是那种可以独立于肉体行动的灵魂,"妖"就是人们在坟场里见到的那些魂魄,但其缺乏在真实的物理世界中行动的能力)。这显然会使得王莽假托刘邦之灵魂将帝位禅让给自己的游戏玩不下去了。为了论证人世间真无鬼,王充在《论衡·论死篇》中写道:

> 天地开辟,人皇以来,随寿而死,若中年夭亡,以亿万数。计今人之数,不若死者多。如人死辄为鬼,则道路之上,一步一鬼也。人且死见鬼,宜见数百千万,满堂盈廷,填塞巷路,不宜徒见一两人也。

不出人意料的是,王充在此又使用了归谬法。我对此论证的重构如下:我们姑且先假定鬼和活人共存(此为归谬法的前提)。而由于鬼是从死者变出来的,因此,从数量上看,鬼的数量就应当等于历史上全部死者的数量。同时,根据常识,活人的数量远少于历史上所有死者的数量("计今人之数,不若死者多")。由此得到推论:活人的数量远少于鬼的数量。同时,如果有这么多鬼和活人共存,那么活人感知到鬼的可能性也大幅提高("人且死见鬼,宜见数百千万")。但是这又是不可能的,因为根据常识,只有少数人见过鬼,且保不齐那也不是鬼,而是前面所说的"妖"。由此得出结论:鬼不可能与活人共存,换言之,活人的世界没有鬼。

王充虽然没明说,但既然刘邦之灵魂将帝位禅让给王莽的事件是发生在鬼与活人之间的,那么,"鬼不可能与活人共存"这个结论就足以动摇王莽帝位的合法性。不过，王充的上述论证似乎没有否认鬼可以生活在一个与人世间不同的阴间中。因此，王充的上述论证虽然可以用来攻击王莽，却没办法用来直接抨击两汉厚葬重祭的传统，因为使得此类行为得以可能的观念前提，便是预设有一个阴间。

为此，王充又推出了一个新的论证，用来抨击厚葬重祭的行为。他倒没有说阴间不存在，而是说，即使其存在，你也无法与之发生因果联系，因此，厚葬重祭的行为缺乏实际意义。在《论衡·祀义篇》中，他写道：

> 谓死人有知，鬼神饮食，犹相宾客，宾客悦喜，报主人恩矣。其修祭祀，是也；信其享之，非也。
>
> 实者，祭祀之意，主人自尽恩勤而已，鬼神未必歆享之也。何以明之？今所祭者报功，则缘生人为恩义耳，何歆享之有？今所祭死人，死人无知，不能饮食。何以审其不能歆享饮食也？

需要指出的是，上述论证已经预设了王充在别的地方提出的对于"人""鬼"与"妖"之间的三分法：人是存在的，其特点是有血肉骨骼。因为血肉骨骼乃是"气"沉淀而成，所以人的构成中"阴"的成分很高（"阴"本身就有迟滞停留的意思）。与之相较，"妖"也是存在的，但其飘忽不定，因为它缺乏血肉骨骼（即"阴的要素"）的特点使其无法被稳定。因此，"妖"就近乎于一种纯"阳"的存在。与之对比，那种既能与物理环境产生实际因果联系，却又飘忽不定的"鬼"是不存在的，因为没有一个东西可以同时既阴又阳。

基于上述预设，上述引文中所包含的论证可以被重构如下：丧葬和祭祀上的巨额花费，主要是来自于供品和祭品方面的高昂开销。而供品和祭品就其本来的面目而言，乃是供那些可以吃可以喝的主体所享用的消费品。以上都是常识，无须辩护。此外，根据常识，有可能享用供品和祭品的主体，肯定是有躯体的。而根据

"气"说,有躯体的主体,在其构成中都有相当比例的阴气。由此便可推出:每个供品的享用者——在此即指祖先的鬼魂——都有相当比例的阴气作为其组成部分。但在讨论"无鬼论"时我们已经知道了:就算我们说鬼存在的话,也至多只能说有一种若隐若现的"鬼"的种类存在——这种鬼实际上叫"妖",而且其构成基本上是基于阳气的。为了消除这种矛盾,我们只能断定享用祭品的鬼魂并非是基于阴气构成的。但既然如此,他们又如何与基于阴气的祭品构成因果联系的呢?由此看来,那些供品和祭品并没有合适的消费主体。这样一来,我们又为何在丧葬和祭祀上进行巨额花费呢?少量的支出,略表心意,也就够了。

从表面上来看,王充对于丧葬和祭祀所造成的经济浪费的批评,仅仅是在积极回应王符在《潜夫论·浮侈》篇中对类似行为的批判:"今京师贵戚,郡县豪家,生不极养,死乃崇丧,或至刻金镂玉、檽梓梗楠。多埋珍宝、偶人、车马,起造大冢,广种松柏,庐舍祠堂,崇侈上僭。"但王充的批评乃是其系统化的灵魂学说的理论衍生物,而王符的此类批评却没有如此深厚的哲学背景。更重要的是,王符对于厚葬行为的批评无法应对这样一种反诘:若丧葬祭祀活动的主持方的确经济资源雄厚,不在乎这点浪费,又该怎么办?而王充的理论却可以回应之:不管你的经济资源有多丰富,你的祖先是没有基于"阴气"的身体去享受你提供的物质贡品的,因此,使得整个丧葬活动得以可能的观念基础就是不存在的。而为了使上述结论不至于引发重孝的主流汉儒的反感,王充还在《论衡·祭意篇》中特别提到孔子的狗死掉之后,他命子赣根据当下的经济条件对狗进行简葬的案例,由此封住他们的嘴。

很显然,如果王充的上述意见得以全面实现的话,就会直接威胁到孝廉制度的运作。孝顺本是家庭内部的伦理规范,与公共政治无关,但既然汉儒本着"家国一体"的原则,将本来只能适用于"邓巴数"范围内的人际关系准则放大到帝国尺度上,"孝悌"自然也就成了两汉官方意识形态的一部分。自西汉惠帝以下,两汉的皇帝多以"孝"为谥，所以"汉武帝"这个谥号在当时肯定得被说成是"孝武帝"。此类标准自然也会下沉为选官标准。隋唐时的经学家颜师古在给《汉书·武帝纪》做注释时，就给"孝廉"下了一个清楚明白的定义："孝谓善事父母者。廉谓清洁有廉隅者。"自武帝以后，每郡都会按照一定的比例原则按时推荐孝廉，以作为后备官员队伍。到曹丕代汉之前，两汉共评出孝廉约 7.4 万人，平均一年全国获评者也就 200 人上下（在实际操作中，很多郡不是每年都有评选机会的）。按照汉代全国人口约 5000 万人这一数值粗算，每人每年获得孝廉名额的概率乃是 0.0004%。但麻烦的是，孝顺本是人之常情，若要在如此多的人口中硬性拔擢出如此少的孝廉，标准又是什么？其难度堪比在全国用筷子吃饭的人当中选出几百个最会用筷子吃饭者。具体而言，由于父母在世时子女与其的关系很难进入公共视野，父母死后子女在丧葬与祭祀上花费的经济与时间资源，就成为一项更容易被度量的目标。由于竞争者众多，在该项目上的"内卷式竞争"也就成为不可避免的事情了。《后汉书·陈王列传》就说了这么一件事：党锢运动中的清流领袖陈蕃在任乐安太守时遇到过一个叫赵宣的"孝子"，竟然为了守孝而在墓道里生活了二十来年。若不是被陈蕃发现其在墓道里与小妾生了五个孩子，赵宣很有可能因孝悌之名而得官。无独有偶，前面提到的那个为友复仇的郅恽，在《后汉书》里也留下了"十二岁失母，居丧悲痛过礼"的记录。按理说，少年失母，人人都会悲痛，但已经到了"悲痛过礼"的程度，显然他在公共场合下是留下了一些表演印记的。将本应在私人空间中展现出的对先人的亲情外展为公开行为，并由此成为获得官位的敲门砖，浪费大量社会资源不说，也会败坏风气。由此，有富余资源进行这种道德表演者就更有机会进入官场，最终造成司马光在《资治通鉴·汉纪四十三》中所痛斥的如下现象的横行："饰伪以邀誉，钓奇以惊俗，不食君禄而争屠沽之利，不受小官而规卿相之位，名与实反，心与迹违。"反之，若按王充与王符之言，全民上下行薄葬之风，并以薄葬为美，则孝廉考评制度得以可能的观念性支柱就会被动摇了。

——那么,在缺乏科举制的汉代,假若没有举孝廉的制度,朝廷又将按照何种标准拔擢人才呢?

对于这个问题,王充没有说得很清楚。在《论衡·定贤篇》中,他罗列了多种可被列为"贤人"的标准,但都一一驳斥了。不出意外的是,他也提到了"孝悌"这一标准,但立即否定之,因为他认为一般人的孝顺都不会出名,而出名者必然有特殊原因(比如家长暴虐,这才显现出子女孝顺的可贵)。当然,做孝廉除了孝顺之外,还有要"明经"(熟悉儒家经典)这一标准。但王充对"明经"是否能成为贤人的标准,也颇为怀疑,因为他觉得这一标准靠死记硬背就能做到,没有什么了不起的。他最后肯定的贤人标准便是"心善",并说什么"何以观心?必以言。有善心,则有善言。以言而察行,有善言则有善行矣。"但这显然又是一个很模糊的标准,可操作性很差。这就说明,虽然王充充分意识到了在广袤的帝国尺度内使用私人道德标准进行人才遴选的困难,但是,他本人也没有对如何解决这个问题提出有效的建议。

不过,在《论衡》别的地方,他还是对理想中的官吏人格与才能进行了勾画。在《谢短篇》中,他在对精通经书的儒生与只知道执行的文吏各自的短长进行评论后,总结道:"夫儒生不览古今,何知一永不过守信经文,滑习章句,解剥互错,分明乖异。文吏不晓吏道,所能不过案狱考事,移书下记,对卿便给。"这无疑是对汉朝当时官场生态的生动写照:儒生只能墨守经书,背熟章节和句子,搞搞儒经注释;文吏不通晓做吏的道理,知其然不知其所以然,因此只能机械地执行上级下达的公务,处理一些小案。帝国官僚的两层皮互相不沟通,由此造成巨大的执政风险。而王充的言下之意,就是要打通这两层官吏之间的身份壁垒,使得下层官吏可以不受"孝廉""茂才"等头衔的限制,补充到高级官员队伍中。有意思的事,这恰恰是前章所提到的孙坚的晋升道路。不过,孙坚的晋升乃是受惠于汉末乱局所提供的上阵杀敌的机会,要在和平时代找到这样一条基层官吏晋升的道路，可谓非常困难。而王充本人则没有勾画出一条即使在和平时代也能让基层小吏可以上升的升迁渠道。或许，即使他有这类想法，但考虑到此类想法对现有官僚既得利益的冲击，也不敢写出来吧！

第六节　小结：怎样的组织资源才能让"啄木鸟"们高飞？

王充一生知音不多。按照他在《论衡·自纪篇》中的自我描述，可谓"才高而不尚苟作，口辩而不好谈对，非其人，终日不言"。他一生都未被重用。在晚年，命运女神似乎向其开了一扇小窗。原来，同郡友人谢夷吾（他是第五种的曾祖父第五伦亲手提拔的优秀官吏）上书推荐王充，说他的才学虽比不上前世的孟子与荀子，但也与前汉的扬雄、司马迁差不多。汉章帝刘炟似乎被谢夷吾说动了，让王充出来做官，但此刻的王充又老又病，竟无法成行。他只能躲在家乡写《养性书》十六篇（后散佚），琢磨起养生之道来。至于其《论衡》，很可能是在汉末由游历至江东的蔡邕带回首都才得到传播的。有意思的是，曾推荐过王充的谢夷吾受到其薄葬淡礼思想的影响，在做钜鹿太守的时候，公务出行仅用运柴之车，带两名随从。按今日标准，这当然是清廉的标志，但在当时，他却因擅自放弃了朝廷配属给二千石秩位官员的仪仗标准，而被冀州刺史弹劾。后者说他"仪序失中，有损国典"，使得朝廷将其一路从二千石的郡守贬为六百石的下邳县县令（这也就是日后孙坚在徐州做最后一任县丞的地方）。谢夷吾的这一宦海不幸，充分展现了王充式的务实思想与帝国既有礼仪系统之间的巨大张力。不过，谢夷吾死前，在家庭这一他尚且能掌控的范围内，总算实践了一把王充/王符式的薄葬思想。他对其儿子嘱咐道："汉末当乱，必有发掘露骸之祸。使悬棺下葬，墓不起坟。"（《后汉书·方术列传》）果不其然,汉末爆发全国性内战,作为谢夷吾仕途终点的下邳也变成了一个反复拉锯的战场:刘备曾在此屯兵,吕布在此地被曹操处决,而曹军亦有在此附近掘墓以充军资的嫌疑。略显幸运的是,谢夷吾所在的会稽郡因在孙吴政权保护下,所受兵燹不多。但不管怎么说,被王充哲学武装了头脑的谢夷吾在东汉中期就洞见到了帝国之崩溃,的确算得上是一位了不起的"失败学"大师。而且,就未亲眼看到帝国崩溃这一点而言,他要比仲长统来得幸运。至于仲长统,虽在曹操幕府当差,但内心依然是忠于汉朝的,否则我们就很难解释他为何偏偏在汉献帝被迫禅让的那一年(220年)去世,而享年也只不过四十岁而已。与这两人相比,王符的人生显然主观幸福度最高。这不仅仅是因为他生活在离帝国崩溃期最远的东汉早期,还因为他本人本就不愿做官(因此,他的著作才被其题名为《潜夫论》),在这种情况下,他自然也就不会因官场失意而感到不幸。顺便说一句,王符也是本章涉及的三位哲学家之中唯一在今日留下公共纪念遗址者(此即位于甘肃镇原县城附近的潜夫山公园)。

就对汉帝国的忠诚而言,王充一点都不比谢夷吾与仲长统来得差,否则我们就很难解释他为何在《论衡》中专门写了《宣汉篇》,并用有点肉麻的口吻称赞朝廷说:"今上即命,奉成持满,四海混一,天下定宁"(顺便说一句,当时的汉章帝也的确算得上是一位贤君)。在《非韩篇》里,王充又坚决驳斥了法家利用耕战之效果奖惩百姓的管理办法,由此彰显了他对于周政传统的忠诚。但尽管如此,王充依然对汉儒意识形态大厦的悖谬之处提出了严厉的批评。若用本书的话语架构来重新表述王充的贡献,我们便可以这么说:汉帝国既然要突破"邓巴数",在如此广袤的领土内统一意识形态,就需要对这一意识形态的内在逻辑融洽性进行检查,以免操作系统的内在缺陷引发"宕机"的大麻烦——但使得这一检查得以可能的形式逻辑工具,却始终未在中国文化中被全面地培养出来(先秦的墨家与名家虽试图用力于此,但秦后已成绝学)。在这种情况下,王充仅凭其朴素的推理能力,便引入了古希腊哲学中通用的归谬法对汉儒系统的内部一致性进行了详细的检查,其智性之高,的确让人感到惊讶。

但为王充所无法正确回答的问题是:为何他在世上的知音如此之少?为何欣赏他的谢夷吾在官场上的运气也那么差?与最终诉诸占卜之学的王符类似,面对此类问题,王充诉诸一套复杂的基于"气"的命运之说。此说虽然有其抽象的形而上学价值,并因此预报了日后京都学派的大哲学家九鬼周造的偶然性学说的某些面相①,但对解释他本人的思想在传播学维度中的失败,并无直接的帮助。现在我们就不妨跳出王充思想的局限,来帮助他回答这一问题。

从认知心理学的角度看,要像王符、王充、仲长统那样综合一事的正反面进行辩证思考,就需要对思考者既有的刻板成见提出挑战,由此造成更多的心理损耗,甚至造成某些心理不适。遗传自采集—狩猎时代的人类心智本就有"偷懒"的天然习性,因此,除非上述更为费力的思维方式能够带来额外利益,此类思考在"性价比"上就显得不那么合适。而在古代的生产力水平的制约下,何人从事这种费力的思考才能够带来额外的利益呢?首先当然要排除在编户齐民制度下的普通小民,因为他们缺乏改变自己命运的能力,思考太多或许反而会增加其痛苦(而在未来的魏晋南北朝,这些小民的思想市场将留给能为其带来直接心理安慰的佛教,不过这是后话了)。帝国主流官员中的大多数应当也不会从事王充式的哲学思考,因为谢夷吾的下场谁都看得到。要是沿着这条道路再多想几步,去勇敢批判谶纬之学的话,东汉初年的桓谭的下场,便是明鉴(因谶言得天下的刘秀将反谶纬的桓谭贬出京城,他本人则在赴任的路上被活活气死了。顺便说一句,王充的《论衡》有不

---

① 请参看拙著《哲学与战争——京都学派六哲人思想素描》,广西师范大学出版社,2024年。

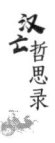

少地方受到桓谭《新论》的影响,但考虑到桓谭的下场,王充没敢在自己的书里直接批判谶纬)。

排除了一般小民与主流官员,谁又能成为王充、王符与仲长统的思想买家呢?

第一类潜在买家:手工业者。按照王充自己的说法,"射御巧技,百工之人,皆以法术,然后功成事立,效验可见"(《论衡·定贤篇》)。这也就是说,技术产品是否有效用,是需要加以校验的,因此,相关从业者就必须时刻面对产品失败的风险。在这种情况下,为了提高成功率,从业者就要启动理智力量,对技术失败进行爱迪生式的"溯因推理"。

第二类潜在买家:商人。商业运作的一般规律,无非低买高卖,由此获得差价。但既然人人皆知此规律,成功的商家就必须利用理智力,比一般人更为精准地把握低买高卖的时机,并为可能的失败预备止损措施。一旦发生失败,他们也要坦然面对,并仔细研判导致生意失败的真正原因。凡成功商人,极少有刚入商海就获得成功者,这也是因为商才的成熟本身就需要学期漫长的"失败学学堂"的考校。

当然,除了手工业与商业活动,战争也有成败,而战争实践也会促使军事主官培养其逻辑思维能力。高智性要求的围棋之所以在汉末开始流行(尽管其早已被发明),多少也与之相关(与之相比,在西汉更流行的"六博"只不过就是高级赌博罢了)。但在战争实践中,需要为成败负责的主官人数较少,其智性的提高并不能直接惠及广大的士兵。相反,在典型的孙武式战争中,一般士兵的地位均被下降为"碳基军事耗材",对其智性要求反而不能太高。因此,只有参与者众多且利益反馈机制明显的活动,才能更好地促进全民智性力的提高。从这个角度看,要让王充、王符、仲长统的思想得到传播,手工业与商业的从业者便是最可依赖的传播者。

但不幸的是,这三人都没有意识到这一点,反而因为思想受到了主流儒家的影响,与其潜在的思想买家刻意拉开了距离。我们知道，战国时期的墨家集团就是一个具有高度自治性的手工业者团体，而战国时期最发达的名辩推论系统也是墨家发展出来的（在这方面，名家的工作或许也很出色，但其遗存的思想材料实在太少了）。然而，思想方式明显具有墨家特征的王充，却与墨家刻意保持了距离。在《论衡·薄葬篇》中，他说墨家"以为人死辄为神鬼而有知，能形而害人"，并用自己的无鬼说驳斥之。从纯哲学角度看，这毫无问题，但从构建思想联盟的准政治角度考虑，这一说法显然忽略了《墨子·节葬篇》与其本人的薄葬说之间的类似点，并使自己的思想无法在别的地方与墨学接续起来。这似乎隐隐表露出王充不愿与手工业从业者构建思想联盟的态度。至于王符，他在《潜夫论·遏利篇》中对商人表达出来的憎恨，恐怕已经到了连"盐铁辩论"中维护地方利益的儒生都看不下去的地步。还有仲长统，其主张恢复肉刑的主张虽有其成立的自身理据，但若真得到执行，就肯定会伤害商人的利益，因为《昌言》所定义的"中罪"肯定是包含行贿罪的——而在权力高度集中且缺乏商法体系的汉帝国，对商人来说，贿赂官员的行为其实也是不得已而为之。由此，王符、王充、仲长统的理性式思维方式的潜在买家，已经全部被他们得罪了。

与之相比，逻辑思维昌盛的希腊罗马社会，则有发达的工商业与手工业。希腊各城邦公民多靠生产并买卖橄榄油为生，希腊哲学的始祖泰勒斯就曾靠投资榨橄榄油的机器而发了财，至于进行哲学思考，则属于"财富自由"后的闲暇。希腊各邦均属于环地中海贸易带，多民族的商贸交易所带来的思想刺激也能促进全民不断从正反两方面思考问题，由此，终于使得苏格拉底式诘问辩证法应运而生。在此过程中，希腊民主制也为思辨理性的展开提供了制度保障。希腊民主制本脱胎于其精锐的重步兵制，若按周政模式观之，此即将"国人"与"野人"之间的分别锐化为自由人与奴隶的区别，并由后者的牺牲保证了前者能在古典民主制中彼此尊重（请回顾第一章相关讨论）。民主制度要求辩而后决，而辩论则倒逻辑与修辞技术增长,由此就有了亚里士多德的《工具篇》与《修辞学》。日后的罗马文化多继承希腊文化,而罗马的早期共和国体制实为雅典民主制的迭代进化版。由于罗马早期军制亦似雅典人那样依赖精锐步兵,故共和国时期的民主与法治就有公民团体的武力担保。共和国时期哲学成就虽不大,但完善的法律建设则为广大公民基于利益的公开理性辩论提供了广阔的空间。然而,罗马版孙武——盖乌斯·马略(约前 157—前 86)——实行军改后,公民军脱胎为职业军,个别军阀由此可能左右朝政,其形势宛若汉末董卓的西凉军团对汉廷的威胁。后凯撒借征服高卢之私军颠覆共和,实为马略定下的政治路径的自然推演,正如嬴政之灭六国,乃是孙武为其定下的政治路径的自然推演一样。而换了帝制框架的罗马,修辞学、逻辑学的用处开始下降,其流行的斯多葛学派开始大谈修身养性之学,宛若对政治感到无能为力的晚年王充与魏晋玄学家。西罗马亡于蛮夷之后,欧洲暂时陷入西方版"五胡十六国"时代,哲学之光暂熄。而希腊哲学精神之所以能在中世纪借着"经院哲学"的外壳继起,则是因为现实世界中不同思想买家彼此之间的制衡机制重又出现:不同教区的意识形态争斗背后实有物质利益的考量,且不同教区亦有相应封建诸侯做武力策应,非纯然口舌之辩也。且因希腊哲学因子已无法祛除,中世纪的唯名论—唯实论之辩论虽也会像汉儒那样引经据典,但已留出充足空间,方便经院哲学家基于自身理性而展开王充式辩才。由此引发的新柏拉图主义的复活,则直接引导伽利略的科学革命,由此渐渐改变全球历史。再经历数世纪的沧海桑田后,基于近代科学革命之成果的西式坚船利炮终于扣关大清,使得后者只能被动展开"洋务运动"以回应之——而即使在这种危急的情况下,魏源、徐继畬等主张大力发展科技的晚清务实派士人,依然在官场上受到排挤。由是观之,王充在汉帝国的不得志,又有什么值得大惊小怪呢?

在汉帝国正式灭亡 1622 年后,南京(当时叫"江宁"),在这座因孙权的建设而进入中国古都之列的城市，装备了蒸汽机—风帆混合动力炮舰的英军逼迫"科技树"尚与王充时代大致等高的清帝国签订了《江宁条约》。从此，在三国时代既帮助孙吴隔离曹魏，又帮助其与蜀汉进行贸易的长江，渐渐成为英帝国的势力范围。《江宁条约》签订后约十一年，马休·佩里率领的美国舰队又喷着浓烟，扣关日本江户。双方在横滨签订了《日美亲善条约》，由此宣告江户幕府长达两个多世纪的锁国政策的结束。令人惊讶的是，同样尊孔且使用汉字与筷子的日本，却在不久后以相对可控的代价完成了明治维新，最终成为亚洲第一个实现工业化的国家。在这个过程中，儒家思想究竟是一股助力，还是阻力呢？我们下章就来讨论这个问题。

第八章

他山之石：儒家思想如何助力日本明治维新？

第一节　导言：明治维新何以轻易成功？

现代工商业社会的形成，大约都离不开下述因素：公众对于抽象法权观念的普遍接受、大量工商业人才与科技人才的涌现以及全社会亲商文化氛围的形成。按照一般人的刻板成见，儒家文化都处在上述三大要素的对立面：儒家基于血缘的亲亲文化排斥了抽象法权观念、儒家的读经文化挤压了本该用以学习现代工商业与科技知识的社会资源，而"士农工商"的儒式社会等级制度又严重压抑了商人的政治地位与社会自尊。因此，按照上述理路，现代工商业社会的勃发，必须经历一次以"反儒"为特征的意识形态革命——假若该社会的前续社会形态本身的确带有浓烈的儒家色彩的话。

然而，持此论者恰恰忽略了日本这一反例。日本的明治维新是如假包换的资产阶级革命，但是革命借以成功的核心口号"尊王攘夷"却恰恰借自于儒家传统。此外，与明治时代直接关联的江户时代虽是朱子学在日本得到广泛传播的时代，但这一点既未妨碍以大阪与江户为中心的全国工商业网络的形成，又未妨碍以"兰学"为媒介的西方科学知识的传播。从这个角度看，简单地将儒家视为阻碍现代工商业发展的负面意识形态因素的看法，便很难说明日本的历史经验。

更细心的观察者或许反驳说，古代日本未全面采用在中华帝国常见的科举制，因此，明治之前日本的"儒化指数"自然要比同时期的中国低得多——而这一点也就解释了为何儒家思想对于工商业发展的负面效应在日本未充分暴露出来。不过，且不论将一国之"儒化指数"与科举制挂钩这一点是否成立，上述言论的下述隐含意蕴或许就是值得推敲的：假若日本能够进行更彻底的反儒思想运动的话，明治维新的成就要比现在我们所看到的还要大。

对于这一反事实假设的反驳如下：假若我们将日、法两国的资产阶级革命做一比较的话，我们就会发现，反封建色彩浓郁的法国大革命的过程极为血腥，在1793—1794年大约一年的时间内，全法就有约35000人被断头机直接处决或死于监狱，其中包含大量社会精英（这里还未算入由大革命直接引发的拿破仑战争所造成的更惊人的死亡数字）。① 不难想见，假若不是因为当时法国的人才存量相对较多，此类以"反封建"为名而进行的恐怖内战原本会使得法国的社会升级计划流产的。与之相较，考虑到日本在江户时期远不如法国路易十六时期的人才储备率，以较低的代价完成政权更迭，几乎便是传统日本顺利实现社会转型的唯一通道。幸好1868年至1869年的日本倒幕战争（戊辰战争）的确破坏有限。此战给双方造成的死亡总人数才8200多人（且死亡者大多数为文化程度不高的下层士兵）②——尽管战场的实际波及范围已经从本州蔓延到了北海道。战后，各藩大名也在明治政府的新构架中华丽转身为了新兴资产阶级，由此避免了新势力对于旧贵族的罗伯斯庇尔式屠杀。而在这一过程中，儒学家提出的诸如"王政复古""尊王攘夷"之类的与传统接续的口号，最大程度上瓦解了幕府对于新政府的抵抗意志（比如末代幕府将军德川庆喜就在关键性的伏见·鸟羽战役中丧失斗志，主动撤退），由此在最大程度上降低了战争的烈度，保证了革命的成功，可谓居功至伟。可见，儒家思想实为日本明治时代的助产士，而非拦路虎。

那么，"大义名分"与"尊王攘夷"之类的儒学口号究竟是如何帮助维新志士完成倒幕大业的呢？

---

① Donald Greer. "The Incidence of the Terror during the French Revolution: A Statistical Interpretation", Cambridge: Harvard University Press, 1935, *Harvard Historical Monographs*（No. VIII）. pp. 26-37.

② 井上清『日本の歴史20 明治維新』，中央公論社，昭和四十一年（1966年），頁131—132。

第二节　日版的"大义名分"与"尊王攘夷"

在英文中，明治维新一般被翻译为"Meiji Restoration"，但也可以被翻译为"Meiji Revolution"。取后一个译名时，此词便是"明治革命"的意思。其实，无论是"革命"还是"维新"，都可在中国儒家经典的文脉中找到词源。"革命"二字的词源本就是《易·革·彖辞》中所说的："汤武革命，顺乎天而应乎人。"换言之，对于中国儒家来说，一场革命若不以周代成例为依托，其合法性便是不可设想的。这一崇周的思想至少在表面上也影响了日本的明治维新。至于"维新"一词，则来自于《诗经·大雅·文王》中的"周虽旧邦，其命维新"一语，可见日本明治维新也包含了一种向中国古典精神致敬的主观企图，并因此与自我割裂于天主教传统的法国启蒙运动南辕北辙。不过，从革命的实质上说，明治维新并非是周政的复归，而是秦政在日本的首次建立，因为"废藩置郡县"这一明治政治革新的核心举措恰恰是当年秦式变法的核心。而日本革命者之所以能够以复归周政之名行秦政之实，靠的恰恰就是孔子提出的"大义名分论"。具体而言，孔子本人试图通过"名分论"维持的"君君、臣臣、父父、子子"关系本是指春秋多国体系中的封建等级关系，但在汉帝国建立后，儒式名分论渐渐转换为对皇权架构进行辩护的学说。换言之，以长州藩、萨摩藩、土佐藩、肥前藩为基地的倒幕派充分利用了儒家名分论的这种暧昧性，将一种以封建领主为主要效忠对象的名分论转换为一种以天皇为主要效忠对象的新名分论。

但新的问题也就冒了出来：按照马克思的历史唯物论，任何意识形态工具的发明都会对应现实利益的诉求，故此，倒幕派的意识形态也应倾斜于与之相关的地方利益。在这种情况下，地方大名提高天皇地位的新叙事策略又能给其带来什么好处呢？站在中国历史的经验上看，这一做法的荒谬性或许可类比于：一个楚人试图通过废除周政、建立秦政的方式而使得楚国的地方利益最大化。但这种做法的最大得利者难道不是秦人吗？

对于江户时期日本特殊政治架构的简要考察，将为上述问题的解答提供思路。在幕府体制下，全日本大名分为"亲藩大名"（来源往往是德川家族宗亲）、"谱代大名"（来源往往是德川家族的近臣）与"外样大名"（受到幕府监控的一般地方大名）三类。德川家族虽然是这个金字塔结构的真实统治者，但天皇名义上的国家元首位置依然保留。而且，也正因为天皇是虚位，任何一种旨在提高天皇权威的政治学说显然都是剑指掌握实权却缺乏最高统治名分的德川家族的，正如打着"匡扶汉室"旗号的刘备真正剑指的乃是"挟天子以令诸侯"的曹操一样。不过，萨摩藩与长州藩倒幕人士的真正志向可是要远大于汉末的刘备的，因为他们并不仅仅想抬高天皇的地位，而是试图以此为契机建立一个能够促进现代工商业发展的新型资产阶级国家——而按照他们的估算，这样的新架构必然能通过建立国家军队的新"名分"，让本来就有近代工业基础的特定外藩（如萨摩藩）吃饱军火订单，并让西乡隆盛、大久保利通、黑田清隆、松方正义、森有礼、伊藤博文、山县有朋、木户孝允等地方藩士成为新中央政府的枢纽人物。在这个过程中，即使萨摩藩、长州藩、土佐藩、肥前藩的名号分别被撤销，相关土地也被整合入新的郡县制架构，而除了德川幕府之外，谁又会在这个过程中遭受实际的利益损失呢？

甚至德川家族自身对于自己历史地位的削弱也不那么在乎，因为即使在德川家族内部也存在着借儒家名分论进行改革的声音。富有讽刺意味的是，全日本"尊王攘夷"口号喊得最响的，恰恰就是作为"亲藩大名"的水户藩第九代藩主德川齐昭（也叫"水户齐昭"），而他本人又恰恰是幕府末代将军德川庆喜的生父，并对儿子的政治倾向具有莫大影响。换言之，在倒幕战争中，可能参战双方的统帅都多少接受了"尊王攘夷"的想法,而这一点也就解释了为何德川庆喜竟然如此快就放弃了维护本家族利益的战斗。不过,新的问题又冒了出来:齐昭为何要建立一套对本家族利益貌似不利的意识形态呢?

我的解释是:德川家族恰恰是通过以退为进的策略来维护家族的长久利益。江户幕府后期,日本国内饥民暴动此起彼伏,外国列强虎视眈眈,各藩内部财政捉襟见肘,若不进行大幅度政治改革,德川幕府的统治便很难持续。集中中央财力来应对各种不时之需,自然成为国力疲弱的日本的不二选择。但由于德川将军在名分论的框架中依然是天皇之臣,因此,为了提高地方对中央的向心力,在"公武一体"的名义下("公"指皇室与其下属的文官集团,"武"指幕府与其下属的武士集团),对于天皇权威的适当提高便成为维护中央权威的必要举措。当然,这一举措也会带来明显的双刃剑效应,因为诸如长州、萨摩等外样大名便可以利用此契机向德川体制发出挑战,由此证明自己才是天皇体制的更合格的维护者。不过,有意思的是,德川家族——特别是德川庆喜——似乎并不是非常敌视这种挑战,因为此类挑战恰恰能够向德川家族提供某种台阶,以方便自己将重塑日本的重大历史责任甩锅给更具开拓精神的外样大名。需要注意的是,这种"见好就收"的态度其实已经弥漫到了德川庆喜的整个执政团队,因为苦劝庆喜投降明治军的胜海舟恰恰就是德川幕府的陆军司令。至于德川庆喜本人,则在"大政奉还"后过上了每日猎鹿、摄影的悠闲生活,得以善终。

由此可见,儒家名分论激活了长久以来如政治僵尸一般存在的天皇制,使得倒幕力量获得了德川幕府无法抵抗的政治优势,由此使得明治维新能够以最小的生命代价获得成功。不过,细心的读者或许还会发现一个问题:倒幕派的"尊王攘夷"口号带有明显的排外色彩,而这一点又是怎么与明治政府积极学习西方的基调相合拍的？

毋庸讳言,基于儒家"夷夏之辨"思想的"尊王攘夷"口号的确带有排外意味,否则我们就难以解释为何1854年幕府与美国签订《日美和亲条约》后,倒幕派对当权派是如此怒不可遏。但需要注意的是,与以大学士徐桐为代表的晚清保守派不同,日本的倒幕派只是警惕西方势力的入侵,对西方科技的学习一直抱有积极态度。举例来说,即使在尊王攘夷派那里,魏源的《海国图志》也都是借以开拓视野的必读之书;至于一度敌视英国势力的萨摩藩,亦曾积极利用西洋技术,在鹿儿岛附近修建了在英萨战争中充分证明了其价值的炮台群。此外,延续自兰学传统的西洋学术之风在日本幕末武士之间也非常流行,以至于作为下等武士的坂本龙马也曾因荷兰语发音不标准而被同龄人嘲笑。① 换言之,在我的知识范围之内,像徐桐那样盲目敌视一切西方文明的政治势力,在从幕末到明治的日本历史舞台上是找不到的。因此,与晚清戊戌变法和庚子国乱的政治格局不同,日本倒幕战争的真正分歧,并非是否要全面学习西方的问题,而是在学习西方的过程中是否要继续维护德川幕府体制的问题。考虑到这种对于西方学术的兴趣又是与"尊王攘夷"的儒式政治口号并行不悖的,日本在这方面的成功经验显然有力地反证了:儒家文化的复兴未必需要以排斥现代化进程为代价。

但新的问题又冒出来了:为何在中国,儒家文化与源于西方的科技之间的关系一直如此紧张呢?进而言之,对于与科技密切相关的现代工商业,中国儒家的态度为何也一直比较消极呢?在笔者看来,这与中国儒士在帝国体制内扮演的角色与日本武士在江户体制中扮演的角色不同大有关联。

---

① 请参看[美]马里乌斯·詹森:《坂本龙马与明治维新》,曾小楚译,上海三联书店,2023年,第77页。

第三节　中国之"士"vs.江户之"士"

让我们将目光从日本再转回中国。大致而言,孔子时代的儒学是作为周礼文化的附属品出现的,而周礼文化本是一个在春秋多国体系内起效的、以最低成本管制天下的礼教体系。由于周政中的诸等级贵族都需要自主承担相应的军事义务,这就使得孔子时代的"君子六艺"亦带有明显的军事色彩(如对于车战与射术的重视)。需要注意的是,此刻周代贵族的阶级定位其实更接近日本江户时期的武士,即在承担文化传承任务的同时还需要维持基本的武力,并根据自己不同的地方性封建义务具有一定的自由行动权。此类儒家,可以被称之为"属地儒",其特征是将自身的伦理角色与其在地方性事物架构中的社会功能相互等同。即使到了汉帝国时代(这也是儒家成为官方意识形态的第一个朝代),由于科举制还未出现以及作为儒家知识分子经济基础的庄园经济的存在,儒家知识分子根据自己的兴趣进行智性探索的空间依然勉强存在。如东汉最杰出的科学家张衡本就来自于南阳宛县大族,祖先的积累为他在天文、阴阳、历算方面的研究打下了扎实的经济基础。他本人也多次躲避官方征辟,以保证研究自由。无独有偶,东汉名臣崔寔写下了《四民月令》,对东汉的农艺技术进行了全面概括。他本人还钻研酒、醋、酱的酿造工艺以添家资,说明他具有丰富的庄园经济运作经验。需要注意的是,张衡在汉赋方面的成就,以及崔寔曾参与编纂《五经》的经历,使得二人都可以被毫无困难地归类为那种符合刻板印象的"儒家"。这一点也反过来说明,只要保证儒家知识分子的基本活动自由,部分儒家知识分子转向科技探索的自然倾向就会不断展现出来。从这个角度看,江户时期日本武士对于科技的兴趣绝非某种只属于日本的地域性现象。

不过,古代日本的特殊性就在于:它长久以来一直停留在中国的西周—春秋时代,而几乎没有建立过一个秦汉式的强势帝国——而当它试图建立大一统的秦政的时候,它的双脚已经踏入了本就鼓励科技探索的现代工商业文明。这也就是说,这样的历史安排使得日本武士能够在相当长的时间内保持对于自身利益与时间的支配权,由此反哺科技与工商业的发展。以在江户时期著名的"参勤交代"制度为例:从表面上看,德川幕府设立该制度的用意恰恰就是为了强迫地方大名定期赴江户交代政务以便削弱其"属地性"特征,因此,该举措属于某种弱化版本的秦政。但弱化版本的秦政毕竟不是真秦政,因为对于如何凑齐支付参勤交代仪仗之资费的问题,江户幕府是任由各地大名充分发挥其想象力的。而在官方经济指导意见模糊不清之时,亚当·斯密所说的"看不见的手"就会自行发挥其市场调节作用。概而言之,基于大阪自身的海运之利,大阪的商团戏剧性地成为参勤交代制度的得利者——各地的大名将本地的大米运输至大阪获得货币,由此方便其组建参勤交代仪仗队(比如以雇佣藩外人士充壮仪仗规模的方式),而大阪则由此一跃成为日本实际上的经济首都。至于通向江户的那些浩浩荡荡的参勤队伍及其带来的硬通货支付能力,又使得沿途的箱根的旅店业以及静冈的手工业得到了发展——而这些货币的最终流向地江户,则由于各地武士的聚集而发展出了丰富的游廊文化(即夜间的异性陪酒业)——这些游廊既为后世哲学家九鬼周造的《粹的构造》提供了美学刺激①,又为坂本龙马这样的维新志士的倒幕活动提供了理想的密谋据点。换言之,恰恰是旨在强化秦政色彩的参勤交代制度,与日本尚存的春秋多国体系产生了奇妙的化学反应,促进了工商业的发展,最后为日本走出中世纪提供了契机。而在这个过程中,儒学扮演的角色恰恰是促进现代化的,而非相反:站在新兴工商业者(即所谓"町人")的立

---

① 请参看拙著《哲学与战争——京都学派六哲人思想素描》,广西师范大学出版社,2024年。

场上看,他们亟需一种符合其上升地位的新式儒学思想来保证其社会自尊。这就促成了石田岩梅(1685—1744)提出的"石田心学"的流行——这种思想套用儒学的天命论与职分论,大谈町人的节俭、正直之德,由此在"士农工商"的等级体系中暗自提高了町人的地位,并最终构成了日后松下电器企业精神的哲学滥觞。无独有偶,另外一位江户时期的重要儒学思想家三浦梅园(1723—1789)还写出了反映町人利益的经济哲学作品《价原》。在书中,三浦放弃了那种将货币的泛滥视为万恶之源的保守主义观点,肯定了货币对促进商品流通的积极意义。不过,作为儒生,三浦依然对贫富差距的现实感到担忧,希望生产力全面发展条件下的普遍富裕能够促进儒家礼教的实施。不少评价者都将此书视为日本版的《国富论》。①

不过,对于町人阶级身份的哲学式抬高必须与切实的政治措施相互匹配才能发挥实际的效力,否则这只能成为少数文人的文化意淫。幸好幕末的日本是具有相关的匹配措施的。以日后成为明治时期最重要的企业家的涩泽荣一(见图 8-1)在幕末的经历为例:他本是武藏国榛泽郡血洗岛村一家普通富农之子,不具备武士资格。在江户游荡时,他因机缘成为一桥庆喜(即以后的德川庆喜)的家臣,一夜之间成为武士。换言之,他在做富农时期积累的使用算盘、养蚕、制染料的经验,通过其身份的变更,自动转换为了庆喜谋士团的精神积累,由此使《论语》与珠算并重的斯密式儒家文化得以应运而生。看得更深一点,恰恰是幕府允许庆喜按自己喜好随意拔擢武士的制度设计,使涩泽荣一得以成为接续旧世界与新时代的重要桥梁——而在与此同时的清帝国,一个文士除非

---

① 对于三浦思想与近代西方经济学思想的系统比较,参见 Kiichiro Yagi, Miura Baien's Kagen: In Comparison with the Contemporary European Economic Thought, in *Modern Japanese Economic Thought: An Intellectual History to 1950*, London and New York: Routledge, 2023, pp. 10-26.

经历繁复的科举考试,否则他是几乎不可能成为帝国体制内的"士"的——而一个能够经过这些考试而成功的文士,又恰恰往往是四体不勤、五谷不分的。"士"在中日两国的不同阶层身份与自由行动程度,有力地解释了为何同样尊奉"士农工商"价值观的中日两国在转向现代化的过程中表现如此不同。

图 8-1　2024 年开始发行的一万元面额日元上的
涩泽荣一头像

从上述讨论来看,儒家文化是否能在学理上与现代文明相互接续,首先不是一个理论问题,而是一个实践问题。孔子的本意如何理解,《春秋》之义究竟该如何被解释,其实都是边缘性的问题,核心的问题乃是作为儒家价值承载者的"士"本身的经济资源、暴力资源与其基于这些资源的自由行动范围究竟如何。倒幕战争之所以成功,便是因为倒幕武士集团的确能够真金白银地拿出这些资源——与之相较,康、梁变法之所以失败,便是因为他们除了空抓一个光绪皇帝,什么属地资源也不具有。概而言之,晚清的"士"因为缺乏日本的"士"的行动力与执行力,使得儒学失去了通过实际社会管道走向现代化的历史机遇。

不过,硬币的另一面却是:中国的"士"(特别是动辄在谶纬的海洋中拍起大浪的汉儒)在思想上的过于自由(这一点与其在真实行动力方面的不自由构成了鲜明反差),才反而进一步限制了中国儒家的博弈空间。具体而言,当德川家康在17世纪初成为首任"征夷大将军"而掌控日本权柄的时候,他完全可以学习王莽、曹丕之故事而逼迫天皇退位——但儒家名分论却拘束了他的思想,阻止了他这么做。然而,恰恰是他的这种政治克制,最终使他的后代德川庆喜在与长州、萨摩藩博弈时能够找到"大政奉还"的台阶下并由此全身而退,最终保全了整个家族。与之相较,在古典中国(特别是在汉儒的改造下),强调政治秩序稳定的名分论遭到了五德交替论、天命转移论与禅让合理论的强烈对冲,最终使无法抵抗最高权力诱惑的王莽与曹丕都因贪恋一时的虚名而失去了在局面不利时安全退出的机制(当然,对于曹魏政权来说,这一恶果要到曹髦、曹奂时代才得到充分展露)。此外,新任统治者对于无法安全退出的上一任统治者的罗伯斯庇尔式清洗,又极大提高了社会秩序重建的成本,由此降低了整个古典中国自动转型为更高社会阶段的几率。从这个角度看,日本的儒家恰恰是因为自身在名分论向度上更坚定的保守主义立场,才以可控的成本促成了日本现代化转型的成功。

不过,细心的读者或许还会提出这样的问题:无论明治维新对儒家名分论"旧瓶装新酒"式的利用是如何巧妙地满足了资产阶级革命的内在诉求,名分论包含的等级制内涵依然会与典型资产阶级社会所要求的形式上的"人人平等"原则产生冲突。穿着古人衣服走上历史舞台的维新志士们,又是如何规避这一古—今矛盾的呢?

对于上述问题,笔者的答案或许会让不少读者吃惊:恰恰是因为日式名分论所包含的等级制意蕴比其在中国的原始版本更具固化的特征,所以,这样的制度安排才更能与"人人平等"的现代社会要求相互接续!

而要理解上述这个貌似自相矛盾的论点,我们就要首先来考察江户时期儒学大师荻生徂徕化"理学"为"礼学"的理论企图。

第四节 化"理学"为"礼学"的荻生徂徕

在讨论荻生徂徕的思想之前,先请读者思考这样一个问题:在现代社会人人平等的政治—司法安排落实之前,与该理想状态最为接近的状态是什么?究竟是一个包含大量潜规则且很难将其落实为成文法体系的等级社会,还是一个虽然包含着明确等级制度,却在规则表述与执行方面高度透明化的等级社会?很显然,后一种社会演化为现代社会的概率会更大,因为一个规则高度透明化的等级社会既能方便社会中的每一个博弈主体更好地进行预期规划(由此实现财富积累),也能够通过规则自身的明述性(explicitness)来保护弱势群体不遭受进一步的侵害。而古罗马共和国在约前450年制定的《十二铜表法》之所以具有如此巨大的历史影响力,也正是因为镌刻在铜板上的成文法律能够为社会各方的法律博弈提供相对客观的依据——尽管站在今日的立场上看,该法律对于妇女权利的种种限制似乎还远远谈不上满足"人人平等"的形式要求。

而在江户时期的语境中,将儒家等级制度加以明述化的努力,实际上就等于打造出一个人人皆可用的儒式说理空间,由此使得博弈各方都能对自己的长远利益进行预期。这样的举措固然不可能一步到位地实现人人平等的理想,却至少也能为进抵这一状态提供必要的过渡状态。而促成这一过渡状态的关键性举措,便是荻生徂徕将程朱理学转化为"礼学"的过程。

从表面上来看,至少与主观性面相更鲜明的阳明学相比,朱熹的理学由于强调"理"的客观性而更容易成为上述儒式说理空间的哲学骨架。但更细致的观察会让我们发现,朱子学的工夫论核心——"格物致知"(即通过观察世间万物来发现蕴藏于其中的道德之理)——在执行上具有很大的任意性,以至于王阳明在"格物致知"多年不得其法后,终于通过"龙场悟道"抛弃了朱子学。加之朱子学提倡的静坐之法与禅宗提倡的打坐之法过于接近,这就使得朱子学的原始样态依然带有一些宗教神秘主义气息,而很难被顺当转换为可用于对公共推理空间的营建知识上(当然,同样的批判也可以被施加到阳明学之上)。基于上述观察,曾因行朱子"三日不含,朝夕哭"的居丧礼而差点被饿死的清儒颜元便对朱子学做出过如下恶评:"禅宗、训诂、文字、乡愿四者集成一种人。"(《习斋记余·卷三·寄桐乡钱生晓城》)有意思的是,朱子学在日本的早期传播历史恰恰为颜元的上述评价提供了来自域外的注解,因为率先将朱子学传入日本的原普济寺主持一宁法师(后获得日本官方"一山国师"的尊号)恰恰就是禅宗大师,而他在京都南禅寺传播朱子学功夫法的主要目的,也恰恰是为禅宗的神秘修习方法提供补充。不过,抛开一宁法师在镰仓幕府时代植入日本文化的朱子学种子不谈,在江户时期所流行的那个日本朱子学的版本还有一个更具世俗色彩的源头,此即朝鲜王国的朱子学大师李退溪的思想。原来,随着丰臣秀吉侵朝战争的展开,以姜沆为代表的一批朝鲜儒生被日本侵略军掳掠到日本。这些儒生因势利导,趁机向日本学者介绍反佛倾向更为鲜明的李退溪哲学,并最终培养出了以藤原惺窝为代表的第一代具有自觉反佛意识的日本朱子学专家。丰臣政权覆灭后,德川幕府对这一朝鲜色彩浓郁的朱子学版本表示了强烈的兴趣,因为否定了丰臣政权混乱宗教政策的德川氏此刻的确更需要一种类似于李退溪哲学的统一化意识形态来稳固幕府自身的统治。于是,在林罗山、新井白石等幕府御用朱子学专家的协助下,朱子学的传播在日本进入建制化轨道,甚至日版的"士农工商"等级系统也是在此类朱子学思想的刺激下才成为日本社会的思想货币的。

但在荻生徂徕看来,官方朱子学的"公共属性"依然不够鲜明,因为朱熹本人对于"四书"系统的偏重使得其哲学先天具有一种从"内圣"开出"外王"的特征,而这一特征本身是不会通过将佛学因素从朱子学之中加以排除而自动消失的。然而,"内圣"毕竟属于私的领域,"外王"则属于公的领域,偏执地将解决公共领域内的社会问题的希望寄托在当事人主观道德修为的提高上,一方面会压缩儒生研究经济、科技等实际事务的时间,另一方面则会使"诛心之论"横行,无法就事论事地展开公共政策辩论。最终,空谈误国的局面便会不可避免。

荻生徂徕试图区分公域与私域的想法具有鲜明的启蒙特征,但是他依然乖巧地在儒学理论的脉络中展开了其反朱子论述,而这一做法反而彰显了儒学话语框架自身的巨大弹性。荻生的具体策略是在其著作《辨名》《辨道》中创造性地发展了荀子的名—实相符论,并指出:万物之名乃是"先王"依据当时的形势与自身对天地的感悟创制的抽象概念(如"道""仁""义""礼""智"),其语义学任务乃是指涉具体礼仪制度,而与"名"对应的"实"也就是相关的礼仪制度所代表的社会现实本身。因此,"实"与"名"之间的相即,在本质上便是特定历史语境中对于礼仪制度的价值性概括与制度性事实之间的"相即"(correspondence)。很明显,通过将作为儒学价值体系的承载词的"名"与相关的制度相互挂钩,荻生的真正意图是将儒学价值体系自身加以祛魅化,由此为公共理性介入对于"名"的公开辩论提供契机。当然,在上述叙述脉络中,荻生所使用的"先王"一词依然带有某种字面上的准宗教色彩——但这种色彩毕竟通过他在《辨道》中的下述文字而被冲淡了:

> 先王之道,先王所造也,非天地自然之道也。盖先王以聪明睿知之德,受天命,王天下,其心一以安天下为务,是以尽其心力,极其知巧,作为是道,使天下后世之人由是而行之,岂天地自然有之哉?伏羲、神农、黄帝亦圣人也,其所作为,犹且止于利用厚生之道,历颛顼、帝喾,至于尧、舜,而后礼乐始立焉。夏殷周而后粲然始备焉,是更数千年,更数圣人之心力知巧而

成焉者。亦非一聖人一生之力所能辨焉者,故雖孔子亦學而後知焉,而謂天地自然有之而可哉?①

换言之,在荻生看来,即使是像伏羲、神农、黄帝、颛顼、帝喾、尧、舜、周文王、周武王、周公、孔子这样的"先王"也是肉胎凡人,他们即使天资聪慧,也需要艰苦的后天学习才能深刻领会当时的社会事实,并制定相对的礼乐之名。这种后天经验主义色彩浓郁的礼乐认识论在根子上就堵死了朱子学的如下思维进路,即儒生可以通过探寻周游于万物的某种抽象的"理"而得到解决各种社会问题的总哲学根据。毋宁说,在荻生的理路中,那种抽象于具体典章制度的抽象的"理"是缺乏基本的本体论地位的,它只能凭借其对于具体事物的指涉功能而存在——正如缺乏银行背书担保的空头支票也必然缺乏独立存在的交换价值一样。从这个角度看,借用荀子的正名论,荻生徂徕已在儒学内部展开了一场基于唯名论立场而发动的针对朱子式柏拉图主义立场的全面哲学挑战(在西方哲学的理路中,"唯名论"的意思是,只有具体的个别的事物才是存在的,而柏拉图主义则认为那些抽象的概念也是存在的)。

上述这场挑战在文献学层面展现出来的后果,乃是全面贬低抽象的心性学,而强调儒生对于与礼仪相关的百科知识的学习。因此,作为心性学著作的"四书"(《论语》《中庸》《大学》《孟子》)在徂徕学体系中的地位也被全面贬低,随之被抬高的乃是更多反映先秦周政运作细节的"六经":《诗》《书》《礼》《乐》《易》《春秋》(顺便说一句,在中国文献中多提"五经"这一说法,因为《乐》已散失,不过荻生徂徕似乎并不在乎这一点)。这一做法背后的理论意图也是不言而喻的:对抽象心性的讨论属于"君子"的私人领域,无法对充满"小人"的公共生活的改善产生立竿见影的效果;与之相较,直接面向礼乐制度的"六经"则能够为儒生直接进入公共领

---

① 《荻生徂徠》(東京:岩波書店,日本思想大系36,1978、1982年),第3條,頁201。

域的讨论提供绿色通道——或用他自己在《辨名》中的话来说:"君子以成德,小人以成俗,刑措不用,天下大治,王道肇是矣。"① 于是,朱子的"理学"就被顺势替换为"礼学"。

站在中国儒学发展史的角度看,荻生轻"四书"而重"六经"的做法似乎是在向重视"五经"的汉儒看齐,并与重视"四书"的宋儒相分殊。而荻生学重礼的特征,似乎又与班固在《白虎通》之中对"三纲六纪"的详细界定遥相呼应。但正如前文所指出的,汉儒的意识形态先后诱使王莽与曹操、曹丕父子做出了篡汉之举,并由此使中国历史从此陷入治乱循环;而基于儒家名分论思维的幕末尊王攘夷派却能在维护天皇体制这一点上与幕府达成宝贵的政治妥协,有效控制了内战的规模。尽管荻生本人并不生活在幕末,但他对儒学的革新化解释却依然对此后的水户学产生了影响(比如,水户学也对注释"四书"缺乏热情,而更热衷于构建一种基于春秋尊王思想的新日本史方案)。于是问题来了:为何"崇经"这一做法分别在汉帝国与日本江户幕府产生了如此不同的历史后效?

对此,我的答案是:因为汉儒贯彻荀子式的后天经验主义的理论企图相对不彻底,由此使得基于先天道德动机论的思维方式还是经常会污染公共领域内的政治—司法讨论,最终降低了基于公共理性的政治妥协出现的机会。现在就以董仲舒"春秋决狱"的具体判例与荻生徂徕裁决"赤穗事件"的判决意见为比照,说明本人的观点。

所谓"春秋决狱",即以春秋成例为基点,以《公羊学》对于上述成例的解释为根据,并依赖类比思维,将上述评判词挪用到当下案例上,由此完成司法审判。董仲舒在《春秋繁露·精华》篇还提出了一个相关的执行原则,即"必本其事而原其志"——换言之,判决人要将当事人的行动动机尽量还原出来,并根据此动机的善

---

① 《荻生徂徠》(東京:岩波書店,日本思想大系36,1978、1982年),「聖」第1條,頁216。

恶决定刑罚之轻重。譬如，假若某甲在父亲与别人打斗时为救父反将父亲误击而死，按照董仲舒的意见，当事人应当免责，因为其行为动机毕竟是善的。为了给上述判词提供春秋时代的依据，董氏还提到了许悼公之子许止因给父亲服错药而导致父亲死亡的案例。在董氏看来，正如出于好心的许止的行为是可以被原谅的那样，前面误击父亲而使父亲死亡的某甲的行为也是可以被原谅的——所谓"君子原心，赦而不诛"是也（《太平御览》卷六四〇）。

　　站在现代司法的立场上看，董氏裁判法对于当事人动机的重构难免会陷入裁判者的主观臆断，并会变相鼓励民众以道德动机为借口，随意违法犯罪。汉代民间"大复仇"之风炽烈，多少也与春秋决狱所提出的"君子原心"论有关。而从"公—私"区分的角度看，当事人的主观道德动机属于"私"的领域，他所做出的具体疑似犯罪行为则属于"公"的领域，因此，董氏的"君子原心"论在本质上就是"化公为私"，即以道德的名义扼杀公共的理性推理空间，特别是对于犯罪事实的物理证据的智性求索。要在这样的司法环境中滋养出让社会成员均能感到安全的和谐气氛，可谓缘木求鱼——而近代工商业的发展，却恰恰需要满足投资者对于司法环境之稳定性与客观性的预期。从这个角度看，汉儒崇经的做法因无法革除道德动机论的影响，而无法产生出有利于近代化的理性辩论氛围。

　　与之相较，荻生徂徕对于"赤穗事件"的判决意见则走了一条"公私分明"的道路。所谓"赤穗事件"，经过如下：元禄十四年（1701）春，播磨国赤穗藩藩主浅野长矩在奉命接待天皇敕使一事上深觉受到高官吉良义央的刁难与侮辱，愤而在幕府将军德川纲吉面前拔刀砍伤吉良义央。此事让德川纲吉在天皇敕使面前蒙羞，当日其便命令浅野长矩切腹谢罪并将赤穗废藩，但却未处罚挑事的吉良义央。以大石良雄为首的赤穗家臣们虽然试图向幕府请愿以图复藩再兴，但未果。元禄十五年阴历十二月十四日（1703

年1月30日),大石率领赤穗家臣共47人夜袭吉良宅邸,斩杀吉良义央,将其首级供在泉岳寺主君墓前,成功复仇。事后46人向幕府自首(参加袭击吉良宅邸行动的47人中已有1人战死)。由于大石等人为藩主复仇的经历引发江户民众的一片道德喝彩,这让处理该案情的德川幕府陷入了尴尬。也正是在这种情况下,荻生徂徕才被官方邀请撰写《徂徕拟律书》,以陈述儒学家视角中的相关司法意见。尽管目前流传的《徂徕拟律书》各个版本之间略有文字差异,但荻生显然在该文件里表达清楚了这层意思:"义"是士进行自我道德净化的途径,而"法"则是统御天下之定规。赤穗武士为主公复仇之举,其"义"的一面仅限于私党的范畴内,而无法进入公域。若以私论害公论,则天下之法将无法持存。[①] 按照这一意见,幕府判处46名武士切腹自杀,由此在民众的道德舆论与政府的执法权威之间做出了一种更倾向于维护政府权威的司法处理方案(顺便说一句,在当时的日本,切腹自杀要比被当众枭首更能维护被处刑者的荣誉)。

与董仲舒的"君子原心"论相较,荻生显然将当事人的主观动机置于司法审理的边缘地带,并始终以维持公众利益与朝廷权威为司法裁判的核心关涉。以今日哲学术语述之,这便是以效果论思维压倒动机论思维的具体展现。非常值得玩味的是,若仅站在赤穗武士的立场上思考问题,他们的举措恰恰是为了彰显赤穗藩的集体利益,而非出于私心——而荻生坚持用"私心"概括其动机,这一点便足以说明他心目中的"公"必须被放置到幕府与朝廷的大视野中加以裁量。这一举措貌似只是为了迎合德川幕府建立准秦政体制的政治意图,却也在客观上为近代日本民族国家的形成铺平了道路——换言之,对于试图以高效率发展工商业的民族

[①] 该判词的现代日语改写版见于中西仁:"日本的公私観念の批判的理解を目指す社会科授業設計——赤穗事件を教材として—社会系教科教育学会"『社会系教科教育学研究』第18号,2006,頁67。

国家来说，其内部财、物、人的通畅流动将不得不依赖政令与法令的统一以减少交易成本。这也就是霍布斯所言及的"利维坦"效应。富有讽刺意味的是，以"大一统"为口头禅的汉儒却恰恰通过"君子原心"论全面破坏了帝国尺度内执法标准的统一性，由此使得汉帝国的社会建构水平在精细程度上一直无法突破其天花板。而貌似坚持封建等级制的徂徕学，却通过对公、私两域的区分，为日本日后的近代化进程打下了思想基础。

不过，读到这里，部分读者可能还是会觉得困惑。在《徂徕拟律书》中，荻生徂徕明确谈到了"法"的尊严，而没有谈到在他自己的哲学著作中被反复提及的"礼"。这是不是意味着荻生化"理学"为"礼学"的哲学努力，大概率会在实践层面上转向法家的立场呢？考虑到儒—法二家在中国思想史上长久的紧张关系，这样的变通会不会导致徂徕学偏离儒学的正统立场太远呢？

这里需要指出的是，儒—法之间的紧张关系乃是一个在中国语境中才会被凸显的因素。根据汉儒的描述，汉帝国必须以周政的继承者自居，并在意识形态上否定秦政。因此，虽然汉宣帝刘询在教育太子时将"霸王道杂之"视为帝王术的秘传心法，但至少在汉儒的公开意识形态界面上，对于法家的褒扬乃是不可接受的，因为这会让汉儒联想起暴秦坑儒的恐怖历史。而这种对于法家的负面情绪可能也影响了儒士们对于《荀子》的态度——换言之，《荀子》之所以一直没有获得像《孟子》那样的不断被升级的文献学待遇，可能便是因为《荀子》基于性恶论的"礼学"的确貌似在学理上与《商君书》暗通款曲。但在日本的历史语境中，使得儒—法关系难以被调和的相关历史因素乃是不存在的，因为在江户幕府之前，日本从来没有建立过一个曾全面迫害儒生的秦政式帝国。毋宁说，对于江户时代的日本人来说，即使他们能够忆起织田信长火烧比叡山的暴虐，以及丰臣秀吉发动的侵朝战争的残忍，他们也只会将相关的道德责任归于织田、丰臣本人的品行，而不是什么法家。因此，在这样的历史背景下，即使带有荀子"礼学"意味的徂徕学强调了法的尊严,也不会让一般的日本儒生产生膝跳反射式的敌视情绪。

不过,即使如此,徂徕学依然不是法家学说,正如影响了商鞅的荀子并不真是商君之同道一样。二者之间的区别在于:徂徕学对于法的强调依然基于儒学的原理,因此,即使是警惕"私义"的徂徕学,也非常重视基于儒学的司法解释问题。据此理路,法律当源自儒家礼制,礼制当源自"圣王"的创制,而圣王创制礼制亦并非是为了一己私利,而是为了天下苍生。与之相较,法家对于法的来源的解释则具有明显的非道德主义色彩:换言之,只要对稳固世俗君主的统治有利,怎么做都行。从人性论的角度看,这一差异之所以产生,乃是因为荀子—徂徕的性恶论毕竟是有限制的:他们虽然不敢高估"小人"的德性,更不敢低估他们的数量,却显然已经将"圣王"排斥出性恶论的覆盖范围。与之相较,法家对人性的描述方案则是一片漆黑、缺乏光明的。这一差异又进一步导致了荀子—徂徕学的教育观与法家教育观的重大区别:前者希望通过礼教提高人民的道德与智识水平,后者则希望用类似巴甫洛夫训练狗的方式将人民驯化为只知耕战的两足无羽动物。很显然,只有前一种教育观才有机会与现代社会的人力资源要求相互接续,因为一个建康市场的运作显然需要大量具有起码德性(特别是交易信用)的市场主体的存在。由是观之,荀子—徂徕学实际上便构成了东亚社会通向现代工商业社会的几乎是唯一的华容道:这条曲折小道的一边是缺乏仁爱的法家,另一边则是梦想"内圣"之道可直接导致"外王"之效果的主流儒家——而这两边的两条道路都只能将东亚社会的自发秩序水平锁死在一个很低的水平上。

其实,只要研究儒学的人足够多,总会有人发现这条介于法家与主流儒家之间的第三条道路的存在,正如只要思考圆周计算问题的人足够多,总会有人发现圆周率的计算方法一样——但同样想到这第三条道路的荀子与荻生,却具有截然不同的历史命运。对于荻生来说,其对于朱子学的批评其实并未给他带来不可控的政治风险——毋宁说,他年长时已经成为幕府第八代将军德川吉宗心目中的"国师",而他本人建立的"萱园学派"又将他的思想顺利地向整个日本传播。与之相较,《荀子》一书则被长久压制在"子书"的段位上,一直无法进入"经书"的范畴。儒学为何能助力古典日本的现代化却在古典中国缺乏此类功能,由此可见一斑。

读到这里,一些更细心的读者或许还会提出这样的疑问:不管徂徕学对儒学的解释与中国主流儒家有多大的差异,他都无法回避儒家对于家庭价值的重视,因为儒礼的很大一部分内容就是关涉到家族伦理的。然而,按照黑格尔在《精神现象学》中对于家庭、市民社会与国家的三分法,基于亲情的家庭伦理只能用以调节熟人之间的社会关系,而不能自动升级为用以处理陌生人之间关系的市场伦理。那么,我们又该如何理解徂徕的礼学面向市场伦理进行升级的可能性呢?

对于上述问题的回答得分为两步。首先是相对容易的一步:"礼"本身就具有基于家庭伦理向陌生人社会辐射的功能。以《周礼》为例,其中的《天官冢宰》(涉及官制)、《地官司徒》(涉及民政与财政)、《夏官司马》(涉及兵制)、《秋官司寇》(涉及司法与外交)、《冬官考工记》(涉及器物制作标准)等诸篇章都涵盖了跨出熟人社会圈的复杂社会架构的设计原则,而这些设计原则又与《春官宗伯》对于家族祭祀制度的讨论彼此勾联。这就足以说明"礼"相对于"理"与"法"的优越处:相对于抽象的"理"而言,更为具体的"礼"能够渗入社会生活的各个方面,由此对民众进行全方面的道德指导;而与机械主义色彩浓郁的"法"相比,即使是获生版本的相对偏向公众利益的"礼"也具有丰富的道德内容,并因此与系统化的道德辩护流程相联系。这就使得"礼"本身能够成为过于抽象的"理"与过于形式化的"法"的良好中介——民众可以经由这种中介知道为何要尊法,而官方亦能通过民众的上述这种道德自觉减少自身的管理成本。

不过，即使是对"礼"的上述中介作用的介绍，也无法进一步解释为何获生对于"礼"的重视能够在日本促成社会升级转型的契机，而古典中国对于"礼"的强调却没有产生类似的效果。那么，又该如何回答这一难题呢？

要回答这一问题，我们不妨就用徂徕学的方法来反对徂徕学的一些具体结论。实际上，就获生本人的具体经济哲学思想而言，他对町人的商业势力的崛起是有警惕心的，因为这显然会破坏士—农—工—商的等级系统。故此，获生本人可能并不欢迎一个强大的市民社会的到来。① 但是，从哲学方法论的角度看，获生却明确主张将对于"名"的研究落实为对与之对应的"实"（即相关的社会事实）的研究——据此，既然町人势力的增长是江户时期的确发生的一件经济史大事，那么，我们就要以忠于徂徕学之方法论的精神，从基于"实"的视角出发来解释一个以农耕文明为本的传统日本社会是如何能够滋养出町人文化的。而既然这一考察与日本的家庭组织方式相关，我们需要找到的便是某项既能与家庭伦理相关，又能与市场文化接续的具有日本特色的"礼制"要素。我所找到的这一要素便是古代日本的家纹。

第五节　家与工商业社会的中介：家纹

任何一个对日本古典文化有所了解的人，都知道从天皇到各级大名，都有代表其家族的特定徽章——家纹。家纹本身当然是复杂的封建关系的体现，这也就解释了为何在封建历史同样漫长

---

① 在这个问题上，另外一位江户时期的重要儒学思想家三浦梅园（1723—1789）的想法要比获生徂徕激进一点。在经济哲学作品《价原》中，三浦放弃了那种将货币的泛滥视为万恶之源的保守主义观点，而肯定了货币对促进商品流通的积极意义。不过，作为儒生，三浦依然对贫富差距的现实感到担忧，希望生产力全面发展条件下的普遍富裕能够促进儒家礼教的实施。

的日本与欧洲,都有丰富的家纹文化,而在早早迎来以"反封建"为特色的秦政古典中国,家纹文化是如此衰微(详后)。家纹当然是封建制语境中的"礼制"的重要因素,而至少在日本的语境中,这一要素的确构成了古典日本与现代工商业社会接续的重要桥梁。为了理解这一点,我们不妨来看看日本最重要的财阀之一三菱财阀的标记——该标记其实是土佐藩的家纹与岩崎家族的家纹的合体(图8-2)。其背后的意蕴是:既然三菱财团的第一代掌门人岩崎弥太郎及其胞弟岩崎弥之助都是属于岩崎家族的,因此,三菱的标记中自然就必须有本家族的元素(三个菱形);但岩崎兄弟又本是土佐藩人士,因此,出于对原来的土佐藩大名山内氏的尊重,三菱的标记中也必须要带有山内家族的家纹元素(即将三个菱形按照山内家族家纹中三片树叶的位置排列)。因此,三菱集团虽然早就化身为横跨矿业、造船、电信、金融服务、保险、电子、汽车工业、建筑业、重工业、石化业、房地产、食品饮料、化学工业、钢铁、航空等领域的超级托拉斯,但是其企业符号所带有的家纹要素,却明显向我们提示了其与明治维新之前的古典封建关系之间的亲缘性。

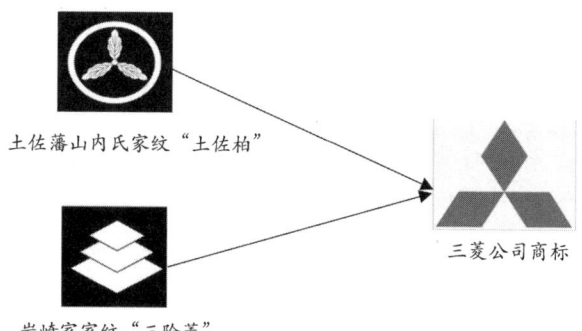

图8-2 三菱公司商标的演化路径

——那么，为何古典日本的家纹能够起到为现代企业文化"打前站"的作用呢？为了回答这个问题，我们不妨将日本的家纹文化与其在西欧的对应文化产物做一个比较。同时，"古典中国文化缺乏家纹传统"这一事实，也必须被放置到这一比较研究的框架中进行更为认真的处理，以便凸显出日本文化既不同于欧洲文化又不同于中国文化的特异性。

首先让我们以家纹问题为视角，来做一番中日文化比较。虽然很难说在上古时代中国没有基于图腾文化的家纹体系，但至少从春秋时期开始，我们已经找不到各诸侯国的君主或者家臣具有特定家纹的证据——相反，我们的确能找到间接证据证明春秋诸国未普遍采用家纹系统。譬如，根据《左传·成公十六年》的记载，在发生在公元前575年的楚晋鄢陵之战之前，楚共王曾向晋国叛臣伯州犁咨询晋军的军礼问题。此间君臣谈话涉及召集军官、军事会议、战前占卜、发布军令、填灶摆阵等环节，可见楚共王对晋国的军礼系统是非常无知的。但即使如此，楚共王的提问也未涉及对于晋军军旗上符号的含义，可见他对此反倒无甚疑问。由此，我们可反推出：作为中原大国的晋国并没有意义抽象难解的家纹系统，而很可能是将意义相对明确的汉字写到了旌旗上——而楚共王显然是识字的。既然我们在架构更接近古典日本的中国春秋时代都找不到家纹普遍存在的证据，那么到了已经过秦政锤炼的汉帝国时代，要找到类似的证据就更是难上加难了。譬如，尽管在两汉，地方与中央的大型豪族不断出现，但无论是曾经控扼首都的王政君—王莽家族、梁冀家族、盘踞岭南的士燮家族、割据辽东的公孙家族，似乎都没有留下他们曾使用过不同于自身姓氏汉字的独特家纹系统的证据。另外，我本人遍访国内各地展出汉代画像砖、建筑残片与陶制明器的博物馆，也都没有发现家纹存在的证据。而在《周礼》《后汉书·舆服志》等最可能记载家纹体系的重要文献中，我也没有找到与家纹相关的记载。此外，考虑到日本家纹文化的军事意义，我亦试图在中国古代军事史资料中寻找与家纹相关的信息——不过,最终依然一无所获。譬如,《宋史·仪卫志》所记录的军旗符号有青龙、白虎、凤凰、驯象、仙鹿、玉兔、驯犀、鹦鹉、孔雀、野马、犛牛、飞麟、兕、驺牙、白狼、苍乌、辟邪、狮子、金鸾、赤豹、黄罴、白鹅、金牛、日、月、摄提、五辰、北斗、二十八宿、力士、雷公、电母、门神、风伯、雨师,等等,虽然这些符号能够在战斗中起到指挥、指示方向、装饰等作用,却没有任何记录证明其中的任何符号起到了家纹的作用。

那么,家纹文化的缺场,究竟会给中国传统社会的构建造成什么损失呢?为了说明这一点,我想比较一下发生在中日的两场基于地方势力联合而进行的内战:第一场内战是190年基于"酸枣联盟"的关东诸侯合兵讨伐董卓的战争;第二场是1600年的关原合战——此即发生在以德川家康为首的"东军"与以石田三成为首的"西军"之间的旨在争夺全日本控制权的大型会战。很明显,基于上文的分析,我们大致可以判断,前一场战争是缺乏家纹要素的(或者说,在会盟的时候,诸侯们身后的旌旗或许只能标识出他们各自在汉帝国官僚架构中的位置,而非其家族自身的属性),而与之相较,后一场战争则几乎可以被视为"家纹的嘉年华会"(图8-3、图8-4)。

图8-3 关原合战中西军阵营所使用的主要家纹

图 8-4 关原合战中东军阵营所使用的主要家纹

家纹的存在与否,代表了战争背后的组织管理工作的精细程度。对汉末反董战争稍有了解的读者可能都知道:这是一场如假包换的组织管理学灾难。反董阵营理论上由如下地方势力构成:勃海太守兼司隶校尉袁绍、南阳太守兼后将军袁术、陈留太守张邈、冀州牧韩馥、豫州刺史孔伷、兖州刺史刘岱、河内太守王匡、广陵太守张超、东郡太守桥瑁、山阳太守袁遗、济北相兼骑都尉鲍信,以及不请自来的长沙太守乌程侯孙坚。但这些诸侯之间的合作极不愉快:负责军粮运输的韩馥消极应对自己的任务,使得酸枣联军补给困难。彼此作为盟友的刘岱与桥瑁火并,前者最终杀死了后者。众诸侯之中唯一对董卓构成实质威胁的孙坚在仅仅得到袁术时断时续的军粮补给的前提下,勉强杀入首都洛阳——但是他在荆州与豫州的大本营却被袁绍的代理人刘表与周昂趁机夺取,这使他不得不回兵再与周、刘厮杀。换言之,假若不存在那个更大规模的酸枣联军,仅仅由袁术与孙坚组成的精简版反董联军反而会因为避免内耗而更有机会完成"匡扶汉室"的任务。

那么,为何历史中真实存在的酸枣联军的组织工作如此不堪呢?我的解释是:酸枣联军缺乏一个基于家纹文化的名分衡定系统,由此使得联盟中的诸玩家都无法通过某种普遍认可的方式确定自己的权、责、利。换言之,在帝国的官职授予系统已经被董卓实际控制的前提下,酸枣联军实际上已经失去了勘定成员各自政治名分的终极工具——譬如,袁绍只能在缺乏皇权背书的前提下自号"车骑将军",而他成为联盟盟主的唯一理由也仅仅是源自于袁家在清流党中的历史地位。很显然,无论是他加给自己的名号,还是他自己作为清流领袖的身份,都缺乏明晰可辨的公共符号的支持——这一点就使他难以避免袁术等其他盟友的背刺。类似的问题也困扰着作为反董联军之军事骄傲的孙坚:其实,他从袁术那里获得的"破虏将军"名号要比袁绍的"车骑将军"更名不正言不顺,而他获取荆州过程中的不光彩之处(即通过准黑社会手段杀死原荆州刺史王叡,并夺其军资),反而使刘表对于他的背刺具有了一定的名分支持。与之相较,德川家康在关原合战中的胜利,则几乎算是一场政治组织层面上的胜利:他所控制的"东军"内部基本没出现内部互相背刺的行为,而且,他还额外获得了原本作为第三股势力的小早川秀秋的倒戈,由此在战役的关键时刻打败了"西军"。德川的政治组织工作之所以如此成功,乃是因为他的主要结盟举措——联姻与"加石高"(即增加大名的等级。当时的大名等级用"十万石"这样的格式来标记)——乃是基于早已稳定存在的家纹文化的:具体而言,德川与加藤清正、伊达政宗的联姻实际上便是各自家纹的联合,而德川增加对马国的宗义智以及远江国滨松城城主堀尾吉晴等大名之石高的行为,客观上也就等于给对方已有的家纹涂脂抹粉。这里需要注意的是,与家纹体系自身的明晰性相对应,此类政治联姻与加石高的行为也是公开进行的,而且,联姻的具体方式(即联姻双方具体派遣哪个小辈承担联姻任务)也好,所加的石高的具体数量也罢,亦往往是基于双方非常细致的事先协商的。这就使古典日本语境中的军事结盟活动具有了更多的责、权、利厘定的过程,并使得其更接近现代契约关系的构成方式。以此为参照系,同样可依赖日本既有家纹文化的石田三成之所以兵败，则恰恰是因为他对该文化的利用程度不如德川：他在丰臣秀吉健在的时候长期担任其财政顾问，并因此狐假虎威，得罪了不少大名，这说明他比自有家底的德川远要缺乏对基于家纹文化的地方封建关系的领悟；而他将东军诸侯家属扣为人质的武断做法，也说明他对基于长期理性协商的结盟过程缺乏耐心，而幻想通过某种已经不存在的丰臣氏余威来迅速完成己方政治—军事组织的成型。

——那么，为何对家纹体系的尊重能够促进理性协商的习惯呢？相关理由有两条：

第一，从空间角度看，家纹体系提供了协商参与者在形式上的平等感。与汉帝国整体构架中的印绶体系与官服体系不同，日本的家纹体系无法使观察者仅仅从家纹自身的物理外观中猜测出相关大名的石高。而且，即使一位大名的石高得到了提高，其家纹可能依然保持原样。换言之，不存在着一个与《后汉书·舆服志》中的统一印绶/官服体系类似的放诸全日本而皆准的家纹—石高对应表。在这种情况下，一个观察者若要知道特定家纹拥有者的石高，就必须对该大名自身的特殊情况进行研究——而这一点也使得在各种公开场合中，不同石高的大名具有了形式上的平等感（举个例子说，在关原合战的参战诸侯之中，即使像本多忠胜、织田长益这样的仅仅提供500人不到微弱兵力的大名，也有权将自己的旗号列于军中，并获得与盟主德川形式上的平等地位）。这一点就为基于参与者形式平等的理性协商活动的展开打下了社会心理学的基础。

第二，从时间角度看，家纹体系提供了诸协商参与者对于彼此之持存性的稳定性预期。我们知道，协商机制的有序运作，在相当程度上与诸协商者对于彼此经济—政治地位的稳定性预期相关——譬如，假若一方协商者判断对方的经济—政治地位无法长久，前者就会立即退出以双赢为指向的协商而转入零和博弈。汉末酸枣联军的内讧在很大程度上便与此类稳定性预期的匮乏有关：譬如，刘表之所以敢在孙坚于前线讨董之时背刺之，便是因为他不愿承认出身寒微的孙氏家族能够长久。与之相较，在关原合战之前德川家康之所以连一些一万石级别的小大名也愿意倾力拉拢，便是因为他愿意承认这些小型大名的家族事业的长久稳定性。需要注意的是，家纹体系带来的稳定性预期是与其下述特征密切相关的：家纹的形制与家纹拥有者自身在朝廷体系中的地位相对无关，而具有自身的独立性。譬如，无论德川家康是地方大名，还是一统日本之后得到天皇权威背书的"征夷大将军"，德川家族的家纹始终是"三叶葵纹"。而且，该家纹又具有"跨人格性"，即从头代将军德川家康一直传到了末代将军德川庆喜——甚至在"大政奉还"进入明治时代之后，幕府旧臣在公开集会中依然使用三叶葵纹作为联系彼此的符号。家纹的这一特征，也使得其协商对手能够将彼方家纹"祛人格化"，由此使得协商过程在一定程度上豁免于具体协商者的人格特征的干扰。

家纹巩固各社会集团自身的有机作用不仅体现在诸侯合作的层面上，而且也体现在诸侯与其从属的关系上。与欧洲封建时代的家徽不同，日本的家纹需要在战场上被全体参战人员佩戴——从高级武士到低级足轻，无一例外，正如今天三菱财团的任何一个员工都会在自己的制服上佩戴公司的标记一样。这就使得日本封建集团内部建立起了一种平等感意识（由此与封建体系内部天然的等级感相互制衡），并借此使封建领主能够突破"邓巴数"的限制，建立起一个规模比较大的地方性军事—政治—经济组织（举个例子，关原合战中德川直接控制的兵力有约三万人，略等于赤壁大战中孙权直接控制的兵力——尽管德川直接控制的地域面积远在孙权之下）。同时，家纹的普遍装备也能使己方更不容易被地方的欺瞒行动所害，由此倒逼古典日本的军事斗争至少在最低限度上保持骑士风度。再以汉末三国时期中国的军事实践为参照系。在为国人所熟知的"白衣渡江"的故事中，吴将吕蒙布置士兵穿"白衣"（即平民衣服，非字面意义上的"白衣"）伪装成商贾，从浔阳出发,沿长江水路向江陵进发,进而偷袭正与曹军缠斗的关羽军。为何吕蒙军通过穿上平民衣服这样的简单伎俩,就能骗过沿途的关羽军岗哨呢?笔者的解释是:当时中国的商贾缺乏复杂的家纹系统,这就使士兵伪装成商贾的经济成本很低,而识别者鉴别其真假的心理成本却反而相对变高。与之相较,在家纹文化丰富的日本战国时期,一方大名通过伪装成地方军人而瞒天过海的战例却几乎没有(秘密行军不算)。这又是因为:其一,考虑到日本的家纹符号是下沉到每一个基层士兵的,要全面伪造可供一支规模较大的部队所用的敌方家纹所带来的经济与时间成本显然会很大,极可能会得不偿失;其二,日本战国时期敌我关系变迁迅速,可能的博弈方数量又极为客观,这就使得预先的造假行为都缺乏明确的指向。与之相较,在汉末军阀混战的语境中,由于各博弈方理论上还长期自称是汉臣,这就方便彼此在不改变自身制式铠甲样式的前提下互相冒充。这种种差异,也使得背叛在汉末三国时代所要承担的心理成本要远小于日本战国时期:吕布或许从不为自己对丁原与董卓的背叛而羞耻,就如同刘备或许也不曾对自己背叛袁绍、曹操与同样作为汉室宗亲的刘璋而感到羞耻一样。而小早川秀秋却显然为自己在关原合战中背叛石田三成的行为而感到愧疚,并在明明成为赢家的前提下在战后抑郁而死。由此看来,即使在《孙子兵法》所代表的诈谋思想已全面侵染日本的战国时代,代表复杂封建关系的家纹文化的介入,依然使得此期日本的军事斗争更接近中国春秋时代有节制的诸侯争霸战(比如,上杉谦信与武田信玄之间的三次"川中岛合战",就类似春秋时期楚晋争霸的复刻),而非战国时代的残酷灭国战。当然,这不是说日本此间的历史没有迅速转向暴虐的秦政的可能——但在此间唯一展露出这一倾向的织田信长—丰臣秀吉集团又先后被明智光秀与德川家康所粉碎,随后,德川幕府最终将日本带到了"周政式和平"的轨道上(尽管这一和平也带有些许"准秦政"色彩)。古典日本的"周政"传统之所以能始终压"秦政"倾向一头,将周政的封建精神全面加以建制化的家纹文化可谓功不可没。

读到此处,读者或许还要问:为何古典日本能依赖家纹文化所提供的嫁接古典社会与近代工商业社会的巧妙功能,最终以较小的社会代价完成社会升级,而同样具有丰富家纹文化的法国,却未避免在大革命中的血雨腥风?或再问一个与之相关的问题:为何在已被升级为典型工商业社会的现代日本,古典的家纹文化依然在社会生活中具有活力,而在当代法国,发源自12世纪的纹章体系仅仅以市徽、省徽、大区徽等与私人生活无甚关系的官方徽章的形式存在?

对此问题,笔者的解答是,大革命之前法国的纹章系统乃是古典中国的秦政模式与古典日本的周政模式之间的一种过渡状态,而其更接近秦政的一面也就解释了为何它不具有日本家纹文化的如下两大要素:自由性与平民性。

"自由性"指的是:在日本家纹文化中,各大名可以自行确定其家纹形制,只要不冲撞别人的纹章,原则上无人干涉。此过程与今日各个公司确立自身商标的过程几乎一致。譬如,本书第六章所涉及的黑田家族的家纹竟然先后出现了四种:(甲)**藤巴纹**(这主要是取自黑田家族最早侍奉的小寺家族的**橘藤纹**),后又改为纹样高度简洁化的(乙)**石饼纹**。到了黑田长政为家主的时代,改为(丙)**三橘纹**,后又开始使用(丁)**钱币纹**。而到了明治时代,又改成了(甲*)**单橘藤巴纹**,真是有点"随心所欲"(见图8-5)。

小寺政职橘藤纹　黑田藤巴纹　黑田石饼纹　黑田三橘纹　黑田钱币纹

图8-5　黑田家族的家纹演化

而在法国,各家族纹章的确定必须严格遵守"配色法则",即在黑、红、绿、蓝、金、银五色之间玩各种排列组合的游戏——同时,必须严格排除某些组合可能性(如像金、银这样的金属色彼此叠加的组合方式)。家族纹章上还有类似的复杂标记,以示贵族的品级(如公、侯、伯、子、男,等)。换言之,就像今人完全可以根据《后汉书·舆服志》绘制出一幅关于特定官员秩位与相关印绶或官服形制的对应图一样,今人也可以通过法国纹章学的研究,通过特定家族的纹章追溯其品级。但正如前文所指出的那样,在古典日本,并不存在着关于家纹形制与家纹持有者之石高的统一对应关系。这一点无疑佐证了古典日本地方大名比法国贵族有更多的地方自决权。在这种情况下,假若社会关系发生巨变,由于日本家纹不承载由中央政府勘定的品级信息,这些家纹就可能通过封建领主自身的地方自决权而成为新政治势力的符号——而幕末长州藩与萨摩藩的反幕决策便为这种可能性给出了注脚。由此,站在普通民众的立场上看,倒幕战争似乎便不是一场展开在无家纹的阶级(如法国的第三等级与暂时被其领导的无产阶级)与有家纹的阶级之间的战争,而是一个家纹联合体与另一个家纹联合体的斗争。很显然,这样的斗争方式能够让传统家纹文化有更多机会遗存于现代。与之相较,在法国大革命爆发后不久,巴黎各贵族的豪宅外立面上雕刻的家徽就被革命群众铲除(或被急于避祸的贵族自己铲除)——因此,罗伯斯庇尔的专政,本身也就是一场针对传统纹章系统的灭绝战争(顺便说一句,因为王制与帝制在法国大革命后又多次复辟,日后家纹文化在法国略有恢复。但与自发秩序色彩明显的日本家纹文化相比,拿破仑帝国的纹章系统依然带有明显的"自上而下"的秦政色彩)。

再来看"平民性"。前文已经指出,日本的家纹乃是上至领主,下至藩内普通农民都可佩戴的,故此,此家纹与彼家纹之间的差异,体现的乃是地域差异,而非阶级差异。而在法国,家徽乃是贵族专属之物——比如,贵族自己的豪宅自然可以雕刻上家徽,但贵族下属的佃农则无权在自己的农宅上画上类似的标记。同时,法式家徽自身的高度复杂性也使得其很难被普遍复制与佩戴(请参看波旁王朝自身的家徽,参图 8-6)。与之相较,日式家纹的图案设计往往是简约的,配色往往是简单的,这就使其能够更轻易地进入贩夫走卒的日常生活。

图 8-6 法国波旁家族的家纹

这里还有一个重要的细节值得一提。邢永凤、周晓飞指出,与欧洲国家以人物、盾牌或者猛兽为造型的纹章不同,日本家纹取材于植物的比例非常高(常用的植物取材有藤纹、片喰纹、木瓜纹、茑纹、柏纹、桐纹、茗荷纹、泽泻纹、橘纹等),其图形往往也很抽象。[①]这可能暗示了崇拜自然的神道教文化对于日本家纹文化的影响。日本家纹取材对于简约的植物形状的偏好,不仅使其自身能更容易被改造为现代的商标,在心理学上亦能将观察者的注意力引向社会所处的自然环境,而非特定家族自身。由于植物所代表的自然环境本身就具有平民性(平民所看到的自然美景与贵族并无本质不同),日式家纹的这种设计偏好自然能够增加藩内上下级之间的团结感。同时,本具有军事功能的日式家纹对于盾牌等军事要素的回避,亦能使其具有"平战两用"的多功能性,方便作为军事组织的封建架构转换为现代商业团体。

基于本节的分析,我们再反观荻生徂徕所倡导的"礼学"与

---

① 邢永凤、周晓飞:《和服家纹上的日本文化》,《浙江纺织服装职业技术学院学报》2016年第2期。

《后汉书·舆服志》所规定的官服礼仪之间的关系,我们就不难发现:表面上二者所使用的均为儒学术语系统,实际上对应的乃是彼此不同的社会现实。在荻生所生活的江户时代,百姓所循之"礼"中的相当一部分——即家纹文化——乃是地方自发秩序的产物,而在汉帝国的框架中,标志社会等级的舆服系统却是自上而下的制度设计的产物。对于自发秩序的漠视或重视在中日两国的政治架构设计中产生了不同的后效:譬如,具有深厚汉儒背景的王莽称帝后,在不与基层充分沟通的前提下,大肆修改地方郡县名称,最终给基层百姓与官吏带来了巨大的不便;而同样通过"王政复古"这一儒学口号而掌权的明治政府却在废藩改县的过程中,就新行政区划的分割方案多次与原藩主协商,由此使得新的郡县制架构能够得到普遍的民意支持。因此,与自五四时代以降国人形成的刻板成见不同,日本明治维新之所以比中国的近代化显得更为顺利,并不是因为中国的反封建革命不够彻底,而恰恰是因为秦始皇发动的反封建革命来得太早——竟然早于日本的郡县制革命约二千年,以至于在表面上反对秦政的汉儒最终还是丧失了在尊重地方自发秩序的前提下充分进行多方协商的政治本能,遑论在保持这种本能的前提下培养出现代契约意识与法权意识。

不过,直到目前为止,本章的讨论都未正面涉及日本江户时期底层民众的精神世界——而一个现代化社会的形成,显然也需要千万普通百姓的精神世界的现代化作为其必要条件。那么,儒学元素是否也促进了江户时期庶民的现代意识之形成呢?

第六节　儒学背景下的江户民众的启蒙意识
——从科技到文艺

西方语境中的"文化启蒙"经常被视为现代工商业社会到来的预备性精神运动——这一预备运动在法国展开的典型方式是这

样的:卢梭、狄德罗、伏尔泰等文化英雄撰写宣扬启蒙主义思想的书籍,并在活字印刷术与近代图书销售市场的帮助下,对民众进行民权意识灌输。这种标本意义上的启蒙运动当然并不存在于日本江户时期的历史中。毋宁说,无论是像荻生徂徕这样的儒学家,还是像本居宣长这样的"国学家"(日本语境中的"国学"乃是指基于《古事记》等日本神话文本的民族发明学),都没有宣扬过符合欧洲标准的人权观念——而严格来说,开始正面宣扬此类观念的福泽谕吉已经是明治时代的人物了(另外,他宣扬的此类思想也不是他原创的,而是从欧洲"搬运"回日本的)。不过,完全以法国为榜样来衡量某国的启蒙运动是否正宗,这一做法本身就有"欧洲中心论"之嫌。而从更客观的统计学视角看,基于人权意识的法国大革命所造成的人命损失,的确要明显要高于为儒学口号所包装的倒幕战争——而这一点本身就足以构成对于法国启蒙运动的历史反讽。至于明治维新本身的成功,也明白地向我们昭示:的确存在着某种不以人权意识为支点的启蒙运动的可能性。

——那么,一种不以人权意识为支点的启蒙运动,又该以什么为支点呢?一个可以同时覆盖欧洲经验与日本经验的备选方案,便是康德所提出的启蒙口号:"要敢于知!"(拉丁文:Sapere aude!)。请注意,康德的这一口号的要点不是作为静态的知识,而是作为动词的"知"(sapere),以及作为情态动词的"敢"(aude)。换言之,一个人即使拥有庞大的客观知识,而这些知识乃是其为了应付考试而死记下来的,此人也并不处于一种"敢于知"的状态之中。毋宁说,"敢于知"乃是一种在好奇心的促发下,向一切知识的可能性敞开自身的心态——很显然,这些"知识"不仅仅包括宋明儒学所关心的道德知识,更是指涉能够迅速改善国计民生的自然科学与社会科学知识。

若从这个角度做中日文化比较,我们就会发现江户时期日本的启蒙指数明显高于同时期的清帝国。

（甲）江户时期日本人广泛的知识兴趣

在科举制度的禁锢下，大清士人对四书五经之外的读物都缺乏兴趣，即使是鸦片战争的惨败，都没有激发全国士人学习外国语言、科技与文化的热情（至于同治年间展开的洋务运动，本质上也是一场自上而下的商办官督运动，缺乏民间自发秩序的参与）。与之相较，在没有科举制的日本，士人可以自由选择自己喜欢的读物，并自由展开对于国家未来命运的思考。这两种不同的社会心态，导致了同一本读物在两国不同的传播学命运。譬如，魏源的《海国图志》虽是如假包换的中文著作，却在自己的祖国销路不畅；与之相较，此书却在日本得到了疯狂追捧，到1859年价格已上涨到436匁银子（1匁=3.759克），按银价算，约折算为今日的800美元！且大量相关的日语注解书层出不穷，而佩里率领的美国舰队的到来所引发的全日本"美利坚知识饥渴症"，又使得精明的书商将书中的《墨加利州》拿出来单独刊行。① 江户幕府与日本民间对于外国情报的广泛兴趣甚至在鸦片战争之前便已存在。从第八代征夷大将军德川宗吉开始，日本就允许进口且翻译荷兰语的书籍，并在医学、电学、物理学等方面系统接触西洋科学体系，由此使得"兰学"成为江户时期一门堂堂正正的学问。1804年，神医华冈青洲对某女病人在全身麻醉的条件下进行了乳癌切除术，手术所使用到的知识，既有兰学的要素，也有东方传统医学的要素（比如他仿照华佗研发麻沸散的思路所研制的麻醉剂"通仙散"）。这一点足以说明当时最优秀的日本医生已经不满足于做西方医学知识的机械的搬运工，而能在康德式的"敢于知"的精神的激励下，大胆进行以"经世致用"为目标的创新探索。此外，需要注意的是，即使是那些很难被兑现为当下可利用价值的知识，也得到了江户时期士人的关注。比如，在数学领域，建部贤弘在不甚知晓牛顿与

---

① 请参看［日］大庭脩：《江户时代日中秘话》，徐世虹译，中华书局，1997年，第183—185页。

莱布尼茨的工作的情况下开始独立探索微积分的演算原则,即所谓"圆理",由此锁定了整个东亚地区在鸦片战争爆发之前的数学天花板。① 这里需要注意的是,华冈青洲也好,建部贤弘也罢,都通过各自的专业成绩,在生前就已经积累了巨大的社会声誉。譬如,与华冈本人所崇拜的华佗在汉末的凄惨下场(被曹操斩首,所

---

① 建部贤弘的另一项与之相关的伟大成就,是与其老师关孝和一起合作,在十八世纪初将圆周率的数值计算到小数点后41—42位,在世界数学家关于圆周率计算的竞赛中暂时占据第一名的位置。而在同时代的中国,圆周率计算的最好成绩还是远在十二世纪之前祖冲之所获得的成就:仅仅算到小数点后7位。耐人寻味的是,在祖冲之以前,古代中国知识分子并不缺乏计算圆周率的热情,刘歆(西汉)、张衡(东汉)、王蕃(三国吴)、刘徽(魏晋)等人都在这方面做出了不错的成绩。富有讽刺意味的是,建部贤弘的主要数学著作《缀术算经》直接取名自祖冲之的《缀术》(此书通过遣唐使这一渠道进入日本,一直流传到江户时代),而祖冲之本人的"割圆术"也的确给与了他大量的学术启发——作为对比,《缀术》北宋时期就基本已在中国失传(而且也未在古代从日本传回中国)。问题来了:为何计算圆周率的学术链条到了祖冲之这一高峰之后就在中国断掉了呢?为何这一学术传统在作为异域的日本却能开花结果呢?其中的缘由或许非常复杂,但隋唐兴起的科举制(以及科举制在日后的不断板结化)对于广大儒生自由支配时间的剥夺可能是一项重要的原因。这当然不是说日后中国的科技发展就毫无成绩,而是说,像计算圆周率之类的极为辛苦且应用性不强的工作已经很难再引发中国古代学者的关注(其实,按照当时的工艺水平,将圆周率的精确度算到小数点后5位已足以应付一般的工程需要,再往下算就必须基于纯粹的理论兴趣了)——与之相较,在没有科举制的日本江户时代,建部贤弘与其老师关孝和都能通过世袭武士制度的恩泽而心无旁骛地从事数学研究。建部贤弘任幕府世袭文书、观测台主管、天文历学顾问等职,其工作与兴趣高度合一;关孝和任藩会计监察官(甲府)、幕府御纳户组头(江户)等职,还能通过传授数学获得弟子们支付的学费,甚至还能通过出版学术作品获得稿酬,经济状况或许比建部贤弘还要优渥一点。耐人寻味的是,江户幕府以程朱理学为官方意识形态,却在支持科学研究方面的态度迥异于同时期貌似也支持程朱理学的清帝国,这一点便为我们在明清帝国的运行经验之外重新思考儒学与科学的关系提供了极好的启发性材料。与之相比,清帝国内部相对优秀的数学家——如梅文鼎与明安图,一无来自祖冲之的本土学术传统的滋润(他们当然不可能读到早就在祖国失传却传入东瀛的《缀术》),二则也因为科举成绩不利而长期不受重视(他们都只考上了"秀才",未考上"举人"——尽管明安图曾任职钦天监,但属于"畴人"[科技专家]仕进模式,在官场地位非常边缘),三则没有建立起相关的科学共同体以维持自己的学术传统(与之相较,关孝和建立的"和算"学派成员,仅名字可考的有300人,历史传承脉络清晰,而且还分化出二十几个小流派,地理分布从江户扩散至九州、东北等地,可谓蔚为大观)。

著不存)不同,华冈的行医活动没有受到任何来自官方的干扰。相反,他培养出了诸如本间玄调、嫌田玄台、热田玄淹、馆玄淹、难波立愿、三村玄澄等优秀外科医生,由此使得重视外科手术的"兰医"成为江户人民可以自由选择的一个医疗选项。至于建部贤弘,其曾祖父建部昌兴就是德川家康的文书,属于标准的"体制内科学家",其本人的科研活动也一直得到江户幕府的积极支持。

——以上说的这些,与儒学有关系吗?

有。所有的江户时期的人才,都必须在藩校、乡学、寺子屋这三类基础教育机构的其中之一完成其发蒙教育,因此,江户时期知识分子的广泛求知兴趣,在很大程度上就与当时的教育制度相关。考虑到在江户时期的诸种教育机构中,寺子屋教育所涉及的人口比例最高(直接面对庶民),因此,下面的相关考察就以寺子屋为焦点。

(乙)基于寺子屋的民众教育体系

原始的寺子屋教育本是依托寺庙进行的武士子女教育,而在江户时代,寺子屋教育开始脱离寺庙与武士阶层,在广大的基层生根(全盛时全日本散布数量达1万至1.5万所)。根据李超的意见①,寺子屋的兴盛与如下因素有关:商品经济的快速发展与江户幕府统治的"文牍化"特征,使得农民也有必要掌握基本的阅读与计算能力;农业技术的内卷式发展倒逼农民钻研农学以提高生产率;而在藩校等面向武士的儒学教育机构日渐健全后,官方也希望有特定的教学场所能够使平民接受儒学思想,最终完成士农工商四阶层的"价值对齐"。而这一教学场所显然就是已深入基层的寺子屋。

从某种意义上说,江户时期的寺子屋教育,既体现了与孔子的原始儒学教育精神的契合性,又充分体现了与明清时期中国基层

---

① 李超:《浅析江户时代寺子屋迅速发展的原因》,《新余学院学报》2011年第6期。

教育体制的差异性——因此,以寺子屋教育为切入点的中日教育体制比较,实际上从另一个角度向我们展现了儒学教育模式在不同的历史语境中所可能具有的不同展现方式。大致而言,寺子屋教育与孔子教育思想之间的类似处体现在:(甲)正如《论语·述而》中的名言"三人行,必有我师"所说的,寺子屋教育的师资力量包括僧侣、神官、医生、武士、浪人、书法家、町人,由此能够借由教师经历的多样性,向学子提供丰富的百科知识;(乙)按照孔子重视"六艺"(礼、乐、射、御、书、数)的教育思想,寺子屋提供的教育科目亦非常广泛。所教的内容固然包含四书五经,但也包含《庭训往来》《商卖往来》《百姓往来》等记录祭祀礼仪、书信礼仪与商业常识的书籍。按照徂徕学的标准,这就是日本版的"礼学"教育,而其中的《庭训往来》则可以被视为日本版的"名—实对照书"(该书对茶具、佛像、武备乃至点心等日常万物的形制都进行了详细的描述)。(丙)按照《论语·卫灵公》中的名言"有教无类"的精神,江户时期的寺子屋招收从5岁到12岁的来自各行业的庶民孩童,而且有不少寺子屋是收女生的。按照一些学者的估计,幕末时期江户府内平民子弟的入学率达到惊人的86%,几乎已是当时全球最高水平。[①] 尽管也有学者认为此类统计所依赖的数据质量与统计方法都有问题[②],但既然日后明治政府对全国小学系统的构建大量依托既有的寺子屋架构,可见幕末寺子屋系统对基层孩童的覆盖率肯定不能算低。

需要注意的是,与明帝国对德育文本《六谕》("六谕"指"孝顺父母""尊敬长上""和睦乡里""教训子孙""各安生理"和"毋作非为")和清帝国对于与之类似的文本《圣谕广训》《圣谕十六条》的宣扬相呼应,《六谕》的日语注释书《六谕衍义大意》(由荻生徂徕

---

① 内山克巳、熊谷忠泰『近世日本教育文化史——現実の分析に立った』,学艺图书株式会社,1961,页79。

② 木村政伸「前近代日本における識字率推定をめぐる方法論の検討」『筑紫女学園大学·短期大学部人間文化研究所年報』,2009—08,页81—94。

训点、室鸠巢翻译)也通过寺子屋系统而在日本基层广为传播,不过,此类德育教材在中日两国扮演的角色虽有类似之处,但也有重要不同。二者之间的类似之处是:二者都进入两国基层并起到了敦化民风的作用;二者之间的不同之处则在于:在清帝国的构架中,默写雍正二年刊行的《圣谕广训》乃是县试的必要考试内容,故而,此类道德文本的教育就与科举指向更明确的四书五经教育构成了一个信息闭环。与之相较,在缺乏科举制的社会背景下,寺子屋体制中的道德教育就是纯粹的道德教育,并与以"往来物"(即《庭训往来》之类的读物)为基点的日常百科教育并行不悖。换言之,在缺乏科举考试压力的前提下,日本孩童学习《六谕衍义大意》的最终目的就是为了真正做到孝顺父母、尊敬师长,而不是为了牢记相关的字句以便进修更艰难的儒学文本——这样一来,他们就有更多的时间来应对算学、农学等对改善生活更有用的知识。这样的时间安排显然是对科技的发展与兰学的传播有利的,而且也未必不利于真正的儒学精神在日常生活中生根。

(丙)江户时期一般民众的文艺水平——以涩泽荣一的诗作为例

除了科技与日常百科知识之外,一个能够充分证明江户孩童教育体系之教育成绩的指标是民众的文学水平。江户时代乃是乡村俳句活动大盛行的时代,"元禄年间的北河内、摄津国数个到十几个村落范围内……半数以上的村民参加了小规模的俳谐活动"①。诗是人性张扬的外在表现,故此,诗既能抒情,亦能言志。而一个全民崇拜松尾芭蕉的时代,也是诸个体都在彰显其独特审美趣味的时代——这种自我意识的普遍勃发状态,便是建立一个充满创业激情的工商业社会所亟需的思想前提。横跨幕末与明

---

① 衡田冬彦:《天下泰平——江户时代》,文汇出版社,2021年,第341页。

治、大正与昭和四个时代的日本商界风云人物涩泽荣一在幕末完成的汉诗《内山峡之诗》，便充分体现了经过幕末教育的一位普通的日本19岁少年的文字驾驭水平与博大的精神世界①：

裹山蜿蜒如波浪，西接信山相送迎。
奇险就中内山峡，天然崔嵬如刓成。
刀阴耕夫青渊子，贩鬻向信取路程。
小春初八好风景，苍松红枫草鞋轻。
三尺腰刀涉栈道，一卷肩书攀峥嵘。
涉攀益深险弥酷，奇岩怪石磊磊横。
势冲青天攘臂跻，气穿白云唾手征。
日亭未牌达绝顶，四望风色十分晴。
远近细辨浓与淡，几青几红更渺茫。
始知壮观存奇崄，探尽真趣游子行。
恍惚此时觉有得，慨然拍掌叹一声。
君不见遁世清心士，吐气吞露求蓬瀛。
又不见炎炎名利客，朝奔暮走趁浮荣。
不识中间存大道，徒将一隅误终生。
大道由来随处在，天下万事成于诚。
父子惟亲君臣义，友敬相待弟与兄。
彼辈着眼不到此，可怜自甘拂人情。
篇成长吟涧谷应，风卷落叶满山鸣。

此诗中"父子惟亲君臣义，友敬相待弟与兄"一句显然带有儒学意蕴，而"势冲青天攘臂跻，气穿白云唾手征"一句读来又让人觉得大气磅礴，精神为之一振。诗中"君不见遁世清心士，吐气吞露求蓬瀛。又不见炎炎名利客，朝奔暮走趁浮荣"两句也非常值得

---

① 诗歌原文见涩泽荣一纪念财团的网页：https://eiichi.shibusawa.or.jp/denkishiryo/digital/main/index.php？DK570372k_text，2025年5月25日访问。

玩味。前句批评无为遁世的道家态度,而后一句则批评了一心向利的市侩态度,由此为涩泽本人所看重的人生道路做好了铺垫:"大道由来随处在,天下万事成于诚。"换言之,在他看来,只要抱着为民为国的诚心,各行各业都能干出一番大事业,脚踏实地做自己擅长的事情才是正道。由此不难看出,此刻的涩泽已具有在一个高度分工的近代化社会架构中践行儒道的觉悟。

且不提此诗作者是外国人这一点,即使按照中国本土标准,此诗在用辞、意境、气象与思想上亦均属上品。至于作者涩泽荣一本人,虽从五岁就开始习汉文,七岁开始跟随其从兄尾高惇忠学习四书五经,但作为富农之子,他毕竟要花费大量时间去照顾米麦、蚕丝、蓝靛之类的家族生意。在并不宽裕的学习时间安排下还能够写出如此高质量的汉诗,可见面向实践的江户儒学教育在锻炼健全人格方面所达成的功效。

(丁)涩泽诗作与李白、黄巢诗作背后不同的意识形态意蕴

与之构成对比的,乃是另外两个在科举制环境下成长起来的著名历史人物的诗作。其中第一位乃是在一定程度上影响了涩泽的唐代头号大诗人李白。由于李白在涩泽诞生之前早就在日本名声赫赫,涩泽诗作中的有些字句带有李白之风,一点都不奇怪。比如,"君不见遁世清心士,吐气吞露求蓬瀛"一句,句式显然是在学习李白名作《将进酒》中的千古名句:"君不见黄河之水天上来,奔流到海不复回。君不见高堂明镜悲白发,朝如青丝暮成雪。"《将进酒》全诗如下:

> 君不见黄河之水天上来,奔流到海不复回。
> 君不见高堂明镜悲白发,朝如青丝暮成雪。
> 人生得意须尽欢,莫使金樽空对月。
> 天生我材必有用,千金散尽还复来。
> 烹羊宰牛且为乐,会须一饮三百杯。
> 岑夫子,丹丘生,将进酒,杯莫停。

与君歌一曲,请君为我倾耳听。
钟鼓馔玉不足贵,但愿长醉不复醒。
古来圣贤皆寂寞,惟有饮者留其名。
陈王昔时宴平乐,斗酒十千恣欢谑。
主人何为言少钱,径须沽取对君酌。
五花马、千金裘,呼儿将出换美酒,与尔同销万古愁。

我在此不想讨论《将敬酒》与《内山峡之诗》哪首诗的美学价值更高,而是想把注意力投射到下面这个问题上:两首诗各自体现了两位作者怎样的意识形态倾向?涩泽的诗作显然展现了幕末的一位少年试图在未知的未来大展宏图的抱负,可谓"少年气满满"。很显然,在涩泽的诗中我们能够读到:诗人相信当时尚且落后的日本能与他本人的成长一起慢慢进步,而他的宗族与朋友所构成的"微型封建共同体"也能在同一过程中成为他可以信赖的肩膀。与之相比,李白的《将近酒》的第二句中出现的"高堂明镜悲白发,朝如青丝暮成雪"一句,则充分流露出了英雄迟暮的气息。此句后的"人生得意须尽欢,莫使金樽空对月"一句,则让人感受到了李白此刻对朝局的无可奈何态度。尔后出现的名句"天生我材必有用"一句,虽貌似表达了作者对自身才能的期许,但"必"一字又用得缺乏底气,类似一种空洞的自我打气。尔后的"千金散尽还复来"一句,则隐隐体现出作者对于财富积累之艰辛过程的无知,以及一种试图通过政治投机而赢回所有筹码的孙坚式赌徒心态。而此诗的余下部分,则几乎句句谈酒,由此将诗人精神现象世界因素中与真实世界相关的因素一一抽离。而在"五花马、千金裘,呼儿将出换美酒,与尔同销万古愁"一句中,李白既完成了他在酒精王国中的斯多葛式胜利,又完成了他在现实世界中的财政大破产。由此反读《内山峡之诗》,我们不难发现,表面上在仿造李白句式的"君不见遁世清心士,吐气吞露求蓬瀛"一句,其实就是在反讽李白在现实中碰壁后四处求仙问道的人生经历。由此思路想下

去,我们甚至可以发现,《内山峡之诗》中对于艰难山路的讴歌态度,其实也是在反讽李白的另外一个名篇《蜀道难》:

> 噫吁嚱,危乎高哉!蜀道之难,难于上青天!
> 蚕丛及鱼凫,开国何茫然!
> 尔来四万八千岁,不与秦塞通人烟。
> 西当太白有鸟道,可以横绝峨眉巅。
> 地崩山摧壮士死,然后天梯石栈相钩连。
> 上有六龙回日之高标,下有冲波逆折之回川。
> 黄鹤之飞尚不得过,猿猱欲度愁攀援。
> 青泥何盘盘,百步九折萦岩峦。
> 扪参历井仰胁息,以手抚膺坐长叹。
> 问君西游何时还?畏途巉岩不可攀。
> 但见悲鸟号古木,雄飞雌从绕林间。
> 又闻子规啼夜月,愁空山。
> 蜀道之难,难于上青天,使人听此凋朱颜。
> 连峰去天不盈尺,枯松倒挂倚绝壁。
> 飞湍瀑流争喧豗,砯崖转石万壑雷。
> 其险也如此,嗟尔远道之人胡为乎来哉!
> 剑阁峥嵘而崔嵬,一夫当关,万夫莫开。
> 所守或匪亲,化为狼与豺。
> 朝避猛虎,夕避长蛇。
> 磨牙吮血,杀人如麻。
> 锦城虽云乐,不如早还家。
> 蜀道之难,难于上青天,侧身西望长咨嗟!

《蜀道难》与《内山峡之诗》都提到了山道,但李白强调的是山道之艰险,而涩泽强调的是山道的艰险给主体带来的精神挑战,以及此类挑战带来的心理兴奋。在李白眼中,山道的数量规定性乃是"一",所以他才说"剑阁峥嵘而崔嵬,一夫当关,万夫莫开";而在涩泽眼中，山道的数量规定性乃是"多"，所以他才说"大道由来随处在，天下万事成于诚"。这两种世界观的差异，体现了同样使用汉字写作的两位诗人各自不同的时代背景。在李白所生活的唐帝国，初步成型的科举制将所有的关键性政治资源锁死在首都长安，因此，除了以自己的诗才为筹码敲开长安权贵的朱门，诗人是没有别的上升通道的。在这种情况下，蜀道就成为狭窄的上升渠道的隐喻，而美酒金樽，则喻示了从蜀道上掉落的"内卷竞争失败者"所必须注射的止痛吗啡。与之相较，在依旧带有春秋古风的江户幕府时代，全日本的行政资源、经济资源与最高名分资源分别位于江户、大阪与京都，因此，日本无处是那个具有唯一性的长安。在这种情况下，一个商人即使不太可能成为封建领主，也还能通过自己的辛劳而积累大量家庭财富。同时，以兰学为先导的西方科技信息的慢慢渗入，也向涩泽那一代年轻人展现出了一个更为广阔的外部世界的存在。在这种情况下，一个聪明人究竟该像李白那样用酒精麻醉自己，还是该带着康德式的"敢于知"的好奇，睁大眼睛去看世界呢？答案乃是不言而喻的。

让我们将目光再转回到唐帝国。在与汉帝国一样带有秦政基因的唐帝国架构中，科举竞争的失败者能走的道路，除了用酒精让自己在梦里发疯之外，就是在现实中发疯了。于是我们就引入了与涩泽荣一作对比的另外一位著名唐代人物：大枭雄黄巢。他的诗作《不第后赋菊》在民间可谓妇孺皆知：

> 待到秋来九月八，
> 我花开后百花杀。
> 冲天香阵透长安，
> 满城尽带黄金甲。

比涩泽荣一早来世千余年的黄巢当然是如假包换的中国人，因此，汉诗写作对他来说乃是母语写作。黄巢与涩泽一样也有家族生意要照顾，但同时也没放弃文化学习。宋代词人张端义在其《贵耳集》里说黄巢五岁就能对诗，虽不知有无夸张，但考虑到唐代崇尚诗歌，幼年黄巢接受到的关于唐诗的熏陶，肯定是会超过作为外国人的涩泽荣一的。另外，致力于参加科举考试的黄巢，也比涩泽荣一有更强的功利性动机去写好诗歌：第一，唐代进士科考试本来就考诗赋；第二，唐代的"行卷"制度也鼓励入京考生将自己写的诗歌散发给各位考官，以便获得比较好的印象分。但尽管如此，好像很早就开始学写诗的黄巢在长安屡试不第，充满愤懑情绪的他这才写下了上面这首《不第后赋菊》。平心而论，他写的这首诗在文辞水准与思想境界上的确与涩泽的《内山峡之诗》有着巨大差距：具体而言，读者能够在涩泽的诗文中看到他对于家庭、社会与大自然的挚爱，看到他高雅的审美品位，以及他试图克服重重困难为天下苍生谋福利的崇高道德理想——但在黄巢的诗文里，我们却只读到了他对现有社会秩序的杀意，以及试图通过暴力获得最高权力的私人野心。按照儒学的标准，涩泽之诗的确做到了"文以载道"，黄巢所写的却是标准的"覆道之言"——这也怪不得当《水浒传》里的宋江在浔阳楼上写下"他时若遂凌云志，敢笑黄巢不丈夫"之后，立即就沦为了朝廷的重犯。需要指出的是，正如他们的诗歌各自所暗示的，涩泽与黄氏日后的作为，也的确给各自的国家带来了不同的命运：涩泽在造纸、航运、铁路、高等教育、慈善业等诸方面都全面推进了日本的近代化进程，他本人也最终成为在1万元日币上露脸的商业英雄（参图8-1）；而黄巢基于武装贩盐集团而发动的针对唐王朝的战争，则不但摧毁了泉州与广州这两座重要的海港城市，而且也摧毁了唐王朝本身的统治秩序，由此使天下陷入"五代十国"之乱局。

那么，为何更为密集的汉学学习时间，却反而造就了黄巢这一儒教帝国的反叛者，而更为稀薄的汉学学习时间，却反而使最后成为工商业巨子的涩泽荣一依然手持《论语》呢？这是因为，隋唐后古典中国以考试为中心的儒学教育模式已全然违背了孔子以私学为基础并以"六艺"为主要科目的教育方案,而江户时期的儒学教育方案反倒更能彰显先秦儒"君子不器"之本意。具体而言,以考试为指向的儒学学习,必然将别的考生视为竞争对手,而无法真正培养出兄弟同窗之情;而考试的高淘汰率所必然导致的诸如黄巢这样的失败者,又难免会因为心生怨恨而产生反社会情绪。至于像华冈青洲、建部贤弘那般在科举考试之外自由探索科技知识,则更属梦呓了。与之相较,在江户时期的日本,因为没有科举制成为打通庶民与士人的社会流通渠道,这反而使士农工商能够各安其道,各谋其事,而基于寺子屋的开蒙体系亦能由此培养出学子们"为知识而知识"的纯粹态度,最终为一个全面工商业时代的到来储备了大量技术人才。五四时代的启蒙人士并未想透其中机理,误将科举化的儒学之害视为儒学自身之害,由此提出"打倒孔家店"的错误主张,最终反而用一个新的错误覆盖了科举制已然造成的错误。而五四"新文化运动"旗手们未谙之理,今人不能不深究之。

第七节 小结:略谈昭和时代的短暂秦政

读到这里,有的读者或许还会发问:为何中国的儒学发展路线会从具有自发秩序意味的先秦儒,慢慢演化为附着于特定权力中心、并由此压制地方自发秩序的科举体系呢?与之相较,为何在德川幕府已然统一日本的情况下,儒学的传播依然没有压制地方自发秩序,反而能与中国的古典周政模式遥相呼应呢?我的解释是:这一差异与儒学的内部特征无关,而与中日两国的地理与人口环境有关。日本四周被大海包围,内部山川河流密布。前一特征使得日本境内的政治格局相对恒定,而不会像中国那样长期面临北方游牧民族的威胁;后一个特征则使得一个能迅速统一国内各割据势力的秦政式帝国很难在日本出现,由此使得西周—春秋式的多国体系成为常态。同时,由于日本的独特地理环境,在近代铁路技术被引入前,国内大宗物流更适合走海运而非陆运。这一点在客观上就促进了作为海运物流中心地位的大阪的地位,使得大阪商人有机会建立起一种"米本位"的原始资本主义,由此制衡江户幕府。① 日本儒学发展的多中心化,实际上乃是与古典日本历史政治中心的多样化相辅相成的。

但需要注意的是,古典日本并非没有变成秦政式帝国的可能。丰臣秀吉发动的两次侵朝战争假若成功,将彻底改变日本控制的地域所具有的政治地缘学形态,正如凯撒对于高卢的征服彻底颠覆了罗马共和国元老院的内部政治平衡一样。丰臣本人的变态人格也会使这个新帝国具有不亚于秦帝国的残酷指数,而不太会复刻凯撒之侄屋大维所建立的那种"奥古斯都式和平"。假若这种不幸局面真的在日本出现的话,德川幕府治理下的那种能柔性对待地方自发秩序的统一框架将不再出现,日本反而会因此错过借由周政之门进入真正工商业社会的宝贵机会。从这个角度看,丰臣秀吉在朝鲜所遭遇的失败,实为后世日本之福。

但日本之福并未持续太久。明治维新给日本带来的近代海陆军军事技术,使得丰臣秀吉的侵略基因最终得以复活,由此反而使凭借江户时期的周政而走上历史舞台的明治—昭和时代最终还是拥抱了穷兵黩武的秦政。之所以会如此,便是因为日本海陆军在甲午战争、日俄战争、八国联军侵华战争、第一次世界大战与侵略东北的战争中连连获胜,使军方的力量在昭和时代彻底打破了国内的政治平衡,最终军国主义的泛滥对周边国家造成了巨大的灾难。在这种新秦政的背景下,基于周政背景的原始儒家精神也被歪曲,而产生了将儒家的封建道德与秦政现实强行嫁接的混合文

---

① 幕末江户幕府大量官员向大阪等地的富商借贷以维持体面生活,由此已被商人阶层间接操控。参看[日]小林庄次郎《早稻田大学日本史·幕末史》(米彦军译,华文出版社,2020年)第5页以下。

本:《教育敕语》(从1890年到1946年,此文件一直是日本国民教育的标准文本)。不过,也正因为这一新秦政所占据的历史不过大半个世纪的时间,在盟军这一新外部强力的襄助下,再借着西方民主制的外壳,战后日本政府对于周政传统的恢复其实也并不是那么困难。缺乏历史格局感的自由主义者往往不知日本根底,误认为美国对日本的成功民主化改造正好体现了民主主义的普适性,实犯下了将借风者与鼓风者相混之大谬。

关于日本,笔者已经说得够多了。既然上文已经连带提到了美国,下文也将在美国文化的背景中重新审视儒家(特别是本书所关心的汉儒)的立场,由此使全书的讨论更具有全球史的视野。

第九章

放眼当下：从儒式低税主义到美式大数据技术

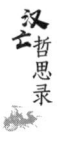

第一节　导言：从儒家的低税政策说起

这是一本关于汉儒的思想与两汉三国历史的书籍。不过，这样的讨论与今日的世界又有何关系呢？为了回答这种可能的质疑，本书最后两章讨论的焦点便是儒学思想与近现代世界之间的关联。在前一章中，我们已经讨论了日本江户时代的儒家思想，并论证了这样的一个论点：儒学思想的特定形态——特别是一种具有荀子—徂徕学风格的礼学——的确能够为近代工商业社会的到来做好精神准备。考虑到徂徕学的思想亦明显具有汉代古文经的特征，这一点便足以证明汉儒思想的某些面相的当代价值。不过，考虑到日本文化与中国文化之间明显的亲缘关系，从儒家的立场出发讨论日本的近代化转向，似乎并不那么令人感到意外。假若我们将想象力的翅膀张得更大一点，从儒家立场上评论比日本更典型的工商业国家——美国，情况又将如何呢？

——有人或许会问：既然我们明明知道美国与古典中国之间存在着巨大文化差异，为何一定要从儒家的立场去讨论美国呢？

要回答这个问题，我们不妨来看看目前保存于美国的"大清国浙江宁波府镌赠美国华盛顿纪念塔碑"（参图9-1）中的这段文字（采自福建巡抚、部院大中丞徐继畬的名著《瀛寰志略》卷九《北亚墨利加米利坚合众国》）：

> 按华盛顿，异人也。起事勇于胜广，割据雄于曹刘，既已提三尺剑，开疆万里，乃不僭位号，不传子孙，而创为推举之法，几于天下为公，骎骎乎三代之遗意。其治国崇让善俗，不尚武功，亦迥与诸国异。余尝见其画像，气貌雄毅绝伦，呜呼，可不谓人杰矣哉。米利坚合众国以为国，幅员万里，不设王侯之号，不循世及之规，公器付之公论，创古今未有之局，一何奇

也?泰西古今人物,能不以华盛顿为称首哉!

徐继畬虽是与我们时间间距更小的清代人,但作为儒式官僚,在上述文字中,他依然表达出了与遥远时代的汉儒类似的意识形态:崇周反秦。换言之,在上文中他将陈胜、吴广与乔治·华盛顿相类比的做法,说明他显然已将英国当时在北美的统治视为某种意义上的"秦政";而他对于"不传子孙"的美式"推举之法"的推崇,则明显让人联想起汉儒对尧、舜、禹时代的眷恋。

——那么,在何种意义上我们可以将英国在北美十三殖民地的统治视为一种"秦政"呢?关键乃是税收。换言之,在反对高税收的问题上,徐继畬的儒学背景显然使得他与北美革命者形成了精神共鸣:

> 乾隆中,英与佛郎西构兵,连年不解,百方括饷,税额倍加。旧例,茶叶卖者纳税,英人下令买者亦纳税,米利坚人不能堪。(《瀛寰志略》卷九《北亚墨利加米利坚合众国》)

图 9-1 大清国浙江宁波府镌赠美国华盛顿纪念塔碑
(图片来自维基百科)

从汉儒立场上看,可与北美革命者对于英国茶税政策的不满情绪构成呼应的西汉典故,乃是汉儒在昭帝时代的"盐铁会议"上所爆发出来的对于武帝时期实行盐铁酒专卖制度的不满。在这场关于国家经济政策的听证会中,儒家属地大家庭的代表(即来自地方的"贤良""文学")希望借助权臣霍光的势力,否定由桑弘羊继续执行的武帝式重税政策。虽然桑弘羊在会议上也竭力为自己进行了辩护,但随着其对立面霍光政治地位的不断稳固,这一回合儒家可谓略胜一局,而变更了武帝式重税政策的汉廷也迎来了"昭宣之治"。

公元前1世纪的儒式轻税主义立场与18世纪的北美革命者之间的这种类似处,为我们重新思考儒家学说的当代意义提供了一扇窗。有人或许会说,对于上述类似处的提点,除了提供一些肤浅的比附之外,未必能真正帮助我们理解美国社会发展的趋势,至于徐继畲对美国独立战争起因的描述,似乎也仅仅能帮到那些对美国国情完全无知的清末同胞。另有一些人或许还会说,无论当代美国采取的是低税还是高税政策,其民主制度都能使得对于公共税金的使用得到有效的监督,因此,在前民主时代的儒家社会中关于高税政策的道德忧虑,则可以在当代美国的语境中被全面纾解。从这一角度看,儒家的轻税主义政策未必能在现代社会的背景中得到有效辩护——而这一点又进一步削弱了西汉的盐铁辩论与近代美国革命者的抗税斗争之间的相关性。此外,儒家对于恢复"周政"的希冀,以及捆绑在这一希冀之上的道德理想,也与美国近代史上的如下重大史实产生了逻辑冲撞:在南北战争中,试图捍卫残暴不仁的奴隶制的南方邦联政府,打的恰恰是"捍卫州权"的幌子;而试图推翻奴隶制的北方联邦政府,"侵犯"州权不说,竟然还从1861年夏开始征收联邦个人收入所得税,貌似开始了美版"编户齐民"——可由此征收的税金所养活的联邦军队,却恰恰以解放黑奴为宗旨,并因此使得征税举措本身具有了"武王伐纣"式的正义色彩。这样一来,在美国历史中,代表"仁政"的或许可能恰恰是表示财政权之统一的"秦政",而非分散财权的"周政"——这一情况似乎验证了儒家在"仁政"与"周政"之间建立的联系并不具有跨文化的强必然性。

不过,我却认为在当代美国的语境中引入儒家思想资源未必会引发"排异反应",因为儒家也完全可以将北方的联邦政府解释为"周政"维护者,由此使得"仁政"与"周政"之间的联系不至于在美国历史语境中失效。其具体辩护策略乃是对如下两个历史事实的提点:(1)儒家的周政以维护地方共同体的家庭温情为基础,但美国内战前的南方奴隶制却全面拆解了黑奴的原始家庭关系,由此使得每一个蓄奴种植园都成了一个微型的秦政架构;(2)内战爆发的一个诱因,乃是秉持自由经济的北方与蓄奴的南方都试图将自己的经济制度蔓延到当时尚未开发的西部。1862年林肯总统签署了《宅地法》,由此使得北方农民对西部土地的获取获得了法律依据,其历史意义正好对应于由周王室授权的众诸侯对原殷商土地的封建殖民活动——而这也就等于在客观上挡住了奴隶制污染西部的脏手。也只有在这个历史大背景中,我们才能理解林肯政府税法改革的初心与意义。

——那么,在奴隶制早已成为历史陈迹的当代美国,到底什么才是"秦政"的对标物呢?在笔者看来,在当代美国,抛开税金问题不谈,尚有一种巨大的资源正以不那么受到监管的方式而被集中——这就是由海量的数据用户通过他们的网上行为所产生的数据资源。而对于一向担心政府扩权的美国保守派人士来说,如何处理此类数据资源便成为一个烫手的山芋;其对于私有制的迷信使得他们无法对掌握大数据的民营科技巨头进行全面的监管;而他们对于个体价值与家庭价值的重视又不能使他们对科技巨头的巨大权力熟视无睹。与之相较,儒家的路径或许能够提供一条共和党主流意识形态所不能提供的新路。我将这条道路称之为"数据化儒家"(digitalized Confucianism)。

考虑到儒家思想本身毕竟诞生于现代电子数据技术产生之

前,下面的讨论还是得依托于儒家对于经济数据(特别是土地与人口数据)的看法。此类考察貌似与对儒家低税政策的考察高度重合,不过,借由"数据"这一新的视角,我们对于税收问题的讨论将获得一种能够与现代大数据技术接续的新中介。具体而言,在下文的分析中,我们的讨论就将聚焦于"数据隐私权"的问题之上。本章将指出,儒家学说的核心经济学命意,乃是将经济与社会活动的数据管理权尽量锁死在宗族层面上,而与之对应的"秦政模式",则试图通过对于上述数据的透明化而建立起古典时代的"大数据管理模式"。因此,与一些自由主义者对儒家"压抑私营经济主体之自主权"的指控相反,古典儒家(特别是汉儒)或许恰恰是通过某些复杂的"费边战术"来为宗族层面上的"数据隐私权"提供了特定的保护措施。虽然很难说儒家的这一数据隐私保护措施在历史上所起到的作用始终是正面的,但是面对个体隐私权全面受到大数据技术威胁的今天,基于宗族意识的儒家隐私观,在经历了对于"宗族"概念的现代化解释之后,或许能够有力地补充基于个体的西方自由主义隐私观。而小数据技术与家用机器人技术的结合,以及对于区块链技术的合理运用,则可能在人口老龄化的背景下,为上述儒式信息观的复兴提供切实的技术载体。

第二节 儒家的小数据主义:以盐铁辩论为视角

在此,我将用现代语言重构古典儒家对经济数据隐私权问题的一般看法,以便为后续的讨论打下理论基调。众所周知,至少从表面上看,儒家学说并不以经济学问题为立论核心,而以伦理道德问题为自身第一聚焦点。不过,按历史唯物论原理,道德问题实际上就是对于物质资源的分配次序问题(换言之,物质资源的"合理"分配形式即"合道德的"),因而所有的道德问题,无论其有多抽象,依然无法在脱离物质根基的前提下而被空泛地谈论。按照这个眼光去重新审视儒家学说,我们就不难发现:先秦儒家学者对于西周政治制度的复古式眷恋,实际上就蕴含了其对于理想经济资源组织方式——特别是"井田制"——的希冀。本书第二章第三节已经对井田制的问题阐发了我本人的管见,现在再择其要点予以提示。虽然关于井田制在西周的实际践行情况,经济史家尚且有一定的争议,但是根据《孟子·滕文公上》的描述,我们至少可以肯定,井田制实质上是在私人经济模式与集体经济模式之间的一种相互妥协方式:从空间维度上,八个家庭本身每个都占有900亩(约折合今日300亩)土地中的100亩(这一比例当然是一个约数,具体操作情况可能有所不同),因此,作为"公田"的最后100亩土地并不占据土地面积上的优势(这里再强调一遍:这里的"公田"指的是村社或聚落的公用土地,而不是国有土地,其真正的所有人乃是不同等级的封建领主);而从时间维度上看,任何一个家庭都需要将耕作公田的时间资源的优先性置于耕作私田之上,以最大程度地防止公共利益受到漠视。这也就是说,井田制乃是时间资源配置方面"以公为先"的原则与土地资源配置方面"以私为先"的原则的混合体。从这个角度看,简单地用"集体所有制""个人所有制""公有制"等现代术语去为"井田制"贴标签,都会遮盖井田制作为"聚落公有制"与"(小)家庭所有制"之混合形态的本相。

孟子的这种复古式经济学理想,显然包含了对于与经济运作相关的数据资源的某种克制态度。具体而言,孟子既没有提到划分井田的具体量化原则(比如,户口多的家庭是否有权分得更多的份额),也没有提及各个家庭在耕种公田时的劳动强度与各自的劳动配额——而从逻辑上看,倘若他真的做出这个规定的话,那么井田制的外部描述者就需要对各个家庭的基本数据(人口构成、能力差异)进行全方面的采集。而孟子本人之所以对家庭运作与资源的具体分配如此不关心,恐怕并不是由于其原始语录散失等偶然原因,而是得缘于儒家对于"礼"的看重。其背后的深层理路如下:如果儒家所说的"礼"本身可以被视为宗法社会内部对于人际

关系的一种软性调节机制的话,那么附着在"礼"上面的情感因素就可以为特定道德语境下经济资源的分配提供某种直觉性指导。由于这种直觉性指导不需要通过客观化的数据描述方式向更高级的资源分配机制提供反馈,所以此类数据描述方式本身干脆就可以在宗族内部的经济资源分配活动中被大大简化了。而井田制,恰恰便是这种简化的产物。

不过,随着生产规模的增大与分封层级的复杂化,覆盖半径大约在"邓巴数"规定范围内的亲情关系不断在该范围外衰减,这就使得私田拥有者很难有兴趣再去仔细照顾那些"公田"里的收成了。在这种情况下,像井田制这样的粗放式管理方式已经不能保证类似周天子或者国君级别的高级食利者从"公田"中获得足够的租税了。为了找到新税源,公元前594年鲁国推出"初税亩"制度,按照每个私田拥有者所拥土地之面积进行收税。虽然从表面上看,这种新的税收方法能使国君直接了解全国地主的土地拥有情况并获得大量的关键性经济数据,但基于以下原因,国君的权力其实并没有因此得到迅速的扩大:以鲁国为例,国君的直接博弈对象乃是诸如季孙氏这样的势力不断上升的卿大夫,而前者并没有足够力量对后者的应税土地进行彻底的核算。在这种情况下,以君权与贵族之权彼此制衡的封建制度没有崩溃,而是以土地私有制的方式得到了新的生存途径。但由于在这种新的资源安排模式中周天子与国君的权威的确随着其自身经济实力的降低而有所降低,这就导致了孔子所说的"礼崩乐坏"现象。

虽然当时的土地核查水平还远远没有达到后世"编户齐民"的水平,但大致而言,一国总体面积的增加显然会增加整体的应税面积。这就使得全天下的诸侯与贵族都不得不高度敏感于所拥土地的面积,由此加剧吞并战争的规模。这就为诸如孙武这样的兵法家的崛起创造了历史机遇。孙武重"量"而不重"质"的用兵思想,必然会边缘化由"国人"构成的精锐战车兵的战术地位,由此使得由"野人"充当的步兵从战车部队的附属者转变为战场主力。

而正是因为步兵编制的不断扩大,战争所需要的经济消费就不得不使君主对领地内的所有资源进行尽量细致的"数目字管理",由此榨取任何一粒可用的军粮。在这种新的历史形势下,法家又提出了打压大家庭以彻底实现编户齐民的社会管制措施,由此使得上述"数目字管理"得以可能。很显然,若任凭这种趋势发展下去,封建制将荡然无存。面对这种新形势,儒家又该如何保存周政之遗风呢?孟子提出的下述方案其实是既符合儒家的崇周轻税传统,又完全符合形式逻辑:"以力服人者,非心服也,力不赡也;以德服人者,中心悦而诚服也。"(《孟子·公孙丑上》)——换言之,如果各国君主都能用几乎不占据任何经济成本的道德修为力量来解决国与国之间的争端的话,那么,各国的经济政策就依然能合乎逻辑地维持在周政的轻税范畴之内。考虑到君主对于私欲的遏制本身就能降低争霸与灭国战爆发的概率,所以《论语·颜渊》才说"克己复礼为仁"。而在孔子"仁"说的基础上,《孟子·离娄章句下》还进一步强调了"爱"的重要性:"爱人者,人恒爱之;敬人者,人恒敬之"——换言之,"爱"能够全面消解人与人乃至国与国之间的敌意,由此使得代价不菲的军事行动成为冗余。由此,"仁爱"二字便成为儒家价值学说的关键词。

儒家的上述道德说教经常被后人视为迂腐的代表,而与之对抗的法家思想则由于提出了竭泽而渔的经济资源榨取方案,而更为各国君主所喜好。但按照我本人的浅见,儒家在东周后期思想市场上的竞争失败,在相当程度上不是由于其学理上的缺失,而是缘于合适历史机遇的匮乏。从学理角度看,儒家的轻税重德方案其实更具长远眼光。具体而言,法家的经济资源榨取方案的执行所需要的社会资源损耗必须通过不断并吞他国来加以补充——而在技术与地理条件的限制下,这种并吞游戏总是会有终点的,而在古典社会无法通过工业革命成倍增加社会财富的前提下,上述游戏的终点就可能意味着秦政式国家的财政总崩溃(而秦帝国自身的短暂历史便为上述推演提供了完美的注脚)。因此,从逻辑上看,还不如从一开始就听从孔孟的教导,通过道德修为的提高而不再卷入诸侯争霸的昂贵军事游戏,由此使得各个诸侯国的财政都能长久运作。在这种情况下,对于各诸侯国内部的经济数据的全面勘察也就不必要了。由此看,儒家的轻税倾向与孔孟的仁爱之说,其实是互为表里的。

儒家的上述建议虽在抽象的层面上非常合理,却忽略了现实世界中的如下现实参数:东周历史中存在的诸侯国数量实在太多了。即使在战国只存在七个主要诸侯国的历史语境中,像孟子这样的道德宣传家也需要在当时原始的交通、通讯条件下完全说服七个国家的君主同时实行仁政,这样才能使天下真正罢兵——而只要一国君主未被说服,其所采取的军事进攻政策就会使任何一个采取轻税—低军备政策的别国立即陷入巨大的危险之中。而由此引发的囚徒困境亦将使儒家的仁爱说所支持的"博弈方彼此合作"的选项立即失去吸引力。需要注意的是,日后汉末至三国的历史也有力地说明:即使在战争游戏玩家的数量只缩小到三方的前提下,围绕敏感的荆州归属问题,吴、蜀经过多次残酷博弈后,才在"后刘备时代"形成基本的互信。由此反观格局远要更复杂的战国时代,孟子通过道德说服而使仁政时代来临的历史机会,实际上是非常之小的。

进入汉帝国时代之后,汉儒面临了一个与孔孟完全不同的历史背景。此刻,对儒家而言,既有一个坏消息,又有一个好消息。先来说坏消息。汉帝国的政治架构大量采自儒家所不喜的秦政:具体而言,秦汉帝国的核心经济资源控制政策——编户齐民制度——在实质上便是对于全帝国范围内的最基本经济数据——人口与土地资源——的控制。从目前出土的《居延汉简》等地下史料来看,西汉地方政府对所辖地官民的姓名、相貌、户口人数、子女人数、住宅价值、牲畜数量都有详细记录,并定期向上一级政府机关汇报,以利于各级政府根据这些数据组织人头税征收工作。同时,武帝时代开始的盐、铁专卖制度,亦使得诸如盐、铁之类的重要经济资源的运作,全部处于政府的监管之下,由此使掌握了这些数据的政府能够利用信息优势获得超额经济利益。很明显,这样的举措对儒家所希冀的"以宗族为核心"的经济体制构成了巨大的打击:第一,编户齐民使宗族内的经济运行数据信息变得更加透明,而使得宗族家长无法保护其成员的经济利益,并由此失去道德权威;第二,盐铁专卖制度使大商贾无法通过非官方的商品流通渠道积累财富,由此壮大宗族势力。有鉴于此,我们不妨就用现在的术语,将秦汉帝国运作的秦政逻辑,称为某种原始版本的"大数据主义",并与原始儒家所主张的"小数据主义"彼此对立(两者之间的对比关系,或许可以通过图9-2得到更直观的说明)。

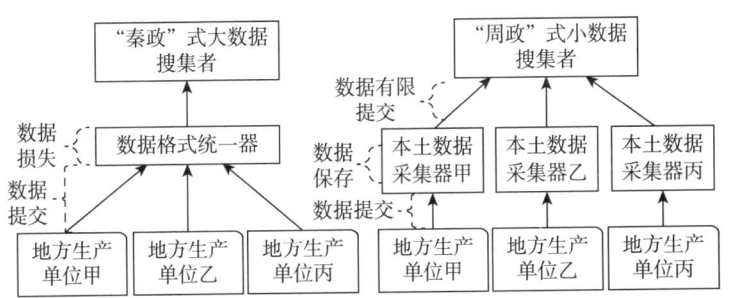

图 9-2　儒家所批评的秦政式数据采集模式(左)与其所赞成的周政式数据管理模式(右)

不过,儒家此刻也得到了一个好信息:由于汉帝国君主的集权,他们现在需要用儒学理论加以滋润的灵魂的数量显然也被大大减少了。换言之,只要帝王笃信儒学(或至少装作相信儒学),儒学的仁政思想就会自上而下地涓滴到帝国的每一片土壤里。由此,一个从叔孙通、公孙弘再到董仲舒的"帝王师梯队"也因此应运而生。

——但如何儒化君主呢?汉儒的具体举措有:通过提供全套儒式礼仪服务以满足君主的虚荣心(如叔孙通);通过儒法杂拌的做法慢慢在法家的配方里添加儒家的馅料,由此对君主的意识形态变迁形成"温水煮青蛙"的效应(如公孙弘);通过天人感应学说与春秋决狱的司法实践,使得对于自然现象与历史掌故的儒学解释能够制约君主的行为（如董仲舒）。但正如本书前述章节所展示的，上述的所有做法都缺乏对于儒学解释的逻辑合理性的检查，由此使得儒学意识形态本身就包含了经由汉语中泛滥的类比思维而产生自我分裂的可能。这种自我分裂产生了戏剧性的效果：本来，儒家的任务乃是说服君主接受儒道，但后来，儒家的任务便转换为如何让君主相信自己所代表的那一派儒家思想（如古文经或今文经）才是正宗儒学，或者说，自己基于儒家名分论而对某人某事所作的辩护才体现了唯一正确的儒家立场。儒学世界中的这种意识形态分裂若进一步与现实世界中的真实力量相互结合，便预报了汉末大混战时代的到来。

不过，至少在一个向度上，汉儒对汉帝国中存有的秦政成分的斗争并不带有如此狂热的意识形态色彩。此即周政式小数据主义的复活。换言之，汉帝国的运作所自带的"大数据主义"特征，在一定程度上促进了儒家学者从自觉的层面上开始考虑维持儒式社会秩序的经济基础问题，并由此将先秦儒家所不自觉表露出来的"宗族式小数据主义"转向某种比孔孟时代更为自觉的理论形态。体现这种转变的典型历史事件，便是前文已经提到的盐铁辩论，相关会议记录见于桓宽所笔录的《盐铁论》。顺便说一句，传统儒家典籍分类者由于缺乏对物质问题的敏感性，一向将此书归类为不那么重要的"子部"（而不是地位最高的"经部"），殊不知从今人角度看，《盐铁论》才是儒家经济哲学的"秘密的诞生地"。

而从争夺数据控制权的角度看，《盐铁论·本议》对于武帝时代遗留的"均输""平准"制度的合理性的激烈辩论，其实最为集中体现了儒家试图从中央政府手中夺回数据控制权的意图。在这场辩论中，作为"正方"的桑弘羊（即武帝时代经济政策之代言人）的陈词是这样的：

> 往者，郡国诸侯各以其方物贡输，往来烦杂，物多苦恶，或不偿其费。故郡国置输官以相给运，而便远方之贡，故曰均

输。开委府于京师,以笼货物。贱即买,贵则卖。是以县官不失实,商贾无所贸利,故曰平准。平准则民不失职,均输则民齐劳逸。故平准、均输,所以平万物而便百姓,非开利孔而为民罪梯者也。

现在我们用现代语言,将桑弘羊的论证重构如下:在西汉帝国地域广阔这一基本前设背景下,从甲地到乙地的运输必定会带来巨大的运输损耗,因此需要一个统一的运输管理机制(即均输官)来处理全国的物资调用,由此避免浪费。同时,各地物价的变化又可以通过中央政府对于物资的预先囤积来解决(此即"平准"之责)。这样一来,预先囤积的物资可以像水库维持河流水位一样维持物价稳定,由此保持社会稳定。而从技术角度看,要落实上述举措,自然就需要政府相关部门来搜集与处理与特定核心经济物资的生产与运输相关的数据。

桑弘羊的上述论证显然预设了两点:第一,政府经济管理机制的操盘人要比民间经济主体更具备对于全社会的责任感;第二,政府的纵向管理机制要比民间的横向管理机制具有更明显的数据搜集优势。而代表地方宗族利益的贤良、文学们,则敏锐地对这两个预设进行了"精准打击"。具体而言,他们对于第一个预设的打击,是利用已经成为官方意识形态的《春秋公羊传》提供的意识形态掩护,强调"诸侯好利则大夫鄙,大夫鄙则士贪,士贪则庶人盗",由此从道德荣誉感的角度剥夺政府管理者对于经济议题的话语权;而其对于第二个预设的打击,则集中体现于如下重要评论:

> 古者之赋税于民也,因其所工,不求所拙。农人纳其获,女工效其功。今释其所有,责其所无。百姓贱卖货物,以便上求。间者,郡国或令民作布絮,吏恣留难,与之为市。吏之所入,非独齐、阿之缣,蜀、汉之布也,亦民间之所为耳。行奸卖平,农民重苦,女工再税,未见输之均也。县官猥发,阖门擅市,则万物并收。万物并收,则物腾跃。腾跃,则商贾侔利。

自市,则吏容奸。豪吏富商积货储物以待其急,轻贾奸吏收贱以取贵,未见准之平也。盖古之均输,所以齐劳逸而便贡输,非以为利而贾万物也。

该段落所蕴含的具体论证,可被重构如下:个体劳动者的生产能力之间的自然差异是一个在经济生活中无法被忽视的基本事实,因此,对于每个劳动者经济条件的最佳数据采集与保管人就是他自己,或者是与之有着密切乡土联系的宗族家长。而一种能够尽量贴合这一基本事实的政府税收制度,就应当根据每个个人(或地方性生产单位)的生产技能的特长征收实物税,而决不能在无视这些差别的前提下进行统一的"数据格式化"——否则,很多生产者就会被迫去生产其不擅长生产的物品,由此导致全社会经济资源的巨大浪费。此外,政府自身的利益偏好亦会导致其在收购民间物品时尽量压低价格,导致市场信息失真,由此反而会导致物价报复性飞涨,最终影响全社会的总体利益。

从哲学角度看,贤良文学的上述表述显然已经预设了一种鲜明的价值唯名论立场:除了儒家经典所公认的圣人之外,他们并不相信世界上普遍存在着某种中立的、没有自身利益偏好与认知偏见的政府机关或某种抽象的公众利益——相反,在他们看来,就一般情况而言,除了儒家清议集团所能够认可的"自己人"外,任何政府机关的具体负责人都肯定是有着种种认知成见与利益偏好的。而西汉政府对于经济数据的采集权(具体落实于所谓"均输平准制"),则可能在某种程度上成为上述人性缺陷的技术放大器,并为相关政府人员的牟利行为提供方便。在这样的情况下,儒家宁可在经济问题上支持道家的"无为"政策,即适当承认民间经济主体自身的经济活动自主权与对于核心经济数据的保密权,由此以道德武器来曲折地完成对地方宗族经济利益的维护。

不过,批判的武器毕竟不能代替武器的批判。《盐铁论》的辩论虽貌似以桑弘羊本人的政治落败(以及其最后的被杀)而告终,但接管桑弘羊权力的权臣霍光只是在酒类专卖等相对不太重要的项目上改变了汉武帝时代的经济政策,因此,西汉统制经济的实质并没有随着儒家在意识形态层面上的表面胜利而被迅速改变。而真正在现实层面上体现了儒家"宗族小数据主义"胜利的,乃是东汉初年的"度田事件",即汉光武帝刘秀试图通过丈量、核算全国豪强土地以全面掌握帝国经济运行数据的历史事件。若用今天的眼光来看,各地豪强对于中央政府强力度田政策的暴力反弹,其实便是对于宗族内部的经济数据隐私权的一种自觉捍卫;而光武帝最终对于此类反弹的柔性处理措施,则意味着儒家的经济特权终于在东汉获得了在整个西汉时期都没有得到的隐性制度保障。此外,对富有大数据情结的桑弘羊们构成莫大反讽的是,至少是部分执行了"宗族小数据主义"的东汉政权,并没有因为中央政府在数据采集权问题上的退让而走向衰退,而依然相对稳定地运作了两个世纪,并在此期间创造出了异常灿烂的古代文明。

但同样需要指出的是,在东汉帝国体制——而不是孔孟所处的东周多国体制——的制度安排下,豪强利益的片面增长很容易通过与各级国家政权的结合,而扩展为某种新的内部帝国(比如梁冀家族、袁绍家族经过长期经营所具有的准国家权力),并由此使得孔孟所希冀的基于地方乡土建设的儒式小数据主义一步步走向其反面。而绵延东汉中后期的清流士大夫、外戚与宦官集团之间的三角斗争,则是这些隐形内部帝国全面竞争的自然产物。此外,也恰恰是这些隐形帝国所具有的数据采集与社会动员能力已经接近显性国家政权,其中的某些势力实际上已经具备了发动内战以全面清洗其他隐形帝国的能力。而东汉政权的内部博弈之所以最终没有导向某种健康的内部制衡机制,而是导向了一场悲剧性的全面内战,恐怕便是得缘于宗族势力的这种"帝国化"或"祛乡土化"进程(请回顾本书第二章)。从这个角度看,先秦儒家赋予经济数据隐私权以道德意义的基本前提——富有乡土知识的宗族领袖能通过最合适的信息格式来采集与处理乡土经济数据——

在帝国化了(即"祛乡土化"了)的超级宗族架构中已经不存在了。因此,公平地说,最终要为东汉帝国的崩溃负责的,并不是先秦儒家,而是通过官僚化进程而放弃了乡土小数据主义的东汉儒家豪族。

有意思的是,与盐铁辩论类似的有关税收政策(其本质是经济数据控制权)的辩论,在北宋"熙宁变法"的语境中又得到了复活。与两汉不同,北宋王朝的运作没有受到严重的外戚问题与宦官问题的干扰,而且,北宋王朝也没有进行过类似汉武帝时代那样非常逼近秦政标准的高税主义操作,遑论在此类操作下产生的经济总崩溃景象。但即使如此,帝国式的政治框架与周政理想之间的冲突,依然没有在宋帝国的框架内得到真正的解决。围绕着对王安石变法之是非的朝堂争议,无疑将这一冲突重又带回到观察者的视线之中。

第三节 再论儒家的小数据主义:以王安石变法与明末大乱局为视角

秦式大帝国运作的一个关键要素乃是要维护帝国的颜面,即帝国至少要做出一副"我很强"的样子以威慑四夷。有鉴于此,王安石变法的主要历史动机便是恢复帝国颜面。具体而言,澶渊之盟签订后,宋辽军事冲突暂时停歇,但关于澶渊之盟本身是不是屈辱性条约,国内意见分歧很大,这就倒逼签订此约的宋真宗不得不通过大量宗教祭祀活动来转移注意力。而由此勉强被保持住的帝国颜面又被西夏的崛起所扯破。1038年李元昊称帝建立西夏国后不断侵吞北宋西北领土,这使得已在澶渊之盟中略失颜面的宋廷再次感到莫大的压力。1067年,年仅20岁的宋神宗赵顼即位,并将唐太宗视为自己的政治偶像。在此情况下,他就更不能容忍宋军在宋夏战争中的不堪表现。为了满足帝王提出的快速收复国土的要求,王安石的新党顺势提出建议,主张强化国家经济管制力以便敦实国力、巩固国防。而与之对立的以司马光为首的旧党则认为,王氏新法的执政理念太接近汉代的桑弘羊,过于急功近利,并因此远离儒道。举例来说,王安石于神宗熙宁二年(1069)实行的青苗法,其本意是反对大地主趁农民青黄不接时发放高利贷,并让政府接手相关的借贷业务,以相对合理的利息提供金融服务,由此保护基层农民利益。但在执行之中,其所采用的"俵散""抑配"之法竟变相强制那些没有借贷需要的富户也向政府有息借贷,由此将政府的金融扶助措施变成了一项新税(税额即利息),这使此法遭到了诸如司马光、欧阳修、苏轼、富弼、韩琦、吕公著这样的北宋名儒的集体抨击。当然,王安石并非不知道青苗法对富农以上的家庭有经济盘剥之嫌,但考虑到单单向穷人借贷所可能造成的金融风险,强迫具有债务偿还能力的富户也参与借贷,便是使得"青苗钱"本身能够反复循环的重要举措。然而,在韩琦、司马光与吕公著看来,这样的做法是缺乏名分基础的,因为未经借贷人的同意就逼迫其借贷,其行为方式已经接近儒家所切齿痛恨的法家,而与孔孟基于道德自觉的礼教理想相去甚远。此外,由于针对小民的半强制贷款毕竟是需要偿还的,而且,负担还不低(约年利率40%,每半年支付其中的一半,即约20%。虽然民间借贷的利率肯定要高于40%,但至少民间借贷的还款周期要比官方借贷灵活得多)①。在这种情况下,青苗法的执行在不久后就使全国性欠债农民陷入了"终身以及世世,每岁两输息钱,无有穷也"的悲惨境地,可谓"是别为一赋,以敝海内"(《宋史·陈舜俞传》)。

儒家反对新法的变相高税政策,还有更深的考量。根据苏轼对其政治盟友司马光立场的概括,重构出一个貌似强大的国家级

---

① 请参看张呈忠:《"抑配民户"与"形势冒请"——北宋青苗法五十年的官贷困境》,《人文杂志》,2016年第7期。

经济资源分配体制所带来的风险与损耗（如维持、监督税吏系统自身所带来的损耗），可能会无法抵消维持现状所带来的风险与损耗——或用如下"修房之喻"来说："……且治天下,譬如居室,敝则修之,非大坏不更造也。大坏而更造,非得良匠美材不成。今二者皆无有,臣恐风雨之不庇也。"（苏轼《司马温公行状》）当然,苏轼与司马光并非不知道王安石本人在鄞县实施青苗法时的确获得了局部成功,但是从苏轼的"修房之喻"看来,这只算是打理好了一间小书房,而非修好了整座庄园。换言之,王安石可能已经严重忽略了在一个庞大的帝国全面推行此策所需要的组织架构的复杂性。与之相较,意识到此问题复杂性的韩琦、司马光与吕公著则倾向于采取对宋帝国的既有财政构架小修小补的保守性疗法,以免节外生枝、得不偿失。至于帝国的颜面么……不是有礼部的主客郎中与员外郎（负责接待外宾的宋代官员）吗？

北宋朝堂围绕青苗法展开的政治斗争,很容易使人联想起当今美国政坛中关于税收问题的政治争论：民主党的立场类似王安石的新党,即倾向于通过重税政策来劫富济贫；共和党的立场类似司马光的旧党,即倾向于降低税收以藏富于民。从表面上看,在当代美国的语境中,共和党反对高税收的主要动机并不是对于收税技术现状的妥协,因为当今美国国税局的经济数据获取效率乃是古代社会所无法设想的。不过,在一个很深的层次上,共和党的低税立场依然与苏轼所转述的司马光立场分享了类似的隐忧：将资源集中到政府体系中加以集中分配的做法,会带来更多的资源错配风险,而对此类资源的分散式处理则能大大降低此类风险。至于财富的原拥有者（即千万个纳税人）,则显然能够为此类分散式处理提供天然的行动主体。因此,任何旨在增加政府复杂性以增强其资源调配力的"房屋大修"计划都需要被谨慎地评估。很显然,倘若西汉盐铁辩论中的各地贤良文学能够活着听到苏东坡这个比喻的话,肯定也会拍手称快的。

王安石本人当然是知道西汉盐铁辩论的,正如他肯定知道作为历史学家的司马光也是知道盐铁辩论的。因此,王安石肯定已经预见到了传统儒家对于汉武帝式重税政策的本能性反弹。他的相关意识形态保险措施是通过《周官新义》一书,将他的具体改革举措与《周礼》挂钩(这是王莽的托古改制早已用过的戏码)——不过,他对于《周礼》的这种政治利用立即遭遇到了欧阳修、苏辙等大儒从学术角度发动的反击,效果其实一般。(这也不奇怪,在文教发达的宋朝,朝堂上谁没读过《汉书·王莽传》呢?)王安石的第二个保险措施则是尽量减少其新法的"秦政色彩"。譬如,其变法举措并不包含武帝时代实行的诸如"告缗"之类的恐怖措施(此制鼓励告发算缗不实的行为,告密者可获被告者一半家产),而是在"青苗法"中以借贷为名巧妙包装增税项目。实事求是地说,王氏"募役法"虽貌似以"免役钱"的名义增加了民众的财税负担,但由此也节省了农民的劳动时间,其严酷程度的确不如典型的秦政。至于王氏变法中关于裁减老弱军人、增加将领与士兵粘合度的措施,对于增强国防的积极意义,其实亦是很难被轻易否定,而且裁弱所省下的军费,也能适当降低国防开支对民众的压力。但正如前文所指出的,纵然在制度设计方面王安石已经殚精竭虑地考虑到了民众的纳税能力,但他还是低估了执行如此庞大的计划所需要的庞大国家机器自身所造成的风险,并由此使得他本人成为司马光等旧党心目中的新桑弘羊。另外需要注意的是,王氏变革的具体措施已经有了某种或隐或现的"国家资本主义"色彩——比如,与"青苗法"捆绑的借贷举措就暗示了一个原始的国家银行系统的存在,而"均输""市易"以及"募役"之法则亦暗示了国家政权通过抽象的数目字管理控制全国经济资源流向的企图。至于"方田均税法"所包含的清查全国土地资源数据的意向,则明显是东汉初年光武帝度田举措的"重装上阵"。对于习惯将经济数据锁死在宗族层面上的儒家既得利益者来说,王氏变法所自带的"大数据主义"意蕴乃是完全不可接受的。

王氏的变法在多大程度上需要为北宋的灭亡负责,其实是一个见仁见智的问题,本书不想深谈。不过,普遍被认为需要为北宋灭亡负责的蔡京,却的确推出了大量具有明显的熙宁变法色彩的经济政策(顺便说一句,蔡京的兄弟蔡卞是王安石的女婿)。然而,蔡京的私德却明显不如王安石,这就使得他所揽收的民间财富很容易被消耗到"花石纲"等毫无意义的炫富项目之上——而此类浪费对北宋王朝造成的实质性损害则是毫无争议的。王安石变法的支持者固然可通过对王安石本人德性的辩护而将蔡京的责任与王安石相切割——但王氏变法的反对者也可以通过揭露为王安石本人所用的吕惠卿、章惇、曾布、蔡卞、吕嘉问、李定、邓绾、薛向等"小人"的普遍德性问题而提示此类变法的内生道德风险。此类风险的内生性可以通过如下两点得到更深入的辩护:第一,诚如《论语·里仁》所言,"君子喻于义,小人喻于利",因此,以利益增长为明确指向的国家政策实在太容易吸引"小人"而排斥"君子"了;其二,让太多的官吏在缺乏监督的情况下掌管从民间搜集的海量经济资源,这本身就是对于人性的巨大考验——而为了减少此类道德风险,将此类资源尽量截留在基层才是合理的。由此看来,儒家主流所主张的"经济小数据主义"其实更具备滋养德性的能力。

顺便说一句,一些现代评论者曾将王安石变法视为凯恩斯主义与罗斯福新政的北宋领跑者[1],由此试图为熙宁变法辩护,但这实际上是一项误读。概而言之,在凯恩斯主义影响下的罗斯福新政主要是试图通过国家项目来带动全民经济,本质上就是借着大兴土木为名向全民发钱以刺激消费,由此盘活国民经济;而熙宁变

---

[1] Xuan Zhao and Wolfgang Drechsler, Wang Anshi's Economic Reforms, Proto-Keynesian Economic Policy in Song Dynasty China, *Cambridge Journal of Economics* 2018, 42, pp. 1239-1254.

法的核心指向,还是通过聚拢国家财富来应对西夏崛起所引发的国防挑战,与刺激消费这一目标毫无关涉。因此,即使主流宋儒或许会有限度地赞同某种原始版本的凯恩斯主义(譬如,主流宋儒就基本默认了真宗时期大造道观的国家工程,因此此类工程的确提供了大量就业机会),他们也不会因此就自动为熙宁变法背书,因为熙宁变法对于民众利益的反馈机制其实是非常曲折与勉强的。因此,虽然王安石本人的确曾通过编纂《周官新义》来为自己的秦政式变法涂上"周政"的迷彩,但是正如王夫之这样后世的犀利观察者所说的,"申商之言……用其实而讳其名者,介甫①也"(《读通鉴论》卷一)。或转引当代的历史学家冯天瑜所言,熙宁变法在本质上依然是"行'复周'之名,行秦法之实"②。

　　读到这里,一部分读者可能会感到困惑:儒家主流所秉持的小数据主义,难道不正是在明末造成了国家征税的困难,由此导致了明帝国的崩溃吗?说得更具体一点,基于人类自私的本性,谁又能保证地方大宗族势力不会通过向国家隐瞒自己的经济数据,而使国家不得不将税负负担加在纳税能力很差的底层自耕农身上,由此造成政权颠覆的危险呢?

　　对于上述疑问,笔者有两个回答。第一,在正常情况下,地方宗族力量通过小数据主义而保留的资源能够成为帝国在紧急情况下可以调用的备份资源,而儒家教育所滋养的家国情怀也使得地方宗族领袖愿意在此类紧急情况下化私为公,救社稷于水火。譬如,汉廷对黄巾军的战争与清廷对太平军的战争都成功地利用了地方宗族势力所提供的宝贵军事资源。尽管此类利用也产生了地方势力坐大的后续问题,但只要朝廷小心应对,还是能安然过关的(如慈禧太后在太平天国战争后对湘军势力的巧妙打压,便大大推迟了唐朝式藩镇割据局面再现的时间节点)。与之相较,在明代畸

---

① "介甫"为王安石表字。
② 冯天瑜:《周制与秦制》,商务印书馆,2024年,第213页。

形的体制下,地方盘踞了大量尸位素餐且占据海量资源的皇族势力——此类皇族既对地方缺乏感情,又天然认为保境安民的任务应由朝廷命官负责,这就使得其掌握的经济资源很难在危急时刻成为"救命钱"(譬如,福王朱常洵不愿向洛阳守军散发军资,最终导致自己被入洛之闯军所杀的事例,便是明证)。这也就是说,明朝的覆灭并非儒家小数据主义之错,而是儒式道德教育未能覆盖庞大的皇族支脉之错,而此错的病根则是:朱元璋设计的前无古人的皇族优待制度,自行切断了人口庞大的皇族了解社会并锻炼能力的渠道,由此使得他们从一开始就无法通过与底层民众甚至官僚系统的共情,进而理解孔子的"仁"与孟子的"爱"。所以,明亡的锅,儒式小数据主义不能背。

第二,儒家经济哲学的小数据主义虽有鼓励偷税的嫌疑,但在古代税金的运用无法得到有效监督的前提下,这其实是变相制约秦政爱好者的行动自由度的必要措施。由此在国防问题上造成的军费不足问题,其实也可以通过"和亲"这一传统的和平契约缔结方式加以弥补。需要指出的是,在工业革命造成社会生产力大爆发之前,在周政式低税主义与秦政式重税主义之间,其实是很难存在着第三条道路的,因此,前一道路虽也有导致国家行动力不够强的弱点,但其能保持民力的优点依然不容抹杀。以貌似具有金融创新意义的古罗马的"包税制"为例:此制虽有减少国家税务系统运作成本的表面好处,但却很容易因过多依赖包税商而导致某种变相的秦政。说得具体一点,此制的执行要点是国家从包税商手里预取某税区某税期的税金,而包税商则可通过事后向税民追缴以收回成本并获得额外利润。既然如此,包税商逐利的本性就会驱使其尽量多地向税民收税,由此使得其成为特定税区特定税期内的微型秦政执行者。当然,罗马共和国时期复杂的法律监督关系一定程度上使包税商收敛了暴敛行为,但随着共和国疆域的变大,罗马元老院对海外省包税商活动的监督能力也日趋下降,这就倒逼罗马政府从奥古斯都大帝开始系统性回收包税商的收税权。

至于对商人高度防范的古典中国，实行包税制（在宋代叫"买扑制"）的效果还不如古罗马。古罗马的包税制往往是以税区为单位征收的（比如，小亚细亚可能就分为3个税区），征收的税种也包括"什一税"（无论任何收入，都要上缴十分之一）这样的实质性税种。虽然包税人由此能够获得很大的权力，但从政府角度看，此类将税权高度外包的做法至少能够大大节约政府的投入。与之相较，宋代的"买扑制"可谓两面不讨好：一方面，买扑制乃是作为传统税收体制的边缘性补充而存在的，因此，其出现不能实质性减少政府在征收传统农业税方面付出的成本；另外，由于买扑制针对的税收对象往往是偏远地区的酒、醋、陂塘、墟市、渡口等行业的贫苦经营者，其"与民争利"的负面道德形象也很难使此类举措与儒家的伦理旨趣相容。

不过，上述讨论在逻辑上并没有否定这样一种可能性：在社会生产力（特别是信息技术）与社会监督机制全面发展的前提下，儒家的低税主义立场可以被实质性修正。换言之，在一般国民缴税后的余款依然足以维持体面生活且税金运用的合理性亦能得到充分辩护与监管的前提下，高税政策（如北欧国家所实行的）未必就能被简单等同于秦政。之所以做出这一判断，乃是因为儒家理想的核心价值毕竟是"仁"，而得到良好道德辩护的高税政策可能恰恰就是为了实现对于弱势群体的"仁"。至于"仁政"理念在古典时代为何不得不与低税主义相互捆绑，则是因为：在当时的技术条件下，儒家很难设想在高税语境中如何实现"仁"的具体做法。从这个角度看，儒家的低税主义立场，也未必能被直接用以为现代社会中的各种非法逃税行为做辩护。

不过，读者切不要认为在现代语境中，与低税主义相关联的儒家小数据主义思想也已过时了，因为通过重新定义"小数据主义"而使这一思想继续发挥作用的可能性依然存在。具体而言，今日所说的"小数据"的含义已与古典时代不同：在古典时代，"小数据主义"指的是将土地、人口等重要经济数据进行隐瞒。而在今日生产力已经高度发达的条件下,隐瞒这些数据既是困难的,又未必能得到合适的伦理学辩护。毋宁说,在当下社会中,亟需被保护的数据已与国家税务机关的关心事项相脱节,而转变为互联网巨头所关心的事项:你的购物习惯、打车习惯、观影习惯甚至走路步态,等等。换言之,考虑到当今基于大数据技术的互联网盈利模式本身与古典秦政一样都具有"竭泽而渔"的特征,儒家旨在确保社会长久运作的"小数据主义"依然可能在得到适当改写后焕发出新的理论生命力。

本章下面三节将进一步申发上文所提出的观点,并由此更多地处理与美国相关的思想材料。我的具体讨论思路乃是这样的:由于上文的讨论高度关联于税收问题,因此,第四节将对美国思想市场中敏感于此类问题的三大流派——自由主义、自由至上主义与保守主义/社群主义——的解决方案进行比较,并借此讨论其中何种立场亲近于儒家,或疏远之。而借助于对美国主流分配理论思想的讨论,我们也将为儒家资源进入对美国现实的讨论扫清障碍。而第五节讨论的目标,则是要向读者展现自由主义、保守主义/社群主义与儒家所面临的共同敌人:与自由至上主义相互捆绑的大数据主义。至于第六节,则将进一步向读者展现大数据主义是如何戕害美国文化风土中宝贵的周政资源的。

第四节 美国政治哲学思想市场中的群雄逐鹿

本节讨论的灵感,来自美国道德心理学家海特(Jonathan Haidt)的《正义之心》。① 在书中他提到了五组为全人类所共享的道德禀赋:(甲)关爱弱小,反对伤害;(乙)维护公平,反对欺骗;

---

① [美]乔纳森·海特:《正义之心——为什么人们总是坚持"我对你错"》,舒明月、胡晓旭译,浙江人民出版社,2014年。

（丙）维持忠诚,反对背叛;（丁）维护权威,反对颠覆;（戊）维护圣洁,反对堕落或玷污。基于这一讨论线索,他分别审查了美国的三大主流意识形态——自由主义、自由至上主义与保守主义——各自赋予这些道德事项的权重,并为他自己所秉持的一种混合式意识形态进行了辩护。海特并未正面谈到儒家的思想资源对于同类问题的看法,而这便是本节的讨论试图在他的讨论基础上加以补充的内容。

因为篇幅限制,本节将主要考察"关爱弱小,反对伤害"这一组与资源分配问题（并因此与税收问题）密切相关的道德禀赋。在海特看来,从进化论的角度看,人类要维持自身的基因,就必须对同类中的弱小进行保护,因为这些弱小也可能分享了与保护者类似的基因。由此,人类进化出了对那些带有"萌萌的表情""大大的眼睛"等带有婴儿特色的脸部特征的自动偏好——也正因为这一点,带有此类特征的个体才能得到额外的社会资源以维持其生存与成长（也正因为如此,带有类似脸部特征的女性也会在性选择中得到男性偏好,并通过繁衍而将类似基因传播下去）。由此,《孟子·公孙丑上》所说的"今人乍见孺子将入于井,皆有怵惕恻隐之心",也便得到了来自达尔文主义的背书。现代社会之所以拥有林林总总的针对弱势群体的帮困建制,便是因为设立此类建制是符合人类这一先天道德禀赋的。

——但新的问题来了,到底谁该为此类帮扶机构出资呢？此类机构又该如何运作呢？关于这个问题,自由主义者、自由至上主义者与保守主义者各自提出了自己的观点。

这里首先要澄清一个概念。在当代美国的语境中,"自由至上主义"的英文乃是"libertarianism"。这与"自由主义"的英文拼法"liberalism"虽就差了几个字母,意义却相差甚大。非常粗略地说,"自由主义"是一个宽泛的大帽子,也就是说,只要承认那些主流的启蒙主义价值以及相关的政治哲学观点（如人人平等、三权分立、政教分离,云云）的人,都可以被算作是自由主义者。从表面上

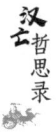

看来,自由主义者所认可的政治框架当然是与秦政所代表的君主集权模式南辕北辙的,因此,若站在徐继畬这样的初晓美国的晚清知识分子的立场上看,自由主义的政治框架怎么说都是反秦政的。另外,站在典型的自由主义思想家罗尔斯(John Rawls)的立场上看,一个能够对"分配正义"问题加以关注的自由主义政府能更好地处理"关爱弱小"的问题,也就是说,这样的政府将有能力以尽量公平的方式使社会财富得到合理的分配,以杜绝"朱门酒肉臭,路有冻死骨"的局面。不过,问题还没有这么简单。需要注意的是,政府所掌握的此类社会资源分配力必须得到强大的政府权力的支持,而在启蒙价值观早已稳固的西方,任何旨在强化政府权力的举措都可能成为试图进一步拥抱自由的激进分子的靶子。这种更激进的自由主义者也因此得到了"自由至上主义者"的名号。譬如,在典型的自由至上主义者诺奇克(Robert Nozick)看来,即使是民选的政府都可以借由"我是民选政府"这一名器工具对公民的自由构成威胁,并因此成为暴政的代名词。因此,他主张建立一个"最小政府",即以最低的国民税收来维持运作的政府。①

　　假若一个典型的汉儒与宋儒穿越到今日的美国的话,诺奇克的这一结论恐怕会让其感到震惊,因为诺奇克的低税政策显然是儒家所心心念念的"周政"的一部分,而诺奇克对于自由的强调却似乎与儒家的等级意识颇不合拍。与之相较,罗尔斯对于弱者的高度关爱显然颇为符合孟子的道德理念,但由此带来的重税负担却又可能让儒家回想起暴虐的秦政,或至少回想起王莽的"王田制"与王安石的"青苗法"(二人都基于帮助穷困的动机而最终搞乱了国政)。因此,要让一个儒家思想者在自由主义者与自由至上主义者之间"二选一",可谓困难重重。不过,好在除了上述两个选项之外,在美国的学术市场,还有"保守主义"这第三个选项可作为儒家的备选同盟军。保守主义在当代美国思想界的学术对应

---

① Nozick, R. *Anarchy*, *State*, *and Utopia*. New York: Basic Books, 1974.

物乃是"社群主义"(communitarianism),即主张一个人的个体认同高度依赖其家庭、社区与相关的文化传统的塑造作用。按照此主张,帮困问题的解决方案必须基于帮困者自身的文化认同:一个德克萨斯人应当帮别的德克萨斯人更多一点,正如一个阿肯色人应当帮别的阿肯色人更多一点一样。若放到全国范围内考量,美国人自然要帮美国人多一点,而不能将资源花费在缺乏合法证件涌入美国的那些非法移民身上(基于这种考量,即使在南方边境上建造隔离墙以隔离非法移民,也是可以理解的)。很显然,社群主义的上述理路乃是与《孟子·梁惠王上》所说的"老吾老以及人之老,幼吾幼以及人之幼"高度合拍的。同时,因为社群主义借以实行帮困措施的社会设施(如地方教会、各种非政府组织,等等)的运作往往都不消耗国民的税金,相关的举措也颇为符合儒家对于周政的希冀。

——说到这里,读者或许会问:既然社群主义已经解决了儒家所试图解决的问题,为何美国的思想市场还需要儒家思想的介入呢?

这是因为,美国的保守主义者在反对自由主义基于大政府的资源分配方案时,往往迷信市场力量,而对市场解决方案自身的缺陷认识不足。比如,美国有线电视网 GSN 的主席兼执行主席古德维尔(David Goodwill)为了反对全民医保方案,提出了一个关于食品分配方案的思想实验①:

假设美国政府以推进医保方案的方式来推进一项"食品保险方案",以防止真有人因缺乏食物而被饿死。政府为穷困者统一采购食品,穷困者则不再为买不起相关食品而担忧。听上去非常不错。但问题是,总得有人为食品买单,而在消费者自身的比价行为

---

① How American Health Care Killed My Father, *Atlantic*, September 2009 issue, https://www.theatlantic.com/magazine/archive/2009/09/how-american-health-care-killed-my-father/307617/,2025 年 5 月 25 日访问。

不再发挥市场效用的前提下,那么,与政府打交道的食品供应商就会努力提高食品的采购价来保持利润。这样,本来通过自由市场竞争而维持1美元低价的豌豆罐头,在政府的采购单上就会飙涨到30美元。虽然这30美元不需要购买豌豆的那部分民众买单,但归根结底,这是需要全体纳税人买单的。由此反证:只要政府不干预食品分配问题,让市场自己解决自己的问题,情况就会变得更好。类似的论证也可以被移用到对于全民医保方案的批评上去。

上述论证思路显然是基于自由至上主义的,因为自由至上主义恰恰主张每个人为自己的食品安全与身体健康负责,而不能让政府越俎代庖地管"自己的事"。需要注意的是,上述论证也未必与社群主义抵触,因为在市场竞争中为民众提供豌豆的那些超市,往往就处在与相关民众相同的本地社会结构中。因此,基于社群主义立场,民众更有理由相信他们本地的豌豆供应商不会坑他们,而不是去相信身处遥远的华盛顿的那些政客。因此,在如何运作帮困资源的问题上,社群主义者很容易与自由至上主义者达成合谋。

但麻烦的是,基于市场调节的解决方案未必是完美的。对于这一完美性的迷信往往又建立在对个体理性能力的高估上,换言之,根据这种高估,任何一个消费者都能通过自己的市场比价行为而找到对自己更适合的产品。但实情可未必一直如此。固然找到性价比合适的豌豆罐头并不那么挑战大多数人的理解力,但是在国家级别医保付诸阙如的情况下,要找到性价比相对合适的商业医保方案就不那么容易了——譬如,对于很多文化水平不高的美国人或者初到美国的移民来说,相关保险合同中隐藏的不利保方的"毒丸条款"就足以让其步入陷阱。即使抛开这个问题不谈,商业保险公司也会根据保方的身体情况随意改变保费,这就使得那些最需要援助的个体反而处于更不利的地位。在这种情况下,为何广大民众不去拥抱"奥巴马医保方案"(其正式名字是"患者保护与平价医疗法案",简称PPACA或ACA,2014年开始执行,至今依然有效）包含的如下条款呢：禁止保险公司因投保者有既有身体状况而拒绝承保？

与美式保守主义相较，具有"抑商"传统的儒家则对市场机制的有效性一直保持有限的怀疑，因为商人重利轻义的价值取向始终是对儒家重义轻利价值观的威胁。在这种情况下，如果基于罗尔斯的自由主义理念的 PPACA 方案的确体现出了"重义轻利"的色彩的话，那么，儒家就没有理由去放弃 PPACA 方案而去偏好"重利轻义"的商业医保提供商。此外，在现代管理技术高度发达且税金总额相对庞大的时代背景下，一个熟悉美国国情的儒式评论家可能也不会因循当年苏轼与司马光批评"青苗法"的老思路，而过于计较执行 PPACA 方案本身所可能造成的损耗。不管怎么说，PPACA 执行数年以来，美国民众死亡率下降的事实[1]就足以将该方案归类为儒家所说的"仁政"。

但此刻又有一个新的问题冒了出来：我们本是为了说明儒家独立于保守主义的价值而引入对"市场万能论"的批判的，但是现在，这种批判又在客观上拉近了儒家与自由主义之间的间距。儒家到底如何才能将在美国彼此对立的这些立场加以融贯的呢？

我的答案的关键词乃是"小数据主义"——也就是说，政府要克制对民间经济运作数据加以采集的冲动。前文已经提到，在生产力低下的农耕时代，小数据主义乃是与低税主义互为表里的，因此在缺乏对君主任意行为有效制约手段的前提下，通过隐瞒特定经济数据来削弱政府的征税力度，恰恰便是为了保护民间的长久活力。不过，在当代美国的语境中，小数据主义不但明显与社群主义相容，而且也与基于罗尔斯哲学的自由主义相容——这便是儒家能够同时兼容这两种立场的道理。罗尔斯的政治哲学具有小数据主义意蕴的具体体现，便在于其"无知之幕"（veil of ignorance）假

---

[1] Mark Borgschulte & Jacob Vogler, Did the ACA Medicaid Expansion Save Lives? *Journal of Health Economics*, 2020, 72, 102333.

设。根据该假设,资源分配者要在资源分配过程中尽量做到公正,就要被尽量隔绝于对利益相关方的性别、身体状况、教育程度的知识的了解,因此,从原则上看,对于此类信息的数据采集工作也都会被取消。套用到 PPACA 的案例上去:既然该法案禁止保险公司因投保者有既有身体状况而拒绝承保,那么,相关公司也就不会费力去采集用户的相关信息,由此保护了用户的隐私。

——有人或许会说,儒家对于以无私性为特征的"无知之幕"理论的这种迎合,会减弱儒家的"亲亲"之论的权重吗?对此,一种典型的儒式应答是:对于一般民众而言,他完全可以通过下述方式做到兼顾"无私"与"亲亲":第一,基于"无私",他必须自己付钱参加 PPACA,而不做"搭顺风车者";第二,基于"亲亲",为他身边的那些缺乏经济能力却与其关系密切的人支付他们的 PPACA 保费。而对于政策的制定者来说,从逻辑上看,他也不会因为在一个很高的层次上引入"无知之幕"机制而否认社会成员自身在更低的层次上按照社群主义的理念彼此互助的可能性,正如宋、明、清三代的科举制所实质使用的"无知之幕"制度(即"弥封制",也就是匿名阅卷制)并不妨碍朝廷在更低的层面上鼓励"亲亲"一样。

说到这里,本节的结论也渐渐浮出了水面:儒家在美国思想市场中的真正敌人,可能既非自由主义者,亦非社群主义者,而是笃信市场万能的自由至上主义者。具体而言,正因为自由至上主义者赋予私人企业以更大的自由行动权,而此类企业又往往基于逐利的本性而比政府更贪婪于用户的数据,这就导致自由至上主义者反而会成为儒家心目中的秦政执行者。此类秦政执行者的典型代表,便是掌握了大数据搜集技术的现代科技巨头。

不过,如果我们要将一种朴素形态的"儒家小数据主义"升级为一种能够与现代语境相互匹配的"数据化儒家"立场的话,那么我们还需要寻找到一个同样对大数据技术的现成样态有所批评的现代同盟军。而这个同盟军就是因批评大数据的负面道德与政治意蕴而在英语世界颇有名气的女科学家凯西·欧尼尔(Cathy O'Neil)。

第五节　欧尼尔对于美式大数据技术的批评

凯西·欧尼尔是美国的女数据科学家与科普作家,其撰写的以批评大数据技术之滥用为主旨的《大数据的傲慢与偏见》①获得了"2016年全美非虚构类作品图书奖",并在西方读书界赢得了高度好评。虽然从字面上看,这是一部与儒家思想资源并无牵扯的作品,但是这并不妨碍我们从儒家角度重新解读该书的核心主张,并由此为儒家思想自身的现代化改造提供启发。这里需要指出的是,在当代互联网技术的语境下,能被判定为"大数据"的数据量的门槛已经大大上升。尽管对于"大数据"的统一的形式化定义还付诸阙如,但一般都认为这个概念所涉及的数据量已难以通过传统的统计学技术(如贝叶斯统计技术)加以处理了。因此,若在字面含义上按照此标准去衡量,前文所说的典型的秦政式数据管制技术并不涉及"大数据",而依然是"小数据"。不过,这并不妨碍我们从周秦之辨的角度重新审视欧尼尔对于当代大数据技术的批判。这就好比说,尽管对于河马来说,"暴饮暴食"这一概念所涉及的饲料的绝对量是肯定超过鼹鼠的,但是"禁止暴饮暴食"这一规范性要求显然是同时适用于河马与鼹鼠的。换言之,即使秦始皇时代政府所搜集的数据量在今日算不上是"大数据",儒家对于秦政的纠正方案依然能够被拓展到一个已经高度膨胀的"大数据"概念之上。从这个角度看,儒家就确有理由将欧尼尔的大数据批判视为自己所做的"秦政批判"的一种现代变体。说得更具体一点,欧尼尔所面对的当代的大数据技术与资本集团所构成的超级综合体,实际上便是古典秦政体系的某种全面升级版,因为它与

---

① [美]凯西·欧尼尔:《大数据的傲慢与偏见:一个"圈内数学家"对演算法霸权的警告与揭发》,许瑞宋译,大雁出版基地,2017年。以下简称为《大数据》。

古典秦政一样分享了如下两大特征：

第一，漠视与乡土知识密切结合在一起的特定数据信息的特定格式，而要按照某种统一的信息格式进行全面的数据改写。我们前面已经看到了，依据"井田制"的理想，宗族长老对于聚落中的农业生产活动的指导乃是依赖于宗族内部的不成文法，而不需要将相关的经济运作的细节数据传输给更高一级的信息采集者。而这种数据隐私权将方便宗族领袖根据当地的乡土知识因地制宜地组织生产活动，以最大程度地使本地的人力因素与土地因素能够相互适应。与之相对比，在秦政的管理模式下，宗族长老对于乡土经济资源的管理权则被让渡给了郡县制的官吏系统，而该官吏系统所使用的帝国统一行政语言，又进一步使宗族经济得以运作的特定信息采集方式被转化为了某种统一的信息格式——比如抽象的土地、人口数据——并最终通过这种简化而抹杀了与乡土知识密切结合在一起的大量特定数据信息。关于这种抹杀所导致的严重社会后果，儒家在西汉的盐铁辩论中已经做出了清楚的展示，在此不再赘述。而在欧尼尔的文本中，我们又看到了一个逻辑结构与之相平行的现代案例。欧尼尔注意到，在大学的数字化排名系统（比如《美国新闻》提供的排名系统）于全美流行之前，美国各个院校都会根据自己的学术传统组织科研教学活动——换言之，每个院校都有一种关于人才培养的"地方性知识"，以及与之相关的特定信息处理格式。但"大一统"式的全美排名表的出现，却给教学管理者带来了前所未有的压力——譬如，德州基督教大学就仅仅因为排名从全美97名落到了113名（2008年数据），就迫使当时的校长博奇尼在学校官网上作出深刻检讨[①]。而更具讽刺意味的是，这种排名下滑并没有促使校方去认真思考如何改进教学质量，而是使其去仔细琢磨让学校排名提高的"算法技巧"。校方

---

① [美]凯西·欧尼尔：《大数据》，第3页。

最终发现,使学校排名提高的一项重要指数——"声誉度"——并不那么取决于学校的学术表现,而是取决于校橄榄球队的表现。基于这种"新发现",校方便投入大量资源提升了校橄榄球队的软硬件配置,由此果真使学校的全美排名在2015年上升到了第76位。而与德州基督教大学的这种"剑走偏锋"相比,贝勒大学的做法就显得在道德上更为越界。为了提高自身的排名,后者竟然出钱让新生重考SAT(即全美高校入学学业能力测试),由此使自己"喂给"《美国新闻》排名系统的数据显得更为光鲜①。对于教育界的这种种乱象,欧尼尔评论道:《美国新闻》的排名系统所隐藏的数学模型的应用规模过大,这自然会使所有教育主管者都去追求类似的目标,造成无意义的过度竞争,由此浪费大量社会资源②。而从曾批评过盐铁专卖制的汉儒的立场上看,这种浪费无非就是均输—平准制在现代技术条件下借尸还魂所带来的自然后果,或者说,是乡土化的教育管理者将乡土教育所产生出来的数据采集与管理权上交给统一数据处理模型后所必然会产生的后果。不过,需要注意的是,欧尼尔批评的大学排名制度所涉及的大学大多是私立学校,这说明学校自身的私有属性并不能使其豁免于大数据的暴政。对于迷信私有制有效性的自由至上主义者来说,这是一条决不能忽略的信息。

第二,对于信息的统一化采集与处理,实际上是隐藏了终端信息控制者的私利,而不是全社会的总体福利——而这一点乃是汉儒与欧尼尔达成的另一项共识。具体而言,在汉儒看来,执行平准制的官员因为采集了更为广泛的经济数据,便可以囤积居奇,以牟取暴利;而欧尼尔则通过对保险业在美国的运作细节的揭露,而提供了另外两个与之遥相呼应的案例(耐人寻味的是,她在这个层面

---

① [美]凯西·欧尼尔:《大数据》,第71页。
② 同上书,第75页。

上的批判对象依然都是私人公司,而不是国家政权)。她指出,美国的"好事达"保险公司衡量用户应缴纳的汽车保费的计算方式,导致了某项非常反直觉的结果:用户缴纳的保费数额与其酒驾记录之间的关联度,还不如与其工作收入高低之间的关联度来得高。换言之,并非是酒驾记录越多保费就缴得越多,而是用户越穷缴费就越多。而模型之所以如此设置保费缴纳关联,乃是因为保险公司发现:在比较贫穷的社区,民众的汽车保费比价能力要更低一些,因此也就更容易被大公司诓骗与压榨。而异常复杂的用于核算保费的计算模型本身,也只是为了防止穷人看穿这一资本游戏的障眼法而已,其与西汉政府借着"平准"为名掠夺民间财富的做法,在性质上是一样虚伪的[①]。而一种更赤裸裸地用数据分析模型压榨劳工权利的案例,则来自于欧尼尔所引用的《纽约时报》对于星巴克公司的人力资源配置方式的报道。报道指出,星巴克公司使用的数据分析软件,会建议经理不时根据客流量的变化临时加派人手——而这一做法在保障了企业利益的同时,却严重干扰了广大基层员工的作息节奏与家庭生活,导致了很多隐性的社会问题[②]。由此看来,在模型使用者为私人公司的前提下,由于数据模型自身算法的不透明性,模型使用者非常容易利用由此导致的信息不对称为资方获取利益,并使得模型本身成为对底层民众利益的收割机。与之相较,本身得到民意监督的国家机器对于民众数据的采集却可能出于公众利益做到"适可而止"——如前文提到的 PPACA 对于保户自身隐私的保护条款。

不过,欧尼尔虽与儒家有着上述思想默契,但作为一个受过完整现代科学训练的数据科学家,她还是看到了一些古典儒家因为自身知识背景的局限而看不到的一些深层次问题。第一个问题

---

① [美]凯西·欧尼尔:《大数据》,第 184—185 页。
② 同上书,第 144—145 页。

是:她意识到任何数学模型都只是对于现实的一种简化,因此,任何一种数学模式的参数设置方式都会体现出模型设置者的特定兴趣①——比如,资本运作者会特别关注那些与榨取价值有关的参数,正如西汉的统治者会特别关注那些与执行帝国的战争政策有关的地方资源一样。与之相比较,即使是反对秦政的汉儒,对"模型"与"现实"之间的本体论差别是缺乏自觉意识的。第二,她清楚地意识到:数据模型在社会中的反复使用所导致的反馈回路,具有固化模型使用者偏见的隐蔽作用——譬如,美国警察对于特定有色人种的偏见,一旦被模型固化,就会导致对于该族群的更多的司法检查,而由此激起的敌意则会进一步导致相关族群的更多犯罪活动,并最终使原来的模型的参数设置被"合理化"②。欧尼尔对于这种反馈回路的技术增强效应的理解,也明显是超越了古代儒家的知识背景的。而从上面两点来看,与古典的秦政模式相比,现代数据处理技术与特定利益团体的结合就会带来以下两个额外的害处:第一,现代数理工具所导致的技术放大效应,乃是古典秦政的原始数据处理技术所难以匹敌的,而这一点也会使其与古典秦政相比对民间资源的收割机制变得更为高效;第二,现代大数据技术自身所披上的"科学中立"外衣会在民众中产生迷惑效应,并使得特定利益集团通过算法非透明化而设计的利益导向机制变得更不容易被识别。

——那么,为何当今的美国与秦汉帝国在技术背景上存在着如此巨大的差别,而大数据收割技术所带来的"祛乡土化效应"却同样明显呢?而这一点恐怕又是得缘于二者之间的某种更深层次上的彼此近似:具体而言,汉帝国与美国同样年轻(在汉以前中国尚无运作一个稳定的超级帝国的经验),同样广阔,同样实行单语

---

① [美]凯西·欧尼尔:《大数据》,第34—39页。
② 同上书,第39—42页。

制（而不是像后世的奥匈帝国或今天的欧盟那样实行多语制），这就使得秦政数据收割机（无论它是以行政的方式还是资本的方式）能够以较少的阻力从帝国疆土的一端扫荡到另一端（顺便说一句，语言的多元化本身就能够自然提高转换不同文化—经济体间数据信息的成本，而这也就是欧洲未出现北美式的互联网巨头的道理）。从这个角度看，儒家对于秦政的批评就有了一种超越时空的普遍意义，并使得他们的话语结构具有了对于西方事务的描述延展力。譬如，倘若西汉的贤良、文学能够通过时间旅行机器来到美国，并仔细学习美国早期历史的话，他们或许就会惊讶地发现：《独立宣言》主要起草人杰斐逊对于乡土经济的眷恋以及德性教育的看重，其实便像是儒家乡土意识在美洲的还魂；而"联邦党人"领袖汉密尔顿对于联邦统一财政的强调，以及他对于某种脱离了乡土特殊性的抽象的"国家信用"的狂热态度，则使得他更像是一个改说英语的桑弘羊。至于现代美国通过大数据技术所打造的巨型技术利维坦，则无非是汉密尔顿—桑弘羊主义者在将数据收割的主词从"国家"替换为"公司"后所自然产生的现象——而由此建立的以跨国公司为载体的隐性帝国，甚至还具有将数据搜集的触角从一国之境内延伸到世界各地的附加功能。总而言之，虽然技术的表象一直在变，但就其背后的权力机制的运作方式而言，"太阳底下并没有新东西"（黑格尔语）。

欧尼尔的对于大数据的批判发表于2016年。而令人遗憾的是，在多年后的今天，美式大数据技术对于美国文化风土中既有周政要素的戕害效应其实是愈演愈烈了。这是因为：现在的世界出现了一个在2016年还不那么彰显的新技术因素：短视频对于全民时间的碎片化与算法化。换言之，资本对于最基础的民间资源——所有互联网用户每一个小时的清醒时间——的盘剥与谋划，已经到了锱铢必较的地步。

第六节　在短视频时代被网暴的英语教授与前短视频时代的泰迪熊

首先要肯定的是,虽然美国历史没有经历过一个像模像样的"封建时代",但美国文化中依然带有大量的周政色彩。与大多数人口聚集在大城市的日本与法国相比,作为发达国家的美国依然有一半人口居住在农村或小城市,而这些"小镇居民"明显体现出了与大城市居民完全不同的意识形态光谱。而即使在大城市中,很多重要的社会机构依然带有封建行业的色彩:比如,大学中的师生关系,以及律师行中精英律师与入门律师之间的关系,莫不如此。初到美国的移民往往会被"民主、自由"的意识形态宣传所骗,而对美国隐蔽的周政因素茫然无知,得吃了很多次亏后,才可能看出美利坚合众国其实是由一个富有复杂生态层次的诸侯网络所构成的。所以,即使在鼓吹"人人平等"的美国,一个人要成功,也要辨清哪里是"码头"。不理解这一点的人,可以去看看美剧《纸牌屋》(*House of Cards*)。

站在儒家的立场上看,上述隐蔽的周政因素其实并不是美国的缺点,而恰恰是其优点,因为复杂的地方诸侯能够通过管辖区之间的信息区隔来减轻本地的信息管理成本,由此实现"仁政"。譬如,在电影《穿普拉达的女王》(*The Devil Wears Prada*)中,时尚大佬米兰达·普瑞斯特利(Miranda Priestly)对于其女助理的压榨算不算一种职场霸凌呢?这其实是一个非常模糊的问题,因为假若她的行为是一种伦理上违规的行为的话,那么乔布斯在苹果公司的那种近乎独裁的行为又当被如何评价呢?站在儒家的立场上看,这是企业这一"现代诸侯国"内部的事务,只要不闹出大乱子,这些内部的人事纠纷是不应当被放到公共平台上加以讨论,并由此浪费纳税人的资源的——正如任何一个典型的中国古代县令都希望宗族家长能尽量就地消化社会矛盾而不将其上交给县衙一样。同样的道理，如果一位大学教授对自己不上进的学生大吼大叫，这也属于大学这一自治团体内部的事情。只要不出现大乱子，原则上此类矛盾也应在学校内部解决。

但短视频技术的出现却改变了游戏规则。短视频平台背后的推荐算法的运作方式大致是这样的：向用户提供不费脑力就能理解并能产生当下愉悦的内容，由此提高相关视频的点击率，并通过视频内容的相关度搜索继续向用户提供类似内容，由此进一步提高用户对于相关平台的"黏度"。然而，据相关报道①，想要让点击率得到提高，最好的办法是让用户在尽量短的时间内就得到愉悦满足，在这种情况下，短视频就必须控制在 20—30 秒的长度之内；而与之相较，即使是听完一首完整的流行歌曲，也往往需要 4—5 分钟。换言之，短视频所诱发的用户成瘾机制与短视频自身的"短"这一信息传播格式产生了合谋，由此将较长视频所代表的传统信息传播格式渐渐边缘化了。由此所付出的社会代价是：广大用户（特别是青少年）对于抽象文本的阅读能力，以及理解较为复杂内容的耐心都被严重磨损，而整个社会也会随之被严重降智化。同时，用户时间的碎片化，也使得其完成复杂社会协同工作的能力遭到了削弱，这在客观上亦影响了其经济地位的提高。由此，短视频的运作也正以一种更隐蔽的方式完成了秦政标准教科书《商君书》所规定的"弱民、贫民、疲民、辱民、愚民"的目标。

一种以"弱民、贫民、疲民、辱民、愚民"为隐蔽目标的技术平台显然是反周政的。具体到时间资源分配问题上去，其对周政的威胁如下：根据周政的时间资源配置模式，权力架构中的下位者花费大量时间去学习上位者的知识并执行其命令，并在此基础上培

---

① 请参看：Caleb White, TikTok Brain: Short Videos Suit Our Attention Spans but Are Killing Our Ability To Concentrate, *The Science Times*, Jun 07, 2024, https://www.science-times.com/articles/50587/20240607/tiktok-brain-short-videos-suit-attention-spans-killing-ability-concentrate.htm.，2025 年 5 月 25 日访问。

养对于本地共同体的情感。同时,此类学习与服从的过程也需要大量调用个体的长期记忆能力(即那种对于几个小时乃至几周前所发生的事件的回忆能力),否则,学习者就无法记住共同体中诸成员的德性积分(如谁比较诚信、谁爱占小便宜,等等)。而短视频则会在如下五个方面动摇周政:(甲)短视频"短小"的特点会在根本上破坏用户的长期记忆能力与深层阅读能力,使得其不能理解本地权威提出的学习与工作要求;(乙)网络世界存在的大量互动用户会形成一个与个体在实际世界中的生态位脱节的虚拟同温层,由此动摇这些个体对于本地权威的忠诚;(丙)短视频的发布者会在点击率的刺激下故意制作具有争议的短视频内容,由此撕裂社会、破坏权威;(丁)由于互联网用户在网络上的聚集行为往往是脱离特定的风土要素的制约的,这就使某一类攻击性视频下聚集的用户数能够迅速累积到被攻击者无法抵抗的地步,被网暴的原周政体系中的"诸侯"会迅速处于不利地位;(戊)网络机器人技术以及视频、音频造假技术的泛滥,能够进一步使网络世界中的点击量数据失真,并由此破坏用户对于真实世界的格局感。从上述五点来看,短视频技术对于周政的破坏,是从智性基础到德性基础的全面破坏。

2021年上映的美剧《英语系主任》(*The Chair*)中的剧情可为上述描述提供感性的注解(此情节虽然是艺术虚构的产物,但在日常生活中显然有大量的实例)。美国某校英语系的资深教授比尔在上课的时候以讽刺的目的行了纳粹军礼,被好事的学生拍摄了相关视频,并在恶意剪辑后放到互联网上,由此引发网民对教师的网暴。在这里我们无疑看到了短视频技术对于网友之德性以及智性的双重戕害:就智性而言,广大网民显然没有付出更多的理智资源来反思这段视频是不是恶意剪辑的后果——而这就是他们的智力被短视频反复轰炸后全面衰退的后果;就德性而言,曾身处教学现场的视频制作者本人显然知道比尔只是出于讽刺纳粹的目的而去模仿纳粹的,正如卓别林在《大独裁者》中只是为了嘲讽希特勒而去模拟希特勒的各种举动一样。而他明明知道这一点还要去污名化老师,这就说明了两点:第一,他对于教师缺乏基于相同共同体的伦理情感;第二,点击率带来的诱惑是如此之大,已使他失去了维护学校荣誉的封建道德底线。令人唏嘘的是,虽然此事之是非本是清清楚楚的,当事人所在的学校依然决定宁事息人,并让比尔因为他从不曾怀有的亲纳粹情绪向公众道歉。这一场面,或许会让熟悉先秦历史的中国读者回想起"孙武革命"后涌现的大量廉价步兵围攻少数精英战车武士的场景:任何一个大学这一微观周政共同体内出现的叛徒,都能通过网络这一渠道而从外部引来海量的类似僵尸一样的网络暴民去围攻自己的教授,由此破坏使大学能够稳健运作的传统封建关系。然而,现有的大学建制的确缺乏一道用以保护自己的精英武士的防火墙,正如春秋时代的传统车战模式也并未演化出一套用以克制海量步兵的新战法一样。

比尔的悲剧很容易被误解为"白左"意识形态泛滥后的恶果。而所谓的"白左",又是指这样的一种意识架构:为了抽象的平权意识而反对任何一种歧视或偏见。但老实说,比尔的案例与白左意识形态无关,因为反对任何一种歧视是一回事,而污蔑某人有歧视行为则完全是另外一回事。毋宁说,假若没有短视频的搅局的话,即使是那些旨在淡化任何本土权威的白左意识形态也未必会对周政构成大的戕害——在某些情况下,这种意识形态甚至还能成为巩固周政的盟友。

为上述这种可能性提供注解的乃是 2024 年上映的美国电视剧《泰迪熊》(*Ted*,请读者不要将其与电影版《泰迪熊》相互混淆)。这部电视剧发生的场景乃是 1993 年的波士顿,妥妥的"前短视频时代"。故事的主角之一约翰是一名学习不那么上进的普通高中生,他最好的朋友泰迪熊则是他向上帝许愿后才从一个普通的玩具熊变成具有灵魂的"熊精"的。而这一奇妙的剧情也使得泰迪熊在听牧师布道后,意识到自己才是真耶稣(顺便说一句,这一剧情很容易让人联想起汉儒关于"孔子究竟是神是人"的讨论）。泰迪熊乃是约翰的意识的投射物：他会放大他贪玩耍宝的一面，但也会放大其基于道德本心的恻隐与愧疚。因此，这个家庭还需要一个荀子式的教师，以便通过恰当的礼教训练让约翰走上周政所认可的正道——而连自己究竟是熊精还是熊神也搞不清楚的泰迪熊显然是无法完成这一任务的。更麻烦的是，虽然传统的周政模式是带有父权制色彩的，但约翰自己的老爸马蒂显然不是一位合格的父亲。他更像是《红楼梦》中的贾政的美国版，只会通过大吼大叫来强调自己对家庭的付出，却无法对孩子的细腻情感问题做出精准的反应。约翰自己的老妈苏桑也无法完成这一任务：她的弱势使得她过于像《红楼梦》中的贾母而过于不像《孔雀东南飞》里的焦母，因此，她的存在是无法制衡其丈夫的强势的。因此，维持这个家庭的微观政治平衡的唯一希望就来自寄居于此的约翰的堂姐布莱尔。布莱尔的微观生态位非常像寄居于贾府的林黛玉，因为二人都因为原生家庭的不幸而不得不在亲戚家寄人篱下；但二人的宏观生态位则是彻底相反的：林黛玉对于科举体制的敌视使她本就不利的社会地位显得更加边缘化，而布莱尔对于美国主流意识形态——自由主义意识形态——的高度认可却使她竟然在寄居家庭扮演起了精神领袖的地位（与之相较，林黛玉在贾府扮演的生态位反倒使得她更像是贾宝玉本人的泰迪熊）。说得更具体一点，布莱尔对名义上的家主马蒂时不时蹦出的歧视性言论大加鞭挞，其严肃态度，就像是看到了"八佾舞于庭"而胡须乱抖的孔子。而作为大男子主义者的马蒂之所以能容忍这位从不拿自己当外人的侄女，乃是因为他知道：布莱尔身后代表的文教力量是直通美国版的"太学"（即常春藤名校联盟）的，因此，她对于自己儿子的教导其实能大大增加儿子阶级跃升的概率。此外，这些家庭成员之间的长期相处，也使得"白左"与"红脖子"之间的政治隔阂能够通过儒式家庭温情得到弥合。而马蒂在布莱尔鼓励下说出的那些在越南战场上的不堪回首的往事，则进一步使别的家庭成员深刻理解了其火爆脾气的心理根源,由此反而促进了家庭的团结(参图 9-3)。

图 9-3　电视剧《泰迪熊》中主要人物的用餐剧照(顺时针左起:"熊精"泰迪、约翰、一家之主马蒂、马蒂妻苏桑,以及约翰堂姐布莱尔)

——但假若上述这些故事发生在短视频时代,情况又会如何呢?一切都会乱套。约翰或许一开始就不会喜欢上泰迪熊,更谈不上向上帝许愿让其成精,因为他的每一分钟都会浪费在短视频上;布莱尔也无法教育她的堂弟,因为很可能就连她本人的社交时间也会被短视频彻底碎片化。而当家主马蒂在饭桌上大谈他为自己的家庭所做出的贡献时,或许就连本该对他百依百顺的苏桑也会忙着在一边偷偷看短视频上的搞笑画面。从这个角度看,短视频会在家庭成员之间建立信息隔离墙,由此使得家庭彻底散沙化,遑论建立在家庭之上的更为复杂的周政架构。面对这种严峻的形势,周政的爱好者又有何理由不尝试去淡化自身与布莱尔这样的"白左"之间的哲学分歧,携手对抗大数据的暴政呢?难道与他们合作,要比与满脑子杀伐决断的汉武帝们合作更难吗?

需要指出的是,这一反秦政式大数据主义的联盟是随时可以再扩大的。虽然大数据主义代表的乃是资本与技术的力量,但如果有些技术力量能够为周政爱好者所用,又有何不可呢?

——正是这一思路,将我们引向"数据化儒家"这一概念。

第七节 如何打造"数据化儒家"的技术路线?

这里所说的"数据化儒家",其核心命意,便是通过合理配置现代信息技术所提供的社会组织手段,以尽量逼近儒家理想中的经济社会组织形式(譬如是井田制的某种现代化变种),并依托于这样的经济—社会结构,建立起更高阶的德性熏养机制。很显然,上述定义同时也预设了三个前提:第一,现代信息技术所自带的唯物论预设,与儒家自身的基本哲学立场没有本质性的冲突;第二,儒家所说的"宗族"可以在现代化条件下得到一种并非基于血缘性的解释;第三,现代信息技术的技术内涵不能够被"大数据技术"所穷尽,而是具备了与之进行"技术对冲"的种种可能性,以便为儒家所利用。下面,笔者就将对这三个预设进行深入的说明。

先来看第一个预设。首先可以确定的是,除了来自于阴阳家与道家的思想外援之外,先秦儒家并没有一个具备足够"儒家特色"的关于物质世界的独有理论,而汉儒对于谶纬学说的颇受后世诟病的利用,在很大程度上又体现了儒家在"自然描述与自然解释"方面的随意态度。但积极地看,这种随意态度反过来亦说明了儒家对于西方自然科学描述体系可能具有的开放态度,而这一点的确也在徐光启、徐继畬、曾国藩、张之洞等在儒家背景中成长起来的开明思想家或政治家的言行中得到了有力的注解。按照同样的理路,我们完全可以设想一个对科学抱有开放心态的现代儒家,能够完全接受对于物质生产的现代信息科学隐喻,并经由这种隐喻为自己的儒家小数据主义作出新的论证。譬如,他完全可以说:不同的地方性物质—知识生产单位所具有的内部数据格式具有明显的彼此不可通约性,而对于这些数据的统一化处理,反而会因为武断地规定统一的"度量衡",而最终导致对原始乡土信息的褫夺与忽略。换言之,与"大数据"这个词的字面含义的蕴意相反,暗含了纵向管理权威的大数据技术,恰恰会因忽略底层数据的丰富性而导致数据丢失——而与之相对应,将这种纵向管理权威化解为文化共同体内部的"小权威"的儒式小数据主义,反而才可能更有效地防止乡土数据的"水土流失"。

再来看第二个预设。我们知道,儒家宗族经济存在的自然前提,便是强大宗族的存在,而在现代语境中再讨论"强大的宗族",则的确是一件颇为令人尴尬的事情。具体而言,随着我国人口逐步老龄化进程的展开,儒家经济结构所依赖的大型家庭结构,恐怕在未来的中国已经很难大批出现。同时,现代化的工业生产模式所造成的家庭内部的空间分离(譬如在某些农村地区造成的"空巢"现象),甚至在相当程度上也削弱了最小规模的家庭单位的凝聚力。所有这些现象,似乎都会在根本意义上使作为一种社会实际思想状态的"儒家"(而不是仅仅作为一种学院思想的"儒家")失去得以被滋养的血缘根基。

然而,如果我们对人类进入工业化时代的历史(当然这首先包括了古典中国的历史)进行更为细致的考察的话,我们就不难发现:在血缘关系缺失的情况下,对于"家"的补偿性建构方式其实一直不绝于历史记载。譬如,古代中国皇家用以拓展家族屏障、对抗"外朝"的基本手段就是建立宦官制度——因为宦官本身不具有将自身基因进行遗传的可能性,反而不得不依附于皇权而成为不少最高统治者最为信任的"家庭成员"(相反,皇族之间的残酷斗争则往往会削弱皇家内部的团结性,尽管竞争者之间的确是有着密切的血缘联系的)。而在庙堂之外,结拜或招收义子也是建立"家族替代品"的一种重要方式——譬如唐末军阀李克用建立的"十三太保"组织。至于从东汉到魏晋盛行的部曲制,则是一种具有经济生产意义的非血缘性家族拓展方式(具体而言,被土地所有者所庇护的"部曲"虽然不是庇护人的亲属,却必须要像其小辈一样尽封建义务)。与之相平行,在欧洲中世纪盛行的封建行会制度,也是具有浓重家庭氛围的一种非血缘性经济—社会组织形式——其内部的运行规则并不尽于"规章"的文字表述,而同时更是基于难以言表的互助之情。而在进入工业革命后,这样的前现代的准家族式社会架构中的某些现代变种,也依然在发挥积极的作用。譬如,日本近代的经济腾飞,在相当程度上便是得益于企业之年功制,而年功制企业本身就是日本在明治维新前就已存在的藩属经济形态的一种现代变种(参看前章的相关讨论);中国"温商"在改革开放后的崛起,在一定程度上也是利用了现代残存的乡土互助网络所具备的快速融资力;至于目前在各西方发达国家中高度发达的工会组织,则可以被视为中世纪封建行会组织的现代化变种。

通过对于上述历史案例的回顾,如果我们以更为宽松的态度来看待"宗族"这个古老概念的话,我们就不难发现:现代社会中丰富的分工样态与生活形式必然会造就人群之间某些横跨血缘关系的新聚合方式,参与构成特定行业的生态结构——与此同时,经由历史积累而形成的行业内部权威则会导致一批微型权威体的形成,最终成为上述聚合体内部的凝结核。这也就是说,"宗族"这个概念依然可以在现代经济结构中通过别的标签继续维持其活力,因为人性中的一些基本参数——譬如,对于情感共同体的依赖,与对于特定权威人物的依赖,以及因为类似的生产流程而产生的具体价值观——并不会因为技术条件的改变而被彻底的改变。同时,这些新的社会聚合体对于内部信息数据的隐私性保护,则可以方便相关的经济—社会单位以最小的"本地信息损失率"来调配经济—社会资源,以此尽量避免因将本地数据上缴给一个统一的大数据处理器而导致的信息失真。

由此,我们的讨论就过渡到了下面一个问题:除了大数据技术之外,现代信息技术的发展又提供了哪些技术手段,可以为打造"数据化儒家"这一目的所用呢?笔者给出的技术建议有如下几点:

第一,激活人工智能研究中的"专家系统"。熟悉人工智能发展历程的读者可能都知道,专家系统乃是与当下如火如荼的深度学习非常不同的一个技术发展方向。该技术方向的直观性原理是:系统内部含有大量的某个领域专家水平的知识与经验,并通过逻辑或统计学的方式推演出在特定问题求解语境中对于上述知识的迁移运用方式。与目前的大数据技术相比,使专家系统得以运作的基本数据源来自于行业专家,其数据质量有比较高的保证,因此,其运作天然不会导致对于广大"非专家"的隐私权的侵犯。同时,专家系统的运作一旦被限定在"圈内人"的范围之内,其与加密技术的结合就能够使特定经济体运作的内部数据对外变得不那么透明,由此方便与之配套的"周政"式设计能够顺利落地。当然,传统专家系统的设计也并非没有问题:譬如,其知识库内容的升级与维护相对麻烦,知识推理机调用与迁移既有知识的方式相对笨拙,而系统也缺乏对知识库所无法涵盖的某些新问题的应变力。不过,所有的这些困难也在某种程度上为深度学习所分享(深度学习系统同样缺乏对于被训练领域之外的对于全新问题的适应力),并且在某种意义上是整个人工智能领域的研究所未克服的难关。而就自身的伦理品性而言,专家系统所自带的"知识精英"气质明显要比大数据技术所自带的"暴民政治"气息更符合"数据化儒家"的理路,因此也更应当受到儒家的推崇。

第二,合理利用区块链技术。我们知道,区块链技术是金融信息传输的一种新方式,其特点是可以利用"分布式账本"来完成对于账本信息的"祛中心化"操作。换言之,此技术使得一个局域的信息交换网络中的各个节点可以通过对于"分布式账本"的分节点保存,最终实现局域信息加密的功用(在这样的情况下,除非攻陷局域网中超过一半的信息节点,否则局域网外的信息入侵者是无法篡改共享账本内容的)。毫无疑问,区块链技术,以及与之相关的比特币技术,为特定的经济团体进行点对点的私密性数据传输提供了良好的技术平台,并因此构成了对于以"窥伺所有人信息"为最终指向的大数据技术的某种对冲手段。不过,需要"数据化儒家"留意的是,区块链技术本身只能成为实现儒家所希冀的现代"周政"的"器",而非"道"——换言之,若不能与良好的共同体德性相互配套,区块链技术与虚拟货币技术也完全可能成为某些犯罪行为(如洗钱、诈骗)的方便通道。此外,与上面提到的"专家系统"相比,区块链技术由于缺乏对于输入网络的信息质量的社会监察机制,因此更容易出现"鱼龙混杂"的局面。故而,对于"数据化儒家"来说,此技术是既可用却又须慎用的。

第三,基于数据隐私权的家用机器人技术。说得更清楚一点,在"少子化"的大背景下,家族力量的物理基础,就不得不从生物意义上的家族成员拓展到硅基意义上的家族成员,以免过于稀少的人丁使家族对于某些决策的物理执行力过于疲弱。在这种情况下,具有类似于人体的物理执行力的家庭机器人的出现,就自然会成为"数据化儒家"的题中应有之义。这里需要指出的是,按照儒家的理想,这样的机器人的运作软件应当具备"根据启动后的经验自动修正知识库"的功能,以使得机器人能够被"教化"。换言之,在理想状态下,家政机器人的人工智能系统是允许通过模拟家庭主人的行为——而不是采集海量的网络信息——来形成具有"家族特色"的行为模式的。也正是经由这一模仿机制,特定家族的家庭机器人才能够成为特定的家庭门风的自然物理延伸。同时,与之配套的特定的数据保护措施,亦可以使家庭机器人所装载的家庭内部的运作信息不被外人所窥见。

不过,不得不承认的是,在本节提到的三个技术手段中,基于数据隐私权的家用机器人实现难度最大,因为它所依赖的通用人工智能技术,需要对既有的自然语言处理技术、图像识别技术、非确定环境下的决策技术进行全面的整合,因此需要大量的前期技术投入,并在相当程度上超越了目下信息技术所能够提供的技术积累。我在别的地方曾系统讨论过这个问题,有兴趣的读者可以关注一下。①

在本节之末尾,笔者想特别提醒读者注意:正如前文所提到那样,上述关于打造"数据化儒家"的技术建议仅仅是在"器"的层面上被给出的,而不是在"道"的层面上被给出的。一个对技术发展抱有兴趣的真儒家,自然会寻找到能够依托相关德性熏养方案的技术路线;而反过来说,一个德性败坏的技术利用者,则会使用一些信息技术手段——无论是基于大数据的还是小数据的——来达到牟取私利的目的。然而,这也并不是说技术本身就是纯粹中立的。与区块链等不要求本地运行数据全面上缴的新技术相比,大数据技术所自带的"数据收割机"的功效是更明显的,因此,其与符合德性的儒式社会秩序之间的兼容指数也会更低。从这个角度看,即使笔者关于打造"数据化儒家"的具体技术建议在某些方面是有所偏颇的,儒家的道德理想与大数据技术自身的伦理性质之间的巨大张力却依然是存在的。

第八节 小结:秦政可不止一种模式

不得不承认的是,传统儒家的政治理想显然是带有精英政治色彩的,并因此很容易被一些粗心的当代人误解为是独裁专制的同谋者。但按照本章所梳理的"周政"与"秦政"之间相互博弈的大线索,作为本土数据资源的守护者,儒家可能恰恰是通过执行某种小范围内的基于亲情的柔性权威主义,来避免某种大范围内的基于帝国律令的刚性权威主义。因此,如果我们将"独裁"仅仅理解为"秦政"的近义词的话,那么,那种将儒家视为"专制同谋者"

---

① 请参看拙著:《人工智能哲学十五讲》(北京大学出版社,2021年)、《如何教人工智能说人话?》(商务印书馆,2023年)、《心智、语言和机器——维特根斯坦哲学和人工智能科学的对话》(人民出版社,2013年)。

的观点本身就是站不住脚的。同样需要注意的是,周—秦之争的古典面相,或许会让一些粗心的评论者忽略在现代西方民主制度的伪装下资本逻辑所起到的"秦政替代者"的作用,并因此忽略现代技术条件下的资本收割效应。而对上述资源收割效应的揭露,也将帮助我们意识到儒家思想在当代的普世性。

而为了进一步检测儒家思想在未来各种可能场景中的普世性,我们不妨就去看一些科幻电影。我们下章见。

第十章

(代结语) 远眺宇宙: 星球大战与周政回归

第一节　银河共和国的覆灭：周政之殇

产生于中国先秦时期的儒家思想究竟只是一种地方性知识，还是承载了某种普世价值呢？在我看来，所有支持第二选项的应答者都必须经过某种终极考验：在海阔天空的科幻场景中检测儒家叙述方式的合理性。此类终极考验之所以是有意义的，乃是因为：科幻场景与现实环境之间的巨大差异，其实是为任何一种在地球上现存的价值系统的普世性提出了挑战。除非你持有的那种价值体系可以在那个幻想的世界中依然成立，否则，你就不能说你的价值观是真正属于任何一种可能的人类生活形式的。那么，儒家的价值体系是否适用于以星际探险为背景的科幻场景呢？我的答案是肯定的。以典型的太空题材系列科幻电影《星球大战》为例：从儒家的立场上看，对于秦政的厌恶其实就是贯穿整个《星战》系列电影的精神内核。甚而言之，《星战》真正试图弘扬的价值观其实并非典型的美式个人主义，而恰恰是充满周政式温情的封建关系。

为了理解这一点，我们不妨先来看看西周时期的封建架构得以成立的一个重要地理前提：诸侯国之间交通的不便。正是因为当时的技术无法使身处镐京的周天子遥控边远地区的政务，将土地分封给各诸侯以进行某种"祛中心化"管理，便成为了减少中枢信息处理负担的不二法门。不过，"祛中心化"的管理模式也使得各地的诸侯（以及诸侯之下的贵族）能因地制宜地处理各种当地事务，由此避免中枢因"想当然"而产生的错误决定。需要注意的是，各诸侯国在周政体系中的相对独立性并不意味着当时中国处于分裂状态——实际上，对于周礼这一价值体系的共同遵行，便成为了巩固华夏文明圈的巨大软约束力量。而通过依赖礼教的软约束而不是硬性暴力来维护统一，也恰恰是孔孟的政治理想，因为这种做法能在最大程度上降低国家机器的运行成本,由此实现"仁政"。从这个角度看,"仁政"这一抽象理念的实现,实际上是需要"周政"这一具体制度作为其保障的,而这也是孔子之所以说"郁郁乎文哉,吾从周"的道理。与之相较,在以吏治国家为基础的"秦政"体制中,"仁政"得以实现的组织基础却被动摇了,因为在这一新体系中与底层民众直接接触的,并非生于斯、死于斯的本地贵族,而是作为外乡人的县令、太守或者刺史。在直接管理者与被管理者之间的风土纽带被拧断的前提下,要求前者对后者"仁",就很可能会变成一种奢望。而这也便是汉帝国建立之后的儒家必须处理的一个严峻问题:如何在一种实际上更符合法家理想的帝国架构中,最大程度地实现先秦儒家的伦理—政治理想呢?

假若让一个汉儒穿越到现代,让他去观摩一下《星战》系列的几部前传(如《魅影危机》《克隆人的进攻》《西斯的复仇》等),他又会有何感想呢?他或许会发现:这几部前传反映的"银河共和国时代",其实就是太空版的周政时代!

需要注意的是,《星战》系列所代表的科技水平虽然远超过周代,但由于银河共和国的覆盖范围遍及整个银河系,这就使困扰周王室的问题也会在一个更大的尺度上开始困扰银河共和国的中枢——共和国议会。星际交通的困难,最终倒逼该共和国不得不实行联邦制以减少处于科洛桑星球的中枢的管理负担,正如周王室不得不使用封建制以减少处于镐京的王廷的管理负担一样。在这种联邦制架构中,任何一颗独立的可供智慧生物生存的星球就天然成为了一个加盟国(对标周政内的众诸侯),而星球之间广袤的空间则隔离了大量的信息与物质流动。而这种广袤空间的隔离作用的存在,亦使得在西周晚期与东周早期发生在华夏的故事在银河共和国内重演:一些不为共和国行政中心所忽略的新政治力量开始崛起,由此使得周政体系慢慢向秦政体系演化。

在《星战》的故事中,上述演化的第一步乃是"贸易联邦"的出现。贸易联邦存在于不太容易受到共和国控制的银河外圈,其地理上的偏远性很容易让人联想起对周王室不太恭敬的楚、秦等"准蛮夷"诸侯国。而该联盟对于贸易的贪婪以及对于伦理规则的忽视则可能进一步强化上述印象,因为在儒家看来,蛮夷之为蛮夷的标准并不在于种族问题,而在于其行为模式是否将道义置于利益之上。考虑到贸易联盟以及其引发的各种政治势力一向被《星战》的原创者视为邪恶力量,整个电影系列显然潜藏着一种通过英语文化表述出来的尊儒崇周倾向。

这种尊儒崇周倾向可以通过贸易联盟与共和国各自的武装力量结构之间的差异而得到进一步的彰显。我们知道,儒家的仁政倾向所倒逼出来的轻税政策是无法供养出一支强大的常备军的,而与儒式仁政捆绑的周军编制也必须高度依赖精锐的贵族车战兵,而非海量的机动平民步兵。即使到了战争频仍的春秋时代,在周礼约束下的战争舞台依然以贵族车战兵为主角——而这也解释了为何我们能在《左传》中找到那么多车战英雄的名字:城濮之战中大破楚军的先轸与邲、鄢之战中伺机俘敌以图索回自己被俘之子的荀首、在鄢陵之战中百步穿杨的养由基,等等。与之类似,银河共和国的武装力量——"绝地武士团"——也是求精而不求多的。绝地武士团以科洛桑星球上的绝地圣殿为训练基地,精选具有对于"原力"感受力的婴儿进行长期训练,以便使其最终能够运用"原力"自由使用光剑。由于这些学徒与相关老师的师生比被严格控制在1:1的水平上,这就使绝地武士团自身的规模很难快速增长。整个武士团架构的封建性具体体现在:徒弟对师傅的人身依赖性非常强,秘传的原力使用知识一般不外传,而师傅中德高望重者才有资格进入"十二人最高委员会"——相关人员的遴选过程则基本不受共和国的控制。不过,尽管绝地武士团在共和国架构中享有高度自治权,但它却的确就是共和国自身最重要的武力凭借:一旦加盟国之间发生纠纷,共和国议会就会派遣个别绝地武士进行协调,而一旦被协调方不服管教,绝地武士是有权使用武力的,而这一点也符合《荀子·富国》中下述引文之意蕴："……故不教而诛,则刑繁而邪不胜;教而不诛,则奸民不惩。"无独有偶,就如同周政下的战争行为严格受到周礼的限制一样,绝地武士自身的行为模式也严格受到了"绝地信条"的限制,而此类信条中的第一条便是"压制激情,追求和平"(There is no emotion, there is peace.)——这其实就是孔子所说的"克己复礼为仁"(《论语·颜渊》)与"礼之用,和为贵"(《论语·学而》)二语的"星战"式缩写。

与之构成鲜明对比的,则是前面提到的贸易联盟的军力配备。通过对于贸易资源的积累,贸易联盟偷偷组建了数量惊人的机器人大军,以此抵消绝地武士的质量优势——正如春秋中期出现的平民步兵在孙武式战略家的领导下获取了针对传统战车兵的战术优势一样。在《克隆人的进攻》这部前传中,贸易联盟的机器人大军打得缺乏防备的纳布星球毫无招架防御之力,其形势又让人想起利用基于商鞅变法而锻造的新军去横扫六合的秦国(彼时山东诸国虽也经历变法,但秦政指数远不及秦,故军力亦不如之)。不过,在星战的故事线中,绝地武士团的没落过程会显得更曲折一点:他们首先依赖共和国方面锻造的新军——克隆人大军——暂时抵抗住了机器人大军的进攻,却在自身毫无防备的情况下遭到暂时伪装为盟友的克隆人大军(图10-1)的反杀,导致整个武士团架构的崩溃。由此,共和国时代结束,星战世界进入银河帝国时代。

图10-1 对克隆人大军的艺术呈现

在从银河共和国到银河帝国的转变过程中,机器人大军与克隆人大军的先后出现显然具有关键的意义。二者之间的共同点乃是非常明显的,他们都依赖自身的数量优势来对抗绝地武士的质量优势。而这两类大军之间的微妙差异则更值得玩味:克隆人大军其实是以特定的人类优秀战士为克隆对象的,因此,克隆人大军的构成者依然是某种拓展意义上的人;与之相较,机器人大军的构成者就是纯粹的机械——他们的地位更接近今日战场上的无人机:一旦操控中心被捣毁,其运作就会完全停止。换言之,如果一个人要操控一支克隆人大军的话,他还需要一种特殊的控制媒介:意识形态。这也就是说,克隆人大军的成员必须通过这种意识形态的作用,以自愿的形式将自己的生命交付给新生的银河帝国,并在任何一次具体的战斗中发挥自己的战术积极性,由此免除帝国控制者在任何一个具体的战斗场景中微调士兵行为的麻烦。

在标准的秦政模式中,将活生生的兵民变成克隆人大军式的战斗狂人的政治—社会学机制乃是以耕、战为核心的奖惩原则。而在《星战》系列中,我没有找到此类原则的严格对应物。但编导赋予克隆人大军的典型装束——类似纳粹德军的头盔与对面部特征的全面包裹——显然在暗示银河帝国就是一个巨型的纳粹帝国,因此,其组织原则与意识形态架构也很可能是纳粹类似架构的银河放大版。这种暗示能够给读者带来两种截然相反的期待:一方面,我们固然可以想象这个银河帝国与纳粹一样残暴不仁;而另一方面,既然这台暴力机器的每一个具体的构成者都具有最低限度的自由意志,那么,我们也能想象在某一天,脱下头盔的某个帝国前战士或许会露出反抗的表情——正如秦帝国基层官吏刘邦在反复踟蹰后,最终也踩上了陈胜、吴广所留下的带着血迹的脚印。

这两种期待在《星战》关于"死星"的攻防中达到了聚合。

第二节　秦政与"死星"

"死星"是银河帝国为了震慑银河中残存的反抗力量（或可对标于秦国统一后的山东六国残余势力）而制造的巨型空间武器站，其发射的能量束能够轻易摧毁一颗行星，以及附着于其上的所有文明痕迹（图10-2）。这是对于焚书坑儒与奥斯维辛等地球上既有历史惨剧的太空放大版，具有深刻的政治隐喻意义。需要注意的是，帝国士兵在利用死星执行"行星摧毁任务"时表现往往麻木不仁，正如奥斯维辛的党卫军集中营看守在用毒气处死犹太人时同样麻木不仁一样。很显然，能量束发射者与遭难行星之间广袤的空间距离阻碍了帝国士兵同情心机制的运作，因为在施暴者看来，行星被摧毁的场面就好似是一场壮丽的烟花秀罢了。而从遇难者的角度看，所在行星地核被引爆所导致的天崩地裂场面可谓是字面意义上的"地狱到来"——而这一恐怖的场面则在2016年上映的星战系列电影的外传《侠盗一号》中得到了让人难忘的视觉呈现。从观影者的角度看，此类呈现成功地激发了观众对于"死星"与其所代表的整个帝国机制的仇恨心理，由此赋予了在《侠盗一号》中那些试图毁灭死星的游侠们的行为以极大的伦理正义性。

然而，也恰恰是《侠盗一号》的剧情，将我们引向了帝国体制的另一面：自我颠覆的一面。需要指出的是，知道死星之死穴的内部人其实恰恰就是其设计者：物理学家盖伦·厄索。厄索之所以愿意在设计死星时故意留下其命门，乃是因为具有自由意志的他既不相信帝国能长久，亦不希望其能长久；而帝国高层之所以明明知道厄索是"前朝余孽"却还用他，则是因为帝国无别人可用。毋宁说，帝国真正可用且可信之人，只有那些按照一个模版被刻印出来的克隆战士。然而，他们却缺乏设计复杂机械与电路的巧思，因为这种巧思恰恰需要宽松的思想环境——而此类环境只能来自于

图 10-2　银河帝国建造的"死星",其技术名称乃是"DS-1 轨道战斗太空站"

同样宽松的周政,而非苛严的秦政。从这个角度看,那支还继续为帝国或第一秩序服务的克隆人大军实际上不是真正的人的集合,而是人的影子的集合:他们/它们其实就是正常人被阉割掉道德直觉后更接近动物的那一面。从这个角度看,虽然从表面上看来是帝国消灭了共和国,而从更深的角度看,帝国乃是通过重新组合共和国时代残留的思想以及肉体残片而击败了共和国。这也是银河帝国与秦帝国之间的高度类似之处:二者都在消费前朝留下的秩序与财富(含人力资源),却不能滋养新的繁荣。

　　不过,正如前文所暗示的:死星的毁灭并不是星战故事的终结:帝国的残余势力继续以"第一秩序"的名号干扰新共和国的运行。从儒家的立场上看,这又是一个深刻的政治隐喻:即使刘邦推翻了暴秦,秦的政治文化基因也已高度渗入了新生的汉帝国,因此,秦政与周政的斗争依然会贯穿两汉。在这种情况下,正如已感知到汉帝国内藏的秦政基因的汉儒们不得不通过"经学"这一武器开始对于皇帝的思想改造一样,类似的思想改造与反改造的斗争在《星战》系列中也是层出不穷。不过,使得这一改造得以可能的切入点又在何处呢?

　　答案依然是秦政体制的真正操盘者。前面已提及,旧共和国被帝国取代的关键性事件乃是克隆人对绝地武士的反叛,而这场反叛的指挥者达斯·维达竟然就是原来的天行者安纳金——绝地大师欧比旺的爱徒。也就是说,维达自身的复杂身世以及他现在所处的敏感位置,恰恰就是反抗军可以从内部攻破堡垒的发力点。不过,要做到这一点,秦政的反抗者们还需要率先了解:当年安纳金为何要背叛他原本的阵营而投向"秦政"的怀抱呢?换言之,敌人又是如何对他展开思想改造的呢?细看《星战》诸部前传,我们不难发现:这些敌人利用的突破口之一便是,与周政捆绑的封建制本是相对不利于急于得到晋升的年轻人的。换言之,绝地武士团的架构更类似于战后日本大企业实行的年功制:绝地大师主要依据其资历而被晋升为十二人委员会成员,正如日式年功制下的员工会根据其在公司的资历而适时得到提薪一样。在这种制度安排下,安纳金在针对贸易联邦的作战中获得的大功,便使得如何赏赐他立即成为一个敏感的政治问题——正如李世民在击败王世充与窦建德之后,如何赏赐他也成为摆在李渊面前的一道政治难题一样:赏之,会破坏封建架构的稳定性;不赏之,会导致以后无人再愿出死力。绝地大师委员会最后做出了一项折中的赏赐提议:将安纳金列为委员会成员,却拒绝将其升级为绝地大师。但从儒家的立场上看,这一决策却是"名不正言不顺"的,因为按照绝地武士的封建习惯,成为绝地大师乃是成为委员会成员的前提条件,绝无先成为委员会成员却不是绝地大师的可能。这种奇怪的安排使得安纳金在委员会中因无"绝地大师"名号的加持而备受排挤,由此使得他对整个绝地武士团产生怨恨。他和绝地武士团之间产生的嫌隙,使共和国议会的最高议长希夫·帕尔帕庭找到了可乘之机。与绝地武士一样,帕尔帕庭也能操控原力,只不过是用一种邪恶的方式:正如今日掌握了医药知识的医生既能用自己的所学救人,亦能杀人一样。更令人感到惊讶的是,帕尔帕庭长期掩盖其作为秦政爱好者的事实而把持共和国议长的高位,通过"养寇自重"的伎俩坐视贸易联邦的机器人大军壮大,由此为培植自己的克隆人大军制造借口;而为了让自己的克隆人大军有机会消灭绝地武士团,他又收买了急于兑现自己人生价值的安纳金作为其内应。于是便有了"绝地武士团几被屠灭,帝国颠覆共和国"这悲惨一幕的发生。至此,安纳金戴上冰冷的面罩与纳粹式头盔,改名为"达斯·维达",成为帝国的实际操控人,而帕尔帕庭则改名为"西斯",成为深居简出的帝国皇帝。

不过,维达与绝地武士团之间的上述历史渊源也说明了两点:第一,貌似强大的帝国秩序是如此脆弱,以至于其最核心的人力资源依然是来自于周政时代的精英;第二,使得帝国得以运行的意识形态基础竟然也是如此薄弱,因为维达反叛其原始阵营的主要动机竟然就是一些被帕尔帕庭刻意夸大的人事纠纷,而非自己对于秦政的真正认同。很显然,帝国在思想根基处的两大命门,便为反抗军日后对维达进一步的思想改造预留了进路,正如盖伦·厄索所预留的死星命门为反抗军的反击预留了进路一样。

第三节 在银河帝国的核心释放周政的柔情

需要注意的是,反抗军改造维达思维的具体方案,既是汉儒式的,又不是汉儒式的。先来说"否"的一面。汉儒用以改造秦政式的汉天子的方式乃是使其至少在字面意义上尊重儒家经典,并由此缩小其在行为层面上展开秦政举措的机动空间——若对应到《星战》的语境中,这就等于让西斯皇帝至少在字面上去遵守"绝地信条"。但这显然是一个只能在汉代而不能在银河帝国时代使用的策略,因为作为秦帝国的替代者,汉帝国对儒家学说并不抱有先天的意识形态敌意,而作为共和国的替代者,银河帝国则是无法容忍任何一种让人联想起绝地武士团的意识形态因素的。不过,好在公开宣扬儒家经典/绝地信条并不是儒家想到的唯一思想改造方案。另一个方案则是这样的:既然儒家最讲"亲亲",那么,亲情便是让曾经的敌人改变心志的另一大思想杠杆。更巧妙的是，这一杠杆也恰好能作用于处在复杂人际关系网络之中央的维达。

正如任何一个在共和国时代健康成长的普通青年一样，在维达还叫"安纳金"的时代，他也陷入了恋爱，只是其作为绝地武士团成员的身份使其无法将这段恋情公开（该组织是严格禁欲的）。其恋爱对象乃是纳布星球女王帕德梅·艾米达拉，而且后者还在自己死前为他诞下了一对未来的反抗军领袖：天行者卢克以及莱娅公主。这虽然是在任何一部非科幻电影里都会出现的情节，却在《星战》的语境中具有独特的隐喻意义：在《星战》阴郁的氛围中我们很少看到婚姻与诞生（除了安纳金的情感戏之外，唯一能让人联想起的此类例子便是莱娅公主与另一位反抗军领袖韩·索罗之间的感情戏），而作为帝国之暴力支柱的克隆人大军也不是基于自然的生产方式而来到人间的。考虑到"天地之大德曰生"（《周易·系辞传》）本就是儒家的核心价值之一，在一个反生育的语境中展现两代天行者之间的血肉传承，这一点本身就含蓄地体现了宽松的周政与严苛的秦政之间的反差：前者允许意外的爱情与孕育，后者则将人口视为维持秦政机器运转的资源，并试图在此思想前提下牢牢掌控此类资源。需要注意的是，戴上钢铁头套后的维达并没有抹去他在共和国时代留下的情感记忆——这使得他的后代卢克与莱娅能够找到机会对自己的父亲展开心灵攻防战。富有讽刺意味的是，在这场攻防战的关键时刻帮了卢克一把的竟然是最为邪恶的皇帝西斯：他看到了卢克身上比达维更为强大的原力，并教唆卢克杀死生父，由此期望他能被转化为新一代的维达——但亲情的力量最终还是使西斯的计划落空：联手杀死暴君后，父子完成了相认。不过，身负重伤的维达本人完成了道德的自我救赎后，便立即离开了人世。

维达在生命最终时刻的自我救赎是在家庭的氛围中完成的，而这种救赎反过来又沉重打击了帝国压制家庭的冷酷政治秩序，由此预示了一个更好的银河政治秩序的到来。这其实也印证了儒家所说的"修身齐家"与"治国平天下"之间的隐秘关联。需要指出的是,在汉帝国的政治架构中,家庭构建原则在帝国尺度内的无限扩大曾为帝国的运行预埋了无数隐患:从基层的复仇暴力到中枢的外戚与宦官问题,不一而足。与之相较,这一问题在《星战》的语境中相对不彰:其一,英美文化的背景使得星战的编剧很难将在东方古典大家庭中通行的一夫一妻多妾制视为男女关系的标准模式,遑论在这种设定的基础上加入关于外戚与宦官的剧情;其二,《星战》的剧情预设了一个广泛的星际市场经济体的存在,而这一点则足以成为家与国之间的重要缓冲。

第四节　星战中的周政式经济——科技对当下的启示

在旧共和国的黄金时代,市场经济是银河内通行的经济模式,不同的星球可以自行构成贸易同盟由此在内部减免关税。各个盟国原则上都要向银河议会缴纳国税,但在末代议长帕尔帕庭掌权之前,税率相对合理,以体现周政之仁。银河共和国使用的货币亦相对多样化:在中央区能够自由花费的银河电子信用币却可能在银河外圈被拒用。多样化的货币政策,暗示了银河内多样化的财政权力中心与各市场之间因为距离遥远所产生的割裂。需要注意的是,市场化思维方式的高度普及化,使得"赏金猎人"这一行业在银河共和国内部蓬勃发展起来,以便通过"将执法任务外包"这一方式减少各加盟国自身的执法成本。赏金猎人必须遵守特定的行业规范,又被市场原则所左右,因此,其本身就是基于"义"的封建行会道德与基于"利"的市场原则相互妥协的产物。同样处在道德灰色地带的另一个行业则是走私业。走私业存在的目的是帮助客户逃税并因此减少商业运营的成本——但是普遍的逃税所造成的公共福利的流失,又使得此类行为一般难以承载正面的价值取向。然而,在共和国已被帝国颠覆的特殊历史语境中,由于走私这一不义行为所损害的对象自身也是不义的,这就使个别走私犯的伦理地位可能会得到升华。相关的典型人物,便是韩·索罗:莱娅公主的情人以及维达理论上的女婿。在围绕着韩·索罗展开的剧情中,他经历了一个从相对政治中立的生意人立场到坚定的反抗战士的价值攀爬过程。这种攀爬并不完全是由于莱娅公主的爱情的偶然性介入所导致的,而更是基于某种更深刻的宿命:看得更深一点,即使是与恶棍签订的走私合同也预设了市场主体的自由选择权——而在帝国倾全银河力量所营造的死星的威胁下,整个星球的市场主体都会被轻易消灭,遑论建立在这些主体的生存的基础上的市场自由。因此,除了参加旨在恢复周政的反抗军这一选项之外,连走私犯都感到自己是没有未来的。

而在围绕着韩·索罗展开的《星战》微宇宙中,我们看到了另外一项在家庭与社会以及国家之间构成中介的因素:星际旅行技术。这里需要注意的是,这的确是一项汉儒面对的农耕时代所不具备的因素。这当然不是说汉代没有冶铁、灌溉、交通与建筑方面的相关技术,但这些技术产品都很难以一种彻底附着于产权拥有者的方式伴随其浪迹天涯:马车的运作依赖帝国的通路,房产本就不能被移走,遑论与土地深度捆绑的灌溉体系。而处在韩·索罗的微观世界之核心的技术产品恰恰就是一艘能让主人"说走就走"的飞船:"千年隼号"(图 10-3)——这是一艘经过韩·索罗本人大幅改装的 YT-1300 型货船,它能比一般的飞船更接近 Maw 黑洞星团,从而大幅缩短走私的航程。从政治哲学角度看,快速位移的能力本身就意味着迅速脱离一个政治辖区而进入无主之地的能力,因此,千年隼号所代表的行动能力本身就是政治自由的标志。而随着莱娅公主等新乘客登上千年隼号,一些新的技术产品也进入了韩·索罗的视野:R2-D2 机器人与 C-3PO 机器人(图 10-4)。作为维修机器人,R2-D2 的任务是适时修好飞船或其它关键设备;作为礼仪机器人,C-3PO 的任务是在 600 万种星际语言之间承担翻译与礼仪顾问的任务。由于 R2-D2 与 C-3PO 工作既高效又能对其主人忠心耿耿,这就使它们的拥有者能立即获得一个不占据任何人员编制的"工部"与"礼部",由此使得其已获得的政治自由得到了全面的技术提升。进而言之,得到了此类技术加持的小型家庭联盟——莱娅公主与其兄弟天行者卢克,以及卢克未来的姐夫韩·索罗——在特定军事情报的帮助下,最终竟然具备了与掌握死星技术的帝国中枢博弈的能力,并在关键时刻实现了"武王克商"式的胜利。

图 10-3　在《星球大战》系列中反复出现的千年隼飞船

图 10-4　礼仪机器人 C-3PO(左)与维修机器人 R2-D2(右)

汉儒能从千年隼号乘客们的成功中学到些什么呢？第一，基于道德主义的正义感若不能与恰当的技术载体相结合，就很难以小博大，维护周政。从这个角度看，作为周政基础的车战兵之所以无法对抗春秋中期出现的"步兵崛起"趋向，也便是因为周礼的维护者们从来没有想到利用一种能对标"千年隼号"的技术继续维持贵族战士的战术优势。第二，孙武式步兵战的优势乃是其能够适应各种地形的机动性，而与之对应，掌握比帝国的克隆人战士更强的机动性亦是"千年隼号"的主人们的决胜法宝。然而，与孙武式战术革命后出现的轻便步兵相比，周礼式车战兵既畏惧河流也害怕山川，遑论去穿越银河。同时，儒家对于故土的执拗感情也进一步缩减了其在形势巨变下的选择空间（请参看本书第二章开头提到的荀彧苦劝颍川乡党离乡避祸却失败的例子）。从这个角度看，儒家需要一个将科技问题置于至少与道德问题同等地位的新学科体系——这也便是王充与张衡所试图建立（却长久被人所忽视）的新学科体系。

而今天的美国人又能从千年隼号乘客们的成功中学到些什么呢？需要指出的是，《星战》系列的原始构想乃是20世纪70年代的产物，而今日美国的技术发展的现实却早已跳出了该系列电影原始编剧的设想。在《星战》的故事剧情中，无论是千年隼飞船还是诸如R2-D2、C-3PO之类的机器人，其存在都是为了增强封建性，而不是削弱之——换言之，是为了增强家庭对于秦政操控者的博弈力，而不是削弱之。更重要的是，此类机器的运作所产生的数据是不会被上传到某个不能为韩·索罗或莱娅控制的"云"的，否则，反抗秦政式帝国的所有行动的机密性也就无从保证了。与之相较，今日的深度学习技术及其重要技术成果——大语言模型技术——却恰恰是以大公司对于大数据与强大数据处理能力的垄断为前提的，以至于就连某些主权国家都会担心因数据出境所导致的网络安全问题，遑论行动力远较主权国家弱小的诸多家庭。毫不夸张地说，深度学习技术及其各种衍生产品的普及，其实是以一种温水煮青蛙的方式削弱着家庭的凝聚力:父母与教师对子女或学生的管教权将被转交给短视频,而青少年对于世界的认知方式也将由此与经过漫长摸索才能掌握的阅读与实践方法相脱节。最终,这些青少年本身,也将成为"流量经济"这一位新"西斯皇帝"手中的新"克隆战士":他们已经不能通过自己的自主思考产生出真正的封建多样性,而只能成为庞大的点赞数中的一个毫无个性的数据点了。面对这一局面,我们时代的韩·索罗又在何处呢?我们又如何打造出我们时代的"千年隼号",摆脱大数据式秦政帝国的管控范围呢?对于上述问题的回答,将引导我们把注意力从儒家思想史转向基于小数据技术的人工智能哲学——但这已经越出本书的主题了。

后　记

　　我对与汉代相关的思想史问题产生兴趣,乃是基于多重机缘。首先是不满于当下中国人文学科研究历史、哲学分裂的情况。具体而言,汉代是儒学第一次成为中国官方意识形态的朝代,而汉代本身又是中国第一个稳定运行百年以上的大一统帝国,其在思想史上的指标意义乃是不可忽略的。但非常奇怪的是,中国哲学界研究汉代思想的兴趣相对薄弱(在我的知识范围内,甚至要比英语世界汉学圈的"汉代思想史兴趣"薄弱得多)。中国哲学界对汉代的忽略,自然也与中国史学界对于秦汉史的高度兴趣构成了反差。举个例子,张向荣先生讨论王莽的《祥瑞》虽然引发了巨大的社会关注,但对此感兴趣的主要是史学界或历史爱好者,而非哲学界。然而,王莽难道不是靠利用儒学思想才得以代汉的吗?在目前的大学建制内,研究儒家思想最多的,难道不是哲学系吗?为何哲学界对王莽不感兴趣呢?这实在是太奇怪了。如果说与王莽相关的儒学思想不如朱熹、王阳明的思想那样接近我们今日理解的哲学学科建制,那么,为何中国的西方哲学界却普遍认为马基雅维利的思想可以放入哲学史的讨论呢?难道马基雅维利比王莽更"哲学"吗?直觉告诉我,这里肯定有什么事情不对劲。而既然是不对劲的事情,就要改过来,让广义上的哲学思想与社会运作之间的关系变得清澈起来。当然,正如读者所发现的那样,本书并不主要是关于王莽的,而是关于汉朝(特别是东汉)的灭亡的,而这一时间段又与民间所熟悉的三国时期自然接续了起来。对于上述历史切入点的选择与我对于"失败学"的关注密切相关。相关理由"序言"已有阐明,在此不再赘述。

本书写作的另外一个机缘,便是这几年我一直在利用业余时间创作长篇历史小说《坚——三国前传之孙坚匡汉》。写作这部小说的动机之一,便是希望将我对于汉朝灭亡之历史教训的管见,通过对于孙坚一生的半虚拟化刻画予以文学的展现。不过,既然此类展现方式是文学性质的,我就不可能像写非虚构作品那样,清楚明白地将自己想说的东西说出来。文学艺术相对婉转的表达方式不允许我这么做。毋宁说,我的原始动机是以小说的武侠、悬疑成分为糖衣,包裹我所要表达的思想,然后让读者以相对愉快的方式咀嚼那些复杂的思想史材料。但从一部分读者的反馈来看,很可能我的糖衣在被吃掉的同时,这些糖衣所包裹的内核却被吐掉了。譬如,很少有反馈者提到,小说第二册《案诛》里展开在诸葛珪与臧洪之间关于王充哲学的虚拟对话,是在向柏拉图的《会饮篇》致敬。我这才意识到,能看出这一点的读者,肯定自己得先读过《会饮篇》,但《会饮篇》的谋篇布局可能并非一般国内小说读者的通识,正如很多人是因为听了刀郎的《罗刹海市》才第一次听说我已研究了二十多年的维特根斯坦一样。所以,我决定换一个策略,直接将我想说的道理说出来,于是便有了本书的写作。不过,有趣的是,当本书写出来后,我又发现自己清楚写出来的道理与小说所试图含蓄表达的东西有了些许的偏移,并因此获得了相对独立的生命。或许文本逻辑自身的力量在这里正发挥微妙的作用吧!

本书的思想史线索乃是周秦之辨,并借此向大家展现"封建"与儒学本意之间的密切关联。这绝非是一个考据学的问题,而是有着迫切的现实意义的。任何一个已经读完本书的读者应当早就知道,本书所说的"封建"乃是一中性词汇,其在狭义上便是指周政下的分封制,在广义上则是指与特定风土结构密切关联的社会组织结构。狭义上的分封制当然早就成了历史的尘迹,但与特定风土结构密切关联的社会组织结构则否。校园里的师生层级结构、公司里的员工与管理者的层级结构,都是这种广义上的封建制的变型。在此类层级结构中,只要不发生法律所不允许的事情,下级对上级的服从便是某种广义上的"封建义务"。举例来说,一个研究生导师利用职权去性侵自己的学生,就是法律不允许的事情,必须予以惩处;但是学生按导师要求的书单与科研思路去做研究(不管学生觉得这一思路有多怪异,比如一个哲学教授让自己的学生先去读小说),就是某种意义上的"封建义务",否则他就必须申请更换导师或者干脆退学。社会的运作是需要各种模块的互相协作的,而在各个社会模块中,每个个体都必须放弃自己的原子化状态,与特定的封建结构相互结合,由此完成协同作业。这本是社会运作的常识,但随着西方自由主义思想的片面传播,很多人对成熟的西方社会依然存在的封建制因素毫无察觉,却将只能在高层政治架构中适用的自由主义原则错误地运用于微观人际场域中,由此造成了不少不必要的人际冲突。此外,与国外青少年可以通过棒球、橄榄球等活动培养自组织封建关系不同,中国青少年将大量时间用于准备高考,彼此之间的社会联系几近于无,这就加剧了上面所说的这种原子化状态。手机短视频对于个人时间的碎片化效应,甚至将这种原子化状态蔓延到了家庭内部,而使电视机这一塑造家庭共同记忆的技术装置也被彻底边缘化。在我的认知范围内,现在不少年轻人的原子化程度已经到了不愿意谈恋爱的地步,这就使得最简单的封建结构——家庭——自身的再生产也都成为了问题。然而,原子化对个体究竟有什么好处呢?貌似它可以使个体获得一些虚假的自由,能够鼓励其根据自己的一些半瓶醋的意见在课堂上挑战"学术权威",或通过对"爹味"很浓的父亲说"不"而宣告自己的成长。但这种自由感只具有心理学上的意义,往往缺乏真正资源的支持——而没有真实资源支持的自由是不能应对环境之巨变的。在极端的情况下,不能应对巨变的个体就会像那些不愿随苟彧北迁的颍川乡党那样,被历史的泥石流直接吞没，而这就意味着一切自由的终结。因此，片面的自由就可能导向不自由，而封建架构中的不自由却可能在某些情况下保存自由。在我很喜欢的一部西洋古装片《角斗士》（我在此不是指其狗尾续貂的续集）的高潮片段，当作为角斗士的前罗马将军马克西姆面对杀气腾腾的敌对方战车部队的时候，他是这样告诉身边的角斗士伙伴的：团结乃是活下去的唯一希望，各自为战只有死路一条。这时候再去争论谁更应当成为这个小型封建结构的头领，只能增加所有角斗士被屠尽的机会。而为了整个封建团队的存活，果断将领导权让渡给某个更适合的本土领袖，就是所谓的"封建德性"——正如孙策在临死前极富德性地将权力转移给已初显政才的二弟孙权（而非过于年幼的亲子孙绍），也正如关羽与张飞甘愿做刘玄德的马前卒一样。而在汉末的乱世中，凡是能够活得更长久一点的，都是封建德性较多并因此内部更团结的集团，凡两面三刀且不断破坏自己德性积分的机会主义者，都会更快地走向灭亡。这是亘古之理，不仅限于汉末三国。这也就是我要将这本书献给肯定并非汉朝人的读者的道理——如果你的确想从"历史失败学"中品味生存之道的话。

　　总算到了写"鸣谢"的时候了。东汉、三国问题专家刘三解与罗三洋先生在私下的学术交流中就我的相关学术困惑，向我提供了很多有趣、大胆且证据充分的史学观点，有时候我与他们聊到兴起，甚至会一直聊到凌晨。在此我要对他们提供的帮助深表感谢。

与本书相关的研究，得到复旦大学人文社科先导计划项目"从汉到宋的儒家政治辩论逻辑的认知基础重构"的支持，亦特此表示感谢。